Karl Huber

Strafrechtlicher Verfall und Rückgewinnungshilfe bei der Insolvenz des Täters

AF130341

Studien zum Wirtschaftsstrafrecht

herausgegeben von
Dr. Dr. h.c. mult. Klaus Tiedemann
und Dr. Dr. h.c. mult. Bernd Schünemann

Band 35

Karl Huber

Strafrechtlicher Verfall und Rückgewinnungshilfe bei der Insolvenz des Täters

Centaurus Verlag & Media UG 2011

Über den Autor

Karl Huber, geboren 1969, absolvierte nach seiner Ausbildung zum Bankkaufmann ein Studium zum Dipl.-Rechtspfleger (FH). Im Anschluss war er mehrere Jahre im gehobenen Justizdienst als Rechtspfleger an einer bayerischen Schwerpunktstaatsanwaltschaft für Wirtschaftskriminalität tätig. Parallel hierzu studierte er Rechtswissenschaften an der Universität Augsburg.

Bibliografische Informationen der Deutschen Nationalbibliothek

Die Deutsche Nationalbibliothek verzeichnet diese Publikation in der Deutschen Nationalbibliografie; detaillierte bibliografische Daten sind im Internet über http://dnb.d-nb.de abrufbar.

ISBN 978-3-86226-053-9   ISBN 978-3-86226-473-5 (eBook)
DOI 10.1007/978-3-86226-473-5

ISSN 0938-9512

© *CENTAURUS Verlag & Media KG, Freiburg, 2011*

www.centaurus-verlag.de

Umschlaggestaltung: Antje Walter, Titisee-Neustadt

Satz: Vorlage des Autors

Für Maximilian und Franziska

Vorwort

Die Idee zu der im Sommersemester 2010 bei der Juristischen Fakultät der Ludwig-Maximilians-Universität München eingereichten Dissertationsschrift geht auf meine vormals mehrjährige Tätigkeit als Rechtspfleger an einer bayerischen Schwerpunktstaatsanwaltschaft für Wirtschaftskriminalität zurück.

Herrn Prof. Dr. Helmut Satzger gilt mein besonderer Dank für die Annahme und Betreuung der Arbeit. Zugleich danke ich dem Zweitgutachter Herrn Prof. Dr. Dr. h.c. Klaus Volk.

Für wertvolle Anregungen und Hinweise bin ich Herrn Dr. Christoph Ebert sehr dankbar. Ebenfalls danke ich an dieser Stelle ganz besonders herzlich meinem Kollegen und Freund Peter Savini für den steten wie gleichermaßen konstruktiven Gedankenaustausch während des Entstehens dieser Arbeit.

Nicht zuletzt schulde ich meiner Familie und vor allem meiner Mutter sowie meinem inzwischen verstorbenen Vater für die zuteil gewordene Unterstützung ganz besonderen Dank. Ohne sie wären weder das parallel zum Beruf erfolgte Studium der Rechtswissenschaften noch die sich daran anschließende Promotion möglich gewesen.

Kühbach, im Januar 2011   Karl Huber

Inhaltsverzeichnis

13

Teil 2 - Dinglicher Arrest, Verfall von Wertersatz und Rückgewinnungshilfe in der Insolvenz 217

Abkürzungsverzeichnis

a.a.O.	am angegebenen Ort
a.A.	anderer Ansicht
Abb.	Abbildung
Abs.	Absatz
AcP	Archiv für die civilistische Praxis
a.F.	alte Fassung
AG	Amtsgericht
AktG	Aktiengesetz
Anh.	Anhang
Anl.	Anlage
AnwBl.	Anwaltsblatt
AO	Abgabenordnung
ArbGG	Arbeitsgerichtsgesetz
Art.	Artikel
Aufl.	Auflage
BAnz.	Bundesanzeiger
BayBG	Bayerisches Beamtengesetz
BayObLG	Bayerisches Oberstes Landesgericht
BayVwVfG	Bayerisches Verwaltungsverfahrensgesetz
BBG	Bundesbeamtengesetz
Bd.	Band
Beschl.	Beschluss
bezgl.	bezüglich
BGB	Bürgerliches Gesetzbuch
BGBl.	Bundesgesetzblatt
BGH	Bundesgerichtshof
BGHSt	Entscheidungssammlung des Bundesgerichtshofes in Strafsachen
BMJ	Bundesministerium der Justiz
BR	Bundesrat
BRAO	Bundesrechtsanwaltsordnung
BRRG	Rahmengesetz zur Vereinheitlichung des Beamtenrechts
BT-Drucks.	Bundestags-Drucksache

BuW	Betrieb und Wirtschaft (Zs.)
BV	Verfassung des Freistaates Bayern
BVerfGE	Entscheidungen des Bundesverfassungsgerichts
BVerfGK	Kammerentscheidungen des Bundesverfassungsgerichts
BZRG	Gesetz über das Zentralregister und das Erziehungsregister
ders.	derselbe
diff.	differenzierend
DRiZ	Deutscher Richterbund (Zs.)
DZWIR	Deutsche Zeitschrift für Wirtschafts- und Insolvenzrecht (Zs.)
EBAO	Einforderungs- und Beitreibungsanordnung
EGStGB	Einführungsgesetz zum Strafgesetzbuch
Einl.	Einleitung
EMRK	Konvention zum Schutze der Menschenrechte und Grundfreiheiten
EWiR	Entscheidungen zum Wirtschaftsrecht (Zs.)
f.	folgende
FamFG	Gesetz über das Verfahren in Familiensachen und in den Angelegenheiten der freiwilligen Gerichtsbarkeit
ff.	fortfolgende
FGO	Finanzgerichtsordnung
FK	Frankfurter Kommentar
Fn.	Fußnote
FS	Festschrift
G	Gesetz
GA	Goltdammer's Archiv für Strafrecht
GBO	Grundbuchordnung
GenG	Gesetz betreffend die Erwerbs- und Wirtschaftsgenossenschaften
GG	Grundgesetz
ggf.	gegebenenfalls
GmbHG	Gesetz betreffend die Gesellschaften mit beschränkter Haftung
GRUR	Gewerblicher Rechtsschutz und Urheberrecht (Zs.)
GVG	Gerichtsverfassungsgesetz
Hans.	Hanseatisches
HGB	Handelsgesetzbuch
h.M.	herrschende Meinung
HS	Halbsatz
InsO	Insolvenzordnung

i.S.d.	im Sinne des
JA	Juristische Arbeitsblätter (Zs.)
JBeitrO	Justizbeitreibungsordnung
JR	Juristische Rundschau (Zs.)
Jura	Juristische Ausbildung (Zs.)
JuS	Juristische Schulung (Zs.)
JurBüro	Juristisches Büro (Zs.)
JZ	Juristenzeitung (Zs.)
Kap.	Kapitel
KK	Karlsruher Kommentar
KO	Konkursordnung
KS	Kölner Schrift zur Insolvenzordnung
KTS	Zeitschrift für Konkurs-, Treuhand- und Schiedsgerichtswesen (Zs.)
LBA	Luftfahrt-Bundesamt
LBAG	Gesetz über das Luftfahrt-Bundesamt
Lfg.	Lieferung
LG	Landgericht
lit.	Littera
LK	Leipziger Kommentar
LKA	Landeskriminalamt
LMBG	Lebensmittel- und Bedarfsgegenständegesetz
LuftFzRG	Gesetz über Rechte an Luftfahrzeugen
LuftVG	Luftverkehrsgesetz
MDR	Monatszeitschrift für Deutsches Recht (Zs.)
MittRhNotK	Mitteilungen der Rheinischen Notarkammer (Zs.)
MMR	MultiMedia und Recht (Zs.)
MüKo	Münchener Kommentar
m.w.N.	mit weiteren Nachweisen
NJW	Neue Juristische Wochenschrift (Zs.)
NJW-RR	NJW-Rechtsprechungs-Report (Zs.)
Nr.	Nummer
NStZ	Neue Zeitschrift für Strafrecht (Zs.)
NVwZ	Neue Zeitschrift für Verwaltungsrecht (Zs.)
NZI	Neue Zeitschrift für das Recht der Insolvenz und Sanierung (Zs.)
OLG	Oberlandesgericht

OWiG	Gesetz über Ordnungswidrigkeiten
PartG-DDR	Parteiengesetz der DDR
RG	Reichsgericht
RGBl.	Reichsgesetzblatt
RGSt	Entscheidungen des Reichsgerichts in Strafsachen
RGZ	Amtliche Sammlung der Reichsgerichts-Rechtsprechung
RiStBV	Richtlinien für das Strafverfahren und das Bußgeldverfahren
Rn.	Randnummer
Rpfleger	Der Deutsche Rechtspflger (Zs.)
RPflG	Rechtspflegergesetz
RpflStud.	Rechtspfleger Studienhefte (Zs.)
S.	Seite
SchRG	Gesetz über Rechte an eingetragenen Schiffen und Schiffsbauwerken
SchRO	Schiffsregisterordnung
SGB	Sozialgesetzbuch
SGG	Sozialgerichtsgesetz
StBerG	Steuerberatungsgesetz
StGB	Strafgesetzbuch
StPO	Strafprozessordnung
StrEG	Gesetz über die Entschädigung für Strafverfolgungsmaßnahmen
StV	Der Strafverteidiger (Zs.)
StVollstrO	Strafvollstreckungsordnung
Urt.	Urteil
VertrV	Verordnung über die gerichtliche Vertretung des Freistaates Bayern
VfGHG	Gesetz über den Bayerischen Verfassungsgerichtshof
Vorbem.	Vorbemerkungen
VuR	Verbraucher und Recht (Zs.)
VwGO	Verwaltungsgerichtsordnung
VwVfG	Verwaltungsverfahrensgesetz
wistra	Zeitschrift für Wirtschaft, Steuer und Strafrecht (Zs.)
WM	Zeitschrift für Wirtschafts- und Bankrecht (Zs.)
Ziff.	Ziffer
ZInsO	Zeitschrift für das gesamte Insolvenzrecht (Zs.)
ZIP	Zeitschrift für Wirtschaftsrecht (Zs.)
zit.	zitiert

ZRP	Zeitschrift für Rechtspolitik (Zs.)
Zs.	Zeitschrift
ZPO	Zivilprozessordnung
ZVG	Gesetz über die Zwangsversteigerung und die Zwangsverwaltung
ZVI	Zeitschrift für Verbraucherinsolvenzrecht (Zs.)

Einleitung

A. Problemstellung

Das Streben nach Gewinn bestimmt privates und unternehmerisches Tun. Es reflektiert das verfassungsrechtlich geschützte Bedürfnis nach materiellen Werten. Dagegen motiviert übersteigertes Bemühen um Maximierung des Gewinns zu profitorientierten Straftaten[1]. Diese verursachen hohe volkswirtschaftliche Schäden[2]. Sowohl einzelne Täter, Banden als auch die Organisierte Kriminalität erlangen hierdurch beträchtliche Gewinne[3].

Ein derart ungerechtfertigt erzielter Vermögenszuwachs zieht eine Reihe von Regressmöglichkeiten und Forderungen nach sich. Das Zivilrecht sieht hier zugunsten der Geschädigten zahlreiche Ausgleichsansprüche vor[4]. Daneben unterliegt im öffentlichen Recht grundsätzlich jeder ungerechtfertigte Vermögenszuwachs der Rückgewähr[5]. Dies geschieht entweder aufgrund einschlägiger Bestimmungen[6] oder dem ungeschriebenen öffentlich-rechtlichen Erstattungsanspruch[7]. Ferner enthalten kriminelle Handlungen oftmals steuer- und sozialabgabenrechtliche Tatbestände. Darüber hinaus unterliegt der Verbrechensgewinn vor allem bei den sich gegen die Rechtsordnung im Ganzen richtenden Straftaten dem Verfall, §§ 73 ff. StGB[8]. Darunter fallen insbesondere der Bereich der Organisierten Kriminalität, die Verstöße gegen das Umwelt-[9] und Betäubungsmittelstrafrecht[10] sowie die Korruptions-, Rechtspflege- und Spionagedelikte[11].

Es ist nicht selten, dass die durch strafbare Handlungen erzielten Profite kurz nach der Tat verschwinden und anderweitige Vermögenswerte kaum oder gar nicht

---

1 Güntert, S. 11.
2 BT-Drucks. 16/700, S. 1.
3 Hees, S. 17. Weiterführend anhand konkreter Statistiken Bohne, S. 15 ff.
4 Neben vertraglichen Schadensersatzansprüchen (z.B. §§ 311, 241, 249 ff. BGB) können insbesondere dingliche (§§ 985 ff., 861 ff., 1007 BGB), bereicherungsrechtliche (§§ 812 ff. BGB) und deliktische (§§ 823 ff. BGB) Ansprüche existieren.
5 Güntert, S. 11.
6 Z.B. über § 48 Abs. 2 VwVfG, Art. 48 Abs. 2 BayVwVfG, § 71 Abs. 2 BBG, § 43 BRRG, Art. 79, 79a BayBG, § 62 SGB II, § 104 SGB XII.
7 Güntert, S. 11 m.w.N.
8 Zur rechtspolitischen Fokussierung der Gewinnermittlungsverfahren siehe Lührs, Kriminalistik 2000, 683 ff.
9 Kracht, wistra 2000, 326 ff.
10 Greier, ZInsO 2007, S. 953.
11 LK-Schmidt, § 73 Rn. 6.

mehr vorhanden sind[12]. Oftmals sind Straftäter überschuldet oder die von ihnen zur Begehung der Taten gegründeten Unternehmen ausgebeutet und insolvent. Den Straftaten folgt deshalb häufig die Stellung eines Insolvenzantrages durch die Täter oder dasjenige Unternehmen, das zur Begehung der Straftaten benutzt worden ist[13]. Gerade in solchen Situationen treten oftmals die durch den Gesetzgeber nicht ausdrücklich geregelten Interessenkonflikte[14] zwischen den Belangen des Insolvenzverfahrens und der im Strafrecht beheimateten Gewinnabschöpfung zu Tage. Diesen wendet sich die vorliegende Arbeit zu. Dabei gilt es nicht nur die Auswirkungen des Insolvenzverfahrens auf die strafprozessuale Vermögensabschöpfung und Rückgewinnungshilfe, sondern auch die sich für das materielle Verfallsrecht abzeichnenden Folgen zu untersuchen.

B. Gegenstand, Abgrenzung und Ziel der Arbeit

I. Gegenstand der Arbeit

Im ersten Teil wird zunächst der bisherige Forschungsstand über das gesetzlich nicht ausdrücklich geregelte Konkurrenzverhältnis von insolvenzrechtlichem und hoheitlichem Beschlag dargestellt[15]. Darauf aufbauend gilt es eine Reihe von Folgeproblemen zu erörtern. Von einem Regelinsolvenzverfahren[16] ausgehend stellt sich insbesondere die Frage, wie sich die Insolvenzeröffnung auf schon erfolgte oder gem. §§ 111b Abs. 1, 111c StPO noch beabsichtigte Sicherungsmaßnahmen auswirkt. Gleiches trifft für den formlos erklärten Verzicht von beschlagnahmten Gegenständen zu. Soweit vorläufige Sicherungsmaßnahmen durch die Insolvenzeröffnung unwirksam werden oder aufzuheben sind, schließen sich regelmäßig Fragen zur Herausgabe von amtlich verwahrten Gegenständen zugunsten Dritter an. Zu klären wäre in diesem Zusammenhang auch, wie der Insolvenzverwalter sein Herausgabeverlangen verfolgen und ggf. anhand von Rechtsbehelfen und Rechtsmitteln durchsetzen kann. Die gleichen Probleme stellen sich aber nicht nur nach der Insolvenzeröffnung. Sie kommen auch im Insolvenzeröffnungsverfahren vor.

Das Insolvenzverfahren berührt darüber hinaus mehr als nur den im Ermittlungsverfahren erfolgten Zugriff auf die Vermögenswerte des Beschuldigten. Es beeinflusst ebenso die Strafvollstreckung von bereits rechtskräftigen Verfallsent-

---

12 Hansen/Wolff-Rojczyk, GRUR 2007, 469; Hees, S. 17.
13 Hees, S. 44; Hees ZIP 2004, 298.
14 Markgraf, S. 84.
15 Siehe hierzu vor allem Haarmeyer, S. 4 ff.
16 Zu dem in der gegenständlichen Arbeit nicht näher ausgeführten Insolvenzbeschlag bei den besonderen und dem vereinfachten Insolvenzverfahren sowie in der Eigenverwaltung siehe insbesondere Schulte, S. 14 ff.

scheidungen. Zu fragen ist daher, ob und ggf. in welchem Umfang der strafrechtliche Verfall bei einem parallel eröffneten Insolvenzverfahren noch vollstreckt werden kann. Von Interesse wäre aber auch, ob der kurz vor Eröffnung des Insolvenzverfahrens in Rechtskraft erwachsene Verfall tatsächlich insolvenzfest sein kann. Nicht zuletzt stellt sich die umstrittene Frage, inwiefern der Strafrichter nach der Insolvenzeröffnung den Verfall überhaupt noch anordnen darf. Nach Beantwortung der hier lediglich beispielhaft aufgezeigten Spannungsfelder werden gegen Ende des ersten Teils die bis dahin gewonnenen Erkenntnisse gleichermaßen auf die strafprozessuale Rückgewinnungshilfe und den möglichen Auffangrechtserwerb des Staates übertragen (§§ 111g, 111i Abs. 5 StPO).

Der zweite Teil der Arbeit baut auf die bereits gefundenen Lösungen auf. Er setzt sich mit dem in der Praxis weitaus bedeutsameren Arrestvollzug, dem Verfall von Wertersatz, der Rückgewinnungshilfe und dem Auffangrechtserwerb bei der Insolvenz des Täters[17] auseinander (§§ 111h, 111g Abs. 3 S. 5, 111i Abs. 5 StPO). Während im ersten Teil die rechtsdogmatischen Grundlagen in den Vordergrund rücken, ist der zweiten Teil mehr durch die Darstellung der praktischen Auswirkungen geprägt. Obwohl der Wertersatzverfall die am häufigsten vorkommende Form des Verfalls ist[18], nimmt er bei der gegenständlichen Bearbeitung weitaus weniger Platz ein. Dies liegt u.a. daran, dass die vorläufige Sicherung im Ermittlungsverfahren über die in der Strafprozessordnung enthaltene Verweisung nach den Bestimmungen der Zivilprozessordnung erfolgt[19] und der Wertersatzverfall auch in der Insolvenzordnung Gegenstand einzelner Normen ist[20].

II. Abgrenzung und Ziel der Arbeit

Zur sachgerechten Lösung der aufgeworfenen Problemfelder sind sowohl materiell-rechtliche, formell-rechtliche als auch verfassungsrechtliche Belange miteinander zu verknüpfen. Um die Grenzen der die verschiedensten Rechtsgebiete streifenden Arbeit nicht zu sprengen, wird insbesondere davon abgesehen, die in den §§ 74 ff. StGB und zahlreichen Nebengesetzen geregelte Einziehung, den ebenfalls im Bereich der Ordnungswidrigkeiten möglichen Verfall nach § 29 a OWiG[21] und die präventive Gewinnabschöpfung über das Polizei- und Gefahrenabwehrrecht[22] zu

---

17 Entsprechendes gilt natürlich auch für den Verfall zulasten des Teilnehmers oder eines Dritten i.S.d. § 73 Abs. 3 StGB, ohne in den nachfolgenden Ausführungen stets darauf hinzuweisen.
18 Greiner, GRUR 2007, 470; Hees, ZRP 2004; Podolsky/Brenner, S. 80.
19 Siehe § 111d Abs. 2 StPO i.V.m. §§ 917 u. 920 Abs. 1, 923, 928, 930 bis 932 u. 934 Abs. 1 ZPO.
20 Siehe §§ 39 Abs. 1 Nr. 3, 225 Abs. 3, 302 Nr. 2 InsO.
21 Siehe hierzu Podolsky/Brenner, S. 189 ff.; Schmidt Rn 1241 ff.
22 Siehe hierzu z.B. Hunsicker, Kriminalistik 2006, S. 615 ff.

behandeln. Gleiches gilt für die grenzüberschreitende Vermögensabschöpfung[23] und ein mit Auslandsbezug eröffnetes Insolvenzverfahren.

Mit der vorliegenden Untersuchung sollen neben bereits bekannten Problemen bislang unerwähnte Spannungsfelder erschlossen werden. Darunter fällt z.B. auch die Prüfung, wann und in welchen Fällen beschlagnahmte Gegenstände zum Nachteil des Staates von Dritten gutgläubig erworben werden können. Ebenso wird thematisiert, wie sich die mögliche Notveräußerung von den zur Insolvenzmasse gehörenden Gegenständen auswirkt. Weiter ist fraglich, ob die Strafverfolgungsbehörde wegen des erst noch zu erwartenden Verfalls bereits am Insolvenzverfahren teilnehmen kann. Neben den teilweise auch konkurrierenden strafprozessualen und insolvenzrechtlichen Rechtsbehelfen gilt es ferner zu erörtern, ob und ggf. in welchem Umfang die strafgerichtliche Verfallsentscheidung der Insolvenzanfechtung zugänglich ist. Ziel ist es aber auch, Schwächen des geltenden Rechts in Bezug auf ein mögliches Regelinsolvenzverfahren aufzuzeigen, kriminalpolitisch vertretbare Lösungsmöglichkeiten in Einklang mit der Insolvenzordnung anzubieten und bestehende Lücken zu schließen. Dabei wird insbesondere der bislang in Rechtsprechung und Literatur pauschal geäußerten Feststellung, dass der Rechtsgrund des Verfalls bzw. der Verfallsanspruch erst mit (rechtskräftiger) Anordnung im Urteil entstünde[24], ein kritisches Augenmerk beizumessen sein.

---

23 Siehe hierzu z.B. Kempf/Schilling, S. 193 ff; Rönnau, Rn. 497 ff.; Schmidt, Rn. 1543 ff.
24 So LG Duisburg, ZIP 2003, 1361; LK-Schmidt, § 73a Rn. 17; Markgraf, S. 62, 93; Schönke/Schröder/Eser, § 73a Rn. 13.

Teil 1 - Beschlagnahme, Verfall und Rückgewinnungshilfe nach § 111g StPO

A. Die Auswirkungen des Insolvenzverfahrens auf die Beschlagnahme nach §§ 111b Abs. 1, 111c StPO

I. Die Beschlagnahmekonkurrenz

Bei der Insolvenz des Straftäters treffen unterschiedlichste Interessen aufeinander. In Ermangelung einer gesetzlichen Regelung stehen sich insbesondere die vollstreckungssichernde Beschlagnahme und der Insolvenzbeschlag konkurrierend gegenüber[25]. Dieses Spannungsverhältnis ist in der Literatur immer wieder aufgegriffen worden[26]. Dabei gebührt *Haarmeyer*[27] das Verdienst, die mit der Insolvenzeröffnung entstehenden Beschlagnahmekonkurrenzen grundlegend untersucht zu haben. Unter Bezugnahme auf die fundamentalen Ausführungen von *Kilger*[28] begründet er die generelle Vorrangstellung des Insolvenzrechts[29]. Nach den Ausführungen von *Haarmeyer* sind zur Lösung der Rangfrage u.a. die wechselseitig schutzwürdigen Interessen voneinander abzugrenzen. Das bedeutet, dass insbesondere Zweck und Funktion als auch der Stellung der Insolvenzordnung innerhalb der Gesamtrechtsordnung nebst den sich daraus ergebenden Auswirkungen auf die unterschiedlichen Rechtsgebiete eine tragende Rolle beigemessen werden muss. Unter Einbindung der mit der Insolvenzeröffnung allgemein verbundenen Folgen und der dem Insolvenzverwalter, dem Schuldner und der Gläubigergemeinschaft eingeräumten Stellung ergibt sich eine tragfähige Basis, welche dieses echte dogmatische Konkurrenzverhältnis zugunsten der Insolvenzordnung löst. Da die Ergebnisse von *Haarmeyer* für die gegenständliche Bearbeitung richtungweisend sind, gilt es sie voranzustellen.

---

25 Siehe hierzu bereits Kuhn/Uhlenbruck, § 117 Rn. 12a ff. sowie Kilger, FS Merz, S. 253 ff. zur Kollision zwischen speziellen insolvenzrechtlichen Vorschriften und nicht-insolvenzrechtlichen Bestimmungen.

26 Zu den Anfängen der gegen Ende des 19. Jahrhunderts beginnenden Diskussion und ihrer bis zur Gegenwart andauernden Weiterentwicklung siehe Schulte, S. 37 ff.

27 Haarmeyer, Hoheitliche Beschlagnahme und Insolvenzbeschlag, 1999, Herne, Berlin.

28 Kilger, FS Merz, S. 253 ff.

29 Zum Verhältnis zwischen Rückgabeansprüchen nach dem Vermögensgesetz und Rechten der Gläubiger in der Gesamtvollstreckung und zum Verhältnis der insolvenzrechtlichen und öffentlich-rechtlichen Beschlagnahme in der Insolvenz parteiverbundener Unternehmen im Sinne der §§ 20a, 20b PartG-DDR siehe Haarmeyer, S. 153 ff., 163 ff.

II. Die Lösung der Rangfrage

1. Argumente für den Vorrang des Insolvenzrechts

a) Funktion, Zweck und Aufgabe des Insolvenzrechts

Eine der grundlegenden Aufgaben des Insolvenzverfahrens liegt in der gleichmäßigen Befriedigung aller Gläubiger des Schuldners[30] (*»par conditio omnium creditorum«*)[31]. Mit dem in § 1 S. 1 InsO niedergelegten Programmsatz steht wie bereits im alten Recht die vom Gleichbehandlungsgrundsatz getragene Haftungsverwirklichung und Universalexekution im Vordergrund[32]. Nicht lebensfähige Unternehmen werden so aus dem allgemeinen Wirtschaftsprozess eliminiert. Für Gläubiger eröffnet sich hierdurch die Möglichkeit, anstelle von existenzgefährdenden Totalverlusten, zumindest gewisse Anteile der notleidenden Forderungen noch zu erlangen. Die gemeinschaftliche Befriedigung kann aber neben der Verwertung des Vermögens auch durch eine hiervon abweichende Regelung in einem Insolvenzplan erfolgen. Wie vom Gesetz beispielhaft erwähnt, könnte der Insolvenzplan so der Reorganisation des Unternehmens mit dem Ziel seines Erhaltes dienen[33]. Die Insolvenzordnung erfüllt deshalb ein echtes volkswirtschaftliches Bedürfnis[34]. Sie ist für die Funktion der Marktwirtschaft von grundlegender Bedeutung[35]. Neben die Befriedigungs- und Gleichbehandlungsfunktion tritt als weiteres Verfahrensziel die in §§ 1 S. 2, 286 ff. InsO erstmals für natürliche Personen neu eröffnete Möglichkeit der nahezu vollständigen Entschuldung (Restschuldbefreiung) hinzu[36]. Die Achtung vor der Person des redlichen Schuldners gebietet es, ihm einen wirtschaftlichen Neuanfang nicht dauerhaft zu verwehren[37]. Die Möglichkeit der endgültigen Schuldenbereinigung ist ein zugleich soziales und freiheitliches Anliegen[38].

Nicht zuletzt wird mit der Insolvenzeröffnung der unter den einzelnen Gläubigern aufkeimende oder bereits bestehende Kampf *»aller gegen alle«* (*»bellum omnium contra omnes«*) beendet. Die Insolvenzordnung dient somit nicht nur der Abwicklung rein zivilrechtlicher Ansprüche, sondern auch dem Rechtsfrieden[39]

---

30 BGH, NJW 2001, 2967; Braun/Kießner, § 1 Rn. 3; Braun/Kroth, § 80 Rn. 5; Malitz, NStZ 2002, 341.
31 Vgl. hierzu Haarmeyer, S. 24 (Fn 71).
32 Braun/Kießner, § 1 Rn. 3; siehe hierzu auch Smid, DZWIR 1997, 310.
33 Braun/Kießner, § 1 Rn. 10.
34 Uhlenbruck, KTS 1967, 10 f.
35 BT-Drucks. 12/2443, S. 75.
36 Umfassend zur Ver- und Entschuldung Straffälliger: Brei, Entschuldung Straffälliger durch Verbraucherinsolvenz und Restschuldbefreiung, 2005, Bielefeld.
37 Braun/Lang, § 286 Rn. 3.
38 BT-Drucks. 12/2443, S. 81.
39 Smid, DZWIR 1997, 310.

und der Rechtssicherheit[40]. Der Staat gewährleistet mit ihr ein funktionsfähiges Verfahren, sichert den Erhalt der Insolvenzmasse und kompensiert die für den einzelnen Gläubiger eintretenden Rechts- und Vermögensverluste[41]. Insgesamt erfüllt die Insolvenzordnung eine im öffentlichen Interesse liegende und auf dem Sozialstaatsprinzip fußende Ordnungsaufgabe[42]. Diese ist für das Funktionieren der Marktwirtschaft von grundlegender Bedeutung[43]. Zwar dient das Strafverfahren unbestritten auch dem sozialen Frieden als Grundlage des menschlichen Zusammenlebens[44]. Neben der konkreten Strafe als Sanktion für begangenes Unrecht ist der staatlichen Strafe ein gleichfalls präventiver Aspekt beizumessen[45]. Aber auch das laufende Insolvenzverfahren hat eine nicht minder präventive und zugleich deeskalierende Wirkung hinsichtlich der naturgemäß auftretenden Interessenkonflikte zwischen Schuldner und Gläubiger sowie zwischen den Gläubigern untereinander.

b) Auswirkungen der Insolvenzeröffnung auf Schuldner und Gläubiger ·

Zum Schutz der Insolvenzmasse bzw. des gesamten Verfahrens sind deshalb mit der Insolvenzeröffnung nicht nur für den Schuldner, sondern auch für dessen Gläubiger erhebliche Einschnitte verbunden.

Der Schuldner verliert nach §§ 80 Abs. 1, 85 f. InsO die Verwaltungs-, Verfügungs- und Prozessführungsbefugnis über das ihm noch gehörende Vermögen[46]. Verfügungen, die nach Eröffnung des Insolvenzverfahrens über Gegenstände der Insolvenzmasse getroffen werden, sind wie der sonstige Rechtserwerb von Massegegenständen ohne Einbindung des Insolvenzverwalters absolut unwirksam[47], §§ 81 Abs. 1 S. 1, 91 Abs. 1 InsO. Letztlich werden die dem Insolvenzbeschlag unterliegenden Vermögensbestandteile vor den Augen des Schuldners durch den gerichtlich bestellten Verwalter unter Ausschluss des Zugriffs Dritter zur gemeinsamen Befriedigung der Gläubiger verwertet. Nicht ohne Grund war wegen der gravierenden Folgen bereits im konkursrechtlichen Schrifttum des 19. Jahrhunderts von einer partiellen Entmündigung die Rede[48].

40 So bereits zur Konkursordnung Breuer, KTS 1995, 5.
41 Siehe hierzu auch Ausführungen BT-Drucks. 16/700, S. 14.
42 BT-Drucks.16/700, S. 14 mit Verweis auf BVerfGE 65, 182, 193 f.
43 BT-Drucks. 12/2443, S. 75; Haarmeyer, S. 19.
44 Schulte, S. 355.
45 Jescheck/Weigend, § 8 II ff.; Schönke/Schröder/Stree, Vorbem. §§ 38 ff. Rn. 2.
46 Häsemeyer, Rn. 9.04.
47 Braun/Kroth, § 81 Rn. 7.
48 Haarmeyer, S. 29 mit Verweis auf Oetker, Konkursrechtliche Grundbegriffe, Band I. Die Gläubiger, 1891.

Ähnliche Autonomieverluste, die zwar teilweise durch entsprechende Mitbestimmungs- und Beteiligungsrechte während des Insolvenzverfahrens wieder kompensiert werden, müssen die Gläubiger des Schuldners hinnehmen[49]. Ihre Individualrechte gehen unter, werden verändert oder eingeschränkt[50]. So ist z.B. nach § 89 Abs. 1 InsO die Einzelzwangsvollstreckung verboten und die im letzten Monat[51] vor dem Antrag auf Eröffnung des Insolvenzverfahrens oder später erlangten Sicherungen unterliegen der Rückschlagsperre, § 88 InsO. Sie werden mit Eröffnung des Verfahrens automatisch unwirksam. Ferner sind Rechtshandlungen zugunsten einzelner Gläubiger, welche die Gesamtheit der Insolvenzgläubiger benachteiligen, durch den Insolvenzverwalter im Rahmen der §§ 130 ff. InsO anfechtbar. Zudem werden Zivilprozesse nach § 240 ZPO unterbrochen und nur nach Maßgabe der Insolvenzordnung wieder aufgenommen[52]. Nicht zuletzt verliert ein gegen den Schuldner nach §§ 135, 136 BGB erwirktes relatives Veräußerungsverbot seine Wirkung, § 80 Abs. 2 S. 1 InsO.

Die durch die Insolvenzeröffnung schutzbedürftig gewordenen Gläubiger des Schuldners bilden kraft Gesetz eine Zwangs- und Verlustgemeinschaft. Dieser wird nur die fest abgrenzbare und gesetzlich gegen jeglichen Zugriff, also mit an sich dinglicher Wirkung[53] geschützte und dem Schuldner immer noch gehörende Insolvenzmasse haftungsrechtlich als Sondervermögen[54] zur gemeinschaftlichen Befriedigung zugewiesen[55].

c) Die Stellung der Insolvenzordnung innerhalb der Gesamtrechtsordnung

Die materiell-rechtlichen Bestimmungen der Insolvenzordnung gestalten die Rechtsbeziehungen des Schuldners zu seinen Gläubigern ausschließlich im Falle einer wirtschaftlichen Notlage[56]. Sie gehen den Vorschriften des allgemeinen Rechts als speziellere Normen vor[57].

Daneben strahlt die Insolvenzordnung auch in andere Rechtsgebiete aus[58]. Beispielsweise werden Gesellschaften und juristische Personen des Privatrechts mit

---

49 Haarmeyer, S. 23.
50 Kilger, FS Merz, S. 279; so auch Berges, KTS 1960, 2 zur Stellung der Gläubiger im Konkursverfahren.
51 Bei Verbraucherinsolvenzverfahren beträgt die Frist drei Monate, § 312 Abs. 1 S. 2 InsO.
52 Siehe hierzu z.B. §§ 85 f., 180 Abs. 2 InsO.
53 Jaeger/Henkel-KO, § 15 Rn. 29.
54 Häsemeyer, Rn. 9.03.
55 Haarmeyer, S. 48 ff; Kübler/Prütting/Holzer, § 35 Rn. 9.
56 Haarmeyer, S. 21 f.
57 Haarmeyer, S. 21.
58 Haarmeyer, S. 28.

Eröffnung des Insolvenzverfahrens aufgelöst[59], Kündigungsmöglichkeiten bei Dienstverhältnissen und nach Eröffnung des Verfahrens eintretende Aufrechnungslagen modifiziert[60]. Geldstrafen, Geldbußen, Ordnungs- und Zwangsgelder und sonstige zur Zahlung einer Geldleistung verpflichtende Nebenfolgen von Straftaten oder Ordnungswidrigkeiten erklärt § 39 Abs. 1 Nr. 3 InsO zu nachrangigen Insolvenzforderungen. Nicht zuletzt beugt sich die den Finanzbehörden gesetzlich eingeräumte Individualexekution der insolvenzrechtlichen Universalexekution, § 251 Abs. 3 AO[61].

Im Ergebnis ist das Insolvenzrecht sowohl Schmelztiegel als auch Schnittstelle zahlreicher Normen, welche sich allesamt den Zwecken des Verfahrens unterordnen[62].

d) Die Stellung des Schuldners im Verfahren

Der Schuldner hat alle Handlungen zu unterlassen, die dem Insolvenzverfahren zuwiderlaufen, § 97 Abs. 3 S. 2 InsO. Darüber hinaus obliegen ihm aktive, der Förderung des Verfahrens dienende Auskunfts- und Mitwirkungspflichten. Auf Verlangen muss er gem. § 97 InsO jederzeit dem Insolvenzgericht, -verwalter, Gläubigerausschuss und auf Anordnung des Gerichts auch der Gläubigerversammlung über alle das Verfahren betreffenden Verhältnisse und ihn ggf. selbst belastende Vorgänge Auskünfte erteilten. Damit der Schuldner diesen Verpflichtungen nachkommt, kann das Gericht ihm die Abgabe der eidesstattlichen Versicherung auferlegen[63]. In dieser hat er zu versichern, dass die von ihm verlangten Auskünfte nach bestem Wissen und Gewissen richtig und vollständig erteilt wurden, § 98 Abs. 1 S. 1 InsO. Als weitere Zwangsmittel[64] kommen im Falle der nicht ordnungsgemäßen Erfüllung die Vorführung und als ultima ratio die Verhaftung in Betracht, § 98 Abs. 2, 3 InsO. Zudem obliegt dem Schuldner gem. §§ 20 Abs. 1, 22 Abs. 3 S. 3 InsO bereits im Eröffnungsverfahren die höchstpersönliche Pflicht[65], dem Gericht und einem vorläufigen Insolvenzverwalter die für die Entscheidung

---

59 Vgl. hierzu §§ 131 Abs. 1 Nr. 3, 161 Abs. 2 HGB; §§ 42, 89, 86, 729 BGB; §§ 262 Abs. 1 Nr. 3, 289 AktG; § 60 Abs. 1 Nr. 4 GmbHG, § 101 GenG.
60 Siehe §§ 113, 95 f. InsO.
61 Haarmeyer, S. 31 ff.
62 Haarmeyer, S. 28. A.A. Janssen, Rn. 94 ff. Er billigt der Insolvenzordnung gerade keinen Sonderstatus zu. Das Strafverfahren sei ein streng gesetzesdefiniertes Verfahren, welches keinen Vorzug der Insolvenzgläubiger kenne.
63 Zur Strafbarkeit einer falschen Versicherung an Eides Statt siehe § 156 StGB.
64 Berges, KTS 1960, 1 bezeichnet den in der Konkursordnung bereits bestehenden Auskunfts-, Vorführungs- und Haftzwang als Erbstück autoritärer Staatsauffassung, auf das aber zur Sicherung und Beschleunigung des Rechtsganges nicht verzichtet werden könne.
65 Braun/Kind, § 20 Rn. 8.

des Antrages erforderlichen Informationen zu erteilen. Jene Angaben können durch die in §§ 20 Abs. 1 S. 2, 23 Abs. 3, S. 3, 2. HS InsO enthaltenen Verweisungen auf §§ 97, 98 InsO ebenfalls mittels Zwang eingefordert werden.

Zu der bereits angeführten partiellen Entmündigung enthält das Insolvenzverfahren für den Schuldner zusätzlich noch repressive Züge. So soll beispielsweise der in Vermögensverfall Geratene nicht zum Amt eines Schöffen oder Handelsrichters berufen werden, §§ 33 Nr. 5, 109 Abs. 3 S. 2 GVG. Die Zulassung zur Rechtsanwaltschaft wird ihm versagt oder in der Regel widerrufen, §§ 7 Nr. 9, 14 Abs. 1 Nr. 7 BRAO. Die Bestellung zum Steuerberater kann nur erfolgen, wenn der Bewerber in geordneten wirtschaftlichen Verhältnissen lebt, § 40 Abs. 2 S. 2 Nr. 1 StBerG. Seine Bestellung wird von der Steuerberaterkammer grundsätzlich widerrufen, wenn er in Vermögensverfall geraten ist. Ähnliches gilt für Wirtschaftsprüfer, § 20 Abs. 2 Nr. 5 WiPrO. Die Insolvenz führt gewerberechtlich regelmäßig zur »Unzuverlässigkeit« und erteilte Erlaubnisse können widerrufen werden[66].

Der im Jahr 1891 von *Oetker* verwendete Begriff des *»Gerichtsunterworfenen«*[67] trifft angesichts des Pflichtenkatalogs nebst den daraus resultierenden Sanktionselementen mehr denn je auf die gegenwärtige Situation des Schuldners zu.

e) Zwischenergebnis

Zusammenfassend kann festgehalten werden, dass die Insolvenzeröffnung weitreichende, der Sicherung und dem Zweck des Verfahrens dienende Rechtsfolgen nach sich zieht[68]. Der Insolvenzeröffnungsbeschluss wirkt gegenüber allen Personen, die zu diesem Zeitpunkt mit dem Schuldner in Rechtsbeziehung stehen oder Rechtsgeschäfte mit ihm über das insolvenzbefangene Vermögen tätigen wollen[69]. Daneben wird mit dem Beschluss über die Eröffnung des Verfahrens das bis dahin der Disposition des Antragstellers unterliegende Insolvenzeröffnungsverfahren als ein im öffentlichen Interesse liegendes Amtsverfahren fortgeführt[70].

Als ohne jeglichen Ermessensspielraum[71] zu ergehender Hoheitsakt stellt der Eröffnungsbeschluss die formellen und materiellen Insolvenzvoraussetzungen verbindlich fest und ermöglicht tiefgreifende Einschnitte in das eigenverantwortliche

---

66 Haarmeyer, S. 46. Zu den berufs- und gewerberechtlichen Auswirkungen der Insolvenzeröffnung für den Schuldner sowie dessen personenrechtliche und staatsbürgerliche Stellung nebst den Konsequenzen für die vom Schuldner ausgeübten Heilberufe und sonstige Bereiche siehe die umfassenden Ausführungen in MüKo-InsO/Ott/Vuia, § 80 Rn. 12 ff.

67 Haarmeyer S. 44 mit Verweis auf Oetker, S. 86.

68 Häsemeyer, siehe hierzu auch S. 244 ff.

69 Haarmeyer, S. 43.

70 MüKo-InsO/Schmahl, § 13 Rn. 123.

71 Haarmeyer/Wutzke/Förster, S. 434.

und gestaltende Handeln sowie in die Grundrechte der Beteiligten[72]. Er geht weit über die herkömmliche Wirkung eines Zivilurteils hinaus.

2. Argumente für den Vorrang des Strafrechts

a) Vorrang der strafprozessualen Beschlagnahme?

aa) Beweissichernde Beschlagnahme

Im strafprozessualen Schrifttum ist lange Zeit überwiegend nur das Konkurrenzverhältnis von insolvenzrechtlicher und beweissichernder Beschlagnahme nach §§ 94 ff. StPO problematisiert worden. Für den privilegierten Zugriff der Staatsanwaltschaft spreche der staatliche Anspruch auf Bestrafung des Täters sowie die im Rahmen der Strafverfolgung zur Verfügung stehenden Machtmittel[73]. In der Regel werden nur vereinzelt und teilweise im Stile einer Kommentierung die Auswirkungen auf vollstreckungs- oder verfahrenssichernde Beschlagnahmen nach §§ 111b Abs. 1, 111c, 290 ff. StPO erwähnt[74]. Insofern ist fraglich, ob die den Vorrang der strafprozessualen Beschlagnahme untermauernden Argumente grundsätzlich überzeugen und sich hieraus Rückschlüsse auf die vollstreckungssichernde Beschlagnahme von potenziellen Verfallsgegenständen ableiten lassen.

bb) Vollstreckungssichernde Beschlagnahme

Auf den ersten Blick erscheint die der strafrechtlichen Beschlagnahme den Vorzug gewährende Auffassung durchaus schlüssig und einleuchtend. Im Vergleich zum Insolvenzverwalter stehen den Ermittlungsbehörden unstreitig mannigfaltige Maßnahmen zur Verfügung. Mit der Strafprozessordnung wird eine Vielzahl von grundrechtsrelevanten Eingriffen ermöglicht. Jene tangieren und schränken sowohl persönliche Freiheit, körperliche Unversehrtheit, Eigentum, Hausrecht, Post-, Brief- und Fernmeldegeheimnis, Berufsfreiheit als auch das Recht auf informationelle Selbstbestimmung ein[75].

Die vorstehende Aussage kann aber in ihrer Pauschalität zur Lösung eines dogmatischen Grundsatzproblems nicht unreflektiert herangezogen werden. Die einzelnen Befugnisse lassen lediglich Rückschlüsse zu, welches Ziel mit ihnen ver-

---

72 Haarmeyer, S. 39.
73 Schäfer, wistra 1985, 210.
74 So z.B. Malitz, NStZ 2002, 341. Ausführlich setzen sich mit diesem Komplex in der neueren Literatur die Dissertationen von Schulte (2007) und Markgraf (2008) auseinander.
75 Roxin, § 29 Rn. 3.

folgt wird. Grundsätzliche Aussagen, wessen Interessen nun vorrangig sind, können daraus hingegen nicht entnommen werden[76]. Bereits aus § 160 Abs. 2 StPO ergibt sich, dass die Staatsanwaltschaft nicht nur belastende, sondern auch zur Entlastung führende Umstände zu ermitteln hat. So dient z.B. die einstweilige Unterbringung zwar dem Schutz der Allgemeinheit vor gefährlichen Rechtsbrechern[77]. Sie ermöglicht aber auch die notwendige ärztliche Behandlung des Betroffenen[78]. Darüber hinaus bietet sie einen Rahmen, in dem die Begutachtung zur möglichen Schuldunfähigkeit im Interesse des Täters durchgeführt werden kann. Ähnliches gilt für die Entnahme von Körperzellen zur molekulargenetischen Untersuchung. Der Abgleich mit den Tatspuren könnte den Täter sowohl im gegenständlichen als auch in künftigen Strafverfahren entlasten. Ähnliche Argumente lassen sich daher für eine Vielzahl der zur Verfügung stehenden Machtmittel finden. Sie dienen nicht ausschließlich nur zur Durchsetzung der staatlichen Strafbefugnis.

Daneben erlaubt selbst die Insolvenzordnung, wenn auch nicht in der strafprozessualen Bandbreite, Eingriffe in die Grundrechte des Schuldners. Etliche entsprechen von der Intensität her denen der Strafprozessordnung oder gehen, wie sich noch zeigen wird, deutlich darüber hinaus[79]. Insgesamt erscheint der Verweis auf die den Strafverfolgungsbehörden zur Verfügung stehenden Machtmittel weniger geeignet, eine Antwort auf das Problem der konkurrierenden Beschlagnahmen zu geben. Gleiches gilt für den im öffentlichen Interesse liegenden Anspruch auf Bestrafung des Täters. Auch die Insolvenzordnung erfüllt eine im öffentlichen Interesse liegende Ordnungsaufgabe, welche für das Funktionieren der Marktwirtschaft von elementarer Bedeutung ist. Zudem gewährleistet sie Rechtsfrieden und Rechtssicherheit[80].

b) Gegenüberstellung der Eingriffsmöglichkeiten

aa) Beschuldigter und Schuldner im Vergleich

Während im Ermittlungsverfahren die Unschuldsvermutung des Art. 6 Abs. 2 EMRK gilt und der Beschuldigte nicht zur Aufklärung der ihm zur Last gelegten Straftat beitragen muss[81], hat der Schuldner im Insolvenzverfahren alle schädigenden Handlungen zu unterlassen, das Gericht und den Insolvenzverwalter aktiv zu

---

76 Haarmeyer, S. 149.
77 Meyer-Goßner, § 126a Rn. 1.
78 KG Berlin, JR 1989, 476.
79 Breuer, KTS 1995, 6; Uhlenbruck, KTS 1967, 20.
80 S.o. Teil 1 A. II. 1. a).
81 Siehe hierzu §§ 136, 136 a, 243 Abs. 4, 257 Abs. 1 StPO.

unterstützen und selbst alle ihn belastenden bzw. strafrechtlich relevanten Umstände zu offenbaren. Kommt er den gesetzlich verankerten oder vom Insolvenzgericht auferlegten Pflichten[82] nicht nach, kann gem. §§ 97, 98 Abs. 3 S. 1 InsO, 904 - 910, 913 ZPO ebenfalls ein Haftbefehl erlassen werden. Dieser ist zwar maximal auf die Dauer von sechs Monaten beschränkt. Jedoch gehen die insolvenzrechtlichen Haftgründe deutlich über die in der Strafprozessordnung wurzelnde Flucht-, Verdunklungs- oder Wiederholungsgefahr hinaus, so dass selbst der Verweis auf das Machtmittel der Untersuchungshaft zur Begründung des strafrechtlichen Vorrangs nicht ausreicht. Gerade deshalb enthält die Insolvenzordnung auch ein strafprozessuales Beweisverwertungsverbot hinsichtlich der dem Schuldner mittels Zwang abgerungenen und ihn selbst belastenden Aussagen, § 97 Abs. 1 S. 3 InsO.

bb) Durchsuchung und Postüberwachung

Anhand der Befugnis zur Durchsuchung von Räumen des Beschuldigten kann auch kein Vorrang des Strafverfahrens ausgemacht werden. Außer bei den restriktiv zu handhabenden Befugnissen bei Gefahr im Verzug[83] haben die Strafverfolgungsbehörde und deren Ermittlungspersonen nur nach vorheriger richterlicher Genehmigung das Recht zur Durchsuchung, §§ 105 Abs. 1, 111b Abs. 4 StPO. Dagegen ergibt sich die generelle Berechtigung des vorläufigen Insolvenzverwalters, alle Geschäftsräume des Schuldners zu betreten und Nachforschungen anzustellen, aus dem Gesetz, § 22 Abs. 3 S. 1 InsO. Zudem darf nach der Insolvenzeröffnung der Verwalter mit einem Gerichtsvollzieher ohne zusätzliche richterliche Anordnung die nach Art. 13 GG geschützte Wohnung des Schuldners betreten, nach Gegenständen der Insolvenzmasse suchen[84] und deren Herausgabe verlangen[85], § 148 Abs. 2 InsO, § 90 GVGA. Dies ist nicht einmal der Staatsanwaltschaft zur Vollstreckung einer rechtskräftig erkannten Geldstrafe möglich[86].

Des Weiteren kennt das Insolvenzverfahren auch eine der strafprozessualen Postbeschlagnahme vergleichbare Maßnahme. Mit der in §§ 21 Abs. 2 Nr. 4, 99 InsO möglichen Postsperre kann das Gericht bestimmen, dass entweder bestimmte oder alle Postsendungen für den Schuldner zunächst an den Verwalter zu leiten sind. Im Strafverfahren hingegen steht das Recht zur Öffnung der ausgelieferten

---

82 Zu den Mitwirkungspflichten im Insolvenzeröffnungsverfahren siehe z.B., LG Duisburg, NZI 2001, 384 f.; App, EWiR 2001, 879 f.
83 Siehe hierzu insbesondere BVerfGK 7, 392 ff.
84 BT-Drucks. 12/2443, S. 170; Braun/Dithmar § 148 Rn. 8 m.w.N.; Haarmeyer/Wutzke/ Förster, S. 510.
85 Zum Insolvenzeröffnungsbeschluss als Vollstreckungstitel BGH, Rpfleger 2007, 42.
86 Entsprechendes gilt auch für die Strafvollstreckungsbehörde nach §§ 459, 459g Abs. 1 S. 2, Abs. 2 StPO, § 6 Abs. 1 JBeitrO, §§ 758, 758a ZPO. Hierzu auch Thewes, Rpfleger 2006, 525.

Sendungen grundsätzlich dem Richter zu, § 100 Abs. 3 S. 1 StPO. Erst nach entsprechender Übertragung kann die Staatsanwaltschaft diese richterliche Befugnis ausüben, § 100 Abs. 3 S. 2 StPO.

Die Möglichkeiten zur notwendigen und umfassenden Sachaufklärung gehen im Insolvenzverfahren erheblich weiter als im Strafverfahren[87]. Der Schuldner ist innerhalb des Insolvenzverfahrens deutlich mehr Restriktionen als im strafrechtlichen Ermittlungsverfahren unterworfen[88].

cc) Die Stellung von Staatsanwalt(schaft) und Insolvenzverwalter

Vielleicht rechtfertigt aber die der Staatsanwaltschaft innerhalb der Rechtsordnung zugewiesene Stellung im Vergleich zum Status des Insolvenzverwalters die These des strafprozessualen Vorrangs. Nach einer Auffassung zählt die Staatsanwaltschaft im System der Gewaltenteilung zwischen Erster, Zweiter und Dritter Gewalt trotz ihrer Eingliederung in die Justiz zur Exekutive[89]. Sofern sie im Rahmen des bindenden Legalitätsprinzips handelt, wird wiederum vertreten, dass sie ein der Judikative zugeordnetes Organ der Rechtspflege sei[90]. Unabhängig von der staatsrechtlichen Stellung der Staatsanwaltschaft nimmt sie als Trägerin hoheitlicher Befugnisse eine öffentliche Aufgabe wahr[91]. Sie trägt dazu bei, den staatlichen Anspruch auf Bestrafung durchzusetzen[92]. Ihre in § 152 Abs. 2 StPO verankerte Pflicht, Straftaten gegen jedermann wirksam zu verfolgen[93], ermöglicht die Ausübung der rechtsprechenden Gewalt[94].

Ohne auf die unterschiedlichen Auffassungen zur zivil- und insolvenzrechtlichen Stellung des Insolvenzverwalters eingehen zu wollen[95], ist der Insolvenzverwalter im Gegensatz zum Staatsanwalt unstreitig kein Beamter, der ein öffentliches Amt innehat[96]. Er kann deshalb alleine aus seinem Status heraus Beweismittel für den Strafprozess weder unmittelbar noch aus dem Rechtsgedanken des § 96 StPO zurückhalten. In § 96 StPO wird die Amtshilfepflicht von Behörden einge-

---

87   Breuer, KTS 1995, 6; Uhlenbruck, KTS 1967, 20.
88   Haarmeyer, S. 93.
89   BVerfG, NJW 1959, 872, NJW 2001, 1123; Meyer-Goßner, Vor § 141 GVG Rn. 6 m.w.N.
90   Meyer-Goßner, Vor § 141 GVG Rn. 7; Krey, JA 1985, 62; Vogel, DRiZ 1974, 236.
91   Haarmeyer, S. 73.
92   Schäfer, wistra 1985, 210.
93   BVerfG, NStZ 1982, 430.
94   Meyer-Goßner, Vor § 141 GVG, Rn. 3
95   Hierzu näher Braun/Kroth, § 80 Rn. 18 ff. m.w.N.; Haarmeyer, S. 74 ff.
96   Haarmeyer, S. 75.

schränkt[97]. Dem auf Behörden und öffentliche Beamte beschränkten Anwendungsbereich des § 96 StPO[98] unterfällt der Insolvenzverwalter gerade nicht.

Der Insolvenzverwalter wird aber für die Erfüllung von gesetzlich fixierten Aufgaben zum Gehilfen des Gerichts bestellt[99]. Als sogenannter Beliehener nimmt er faktisch hoheitliche Aufgaben und Rechte wahr. Er besitzt zumindest eine amtsähnliche Stellung[100]. Seine mitunter auch zu erledigenden Arbeiten wie z.b. die Erstellung von Steuererklärungen oder Verdienstbescheinigungen für Arbeitnehmer zum Bezug von Insolvenzausfallgeld gehen über rein zivilrechtliche Aspekte hinaus und stehen ebenfalls im öffentlichen Interesse.

Der Insolvenzverwalter unterliegt ferner der gerichtlichen Aufsicht, § 58 Abs. 1 S. 1 InsO. Das Insolvenzgericht übt nach der Eröffnung des Verfahrens, abgesehen von der Mitwirkung in einzelnen Entscheidungen[101], im Wesentlichen eine Rechtsaufsicht aus[102]. Es kann ihn zwar mittels Zwangsgeld zur Erfüllung seiner Pflichten anhalten und aus wichtigem Grund entlassen, §§ 58 Abs. 2 S. 1 u. 2, 59 Abs. 1 InsO. Jedoch hat das Gericht keine Möglichkeit, ihm bestimmte Weisungen zur Verwendung von insolvenzbefangenen Gegenständen zu erteilen oder ihm die Verfügungsbefugnis hierüber zu entziehen[103]. Diese in die Insolvenzabwicklung rechtsgestaltend eingreifende Begrenzung der Befugnis des Verwalters kann nur durch die Gläubigerversammlung erfolgen[104]. Insofern ist der Insolvenzverwalter gegenüber dem Gericht in einem elementaren Teilbereich des Verfahrens genauso unabhängig wie die Staatsanwaltschaft gem. § 150 GVG bei Durchführung ihrer Ermittlungen. Während die dem Legalitätsprinzip verpflichteten Beamten der Staatsanwaltschaft nur nach § 146 GVG den Weisungen ihres Vorgesetzten unterliegen, Eingriffe gerichtlich überprüfbar und Entscheidungen im Klageerzwingungsverfahren zu befolgen sind, hat der Insolvenzverwalter im Kernbereich des Verfahrens den Beschlüssen der Gläubigerversammlung[105] und der gerichtlichen Auskunfts- und Berichtsanforderung gem. § 58 Abs. 1 InsO nachzukommen.

---

97 Meyer-Goßner, § 96 Rn. 1.
98 Haarmeyer, S. 87; Meyer-Goßner, § 96 Rn. 5.
99 Haarmeyer, S. 78, 84.
100 Haarmeyer, S. 85.
101 Vgl. z.B. §§ 158, 163, 194, 231, 248, 270 InsO.
102 Haarmeyer/Wutzke/Förster, S. 434.
103 Haarmeyer, S. 132.
104 Haarmeyer, S. 132. So auch zur Konkursordnung Berges, KTS 1960, 4.
105 Bereits die Rechtsprechung des Reichsgerichts (RGZ 143, 266; 149, 185) sah mit Recht die Gläubigerversammlung als ein eigenes Rechtspflegeorgan an, Berges KTS 1960, 3.

dd) Zwischenergebnis

Zur Lösung der aufgeworfenen Rangproblematik bietet das alleinige Abstellen auf die der Staatsanwaltschaft und dem Insolvenzverwalter eingeräumten Befugnisse keine hinreichende Basis. Wesentlich mehr Gewicht kann den zwischen strafprozessualer und insolvenzrechtlicher Beschlagnahme bestehenden Unterschieden beigemessen werden.

3. Unterschied von Insolvenzbeschlag und strafprozessualer Beschlagnahme

a) Die Bewirkung der Beschlagnahme

Die Strafprozessordnung kennt neben der beweissichernden Beschlagnahme von Gegenständen, Postsendungen, Telegrammen und Führerscheinen nach §§ 94, 99, 108, 110, 111a Abs. 3 S. 1 StPO noch die vollstreckungssichernde Beschlagnahme von potenziellen Verfalls- und Einziehungsgegenständen gem. §§ 111b Abs. 1, 111c StPO sowie die in §§ 290 ff. StPO geregelte Vermögensbeschlagnahme.

Allen drei Beschlagnahmearten[106] ist gemein, dass sie neben ihrer einzelfallbezogenen Anordnung[107] zur Entfaltung der konkreten Wirkungen noch eines individuellen Vollzugsaktes bedürfen. Beweismittel sind in amtliche Verwahrung zu nehmen oder in anderer Weise sicherzustellen, § 94 Abs. 1 StPO. Auf die dem Verfall oder der Einziehung unterliegenden Gegenstände ist nach der in §§ 111b Abs. 1, 111c StPO vorgeschriebenen Weise zuzugreifen und die Vermögensbeschlagnahme wird erst nach der Veröffentlichung im Bundesanzeiger wirksam, § 291 StPO.

Ganz im Gegensatz hierzu tritt der Insolvenzbeschlag allumfassend ohne gesonderte Beschlussfassung bereits mit der Eröffnung des Verfahrens kraft Gesetz ein, § 80 Abs. 1 InsO[108].

b) Rechtsfolgen der Beschlagnahme

Gegenüber den strafprozessualen Beschlagnahmen hebt sich der Insolvenzbeschlag auch in anderer Hinsicht deutlich ab. Durch ihn wird das gesamte pfändbare Ver-

---

106 Durch die Entscheidung des BVerfG v. 20.03.2006 (BVerfG, NJW 2002, 1779) wurde die Vermögensstrafe nach § 43a StGB für verfassungswidrig erklärt, so dass für die Beschlagnahme nach § 111p StPO momentan kein Anwendungsbereich eröffnet ist.

107 Siehe hierzu §§ 98, 100, 108, 111e Abs. 1, 111n, 290 StPO.

108 Haarmeyer, S. 148; im insolvenzrechtlichen Eröffnungsverfahren geschieht dies durch § 22 Abs. 1 InsO i.V.m. § 80 InsO.

mögen des Schuldners erfasst und gegen Zugriffe Dritter geschützt. Anders verhält es sich bei den Beschlagnahmen nach der Strafprozessordnung. Diese haben unterschiedliche Rechtsfolgen, welche grundsätzlich nicht an die Schutzwirkung der insolvenzrechtlichen Beschlagnahme heranreichen. So entzieht die beweissichernde Beschlagnahme den Gegenstand nur der tatsächlichen Einwirkungsmöglichkeit des Beschuldigten. Bei der vollstreckungssichernden Beschlagnahme entsteht erst mit dem Zugriff ein Veräußerungsverbot[109], § 111c Abs. 5 StPO, §§ 135, 136 BGB.

Allenfalls die in engen Grenzen anwendbare und somit nicht repräsentative Vermögensbeschlagnahme nach §§ 290, 443 StPO hat ein absolutes Veräußerungsverbot gem. § 134 BGB zur Folge. Mit ihr will man allerdings nur die Gestellung des Angeklagten zur Durchführung der Hauptverhandlung bezwecken und ihn zur Teilnahme am Strafverfahren zwingen. Sie dient weder dem Schutz eines bestimmten Personenkreises noch fiskalischen Interessen. Ihr Zweck kann nach Eröffnung des Insolvenzverfahrens nicht mehr erreicht werden. Der Angeklagte ist selbst bei einer Teilnahme am Strafverfahren über sein Vermögen nicht mehr verfügungsbefugt[110], § 80 Abs. 1 InsO. Nachdem eine Konkurrenzsituation zwischen der Vermögensbeschlagnahme gem. §§ 290, 443 StPO und dem Insolvenzbeschlag ausscheidet[111], kann diese auch nicht als weitere Argumentationshilfe im Sinne eines besonderen Machtmittels herangezogen werden. Insgesamt tritt aus dem angestellten Vergleich eine Wertung des Gesetzgebers zu Tage, die den Vorrang der strafprozessualen Beschlagnahmen kaum zu begründen vermag.

4. Erfordernis der unmittelbaren Besitznahme

a) Notwendigkeit für das Strafverfahren

Ungeachtet der vorstehenden Ausführungen ist zu problematisieren, inwiefern man dem im Strafverfahren bestehenden Sicherstellungsbedürfnis von Beweismaterial durch einen vorrangigen Insolvenzbeschlag überhaupt gerecht werden kann. Im Zuge der weiteren Ausführungen ist daher die Bedeutung des Beweis- bzw. Massegegenstandes bzw. die Notwendigkeit des unmittelbaren Besitzes für das jeweilige Verfahren näher zu betrachten.

Wie oben schon ausgeführt, sind Gegenstände, die für Zwecke der gerichtlichen Strafverfolgung von Bedeutung sein können, zu beschlagnahmen oder in anderer Weise sicherzustellen, § 94 Abs. 1 StPO. Die Beschlagnahme wiederum ist das

---

109 Palandt/Ellenberger, § 136 Rn. 1: Dieses Veräußerungsverbot ist nach allgemeiner Meinung als Verfügungsverbot zu verstehen.
110 Breuer, KTS 1995, 4; Schulte, S. 362.
111 So bereits zum Konkursbeschlag Breuer, KTS 1995, 4.

Überführen in amtlichen Gewahrsam oder die Sicherstellung in anderer Weise[112]. Letzteres wird aber durch die Inbesitznahme des unter gerichtlicher Kontrolle stehenden Insolvenzverwalters bereits erreicht. Selbst die Vertreter der strafprozessualen Literatur sehen die Inbesitznahme des Insolvenzverwalters grundsätzlich als ausreichend an[113]. Der dem Insolvenzbeschlag unterworfene Gegenstand unterliegt daneben auch dem strafrechtlichen Schutz, § 136 StGB (Verwahrungsbruch, Verstrickungsbruch)[114]. Hat die Staatsanwaltschaft darüber hinaus dem Insolvenzverwalter gegenüber auf die Beweiserheblichkeit einer in seinem Besitz befindlichen Sache oder auf einen Beschlagnahmebeschluss hingewiesen, kann sich der Verwalter bei einer unbedachten Freigabe sogar strafbar machen, §§ 258, 258a, 257, 274 StGB. In der Regel genügt es, der Staatsanwaltschaft ermittlungsrelevante Kopien von Dateien bzw. Geschäftsbüchern zur Verfügung zu stellen[115] und die Einsichtnahme der Originalbelege zu ermöglichen. Daneben können auch beweisgeeignete Gegenstände zeitlich befristet den Ermittlungsbehörden ausgehändigt werden[116]. Das wäre gerade dann der Fall, wenn es z.B. um falsche oder verfälschte Urkunden geht[117].

Der Insolvenzbeschlag steht mit dem strafrechtlichen Sicherstellungsinteresse durchaus im Einklang[118]. Das Besitzvorrecht des Insolvenzverwalters beeinträchtigt den Gang des Strafverfahrens nur unwesentlich. Für die strafprozessualen Zwecke genügt es oftmals, dass Ablichtungen von beweiserheblichem Material angefertigt[119] oder Originale zeitlich befristet den Ermittlungsbehörden zur Verfügung gestellt werden.

b) Notwendigkeit für das Insolvenzverfahren

Würde man nun die Vorrangfrage pauschal zugunsten einer strafprozessualen Beschlagnahme entscheiden, stellt sich die Gegenfrage, ob nicht die im öffentlichen

---

112 Meyer-Goßner, Vor § 94 Rn. 3.
113 Schäfer, KTS 1991, 27.
114 Fischer, § 136 Rn. 5.
115 Zu den kostenträchtigen Problemstellung im Zusammenhang mit der Editionspflicht nach § 95 StPO siehe Haarmeyer, S. 141 ff.
116 Haarmeyer, S. 136 f; Breuer, KTS 1995, 7: Die Staatsanwaltschaft kann die Fertigung von Ablichtungen verlangen. Sie ist als berechtigt anzusehen, in den Räumen des Konkursverwalters Einblick in die Geschäftsunterlagen zu nehmen. Falls die Unterlagen für das Konkursverfahren nicht mehr benötigt werden, könnte man diese der Staatsanwaltschaft insgesamt zur Verfügung stellen.
117 Bittmann, wistra 2001, 176.
118 So bereits zur Konkursordnung und § 94 StPO Uhlenbruck, KTS 1967, 25 m.w.N. und insbesondere mit Hinweis auf die damals gültige Fassung von Nr. 12 Abs. 2 RiStBV.
119 Bittmann, wistra 2001, 176.

Interesse liegende Funktionsfähigkeit des Insolvenz(plan)verfahrens durch das Zulassen einer anderweitigen Beschlagnahme zunichte gemacht wird. Anhand eines bei Insolvenzeröffnung noch laufenden Geschäftsbetriebes könnte das mehr als fatale Folgen nach sich ziehen.

Schließlich hat der Insolvenzverwalter im Rahmen der ordnungsgemäßen Masseverwaltung zu Beginn seiner Tätigkeit eine Vergleichsberechnung zwischen Betriebsfortführung und Liquidation des Unternehmens aufzustellen und ständig anzupassen[120]. Wird das Unternehmen fortgeführt, obliegt dem Verwalter gem. § 151 Abs. 1 S. 2 InsO die Buchführung und die ständige Prüfung der Finanzierbarkeit von Massekosten und Masseverbindlichkeiten[121]. Entzöge man der Masse bzw. dem Insolvenzverwalter aufgrund einer konkurrierenden Beschlagnahme die Geschäftsunterlagen oder würde man sie zeitlich befristet vorenthalten, hätte dies mitunter einen *»wirtschaftlichen Blindflug«*[122] zur Folge. Der Insolvenzverwalter müsste bei der Fülle seiner zu erledigenden Aufgaben in zeit- und kostenaufwendiger Weise in die bei der Ermittlungsbehörde sichergestellten oder bereits an einen Gutachter weitergeleiteten Unterlagen Einblick nehmen und sich um die Fertigung von Kopien oder Datenträgern bemühen. Dadurch wird eine denkbare Weiterführung des Handelsgeschäfts sehr erschwert, wenn nicht unmöglich gemacht. Termingerechte Dispositionen könnten nicht mehr getätigt werden und dringende bzw. zeitnahe Arbeiten wie etwa die Prüfung der Massezugehörigkeit von Gegenständen, der Einzug von Außenständen, die Durchsetzung von insolvenzrechtlichen Anfechtungsansprüchen sowie die Prüfung der zur Insolvenztabelle angemeldeten Forderungen wären nur noch zögerlich zu handhaben[123]. Notwendige Entscheidungen wie z.B. die Einstellung des Geschäftsbetriebes samt sofortiger Liquidation des Unternehmens verschleppen sich. Neben der vom Insolvenzverwalter hinzunehmenden Beeinträchtigung wäre zulasten der Gesamtgläubigerschaft eine längere Verfahrensdauer[124] noch das geringere Übel. Es bestünde die Gefahr eines nicht unerheblichen Masseverlustes. Im schlimmsten Fall wäre bei ungehindertem Geschäftsbetrieb an Masseunzulänglichkeit gem. § 208 InsO oder gar Massearmut nach § 207 InsO zu denken. Neben dem Vorenthalten von Geschäftsunterlagen kann auch die konkurrierende Beschlagnahme von Wertgegenständen zu Verzögerungen innerhalb des Insolvenzeröffnungsverfahrens führen. Ein nicht unerhebliches Masseschöpfungspotenzial wird so zum Spielball unterschiedlicher Interessen.

---

120 Braun/Diethmar, § 148 Rn. 11.
121 OLG Karlsruhe, ZInsO 2003, 229 ff.
122 So noch in der 2. Auflage, 2004, Braun/Gerbers, § 148 Rn. 16.
123 So bereits zur Konkursordnung Breuer, KTS 1995, 6 f.
124 So bereits zur Konkursordnung Breuer, KTS 1995, 6 f.

Wertverluste, Liquiditätsengpässe und die damit verbundenen Nachteile für die gesamte Gläubigerschaft und das Verfahren als solches liegen so auf der Hand.

5. Die Lösung der rechtsdogmatischen Konkurrenzfrage

a) Insolvenzbeschlag und beweissichernde Beschlagnahme

Der Insolvenzbeschlag wird dem staatlichen Sicherstellungsinteresse an den für das Strafverfahren bedeutsamen Beweismitteln im vollen Umfang gerecht[125]. Die vom Verhältnismäßigkeitsgrundsatz getragenen staatsanwaltschaftlichen Ermittlungen[126] erfahren keine wesentlichen Beeinträchtigungen. Angesichts des absoluten Charakters der Insolvenzzwecke[127], der Stellung der Insolvenzordnung innerhalb der Gesamtrechtsordnung[128] und der vom Insolvenzbeschlag ausgehenden Schutzwirkungen können keine die Funktionsfähigkeit des Insolvenzverfahrens beeinträchtigenden Übergriffe geduldet werden. Sobald man die Masse dem Zugriff Dritter oder gar des Staates aussetzt, wäre die dem Insolvenzverfahren beigemessene Aufgabe stark gefährdet oder ganz in Frage gestellt. Der privilegierte Zugriff auf die Masse bedarf deshalb einer gesetzlichen Grundlage[129]. Und an einer solchen ermangelt es insbesondere für die beweissichernde Beschlagnahme. Ließe man den ungehinderten Zugriff Dritter auf das insolvenzbefangene Vermögen zu, wäre die Funktionsfähigkeit der insolvenzrechtlichen Regelungen faktisch aufgehoben. Ein wichtiger Pfeiler der Gesamtrechts- und Wirtschaftsordnung würde so zu Fall gebracht[130]. Nachdem darüber hinaus nicht alle Argumente von den Vertretern des strafprozessualen Vorrangs durchgreifen[131], ist der Insolvenzbeschlag in gewisser Hinsicht privilegiert[132]. Nicht zuletzt deshalb wird dem Insolvenzverwalter gegenüber der Staatsanwaltschaft ein Herausgabeanspruch hinsichtlich der dort z.B. befindlichen Geschäftsunterlagen des Gemeinschuldners eingeräumt[133] bzw. dem Besitzvorrecht der Staatsanwaltschaft eine Abfuhr erteilt[134]. Ungeachtet dessen wird jedoch stets auf eine dem Einzelfall gerecht werdende Lösung zu achten sein. Die Zwecke des Strafverfahrens dürfen durch den grundsätzlichen Vorrang von insol-

---

125 Zu Maßnahmen des Konkursgerichts bereits Uhlenbruck, KTS 1967, 25 m.w.N.
126 Zum Verhältnismäßigkeitsgrundsatz im Strafverfahren Meyer-Goßner, Einl. Rn. 20, 158.
127 Malitz, NStZ 2002, 344.
128 Hierzu Haarmeyer, S. 28, 199.
129 BVerfGE 65, 182, 190
130 Haarmeyer, S. 151.
131 Haarmeyer, S. 149
132 Breuer, KTS 1995, 8; Haarmeyer; S. 150.
133 Hess, § 117 Rn. 349.
134 Kuhn/Uhlenbruck, § 117 Rn. 12 b billigt der Staatsanwaltschaft lediglich eine Ablichtung der Unterlagen zu. A.A. Schäfer, KTS 1991, 27.

venzrechtlichen Bestimmungen keinesfalls auf der Strecke bleiben. Es gilt vielmehr kooperative Lösungen zu entwickeln, als weiterhin auf verhärteten Standpunkten zu beharren[135].

b) Schlussfolgerung für die vollstreckungssichernde Beschlagnahme

aa) Ausgangsproblem

Um Rückschlüsse für das eingangs angesprochene und in Rechtsprechung und Literatur ursprünglich weitaus weniger intensiv abgehandelte Konkurrenzverhältnis zwischen Insolvenzbeschlag und vollstreckungssichernder Beschlagnahme zu gewinnen, ist sowohl auf das mit der Beschlagnahme nach §§ 111b Abs. 1, 111c StPO verfolgte Ziel als auch auf den Zweck des Verfalls einzugehen. Denn auch für diesen Bereich ermangelt es an einer Rechtsnorm, die zugunsten des staatlichen Verfalls einen privilegierten Zugriff im Insolvenzverfahren erlaubt. Wie oben bereits festgestellt, kann der insolvenzrechtliche Grundgedanke der gleichmäßigen Befriedigung bzw. der Gläubigergleichbehandlung aber nur kraft gesetzlicher Anordnung durchbrochen werden. Eine solche Regelung befindet sich weder im Strafgesetzbuch noch in der Insolvenzordnung. Insofern ist fraglich, ob die mit dem Verfall verfolgten Belange tatsächlich weniger stark zu gewichten sind, als die ebenfalls im öffentlichen Interesse liegenden Ziele der Insolvenzordnung. Bei einem Vorrang des Insolvenzbeschlages wäre zu prüfen, ob und ggf. in welchem Umfang dann die mit dem Strafverfahren verfolgten Ziele auf der Strecke bleiben.

bb) Zweck der vollstreckungssichernden Beschlagnahme

Während die beweissichernde Beschlagnahme in erster Linie der Überführung des Täters dient, verhindert die vollstreckungssichernde Beschlagnahme beeinträchtigende Verfügungen des Beschuldigten über den Verfallsgegenstand. Sie wehrt mit dem von ihr nach § 111c Abs. 5 StPO, §§ 136, 135 BGB ausgehenden Veräußerungsverbot auch den Zugriff Dritter ab. Durch den frühzeitigen Vollzug der Beschlagnahme kann verhindert werden, dass die spätere Verfallsentscheidung leerläuft[136] und das staatliche Vermögensinteresse einen Schaden erleidet. Soweit die Beschlagnahme nicht vorrangig zum Zwecke der Rückgewinnungshilfe erfolgt[137],

---

135 Siehe hierzu insbesondere Schulte, S. 283 ff., die zwar von einem Vorrang der Beweismittelbeschlagnahme ausgeht, jedoch durch die von ihr dargestellten Leitlinien zur Einzelfallentscheidung um pragmatische Lösungen bemüht ist.
136 LR-Schäfer, § 111b Rn. 1.
137 § 73 Abs. 1 S. 2 StGB, §§ 111b Abs. 5 u. 1, 111h, 111g Abs. 3 S. 6 StPO.

dient sie zur Sicherung des im Allgemeininteresse liegenden *»... Strafvoll-streckungsanspruchs des Staates ...«*[138]. Der möglichst ungeschmälerte, mit Rechtskraft der strafgerichtlichen Entscheidung kraft Gesetz eintretende Eigentums- bzw. Rechtsübergang des verfallenen Vermögenswertes auf den Staat soll so gewährleistet werden[139], §§ 73e Abs. 1 StGB, 60 StVollstrO.

Die Verfallsvorschriften tragen wiederum zur wirksamen Verbrechensbekämpfung bei. Straftaten dürfen sich weder für Täter, Teilnehmer oder Dritte finanziell lohnen. Deshalb sollen nach einhelliger Ansicht die entgegen der Rechtsordnung erlangten Vermögensvorteile mit den §§ 73 ff. StGB abgeschöpft[140] und unrechtmäßige Vermögensverschiebungen ausgeglichen werden[141]. Der staatliche Verfall ergänzt die zivil- und öffentlich-rechtliche Vermögensordnung[142]. Zeitgleich wird mit den Verfallsvorschriften der kriminalpolitisch wie kriminalpädagogisch bedeutsamen Forderung Rechnung getragen, dass dem Straftäter die Früchte seiner Tat zu entziehen sind, um ihn für die Strafe überhaupt empfänglich zu machen[143].

cc) Mögliche Nachteile für die Verbrechensbekämpfung?

Gegen eine Privilegierung des Insolvenzrechts könnten die sich bei der Bekämpfung von profitorientierten Straftaten abzeichnenden Rückschläge ins Feld geführt werden. Bevor aber dieser pauschale Einwurf weiter verfolgt wird, kann ihm bereits durch die im Strafgesetzbuch noch vorhandenen Alternativen zum Entzug der Verbrechensgewinne die mögliche Schärfe genommen werden.

Sofern nämlich die für die Tat oder unmittelbar aus ihr erlangten Gegenstände nicht mehr zur Verfügung stehen, sieht das Strafgesetzbuch anstelle des Verfalls den Verfall von Wertersatz vor. Mit dieser auf Zahlung einer Geldsumme gerichteten Maßnahme wird der Wert des ursprünglich aus der Tat Erlangten abgeschöpft und eine lückenlose Gewinnabschöpfung ermöglicht[144], §§ 73a S. 1, 73 Abs. 1 S. 1, Abs. 2 - 4 StGB.

Dagegen lässt sich aber gleich wieder einwenden, dass der Justizfiskus mit dieser Forderung in der Regel nicht am Insolvenzverfahren teilnehmen kann. Grund hierfür ist die in der Insolvenzordnung vorhandene Differenzierung zwischen ge-

---

138 Kiethe/Groeschke/Hohmann, ZIP 2003, S. 189 m.w.N.
139 Huber, Rpfleger 2002, 287. Entsprechendes gilt auch für die der Einziehung unterliegenden Gegenstände nach §§ 74 ff. StGB.
140 Keusch, S. 38 m.w.N.
141 BGH, wistra 1995, 222; Goos, wistra 2001, 315.
142 LK-Schmidt, § 73 Rn. 8.
143 Vgl. hierzu Güntert, S. 12.
144 LK-Schmidt, § 73a Rn. 2.

wöhnlichen und nachrangigen Insolvenzgläubigern, §§ 38, 39 InsO. Und zu den nachrangigen Insolvenzforderungen zählen insbesondere auch die zu einer Geldzahlung verpflichtenden Nebenfolgen einer Straftat, mithin also auch der Verfall von Wertersatz, § 39 Abs. 1 Nr. 3 InsO. Nachrangige Insolvenzgläubiger kämen demnach erst zum Zuge, wenn sie das Insolvenzgericht gesondert zur Anmeldung ihrer Forderungen auffordert, § 174 Abs. 3 InsO. Das wäre bei der Befriedigung der gewöhnlichen Insolvenzgläubiger der Fall[145]. Das Insolvenzgericht wird aber auch zur Anmeldung nachrangiger Forderungen aufrufen, wenn die gewöhnlichen Insolvenzgläubiger ihre Forderungen erst gar nicht anmelden. Da dies in der Praxis durchaus vorkommt[146], relativiert sich auch der Einwand des Nachranges.

Als weiterer Nachteil könnte jedoch für die Verbrechensbekämpfung das gem. §§ 89, 294 InsO für alle Insolvenzgläubiger vorherrschende Einzelzwangsvollstreckungsverbot angesehen werden. Dieses gilt nicht nur während des Insolvenzverfahrens. Es erstreckt sich auch auf die der Restschuldbefreiung vorausgehende und u.U. mehrere Jahre umfassende Wohlverhaltensphase[147]. Der in § 2 Abs. 1 StVollstrO niedergelegte Grundsatz der beschleunigten und nachdrücklichen Strafvollstreckung wird hier faktisch außer Kraft gesetzt.

Die soeben angesprochenen Nachteile bestechen bei näherer Betrachtung allerdings nicht. Alle nach § 39 Abs. 1 Nr. 3 InsO nachrangigen Insolvenzforderungen unterliegen weder der Restschuldbefreiung noch können sie durch einen Insolvenzplan erlassen werden, §§ 225 Abs. 3, 302 Nr. 2 InsO. Und solange die Strafvollstreckung[148] nicht begonnen bzw. fortgesetzt werden kann, ruht auch die Vollstreckungsverjährung gem. § 79a Nr. 1 StGB. Durch die Besonderheiten des Insolvenzverfahrens wird der Täter länger, nachhaltiger und ggf. bis zum Eintritt der Vollstreckungsverjährung mit den Rechtsfolgen seiner Tat konfrontiert. Der insolvenzrechtliche Vorrang erweist dem im öffentlichen Interesse liegenden Bedürfnis zur nachhaltigen Abschöpfung der aus Straftaten stammenden Gewinne daher einen weitaus größeren Dienst.

Die Privilegierung des strafrechtlichen Verfalls könnte bei einem insolventen Täter sogar kontraproduktiv sein. Der Vorrang des Verfalls ginge zulasten der übrigen Gläubiger. Diese würden eine geringere Quote erhalten und müssten nach der Restschuldbefreiung ihre noch offenen Forderungen gänzlich abschreiben[149]. Bei

---

145 Haarmeyer, S. 35. Zur Aufhebung des Eröffnungsbeschlusses bei fehlendem Insolvenzgrund im Eröffnungszeitpunkt siehe BGH, NJW 2006, 3553 ff.

146 Siehe z.B. BGH, NZI 2005, 399 ff.

147 Umstritten ist, ob die Einzelzwangsvollstreckung wegen der von § 302 InsO von der Restschuldbefreiung ausgenommenen Forderungen während der Wohlverhaltensphase ausscheidet, siehe hierzu Braun/Lang, § 294 Rn. 4 f. m.w.N. zu den gegensätzlichen Meinungen.

148 Siehe hierzu §§ 459g Abs. 2, 459 StPO, §§ 1 ff. JBeitrO, §§ 1 ff. EBAO.

149 Zu den von der Restschuldbefreiung ausgenommenen Forderungen siehe § 302 InsO.

einer privilegierten Stellung des Verfalls wird dem Täter dank des Insolvenzverfahrens auch noch die weitere Auseinandersetzung mit der strafrechtlichen Maßnahme erspart. Ähnlich kann man argumentieren, wenn sich der Verfall unmittelbar gegen eine juristische Person richtet. Hier wird es den dahinterstehenden Täter regelmäßig nicht berühren, welcher Gläubiger im Insolvenzverfahren eher zum Zug kommt. Die mit der Insolvenzeröffnung aufgelöste Gesellschaft ist nach Abschluss des Verfahrens liquidiert und nicht mehr existent[150].

Gegen einen Vorrang des Verfalls spricht auch, dass im Rahmen der Strafvollstreckung dem Staat nur die Befugnisse eines gewöhnlichen Gläubigers zustehen[151]. Nach der in §§ 459g Abs. 1 S. 2 StPO, 1 Abs. 1 EBAO enthaltenen Verweisung auf die Vorschriften der JBeitrO[152] wird nur ein Großteil der im Achten Buch der ZPO enthaltenen Vorschriften für anwendbar erklärt, § 6 Abs. 1 Nr. 1 JBeitrO. So ist z.B. für die Wegnahme eines noch im Besitz des rechtskräftig Verurteilten befindlichen Verfallsgegenstandes der Vollziehungsbeamte bzw. der Gerichtsvollzieher zuständig, § 459g Abs. 1 S. 2 StPO, § 1 Abs. 1 EBAO, § 6 Abs. 1 Nr. 1 JBeitrO, §§ 883 ff. ZPO. Verweigert der Verurteilte die Herausgabe, dürfen dessen Räume erst nach Anordnung eines richterlichen Durchsuchungsbeschlusses betreten werden[153]. Weitaus problematischer wäre die Vollstreckung, wenn der Verfallsgegenstand sich noch im Besitz eines nicht zur Herausgabe bereiten Dritten befände. Dort müsste zunächst gem. §§ 886, 829 ff. ZPO der Herausgabeanspruch an den Staat überwiesen werden[154]. Würde der Dritte sich anschließend immer noch weigern, wäre die gegen ihn gerichtete Klage auf Herausgabe erforderlich. Andernfalls müsste die Zwangsvollstreckung als verbotene Eigenmacht gewertet werden[155]. Während z.B. Geldstrafen und Bußgelder mittels Ersatzfreiheitsstrafe und Erzwingungshaft relativ rasch vollstreckt bzw. beigetrieben werden können, gibt es für die Vollstreckung von den nach §§ 73 ff. StGB möglichen Nebenfolgen hingegen keine vergleichbaren Druckmittel[156], § 459g StPO. Zudem kann das Gericht gem. § 73c StGB von der Anordnung des an sich zwingend auszusprechenden Ver-

---

150 Etwas anderes würde nur gelten, wenn ein Insolvenzplanverfahren zum Erhalt des Unternehmens durchgeführt wird, vgl. §§ 1 S. 1, 207 ff. InsO,

151 Die Vollstreckungsbehörde kann allenfalls nach § 6 Abs. 2 S. 2 JBeitrO, §§ 1 Abs. 1, 8 Abs. 3 EBAO bei der Zwangsvollstreckung in Forderungen und andere Vermögensrechte den Pfändungs- und Überweisungsbeschluss erlassen.

152 Zu Systematik, Regelungszweck, Geltungsbereich der EBAO und JBeitrO siehe Hartmann, IX. Beitreibung.

153 § 459g Abs. 1 S. 2 StPO, § 1 Abs. 1 EBAO, § 6 Abs. 1 Nr. 1 JBeitrO, §§ 758, 758 a ZPO. Siehe hierzu auch Thewes für den Bereich der Geldstrafenvollstreckung, Rpfleger 2006, 524.

154 Siehe hierzu Zöller/Stöber, § 886 Rn. 1.

155 LG Bielefeld, NJW 1956, 1879.

156 Zum Ausschluss der Ersatzfreiheitsstrafe beim Verfall von Wertersatz siehe BT-Drucks. IV/650, S. 245.

falls gänzlich absehen, wenn dieser für den Betroffenen eine unbillige Härte darstelle. Nicht zuletzt fristete die Vermögensabschöpfung lange Zeit ein Schattendasein[157]. Rein fiskalische Interessen führten mitunter zur Renaissance dieser lange Zeit vergessenen Vorschriften[158]. Dies alles deutet auf eine untergeordnete Rolle der im strafrechtlichen Sanktionensystem vorgesehenen Nebenfolge hin, welche die Forderung nach einer Privilegierung im Insolvenzverfahren nicht gerade zu stützen vermag.

Insgesamt besteht kein zwingendes Bedürfnis, den staatlichen Verfallsanspruch über die Interessen des Insolvenzverfahrens zu stellen. Wenn nun die nach dem materiellen Recht vorgesehenen Sanktionsmöglichkeiten nicht privilegiert sind, kann dies erst recht nicht für die zu deren Sicherung im Ermittlungsverfahren ausgebrachten Beschlagnahmen gelten[159]. Hierfür spricht u.a., dass mit Einführung der Insolvenzordnung gerade Vorrechte (auch des Fiskus) beseitigt werden sollten[160].

6. Ergebnis

Nach den vorstehenden Ausführungen ist der Insolvenzbeschlag zumindest gegenüber der vollstreckungssichernden Beschlagnahme vorrangig. Dabei kommt es zu keinen rechtsdogmatisch unvertretbaren Ergebnissen. Es wird weder die Strafverfolgung noch die Bekämpfung von profitorientierten Straftaten in unzumutbarer Weise beeinträchtigt. Die Rechtsfolgen bzw. die Wirksamkeit von vollstreckungssichernden Beschlagnahmen werden bei einem parallel laufenden Insolvenzverfahren nach den Bestimmungen der Insolvenzordnung beurteilt, d.h., dass sie insbesondere an § 80 Abs. 2 InsO zu messen sind[161].

III. Die Beschlagnahme im Lichte der §§ 80 Abs. 2, 88 InsO

1. Anwendungsbereich des § 80 Abs. 2 InsO

Gemäß § 80 Abs. 2 S. 1 InsO haben relative Veräußerungsverbote im Insolvenzverfahren keine Wirkung. D.h. aber nicht, dass sie automatisch unwirksam oder nichtig werden. Sie entfalten nur für die Dauer und die Zwecke des Insolvenzverfahrens keine Wirkungen[162]. Gibt der Insolvenzverwalter beispielsweise den Ge-

---

157 Siehe hierzu Brenner, DRiZ 1977, S. 203.
158 Podolsky/Brenner, S. 6.
159 Haarmeyer, S. 34.
160 BT-Drucks. 12/2443, S. 81, BGH, NJW 2007, 3352.
161 Kiethe/Groeschke/Hohmann, ZIP 2003, 189.
162 HK-Kayser, § 80 Rn. 65.

genstand frei, tritt die Suspendierung des relativen Verfügungsverbotes außer Kraft. Der Schuldner bleibt dann aber an dieses weiterhin gebunden[163]. Mit § 80 Abs. 2 InsO ist durch den Gesetzgeber die Regelung der Vorgängervorschrift des § 13 KO sinngemäß übernommen worden[164]. Diese hat bereits die relative Unwirksamkeit des relativen Veräußerungsverbotes angeordnet[165]. Wie in der Konkursordnung bleiben aber auch in der Insolvenzordnung die Veräußerungsverbote unberührt, die zuvor im Wege der Zwangsvollstreckung durch eine Beschlagnahme erwirkt wurden[166], § 80 Abs. 2 S. 2 InsO.

Daraus ergeben sich zwei zu erörternde Problemkreise. Zuerst ist der in Rechtsprechung und Literatur umstrittenen Frage nachzugehen, ob die vollstreckungssichernde Beschlagnahme nur ein relatives oder doch ein absolutes Veräußerungsverbot nach sich zieht[167]. Ein absolutes Veräußerungsverbot würde auch in der Insolvenz seine Wirkungen beibehalten. Sofern man hingegen nur von einem relativen Veräußerungsverbot ausgeht, wäre weiter zu prüfen, ob die strafprozessualen Zugriffe gem. §§ 111b Abs. 1, 111c StPO nicht doch unter die Ausnahme des § 80 Abs. 2 S. 2 InsO fallen. Diese Norm besagt, dass Pfändungen und Beschlagnahmen im Wege der Zwangsvollstreckung durch die Insolvenzeröffnung grundsätzlich nicht berührt werden.

---

163 HK-Kayser, § 80 Rn. 65.
164 BT-Drucks. 12/2443, 135.
165 Kilger/Schmidt, § 13 Nr. 2 a).
166 Braun/Kroth, § 80 Rn. 38.
167 **Für ein relatives Veräußerungsverbot:** BGH, NJW 2007, 3350 m.w.N., Hans.OLG Bremen, NJW 1951, 675; OLG Düsseldorf, NJW 1995, 2239; LG Neubrandenburg, ZInsO 2000, 676; OLG München, NJW 1982, 2330; Breuer, KTS 1995, 3; FK-InsO/App, § 80 Rn. 27; Groß, S. 33; Greier, ZInsO 2007, 956; Haarmeyer Rn. 590; Hansen/Wolff-Rojczyk, GRUR 2007, 471; Hees, ZIP 2004, 299; Jaeger/Henkel-KO, § 13 Rn. 3; Janssen, Rn. 87; nunmehr auch unter Aufgabe der früher vertretenen Auffassung von Müller, KMR/Mayer, § 111c Rn. 20; MüKo-InsO/Ott/Vuia, § 80 Rn. 154 unter Aufgabe der in der Vorauflage noch vertretenen gegensätzlichen Meinung; Kübler/Prütting/Lüke, § 80 Rn. 111, Fn. 269; Malitz, NStZ 2002, 341; Markgraf, S. 112; MüKo-BGB/Armbrüster § 136 Rn. 6; Palandt/Bassenge, Überbl. v. § 873 Rn. 8; Palandt/Heinrichs, § 136 Rn. 2 bis 58. Auflage; Rönnau, Rn. 46, 323, 350; Schäfer KTS 1991, 24; Schmidt, Rn. 590; Schulte, S. 323 m.w.N. auch zur gegenteiligen Ansicht; SK-StPO/Rogall § 111c Rn. 14, vormals a.A. SK-StPO/Rudolphi, § 111c Rn. 8; Soergel/Hefermehl, 136 Rn. 17; HK-InsO/Kayser, § 80 Rn. 63, vormals ging HK-InsO/Eickmann, § 80 Rn. 19, 22 zwar von einem relativen Veräußerungsverbot aus, wollte dieses aber wegen der im Allgemeininteresse erfolgten Beschlagnahme nicht von § 80 Abs. 2 erfassen. **Für ein absolutes Veräußerungsverbot:** Kiethe/Groeschke/Hohmann, ZIP 2003, 189 m.w.N für beide Ansichten; Nerlich/Römermann/Wittkowski, § 80 Rn. 179; Palandt/Ellenberger, § 136 Rn. 2. Sofern es sich um die **Einziehung von generell gefährlichen Gegenständen** handelt, gilt, was in § 111c Abs. 5 StPO nicht ausdrücklich erwähnt ist, § 134 BGB. Dieses Veräußerungsverbot entsteht unmittelbar auf Grundlage des § 134 BGB: Meyer-Goßner, § 111c Rn. 12; KK-StPO/Nack, § 111c Rn. 6; SK-StPO/Rogall, § 111c Rn. 19; siehe auch die Nachweise bei Jaeger/Henkel-KO, 9. Aufl. 1979, § 13 Rn. 4; Kilger/Schmidt, § 13 Rn. 1.

2. Rechtsnatur des in § 111c Abs. 5 StPO enthaltenen Verfügungsverbotes

a) Ausgangsüberlegung

Ob nun die von dem strafprozessualen Veräußerungsverbot gem. § 111c Abs. 5 StPO ausgehenden Schutzwirkungen relativer oder absoluter Natur sind, gilt es nachfolgend anhand von Wortlaut, Entstehungsgeschichte und systematischer Auslegung zu ermitteln[168].

b) Wortlautargument

Nach dem Wortlaut des § 111c Abs. 5 HS 1 StPO geht von der Beschlagnahme die Wirkung eines behördlichen oder gerichtlichen Veräußerungsverbotes im Sinne von § 136 BGB aus. Dieses behördliche bzw. gerichtliche Veräußerungsverbot steht einem gesetzlichen Veräußerungsverbot der im § 135 BGB bezeichneten Art gleich. Das Veräußerungsverbot bezweckt wiederum nur den Schutz bestimmter Personen und entfaltet lediglich eine relative Schutzwirkung. Alle Verfügungen über die vom Veräußerungsverbot umfassten Gegenstände und Rechte wären demnach nur gegenüber dem geschützten Personenkreis unwirksam.

Gem. § 111c Abs. 5 HS 2 StPO erfasst das Verbot auch andere Verfügungen als Veräußerungen. Die strafprozessuale Beschlagnahme schützt sowohl gegen alle rechtsgeschäftlichen Verfügungen als auch gegen sämtliche Akte der Zwangsvollstreckung und Arrestvollziehung. Eine in der Literatur vertretene Auffassung meint gerade durch diese Formulierung eine Stütze für den umfassenden Schutz des sichergestellten Gegenstandes gegen jegliche Form der Wertbeeinträchtigung zu erblicken. Deshalb sei der Beschlagnahme entgegen der Verweisung auf §§ 135, 136 BGB ein absolutes Veräußerungsverbot im Sinne von § 134 BGB beizumessen[169].

Nach dem ausdrücklichen Willen des Gesetzgebers sollte aber mit § 111c Abs. 5 HS 2 StPO nur der Inhalt des relativen Veräußerungsverbotes konkretisiert werden. Die mit der Beschlagnahme verfolgten Interessen werden nicht nur durch eine rechtsgeschäftliche Veräußerung, sondern bereits durch jede Wertbeeinträchtigung des vorläufig gesicherten Vermögenswertes berührt. Darunter fällt insbesondere der von den Gläubigern des Beschuldigten ausgehende Zugriff im Wege der Zwangsvollstreckung. Da im zivilrechtlichen Schrifttum überwiegend die Auffassung vertreten wird, dass bei einem gerichtlichen Veräußerungsverbot im Sinne von § 136 BGB nicht automatisch alle anderen Verfügungen als Veräußerungen erfasst werden, war es erforderlich, mit § 111c Abs. 5 HS 2 StPO einer die objektive

---

168 Zur Auslegung einer Rechtsnorm siehe Rüthers, Rn. 696 ff., 725.
169 So Kiethe/Groschke/Hohmann, ZIP 2003, 189 f.

Tragweite des relativen Veräußerungsverbotes einschränkenden Auslegung entgegenzuwirken. Die entgegen dem Gesetzeswortlaut für ein absolutes Veräußerungsverbot plädierende Literaturmeinung kann daher nicht überzeugen und ist abzulehnen.

Der Beschlagnahme nach § 111c StPO kommt im Wege der Wortlautauslegung nur ein relatives Veräußerungsverbot zu.

c) Historische Auslegung

Für eine relative Schutzwirkung der Beschlagnahme sprechen auch die Materialien zur Gesetzgebung und die in der Folgezeit immer wieder angestellten Überlegungen des Gesetzgebers[170]. Die Sicherstellung wegen des zu erwartenden Verfalls soll die rechtsgeschäftliche Verfügungsmöglichkeit des Beschuldigten einschränken[171]. Zudem ist aus der BT-Drucks. 7/550 auf S. 293 wörtlich zu entnehmen, dass die

> »...Beschlagnahme ...nach § 111c ... ebenso wie die noch nicht rechtskräftige, auf Verfall oder Einziehung des Gegenstandes laufende Verurteilung ... zu einem *relativen* Veräußerungsverbot ... [führt und diese Bestimmung bereits der] ... in Art. 70 Nr. 46 des Entwurfs eines Einführungsgesetzes zum Allgemeinen Strafgesetzbuch und zum Strafvollzugsgesetz 1930 (Reichstags-Drucksache Nr. 2070) vorgeschlagenen Regelung...« entspricht.

Zuvor hat es in der Vergangenheit mit dem Entwurf eines Gesetzes zur verbesserten Abschöpfung von Vermögensvorteilen aus Straftaten vom 03.02.1998[172] bereits das Bestreben einer insolvenzfesten Ausgestaltung der Beschlagnahme gegeben[173]. Wäre nun die Beschlagnahme bereits absoluter, d.h. insolvenzfester Natur, hätte es an sich keiner weiteren Regelung durch den Gesetzgeber bedurft. Aber das erst gegen Ende der 13. Legislaturperiode in das Parlament eingebrachte Gesetzgebungsvorhaben ist weder abgeschlossen noch in der Folgezeit erneut aufgegriffen worden, so dass mehr für eine immer noch nicht insolvenzfeste Ausgestaltung der Beschlagnahme spricht. Darüber hinaus ist in dem zuletzt verabschiedeten Gesetz zur Stärkung der Rückgewinnungshilfe und der Vermögensabschöpfung bei Straftaten[174] die Wichtigkeit und der Vorrang des Insolvenzverfahrens mehr als deutlich

---

170 BT-Drucks. 16/700, S. 17.
171 BT-Drucks. 7/550, S. 292.
172 BT-Drucks. 13/9742.
173 § 111b Abs. 6 S. 5 StPO-E lautete wie folgt: „*Die Wirkung der Beschlagnahme wird nicht davon berührt, daß über das Vermögen des Betroffenen das Konkurs-, Vergleichs- oder Gesamtvollstreckungsverfahren eröffnet wird*“. Siehe hierzu auch die kritischen Anmerkungen zu der insolvenzfesten Ausgestaltung der Beschlagnahme von Malitz, NStZ 2002, 344.
174 Siehe BT-Drucks. 16/700, S. 14 ff., BR-Drucks. 940/05, BT-Drucks. 16/2021; BGBl. I 2006, 2350 ff.

unterstrichen worden. Darin ist z.B. auch nicht der Vorschlag umgesetzt worden, die Opferansprüche im Fall der Insolvenz des Täters mit einem umfassenden Schutz zu versehen.

Der Gesetzgeber hat sich von Anfang an bewusst nur für die relative Schutzwirkung der vollstreckungssichernden Beschlagnahme entschieden und mehrmals seine Auffassung bestätigt. Somit spricht die historische Auslegung ebenfalls für ein relatives Veräußerungsverbot bei der Beschlagnahme nach § 111c StPO.

d) Systematische Auslegung

aa) Aufgabe der systematischen Auslegung

Die Auslegung nach dem Regelungszusammenhang beruht auf der Vorstellung, dass die Summe der Einzelnormen und Gesetze aller Rechtsgebiete ein geordnetes Gefüge widerspruchsfreier Wertmaßstäbe ergeben soll[175]. Fraglich ist daher, ob die Annahme eines von der vollstreckungssichernden Beschlagnahme ausgehenden absoluten Veräußerungsverbots sich widerspruchsfrei in das Gesamtsystem der Rechtsordnung einfügt. Im Vorgriff hierzu ist jedoch zu prüfen, ob es nicht bereits zu Widersprüchen innerhalb der Strafprozessordnung kommt. Kann denn die angebliche Notwendigkeit eines absoluten Veräußerungsverbotes mit dem für alle strafprozessualen Eingriffe geltenden Verhältnismäßigkeitsgrundsatz überhaupt in Einklang gebracht werden? Anschließend ist im Rahmen der Auslegung auf die Verträglichkeit mit anderen im Wertungszusammenhang stehenden Gesetzen einzugehen. Namentlich wird hier vor allem der zu den gesetzlichen und gerichtlichen Verfügungsverboten bestehende Kontext zu hinterfragen sein.

bb) Die Beschlagnahme nach § 111c StPO

(1) Primäres Ziel der Beschlagnahme

Wie bereits ausgeführt, soll durch die Beschlagnahme primär der möglichst ungeschmälerte, mit Rechtskraft der strafgerichtlichen Entscheidung kraft Gesetz eintretende Eigentums- bzw. Rechtsübergang des in Frage kommenden Vermögenswertes auf den Staat gewährleistet werden[176], § 73e Abs. 1 StGB. Begünstigter Staat im Sinne von § 73e Abs. 1 StGB ist grundsätzlich das Land, dessen Gericht im ersten Rechtszug entschieden hat[177], § 60 S. 1 StVollstrO. Das gilt selbst dann, wenn

---

175 BVerfGE 48, 257; Rüthers, Rn. 744.
176 Schmidt, Rn. 324.
177 Neuefeind, JA 2004, 162.

im Wege der Organleihe[178] das Gericht eines Landes erstinstanzlich den Verfall in Ausübung der Gerichtsbarkeit des Bundes[179] angeordnet hat. Andernfalls hätte es ausdrücklich auf den Verfall zugunsten des Bundes erkennen müssen, § 60 S. 2 StVollStrO. Unmittelbarer Nutznießer von Verfallsanordnung und vorläufiger Sicherstellung ist daher in der Regel nur der Justizfiskus eines Bundeslandes. Mit der Beschlagnahme nach § 111c StPO wird letztlich die spätere Verwertung im Rahmen der sich anschließenden Strafvollstreckung gesichert[180]. Zur Erreichung dieses Zieles könnte ein relatives Veräußerungsverbot völlig ausreichend sein[181]. Allerdings ist bei einem solchen im Gegensatz zum absoluten Veräußerungsverbot der gutgläubige Rechtserwerb grundsätzlich möglich, §§ 136, 135 Abs. 2 BGB. Ob sich dieser Gesichtspunkt jedoch entscheidungserheblich auf die gegenwärtige Diskussion um die Rechtsnatur der vollstreckungssichernden Beschlagnahme auswirkt, ist nachfolgend zu prüfen. Fraglich ist daher, wann und in welchem Umfang die Gutglaubensvorschriften sich für den die Beschlagnahme betreibenden Staat überhaupt nachteilig auszuwirken vermögen.

(2) Beschlagnahmewidrige Verfügungen und Belastungen

α) Anwendbarkeit der Gutglaubensvorschriften

Durch die in § 111c Abs. 5, HS 1 StPO enthaltene Verweisung auf §§ 136, 135 Abs. 2 BGB kommen auch bei der vollstreckungssichernden Beschlagnahme die Vorschriften zugunsten derjenigen entsprechend zur Anwendung, welche Rechte von einem Nichtberechtigten herleiten. Es besteht somit für den durch die Beschlagnahme geschützten Staat die grundsätzliche Gefahr eines Rechtsverlustes. Die öffentlich-rechtliche Verstrickung vermag den lastenfreien, gutgläubigen Eigentumserwerb nicht zu verhindern[182]. Voraussetzung für den vollumfänglichen Rechtserwerb eines beschlagnahmten Gegenstandes durch Dritte ist aber deren

---

178 Art. 96 Abs. 5 GG, § 120 Abs. 6 GVG.
179 Zur Zuständigkeit der Strafverfolgung und Strafvollstreckung durch den Bund siehe §§ 142 a Abs. 1 S. 1, 120 Abs. 1, 2 u. 6 GVG, § 451 Abs. 1 StPO, § 4 Nr. 3 StVollstrO; vgl. hierzu auch BGH, NJW 2001, 1359 ff. LK-Schmidt, § 73e Rn. 5 mit Verweis auf Erlass des BMJ v. 6.6.95 - ZB 1 - 5123 - 3/1995 - 2 0555/95.
180 Siehe hierzu § 459g Abs. 1 StPO, §§ 60 ff. StVollstrO, §§ 1 ff. EBAO, §§ 1 ff. JBeitrO.
181 Kübler/Prütting/Lüke, § 80 Rn. 111 in FN 269 unter Hinweis darauf, dass diese Maßnahmen lediglich dem Fiskus dienen; so bereits Hans. OLG Bremen, NJW 1951, 675 zur Beschlagnahme nach § 283 StPO a.F. zur Sicherung der Vollstreckung einer Geldstrafe.
182 Gaul, Rpfleger 1971, 7.

Redlichkeit. Letztlich muss sich der gute Glaube eines Erwerbers auf das Nichtbestehen des Verfügungsverbotes erstrecken[183].

Nachdem das Veräußerungsverbot gem. § 111c Abs. 5 StPO erst mit Durchführung der Beschlagnahme, also dem die Publizität nach sich ziehenden Vollzugsakt entsteht[184], ist anhand der einzelnen Gutglaubenstatbestände der weder von Rechtsprechung noch Literatur bislang groß verfolgten Frage nachzugehen, ob überhaupt und ggf. in welchen Konstellationen die tatsächliche Gefahr eines Rechtsverlustes für den durch die Beschlagnahme geschützten Staat besteht.

β) Der Rechtserwerb durch Dritte[185]

Den gutgläubigen Erwerb ermöglichen bei beweglichen Sachen die §§ 932 ff., 1032, 1207 ff., 1244 BGB, § 366 HGB und bei Grundstücken, grundstücksgleichen Rechten sowie den darauf lastenden Rechten die §§ 892 f., 1138, 1155, 1157 BGB[186]. Für eingetragene Schiffe, Schiffsbauwerke und Luftfahrzeuge existieren mit den §§ 16, 17 SchRG und §§ 16, 17 LuftfzRG vergleichbare Normen.

Bei Forderungen oder sonstigen Rechten sieht das Gesetz hingegen keinen Gutglaubenstatbestand vor[187]. Werden an den Zedenten Leistungen bewirkt, gelten allerdings die für den redlichen Schuldner bestehenden Schutzvorschriften der §§ 407, 408 BGB. Diese werden zugunsten des Schuldners auch entsprechend angewandt, wenn der Gläubiger mit einer Verfügungsbeschränkung belegt ist[188].

Soll nun ein Gegenstand trotz fehlender Berechtigung bzw. Verfügungsbefugnis des Veräußerers erworben werden, müssen neben den Gutglaubenstatbeständen alle sonstigen Erfordernisse der den Rechtsübergang regelnden Norm vorliegen. Entsprechendes gilt für den gutgläubigen Erwerb eines Rechtes an einem solchen Gegenstand (z.B. Pfandrecht, Nießbrauch etc.). Insofern ist fraglich, ob und wenn ja, in welchem Umfang die theoretische Möglichkeit des gutgläubigen Erwerbs im Anschluss an eine nach § 111c StPO erfolgte Beschlagnahme tatsächlich besteht.

---

183 BGH, NStZ 1985, 262; Meyer-Goßner, § 111c Rn. 10; MüKo-BGB/Armbrüster, § 135 Rn. 48; Palandt/Ellenberger, § 136 Rn. 9; SK-StPO/Rogall, § 111c Rn. 17.
184 Meyer-Goßner, § 111c Rn. 11.
185 Siehe hierzu auch Schmidt, Rn. 595.
186 MüKo-BGB/Armbrüster, § 135 Rn. 47. Ob darüber hinaus der durch Zwangsvollstreckung bewirkte Rechtserwerb den Gutglaubensvorschriften unterliegt, ist umstritten. Siehe hierzu Palandt/Ellenberger, § 136 Rn. 9; Soergel/Hefermehl, § 136 Rn. 22; MüKo-Armbrüster, § 135 Rn. 49; Staudinger/Kohler, § 135 Rn. 68 ff. jeweils m.w.N.
187 MüKo-BGB/Armbrüster, § 135 Rn. 48; Palandt/Ellenberger, § 136 Rn. 9. Zu den Besonderheiten der Abtretung einer Forderung unter Urkundsvorlage oder bei Rechtsgeschäften mit dem Erbscheinserben siehe jedoch §§ 405, 2366 f. BGB.
188 BGH, NJW 1983, 883; Palandt/Ellenberger, § 136 Rn. 9.

γ) Beschlagnahmewidriger Rechtserwerb

αα) Bewegliche Sachen

- Durchführung der Beschlagnahme

Bewegliche Sachen werden nach § 111c Abs. 1 StPO beschlagnahmt, indem sie in amtlichen Gewahrsam überführt oder die Beschlagnahme durch Anbringung eines Siegels bzw. in anderer Weise kenntlich gemacht wird. Bei größeren Anlagen, die man nicht insgesamt in Gewahrsam nehmen kann, ist es auch möglich, die Beschlagnahme durch Wegnahme einzelner Teile und Kenntlichmachung der verbleibenden Restsache zu bewirken (gemischte Durchführung)[189]. Mit der Beschlagnahme entsteht zwischen dem Betroffenen und dem Staat ein öffentlich-rechtliches Verwahrungsverhältnis[190]. Diese aufgrund der öffentlich-rechtlichen Beschlagnahme hervorgehende Verstrickung ist wie bei einer Sachpfändung durch den Gerichtsvollzieher strafrechtlich geschützt, § 136 StGB. Mit der Verstrickung wird für den Staat ein eigenes Recht zum mittelbaren oder unmittelbaren Besitz auf Zeit begründet. Ob die bloße Verstrickung zur Verhinderung einer den Staat benachteiligenden Verfügung ausreicht, gilt es nachfolgend zu klären.

- Der rechtsgeschäftliche Erwerb

Der rechtsgeschäftliche Erwerb von beweglichen Sachen erfordert, dass neben dem vereinbarten Eigentumsübergang der Eigentümer die Sache dem Erwerber übergibt, § 929 S. 1 BGB. Nachdem das Eigentum als absolutes Recht gegenüber jedermann wirkt, muss sowohl das Recht als auch eine Rechtsänderung für Dritte erkennbar sein (Kundmachungsgrundsatz)[191].

Ist der Erwerber hingegen bereits im Besitz der Sache, genügt die bloße Einigung, § 929 S. 2 BGB. Nach Maßgabe der §§ 930, 931 BGB kann die nicht immer praktikable Übergabe auch ersetzt werden. Falls der Eigentümer im Besitz der Sache ist und ggf. auch noch bleiben soll, wäre für den Erwerber nach §§ 930, 868 BGB ein den mittelbaren Besitz an dem Vertragsgegenstand begründendes Besitzkonstitut ausreichend (Bsp.: Der Veräußerer verwahrt die Sache weiter). Befindet sich die Sache hingegen bei einem Dritten, sieht § 931 BGB anstelle der Übergabe die Abtretung der dem Eigentümer zustehenden Herausgabeansprüche vor.

---

189 Schmidt, Rn. 633.
190 Amelung StV 1988, 326; Schmidt, Rn. 634 m.w.N.
191 Baur/Stürner, § 5 III.

Auf die Übergabe bzw. ein Übergabesurrogat nach §§ 929 - 931 BGB kann sogar gänzlich verzichtet werden, wenn bei nicht eingetragenen Seeschiffen oder den daran bestehenden Bruchteilen mit der dinglichen Einigung der sofortige Übergang des Eigentums vereinbart wird (doppelte Einigung)[192], § 929a BGB. Mit dieser die allgemeinen Regeln ergänzenden bzw. parallel anwendbaren Vorschrift wird der besonderen Lage der Seeschifffahrt Rechnung getragen. Schiffe befinden sich oft in See und eine Übergabe wäre somit in vielen Fällen nicht möglich[193].

- Der gutgläubige Erwerb

Soll nun der Eigentumserwerb von einem Nichtberechtigten bzw. in der Verfügungsbefugnis Beschränkten erfolgen, fordert das Gesetz zusätzlich, dass der Veräußerer dem Erwerber entweder den Besitz am Vertragsgegenstand bereits verschafft hat oder die Sache bzw. das nicht eingetragene Seeschiff noch übergibt, §§ 932 Abs. 1, 932 a HS 1, 933, 136, 135 Abs. 2 BGB. Der Rechtsgrund für den gutgläubigen Erwerb nach § 932 BGB ist immer ein auf dem Besitz beruhender Rechtsschein[194], auf den der Erwerber sich verlassen durfte[195].

Sofern nur der Anteil an einem nicht eingetragenen Seeschiff übertragen werden soll, wäre vom Veräußerer dem Erwerber auch der Mitbesitz am Schiff einzuräumen, § 932a HS 2 BGB. Wird die Übergabe nach § 931 BGB durch die Abtretung der gegenüber einem Dritten bestehenden Herausgabeansprüche ersetzt, vollzieht sich der gutgläubige Erwerb nach § 934 Alt. 2 BGB nur, wenn der Erwerber die Sache ausgehändigt bekommt. War der Veräußernde zum Zeitpunkt der Abtretung hingegen auch mittelbarer Besitzer, genügt die bloße Abtretung des Herausgabeanspruches, § 934 Alt. 1 BGB. Denn nach § 870 BGB erlangt der Erwerber so auch den für den Eigentumserwerb erforderlichen mittelbaren Besitz.

Zusammenfassend kann festgehalten werden, dass der gutgläubige Eigentumserwerb nur möglich ist, wenn der Erwerber hinsichtlich des Eigentums bzw. der Verfügungsbefugnis sich im guten Glauben befand und es dem Veräußerer zeitgleich möglich war, dem Erwerber den Besitz an der Sache zu verschaffen[196].

---

192 BGH, JZ 1995, 785; MüKo-BGB/Oechsler, § 929a Rn. 5; Palandt/Bassenge, § 929a, Rn. 5; Soergel/Henssler, § 929a Rn. 8.
193 Staudinger/Wiegand, § 929a Rn. 1.
194 Zur gesetzlichen Eigentumsvermutung zugunsten des Besitzers einer beweglichen Sache siehe § 1006 BGB.
195 Zum gutgläubigen Erwerb von Dritten mit Zustimmung des Besitzers siehe BGHZ 56, 123 ff.; zur Kritik an dieser zentralen Prämisse siehe Staudinger/Wiegand, § 932 Rn. 14 m.w.N.
196 Staudinger/Wiegand, Vorbem. zu §§ 932 ff. Rn. 12.

- Gutgläubiger Erwerb trotz Beschlagnahme?

Die für den gutgläubigen Erwerb nötige Übergabe der Sache bzw. die Einräumung des Mitbesitzes werden regelmäßig aufgrund des amtlichen Gewahrsams verhindert.

Das gilt auch für die nach §§ 931, 934 BGB die Übergabe ersetzende Abtretung der Herausgabeansprüche. Wenn man den Eigentumsübergang nach § 931 BGB an sich schon nicht nach der Anordnung der Beschlagnahme bereits als unzulässig halten will, so kann jedenfalls der Herausgabeanspruch gegen den Fiskus nur behaftet mit der durch die Beschlagnahme verbundenen öffentlichen Verstrickung abgetreten werden[197]. Der von der Beschlagnahme Betroffene könnte allenfalls seine künftigen Ansprüche[198] auf Rückgewähr der Sache abtreten. Dabei kommt aber die vorläufige Sicherstellung durch die Strafverfolgungsbehörde unweigerlich zu Tage und zerstört die Gutgläubigkeit des Erwerbers. Der vollumfängliche Eigentumsübergang würde daher frühestens mit Entstehung des Rückgewähranspruches erfolgen. Dies wäre aber nur bei Aufhebung der die Verfügungsbeschränkung begründenden Beschlagnahme möglich.

Die Beschlagnahme mit ihrer relativen Schutzwirkung verhindert deshalb regelmäßig den gutgläubigen Eigentumserwerb an beweglichen Sachen. Der amtliche Gewahrsam begründet den nahen Verdacht, dass der Gegenstand im Zusammenhang mit einer Straftat steht und möglicherweise dem Verfall oder der Einziehung unterliegt. Alleine die Kenntnis hierüber ist schon geeignet, die Gutgläubigkeit des Käufers in Abrede zu stellen. Ungeachtet dessen würde ein Erwerber in jedem Fall grob fahrlässig handeln, wenn er sich angesichts dessen nicht in diese Richtung vergewissert[199]. Nach §§ 111c Abs. 5 HS 1 StPO, 136, 135 Abs. 2, 932 Abs. 2 BGB wäre der Erwerber nämlich auch nicht in gutem Glauben, wenn ihm infolge grober Fahrlässigkeit unbekannt bleibt, dass der Veräußerer hinsichtlich der Sache mit einem Verfügungsverbot belegt ist.

Darüber hinaus wird aufgrund des durch die Beschlagnahme basierenden Besitzrechtes die Position des Staates zusätzlich noch durch § 111c Abs. 5 HS 1 StPO, §§ 136, 135 Abs. 2, 935 Abs. 1 S. 1 BGB geschützt. Kommt nämlich die beschlagnahmte Sache dem Staat abhanden, wird der gutgläubige Eigentumserwerb zulasten des Verbotsgeschützten auch durch weitere Veräußerungen regelmäßig ausgeschlossen[200]. Gleiches gilt, wenn die zwar beschlagnahmten, aber noch im unmit-

---

197 OLG Frankfurt a.M., NJW 1952, 1068.
198 Zum Herausgabeanspruch siehe Palandt/Bassenge, § 931 Rn. 3 u. 5.
199 OLG München, NJW 1982, 2331.
200 MüKo-BGB/Quack, 4. Aufl., 2004, § 935 Rn. 18: Der Makel gilt, bis Ersitzung eingetreten ist. Nach § 932 Abs. 2 BGB werden hiervon ausgenommen: Geld oder Inhaberpapiere sowie Sachen, die im Wege öffentlicher Versteigerung veräußert werden.

telbaren Besitz des Beschuldigten belassenen Gegenstände diesem abhandenkommen, § 111c Abs. 5 HS 1 StPO, §§ 136, 135 Abs. 2, 935 Abs. 1 S. 2 BGB. Nur wenn der weiterhin besitzende Beschuldigte nach dem Bruch des Siegels die bei ihm noch befindlichen Gegenstände veräußert, gehen für den Staat von § 935 BGB keine Schutzwirkungen aus. Der gutgläubige Erwerb ist nämlich möglich, sobald der den Besitz mittelnde Beschuldigte die Sache weggibt[201]. Dies kann auch durch den strafrechtlichen Schutz der Vollstreckung nach § 136 StGB nicht verhindert werden. Jedoch wäre selbst bei einem derartigen Handeln der Staat nicht völlig schutzlos. Soweit der nach dem Verstrickungs- bzw. Siegelbruch erzielte Verkaufserlös noch vorhanden wäre, würde er nach § 73 Abs. 2 S. 2 StGB dem Verfall unterliegen. Darüber hinaus könnte durch das Beiseiteschaffen des ursprünglichen Beschlagnahmeobjekts auch der Verfall von Wertersatz nach § 73a S. 1 StGB angeordnet werden.

- Belastungen trotz Beschlagnahme?

Die Beschlagnahme unterbindet nicht nur regelmäßig den gutgläubigen Eigentumserwerb. Sie verhindert auch die dingliche Belastung potenzieller Verfallsgegenstände mit einem Pfandrecht oder einem Nießbrauch. Derartige Rechte werden entsprechend der für den Eigentumsübergang an beweglichen Sachen dargestellten Systematik begründet. Für die Pfandrechts- und Nießbrauchbestellung muss neben der dinglichen Einigung die Sache in irgendeiner Weise übergeben werden, §§ 1032 S. 1, 1205 f. BGB. Der hierfür ebenfalls erforderliche Realakt enthält wesentliche Parallelen zu den Übereignungstatbeständen und beim Erwerb vom Nichtberechtigten wird darüber hinaus auf einzelne Gutglaubensvorschriften der §§ 932 ff. BGB verwiesen, §§ 1032 S. 2, 1207 BGB. Durch den amtlichen Gewahrsam scheitert deshalb regelmäßig eine verbotswidrige Belastung der beschlagnahmten Sache.

Gleiches gilt auch für den gutgläubigen Erwerb von beweglichen Sachen und darauf lastenden Rechten nach § 366 HGB. Sofern ein Kaufmann ihm nicht gehörige Sachen im Betriebe seines Handelsgewerbes verpfändet oder veräußert, schützt zwar § 366 HGB den guten Glauben des Erwerbers in die Befugnis des Kaufmanns, für den Eigentümer zu verfügen. Allerdings müsste sich der Rechtserwerb dann gem. § 366 Abs. 1 HGB i.V.m. §§ 932 ff., 1205 f. BGB vollziehen. Dem steht aber die zuvor im Wege der Beschlagnahme erfolgte Inbesitznahme durch den Staat wieder entgegen. Eine Kollision mit § 366 HGB dürfte daher ausscheiden.

---

201 Palandt/Bassenge, § 935 Rn. 7.

- Zusammenfassung

Die Beschlagnahme schützt den Staat mit ihrem relativen Veräußerungsverbot nahezu umfassend. Sie verhindert regelmäßig nicht nur einen der vorläufigen Sicherung zuwiderlaufenden gutgläubigen Eigentumserwerb der beweglichen Sache, sondern auch die dingliche Belastung des Verfallsgegenstandes mit einem Pfandrecht oder Nießbrauch[202].

Unter Bezugnahme auf die mit der Beschlagnahme entstandene Verstrickung wird darüber hinaus vertreten, dass es der ausdrücklichen Anordnung eines Veräußerungsverbotes in § 111c Abs. 5 StPO an sich gar nicht mehr bedurft hätte. Die im Rahmen eines gesetzlichen Vollstreckungsverfahrens erfolgte Überführung des beschlagnahmten Gegenstandes in den staatlichen Machtbereich lasse immer eine Verfügungsbeschränkung nach §§ 135, 136 BGB entstehen[203]. Bereits früher sei überwiegend davon ausgegangen worden, dass die zum Zwecke der Einziehung erfolgte Beschlagnahme eines Gegenstandes zu einem relativen Veräußerungsverbot führe[204]. Der Regelung des § 111c Abs. 5 StPO komme nur eine klarstellende Funktion zu[205]. Sofern man dieser Ansicht folgt, könnte man der Diskussion um die Rechtsnatur des Veräußerungsverbotes bereits jetzt den Boden für weitere Ausführungen entziehen.

ββ) Grundstücke, grundstücksgleiche Rechte

- Durchführung der Beschlagnahme

Die Beschlagnahme von Grundstücken und grundstücksgleichen Rechten erfolgt mit der Eintragung eines entsprechenden Vermerks im Grundbuch, § 111c Abs. 2 S. 1 StPO. Anders als bei beweglichen Sachen werden Grundstücke nicht in amtlichen Gewahrsam genommen[206]. Trotz der Beschlagnahme kann der Eigentümer das Grundstück immer noch betreten und benutzen. Ob und inwieweit hingegen Verfügungen möglich sind, gilt es nachfolgend zu klären.

---

202 Hat der Beschuldigte hingegen vor der Beschlagnahme als Berechtigter gem. § 158 Abs. 1 BGB über den Gegenstand aufschiebend verfügt, erlischt mit Eintritt der Bedingung das während der Schwebezeit durch die Beschlagnahme entstandene Veräußerungsverbot, § 161 Abs. 1 S. 2 BGB. Zu den nach § 161 Abs. 1 S. 2 BGB gleichgestellten Verfügungen siehe MüKo-BGB/Westermann, § 161 Nr. 14.
203 So für alle Arten der Beschlagnahme in § 111c StPO Rönnau, Rn. 351 m.w.N.
204 LR-Schäfer, 24. Aufl., 1988, § 111c Rn. 14 m.w.N.
205 So für alle Arten der Beschlagnahme in § 111c StPO Rönnau, Rn. 351 m.w.N.
206 Schmid, Rn. 1092.

- Beschlagnahmewidrige Verfügung und § 878 BGB

Im Liegenschaftsrecht treten Rechtsänderungen regelmäßig nur dann ein, wenn der Verfügende im Zeitpunkt der seiner dinglichen Erklärung nachfolgenden Grundbucheintragung noch verfügungsberechtigt ist. Die Beteiligten können allerdings den Zeitpunkt der Grundbucheintragung nicht bestimmen. Obwohl sie eigentlich für die Rechtsänderung alles getan haben, würde diese bei einer bis dahin noch eintretenden Beschränkung des Berechtigten durch den im Immobiliarsachenrecht vorherrschenden Eintragungsgrundsatz vereitelt[207]. Die für den späteren Erwerber missliche Konsequenz hat der Gesetzgeber auch erkannt[208]. Der Unbilligkeit wird mit § 878 BGB begegnet, indem unter bestimmten Voraussetzungen eine später eintretende relative oder absolute Verfügungsbeschränkung[209] die Wirksamkeit der ursprünglichen Verfügungserklärung nicht mehr beeinträchtigt. Insofern verdrängt § 878 BGB die den gutgläubigen Erwerb regelnden § 892 BGB[210]. Soweit nämlich bis auf die Eintragung alle Erwerbsvoraussetzungen erfüllt sind, tritt trotz dem späteren Abhandenkommen der Verfügungsbefugnis des Rechtsinhabers die Rechtsänderung mit der Eintragung im Grundbuch ein. Auf die Gut- oder Bösgläubigkeit des Erwerbers kommt es hier gar nicht an. Bevor nun bei Grundstücken und grundstücksgleichen Rechten auf die Gutglaubensvorschriften zurückgegriffen werden kann, ist auf die vorrangige Bestimmung des § 878 BGB abzustellen.

Jedoch gilt § 878 BGB nur für außerhalb des Grundbuches entstehende Verfügungsbeschränkungen[211]. Er findet hingegen keine Anwendung bei den erst mit Eintragung im Grundbuch wirksam werdenden Beschränkungen. Darunter zählt aber insbesondere auch die strafprozessuale Beschlagnahme nach § 111c Abs. 2 S. 1 StPO. Die Beschlagnahme von Grundstücken und grundstücksgleichen Rechten erfolgt nämlich durch konstitutive Eintragung eines Vermerks im Grundbuch.

Bei eintragungsbedürftigen Verfügungsbeschränkungen wie z.B. der Beschlagnahme nach § 111c StPO gilt das in der Grundbuchordnung verankerte verfahrensrechtliche Erledigungsgebot[212], §§ 17, 45 GBO. Nach diesem dürfen nämlich mehrere, das gleiche Recht betreffende Anträge nur in der zeitlichen Abfolge ihres Einganges abgearbeitet werden. Das bedeutet, dass z.B. der von dem Erwerber zuerst gestellte Antrag auf Eigentumsumschreibung vor dem später eingereichten Be-

---

207 Palandt/Bassenge, § 878 Rn. 1.
208 Palandt/Bassenge, § 878 Rn. 1.
209 Palandt/Bassenge, § 878 Rn. 10; Staudinger/Gursky, § 878 Rn. 24: „*§ 878 schützt grundsätzlich gegen alle Arten von Verfügungsbeschränkungen*".
210 Palandt/Bassenge, § 878 Rn. 3.
211 Palandt/Bassenge, § 878 Rn. 10. Darunter würde z.B. die richterliche Anordnung des Verfalls ohne vorherige Sicherstellung im Ermittlungsverfahren zählen, § 73e Abs. 2 StGB.
212 Staudinger/Gursky, § 878 Rn. 28 m.w.N.

schlagnahmeersuchen der Staatsanwaltschaft vollzogen wird[213]. Steht dem früheren Antrag ein zu behebendes Eintragungshindernis entgegen, wird dem nachfolgenden Ersuchen nur entsprochen, wenn entweder das Hindernis behoben oder zumindest vom Amts wegen eine rangwahrende Vormerkung bzw. ein Widerspruch im Grundbuch eingetragen wurde, § 18 Abs. 2 S. 1 GBO. Durch diese verfahrensrechtliche Regelung erlangt der Verfügungsempfänger eine gefestigte Erwerbsaussicht, die durch ein nachfolgendes Beschlagnahmeersuchen nicht mehr berührt wird. Im Gegensatz dazu muss aber auch der potenzielle Erwerber ein früher eingegangenes Beschlagnahmeersuchen sich vorgehen lassen.

Eine Interessenskollision zwischen der strafprozessualen Sicherstellung und § 878 BGB besteht deshalb nicht.

- Der gutgläubige Erwerb

Kommt man über § 878 BGB zu keinem wirksamen Rechtserwerb, kennt das Immobiliarsachenrecht noch den gutgläubigen Erwerb vom Nichtberechtigten, § 892 BGB. Zusätzlich wird durch § 893 BGB ein redlicher Dritter bei Rechtsgeschäften mit dem als berechtigt eingetragenen Nichtberechtigten geschützt. Der Anwendungsbereich beider Normen ist aber nur bei einer Grundbuchunrichtigkeit eröffnet. Das Grundbuch ist wiederum nur unrichtig, wenn die darin ausgewiesene Rechtslage mit der tatsächlichen Rechtslage nicht in Einklang steht[214]. Ein solches Auseinanderfallen gibt es in den hier interessierenden Fällen bei der vollstreckungssichernden Beschlagnahme nicht. Die Verfügungsbeschränkung entsteht erst mit der Eintragung des Beschlagnahmevermerks im Grundbuch. Sobald die Verfügungsbeschränkung aus dem Grundbuch hervorgeht, ist sie einem potenziellen Erwerber gegenüber wirksam, § 892 Abs. 1 S. 2 BGB. Dadurch werden alle künftigen Verfügungen über das Grundstück und das grundstücksgleiche Recht sowie der gutgläubige Erwerb zum Nachteil des Staates unterbunden. Die Gefahr des gutgläubigen Rechtserwerbs würde allenfalls bei einer versehentlichen oder manipulativen Löschung des bereits eingetragenen Beschlagnahmevermerks entstehen. Da diese Möglichkeit aber nur auf einen nicht ordnungsgemäßen Geschäftsgang beim Grundbuchamt zurückgeführt werden kann, ist ihr keine weitere Beachtung zu schenken.

---

213 Gleiches gilt für den Eintragungsantrag des die Beschlagnahme anordnenden Gerichts nach § 111f Abs. 2 S. 1 StPO.
214 Staudinger/Gursky, § 892 Rn. 28.

- Mögliche Enthaftung von Zubehör

Die Beschlagnahme erfasst aber nicht nur das unbewegliche Vermögen als solches. Sie hat den gleichen Umfang wie die zum Zwecke der Zwangsversteigerung durch das Vollstreckungsgericht erfolgte Grundstücksbeschlagnahme, § 111c Abs. 2 S. 2 StPO. Demnach gilt ein Großteil[215] der Gegenstände, die einer hypothekarischen Haftung unterliegen würden, auch zugunsten des Staates als beschlagnahmt, § 111c Abs. 2 S. 2 StPO, §§ 20 Abs. 2, 21, 22 ZVG, §§ 1120 ff. BGB. Auch hier stellt sich wieder die Frage, ob das von der Beschlagnahme ausgehende relative Veräußerungsverbot für diese miterfassten Gegenstände einen hinreichenden Schutz bietet.

Die hypothekarische Haftung erstreckt sich insbesondere auf die dem Eigentümer oder Eigenbesitzer gehörenden sonstigen Bestandteile und Zubehörstücke des Grundstücks sowie auf die bereits vom Grundstück getrennten Erzeugnisse. Für land- und forstwirtschaftliche Erzeugnisse trifft das nur eingeschränkt zu, § 21 Abs. 1 ZVG. Diese Produkte müssen entweder noch mit dem Boden verbunden oder Zubehör des Grundstücks sein. Von der Beschlagnahme unberührt bleibt in jedem Fall das Recht des Pächters auf den Fruchtgenuss, § 21 Abs. 3 ZVG. Die Enthaftung bzw. der gutgläubige Erwerb dieser Gegenstände ist zwar grundsätzlich möglich, § 111c Abs. 5 HS 1 StPO, §§ 136, 135 Abs. 2, §§ 932 ff., 1121 Abs. 2 S. 2 BGB. Sobald der Beschlagnahmevermerk im Grundbuch eingetragen ist, gilt die Beschlagnahme auch in Ansehung der mithaftenden beweglichen Gegenstände als bekannt[216], § 111c Abs. 2 S. 2 StPO, § 23 Abs. 2 S. 2 ZVG. Mit dieser gesetzlich normierten Fiktion wird der gute Glaube des Dritten zerstört und eine beschlagnahmewidrige Verfügung ausgeschlossen[217]. Der Streit über die Rechtsnatur des von der strafprozessualen Beschlagnahme ausgehenden Veräußerungsverbots spielt dabei auch wieder keine Rolle.

Zu dem Haftungsverband gehören darüber hinaus Forderungen aus der Gebäudeversicherung. Sobald die Beschlagnahme aus dem Grundbuch ersichtlich ist, gilt sie gegenüber dem Versicherer als bekannt[218], § 1128 Abs. 3 HS 2 BGB. Der Versicherer kann sich deshalb gegenüber dem Staat nicht auf die für ihn günstigen Schuldnerschutzvorschriften berufen. Der Einwand des Versicherers, er habe nach Eintritt eines Schadensfalles in Unkenntnis der Beschlagnahme schuldbefreiend an den Versicherungsnehmer geleistet, greift nicht.

---

215 Zu den von der Zwangsversteigerungsbeschlagnahme und der Beschlagnahme nach §§ 111b, 111c StPO nicht erfassten Miet- und Pachtzinsforderungen sowie dem Entgelt für Dauerwohnrechte nach § 40 WEG siehe § 21 Abs. 2 ZVG und Schmidt, Rn. 672.
216 Schmidt, Rn. 663, 669.
217 Stöber-ZVG, § 23 Rn. 6.
218 Schmidt, Rn. 670.

Forderungen aus selbständig versicherten Zubehörstücken und Früchten (z.B. durch Glasschaden-, Hausrat- und Inventarversicherungen, Hagelschlag- u. Schädlingsbefallversicherung)[219] werden von der Haftung ebenfalls erfasst. Voraussetzung ist, dass die Versicherungsforderungen bereits fällig sind und die Beschlagnahme des Grundstücks vor Ablauf eines Jahres nach Eintritt der Fälligkeit erfolgt ist, § 20 Abs. 2 ZVG, §§ 1129, 1123 Abs. 2 S. 1 BGB[220].

Bei Versicherungen, die land- und forstwirtschaftliche Erzeugnisse betreffen, gilt dies wieder nur eingeschränkt, § 21 Abs. 1 ZVG. Die versicherten Gegenstände müssen entweder noch mit dem Boden verbunden oder Zubehör des Grundstücks sein. Die Beschlagnahme wird hier auch erst wirksam, wenn der Versicherungsgesellschaft entweder ein Zahlungsverbot zugestellt worden ist oder sie zuvor anderweitig Kenntnis von der Beschlagnahme des Grundstücks erlangt hat, § 22 Abs. 2 S. 2 ZVG. In letzter Konsequenz kann sich die Versicherung bei der Leistung nach der ihr gegenüber wirksam gewordenen Beschlagnahme in der Regel auch nicht auf ihre Unkenntnis berufen[221].

- Zusammenfassung

Durch die vorstehenden Ausführungen lässt sich auch für das Grundstücksrecht kein Argument für die angebliche Notwendigkeit eines von der strafprozessualen Beschlagnahme ausgehenden absoluten Veräußerungsverbotes ableiten. Es besteht für den Staat grundsätzlich nicht die Gefahr eines nach der vorläufigen Sicherung zuwiderlaufenden Rechtsgeschäfts. Gleiches kann für die mögliche Enthaftung des von der Beschlagnahme erfassten Zubehörs gesagt werden.

γγ) Schiffe und Schiffsbauwerke[222]

- Durchführung der Beschlagnahme

Die in der Praxis eher selten vorkommende und in der Literatur daher spärlich behandelte Beschlagnahme von Schiffen und Schiffsbauwerken[223] erfolgt wie bei

---

219 MüKo-BGB/Eickmann, § 1129 Rn. 2.
220 Nach MüKo-BGB/Eickmann, § 1129 Rn. 7 m.w.N. sind abweichende Regelungen in den Versicherungsbedingungen möglich.
221 Die Ersatzzustellung und die öffentliche Zustellung, die dem Drittschuldner nicht oder nicht sogleich zur Kenntnis gelangt, kann u.U. nicht zu seinen Lasten gehen, vgl. hierzu Stöber-ZVG, § 22 Rn. 3.
222 Eine umfassende Behandlung von Rechten an eingetragenen Schiffen findet sich bei Dobberahn, MittRhNotK 1998, 145 ff.

beweglichen Sachen, § 111c Abs. 4 S. 1, Abs. 1 StPO. Man nimmt sie entweder in amtlichen Gewahrsam oder macht die Beschlagnahme durch Siegel oder in anderer Weise kenntlich. Insofern kann auf die bisherigen Ausführungen zum Fahrnisrecht verwiesen werden. Ergänzend wird allerdings nach der Beschlagnahme noch ein deklaratorischer Vermerk im Schiffs- bzw. Schiffsbauregister eingetragen[224], § 111c Abs. 4 S. 2 StPO.

- Der rechtsgeschäftliche Erwerb

Beim rechtsgeschäftlichen Erwerb von den im Schiffsregister[225] bzw. Schiffsbauregister[226] eingetragenen Schiffen und Schiffsbauwerken ergeben sich gegenüber dem Fahrnisrecht einige Besonderheiten. Durch das Schiffsrechtegesetz werden das Eigentum, die Schiffshypothek und der Nießbrauch an eingetragenen Schiffen ähnlichen Regelungen unterstellt wie die Rechte an Grundstücken. Dabei tritt an die Stelle des Grundbuches das Schiffsregister[227]. Nachdem das Gesetz über Rechte an eingetragenen Schiffen und Schiffsbauwerken sich am Grundstückssachenrecht orientiert[228], entsprechen viele Normen dieses Gesetzes den jeweiligen Vorschriften des Bürgerlichen Gesetzbuches.

Soll z.B. das Eigentum an einem eingetragenen Binnenschiff übertragen oder eine Schiffshypothek, ein Nießbrauch oder eine Vormerkung bestellt werden, gelten die allgemeinen Prinzipien des Grundstückssachenrechts. Neben der dinglichen Einigung bzw. Erklärung bedarf es auch der rechtsbegründenden Registereintragung, §§ 3 Abs. 1, 8 Abs. 3, 9 Abs. 2, 11, 77 SchRG. Lediglich bei den schon im Seeschiffsregister eingetragenen Seeschiffen vollzieht sich der Eigentumswechsel außerhalb des Registers durch formlose Einigung, § 2 SchRG.

Wird nun erst nach Stellung eines Eintragungsantrages die außerhalb des Registers stattfindende Beschlagnahme durch Inbesitznahme vollzogen, greift die dem § 878 BGB vergleichbare Regelung des § 3 Abs. 3 SchRG[229] (vgl. Abb. 1).

---

223 Siehe hierzu Rönnau, Rn. 333 (Fn. 292); für Luftfahrzeuge gelte Entsprechendes.
224 Huber, Rpfleger 2002, 287; Schmidt Rn. 645.
225 Zur Eintragungsfähigkeit und Anmeldepflicht von See- und Binnenschiffen siehe §§ 3 Abs. 2 u. 3, 9 ff. SchRO.
226 Bezgl. der Voraussetzungen für die Eintragung in das Schiffsbauregister siehe § 66 SchRO, §§ 77, 76 Abs. 2 SchRG.
227 von Spreckelsen, S. 21.
228 Staudinger/Nöll, Einl. zum SchRG Rn. 1.
229 Staudinger/Nöll, SchRG, § 3 Rn. 5.

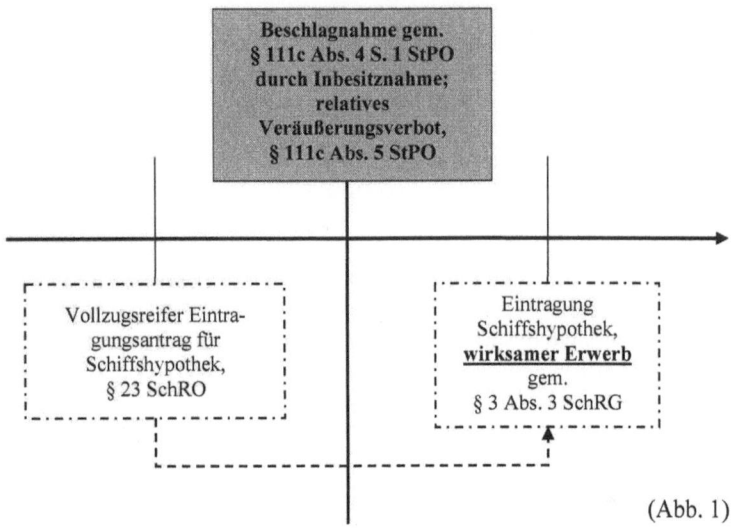

(Abb. 1)

Die der beabsichtigten Rechtsänderung zugrunde liegende Erklärung des Eigentümers wird, sofern sie nach Maßgabe des § 3 Abs. 2 SchRG für ihn bindend geworden ist[230], durch die nachträgliche und außerhalb des Registers entstandene Beschränkung seiner Verfügungsbefugnis nicht mehr unwirksam. Der Rechtsübergang bzw. die Belastung des potenziellen Verfallsobjektes könnte trotz der erfolgten Beschlagnahme und selbst eines von ihr eventuell ausgehenden absoluten Veräußerungsverbots nicht mehr verhindert werden.

- Gutgläubiger Erwerb trotz Beschlagnahme?

Da die strafprozessuale Beschlagnahme durch Inbesitznahme außerhalb des Registers bewirkt wird, besteht wegen der kurzfristigen Registerunrichtigkeit für den Staat die Gefahr des gutgläubigen Erwerbs. Die §§ 16, 17 SchRG ermöglichen wie die §§ 892, 893 BGB im Liegenschaftsrecht den gutgläubigen Erwerb und schützen redliche Dritte bei Rechtsgeschäften mit dem als berechtigt eingetragenen Nichtbe-

---

230 § 3 Abs. 2 SchRG: „*Vor der Eintragung sind die Beteiligten an die Einigung nur gebunden, wenn die Erklärungen notarisch beurkundet oder vor dem Registergericht abgegeben oder bei diesem eingereicht sind oder wenn der Eigentümer dem Erwerber eine den Vorschriften der Schiffsregisterordnung entsprechende Eintragungsbewilligung ausgehändigt hat.*" - Vgl. jedoch auch § 56 Abs. 4 BeurkG.

rechtigten[231]. Bis zur späteren Berichtigung können sich redliche Dritte grundsätzlich auf den bis dahin unrichtigen Registerinhalt berufen, §§ 16 Abs. 1 S. 2, 17, 77 SchRG. Erst mit dem zu einem späteren Zeitpunkt im jeweiligen Register nach § 111c Abs. 4 S. 2 StPO deklaratorisch[232] eingetragenen Beschlagnahmevermerk[233] wird der gute Glaube endgültig zerstört[234] und der die vorläufige Sicherung betreibende Staat umfassend geschützt.

Aber auch das berichtigte Register hindert nicht mehr in allen Fällen den gutgläubigen Erwerb. Sind zwischen vollzogener Beschlagnahme und deklaratorischer Berichtigung des Registers die für den Eigentumserwerb an einem Binnenschiff oder die für das Entstehen einer Schiffshypothek nur noch erforderlichen Eintragungen bereits beantragt[235], wird auf die Kenntnis des Erwerbers zum Zeitpunkt der Antragstellung abgestellt, §§ 16 Abs. 2, 17, 77 SchRG (Abb. 2).

Auf die bis zur Vollendung des Rechtserwerbs noch eintretende Bösgläubigkeit infolge der Registerberichtigung kommt es dann gar nicht mehr an.

---

231 Staudinger/Nöll, SchRG, §§ 16 Rn. 1, 17 Rn. 1 unter Bezugnahme auf die Erläuterungen in den Vorauflagen.
232 Huber, Rpfleger 2002, 287; Schmidt, Rn. 639.
233 Nicht eingetragene, aber eintragungsfähige Schiffe und Schiffsbauwerke können zu diesem Zweck auch zur Eintragung angemeldet werden, § 111c Abs. 4 S. 3 StPO.
234 Vgl. hierzu Zöller/Vollkommer, § 931 Rn. 2 zum außerhalb des Schiffs- bzw. Schiffsbauregisters entstandenen Arrestpfandrechts nach § 931 ZPO.
235 Siehe hierzu §§ 3 Abs. 1, 9 Abs. 2 SchRG.

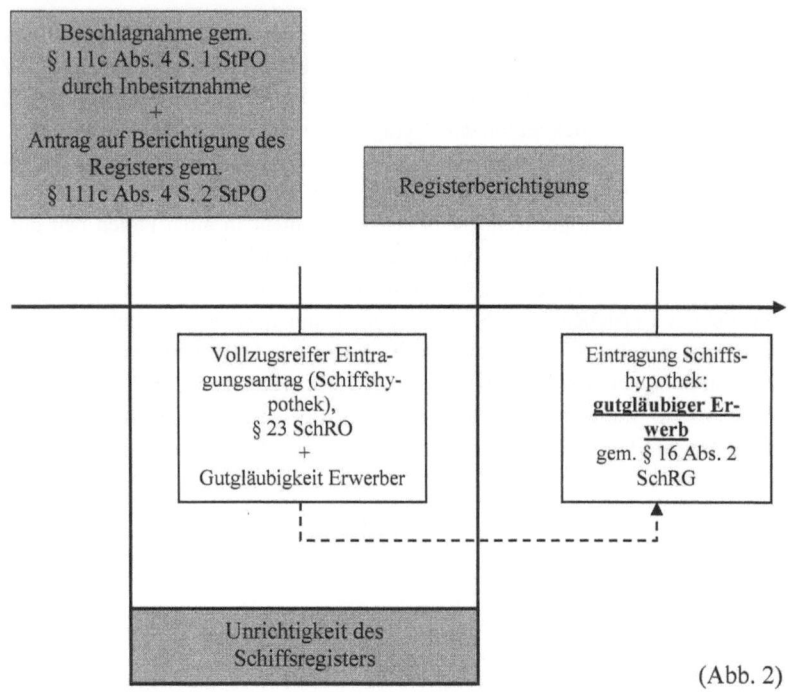

(Abb. 2)

- Zwischenergebnis

Im Gegensatz zum Liegenschaftsrecht besteht bei eingetragenen Schiffen und Schiffsbauwerken die grundsätzliche Gefahr einer verbotswidrigen Verfügung während des engen Zeitraums zwischen Beschlagnahme und Registerberichtigung.

Daher ist fraglich, ob aufgrund der für den die vorläufige Sicherung betreibenden Staat dargestellten Gefahr des gutgläubigen Erwerbs ein absolutes Veräußerungsverbot von der Beschlagnahme ausgehen sollte. Hiergegen spricht vor allem, dass der Gesetzgeber die Beschlagnahme gem. §§ 111b Abs. 1, 111c StPO zwar bewusst an die Zwangsvollstreckungsvorschriften der Zivilprozessordnung angelehnt[236], aber von deren vollständigen Nachbildung in der Strafprozessordnung abgesehen hat.

---

236 BT-Drucks. 7/550, S. 293.

So wird der Arrest in ein eingetragenes Schiff oder Schiffsbauwerk durch Pfändung des Gerichtsvollziehers bewirkt, §§ 931 Abs. 1, 808 ZPO[237]. Zeitgleich ersucht das die Pfändung anordnende Gericht das Registergericht um Eintragung einer Vormerkung zur Sicherung des künftigen Arrestpfandrechts, § 931 Abs. 3 HS 2 ZPO. Bei der Vermögensabschöpfung wurde hingegen auf diesen doppelten Schutz verzichtet und nur die Eintragung der (bereits erfolgten) Beschlagnahme angeordnet, § 111c Abs. 3 S. 2 StPO. Mit der Straftat ist jedoch bereits ein sicherer Rechtboden für den an sich obligatorischen Verfallsausspruch geschaffen worden. Man hätte deshalb anstelle des nachträglichen Beschlagnahmevermerks parallel die Eintragung einer Vormerkung nach §§ 11, 10 SchRG für den nach § 73e Abs. 1 S. 1 StGB zu erwartenden Eigentumsübergang in Erwägung ziehen können. Der Gesetzgeber hat in diesem Fall seine Gestaltungsmöglichkeiten nicht vollends ausgenutzt. Daher wäre eine dem Gesetzeswortlaut zuwiderlaufende Forderung nach einem von der vollstreckungssichernden Beschlagnahme zwingend auszugehenden absoluten Veräußerungsverbot verfehlt.

- Umfang der Beschlagnahme

Im Gegensatz zu der detaillierten Regelung bei Grundstücken findet sich in § 111c Abs. 4 StPO auch kein Hinweis, dass die vollstreckungssichernde Beschlagnahme bei eingetragenen Schiffen und Schiffsbauwerken den gleichen Umfang wie der hypothekarische Haftungsverband haben soll. Auf den ersten Blick mag dies verwundern. Schließlich entsprechen im Hinblick auf den Umfang des hypothekarischen Haftungsverbandes viele Normen aus dem Gesetz über Rechte an eingetragenen Schiffen und Schiffsbauwerken den Vorschriften des Bürgerlichen Gesetzbuches[238].

So erstreckt sich die Schiffshypothek wie die Hypothek im Liegenschaftsrecht gemäß § 1120 BGB zwingend auf die im Eigentum des Schiffseigentümers befindlichen Zubehörstücke und die das Schiff betreffenden Versicherungsforderungen, §§ 31 Abs. 1, 32 Abs. 1 SchRG[239]. Daneben erfasst die Schiffsbauwerkhypothek das Schiffsbauwerk im jeweiligen Bauzustand. Gleiches gilt für die Zubehörstücke nach Maßgabe des § 31 SchRG sowie die zum Einbau bestimmten und als solche gekennzeichneten Teile, welche sich bereits auf der Bauwerft befinden und dem Eigentümer des Schiffsbauwerks gehören, § 79 SchRG. Sofern der Eigentümer das Schiffsbauwerk besonders versichert hat, erstreckt sich die Hypothek auch auf die-

---

237 Zöller/Vollkommer, § 931 Rn. 1; a.A. Schmidt, Rn. 1018: Infolge der Zustellung des Pfändungsbeschlusses an den Schuldner entstünde bereits ein Arrestpfandrecht.
238 Staudinger/Nöll, SchRG, §§ 31 Rn. 1, 32 Rn. 1.
239 Siehe hierzu Weimar, WM 1963, 154 ff.

se Versicherungsforderung[240], § 80 SchRG. In Ermangelung einer entsprechenden Verweisung beschränkt sich die Beschlagnahme eines Schiffes oder Schiffsbauwerks aber nur auf die Hauptsache selbst.

Nachdem die Beschlagnahme durch tatsächliche Inbesitznahme erfolgt, kann mit dem Zugriff auf die Hauptsache auch die Beschlagnahme auf die Zubehörstücke ausgedehnt werden. Zwar verbietet § 865 Abs. 2 S. 1 die selbständige Pfändung von Schiffszubehör[241]. Nach § 865 ZPO soll nämlich zugunsten des Hypothekengläubigers der wirtschaftliche Zusammenhang zwischen Schiff und mithaftenden Gegenständen zur Erzielung eines angemessenen Zwangsversteigerungserlöses erhalten werden[242]. Die gesonderte Beschlagnahme von Zubehör kollidiert aber weder mit dem Wortlaut noch mit dem Zweck dieser Norm. Einerseits ist die Beschlagnahme keine Pfändung im Sinne der Vorschrift. Andererseits läuft der gesonderte Zugriff auf das Zubehör dem Sinn der Vorschrift nicht zuwider, da die zeitgleiche Beschlagnahme von Hauptsache und Zubehör den geschützten Haftungsverbund nicht zerstört.

Als problematisch könnte sich erweisen, dass von der Beschlagnahme die Versicherungsforderungen des Schiffseigentümers nicht erfasst werden. Bei Zerstörung oder Wertveränderung des Schiffes würde sich die Schiffshypothek hingegen auch auf die Versicherungsforderung erstrecken und ein gesetzliches Pfandrecht daran begründen[243], § 32 Abs. 1 SchRG. Durch eine in der Strafprozessordnung fehlende Verweisung auf die den Umfang der Schiffsbeschlagnahme regelnden §§ 162, 20 ff. ZVG, §§ 32 ff. SchRG setzt sich das an der Hauptsache entstandene Veräußerungsverbot nicht an der Versicherungsforderung fort, obwohl diese als Surrogat nach § 73 Abs. 2 S. 2 StGB auch für verfallen erklärt werden kann. Würde nun nach der strafprozessualen Beschlagnahme eine weitere Hypothek eingetragen oder ein Arrest in das Schiff vollzogen, wäre zwar dieser Rechtsakt gegenüber dem Staat im Hinblick auf die Hauptsache relativ unwirksam. Aber an der Versicherungsforderung setzt sich das später entstandene Recht gegenüber dem Staat gleichwohl in seinem vollen Umfang durch. Nachrangige Belastungen entfalten trotz des für die Hauptsache bestehenden Veräußerungsverbotes an den Surrogaten gegenüber dem Staat ihre volle Wirkung.

Daher drängt sich vordergründig die Frage auf, ob nicht der Haftungsumfang ausgedehnt werden soll. Ohne jedoch näher problematisieren zu wollen, ob die analoge Anwendung einer in den Rechtskreis des Beschuldigten eingreifenden straf-

240 Staudinger/Nöll, SchRG, § 80 Rn. 1: „Eine allgemeine Werftversicherung genügt nicht."
241 Staudinger/Nöll, SchRG, § 31 Rn. 2.
242 So auch Zöller/Stöber, § 865 Rn. 1 über das Verhältnis Grundstück und Zubehör.
243 Staudinger/Nöll, SchRG, § 32 Rn. 1 u. 7.

prozessualen Norm im konkreten Fall möglich wäre[244], würde sich jedenfalls hierfür bei näherer Betrachtung kein entsprechendes Bedürfnis ergeben.

Es ermangelt beispielsweise schon an einer die Analogie eröffnenden Regelungslücke. Die vollstreckungssichernde Beschlagnahme wurde den Zwangsvollstreckungsvorschriften nachgebildet[245]. Obwohl bei der Arrestvollziehung in ein eingetragenes Schiff oder Schiffsbauwerk § 931 Abs. 2 S. 2 ZPO ausdrücklich auf die Schiffshypothek verweist, hat der Gesetzgeber bei der Beschlagnahme davon abgesehen, ähnlich detailliert wie bei den Grundstücken den Umfang des Zugriffs zu regeln.

Daneben ist der Verfall von Surrogatsgegenständen keineswegs obligatorisch[246]. Anders als bei dem unmittelbar aus der Tat Erlangten spricht § 73 Abs. 2 S. 2 StGB lediglich davon, dass Ersatzgegenstände für verfallen erklärt werden können. Sofern das Gericht aus pragmatischen Überlegungen davon absieht, wäre nur die Anordnung des Verfalls von Wertersatz zwingend, § 73a S. 1 StGB. Der sich auf eingetragene Schiffe oder Schiffsbauwerke unmittelbar beschränkende Beschlagnahmeumfang lässt durch die nach dem Gesetz mögliche Auswahlentscheidung für eine in den Rechtskreis des Betroffenen eingreifende Analogie erst recht keinen Raum.

- Zusammenfassung

Selbst wenn bei eingetragenen Schiffen und Schiffsbauwerken die kurzfristige Gefahr einer der Beschlagnahme zuwiderlaufenden Verfügung besteht und weder Zubehör noch Versicherungsforderungen von der Beschlagnahme erfasst werden, wäre nach den vorstehenden Ausführungen auch hier die Forderung nach einem absoluten Veräußerungsverbot nicht angebracht.

244 Siehe hierzu z.B. Jäger, GA 2006, 619 ff.
245 BT-Drucks. 7/550, S. 293.
246 Zu den Motiven des Gesetzgebers siehe BT-Drucks. V/4095, S. 40.

δδ) Luftfahrzeuge[247]

- Durchführung der Beschlagnahme

Die nach der Verkehrszulassung in der Luftfahrzeugrolle[248] des Luftfahrt-Bundesamtes[249] in Braunschweig eingetragenen Luftfahrzeuge werden wie eingetragene Schiffe und Schiffsbauwerke durch Inbesitznahme nach § 111c Abs. 4 u. 1 StPO beschlagnahmt. Daneben erfolgt ein deklaratorischer Vermerk über die bewirkte Beschlagnahme in dem parallel zur Luftfahrzeugrolle beim Amtsgericht Braunschweig[250] geführten Luftfahrzeugpfandrechtsregister, § 111c Abs. 4 S. 2 StPO. Dort können zu diesem Zweck auch noch nicht eingetragene, aber eintragungsfähige Luftfahrzeuge angemeldet werden, § 111c Abs. 4 S. 3 StPO.

- Rechtsvermutung nach § 15 LuftfzRG und Eigentumserwerb

Die nach §§ 15 ff. LuftFzRG dem Luftfahrzeugpfandrechtsregister beigemessene Rechtsvermutung ist mit der vom Grundbuch oder Schiffsregister gem. § 891 BGB, § 15 SchRG ausgehenden Reichweite nicht vergleichbar. Mit dem Gesetz über Rechte an Luftfahrzeugen (LuftfzRG)[251] sollte nur ein eigenes Kreditsicherungsmittel geschaffen werden, da bei Luftfahrzeugen ein Besitzpfandrecht zur Absicherung von Krediten ausscheide[252]. Deshalb hat der Gesetzgeber nur teilweise die grundsätzliche Geltung des Fahrnisrechts durch Liegenschaftsrecht ersetzt[253] und ein der Schiffshypothek nachgebildetes Registerpfandrecht eingeführt[254]. Sobald ein Luftfahrzeug in der Luftfahrzeugrolle eingetragenen ist, kann es nur noch nach Maßgabe der §§ 9 Abs. 1, 1 - 5 LuftFzRG mit einem Registerpfandrecht belastet werden. Es gilt lediglich zugunsten des Gutgläubigen, der ein Registerpfandrecht

---

247 Eine umfassende Behandlung von Rechten an eingetragenen Luftfahrzeugen findet sich bei Dobberahn, MittRhNotK 1998, 161 ff. Zur Auflistung der spärlich vorhandenen Literatur siehe Staudinger/Wiegand, Anh. zu § 1257 Rn. 25.
248 Nach § 2 Abs. 1 S. 1 LuftVG dürfen deutsche Luftfahrzeuge nur verkehren, wenn sie zum Luftverkehr zugelassen (Verkehrszulassung) und – soweit es durch Rechtsverordnung vorgeschrieben ist – in das Verzeichnis der deutschen Luftfahrzeuge (Luftfahrzeugrolle) eingetragen sind.
249 Siehe hierzu §§ 64 ff. LuftVG; § 1 LBAG. Zum Sitz des LBA siehe Grabherr/Reidt/ Wysk, § 1 Rn. 1.
250 Das Register für Pfandrechte an Luftfahrzeugen wird von dem Amtsgericht geführt, in dessen Bezirk das LBA seinen Sitz hat, § 78 LuftfzRG. Siehe hierzu auch Schleicher/Reymann/Abraham, § 78 Anm.1.
251 BGBl. I 1959, 57 ff.
252 OLG Braunschweig, NJW-RR 2005, 1100.
253 Haupt, NJW 1974, 1457.
254 Staudinger/Wiegand, Anh zu § 1257 Rn. 25.

oder ein Recht an einem solchen durch Rechtsgeschäft erwirbt oder geltend macht, der im Register ausgewiesene Inhalt als richtig[255], §§ 16 Abs. 1 S. 1, 48 LuftFzRG. Dagegen vollzieht sich der Eigentumswechsel nach wie vor wie bei beweglichen Sachen durch dingliche Einigung und Übergabe der Sache[256], § 98 Abs. 1 S. 1 LuftFzRG, §§ 929 ff. BGB. Der gutgläubige Erwerb erfolgt ausschließlich über §§ 932, 933, 934 BGB[257]. Dabei sei die Eigentumseintragung im Luftfahrzeugpfandrechtsregister und die daraus resultierende Kenntnis anders als beim Grundstückserwerb nicht zwingender Bestandteil des Rechtsgeschäfts[258]. Ob der Erwerber in Unkenntnis einer im Register eingetragenen Verfügungsbeschränkung eventuell grob fahrlässig handelt und somit einem Bösgläubigen gleichsteht, kann zunächst bei einer Beschlagnahme nach § 111c Abs. 4 StPO regelmäßig dahinstehen. Der gutgläubige Erwerb des Eigentums an dem Luftfahrzeug wird durch die Inbesitznahme des Staates wie bei den beweglichen Sachen bereits wirksam unterbunden.

- Beschlagnahmewidrige Belastung

Grundsätzlich ist festzuhalten, dass das Register für Pfandrechte an Luftfahrzeugen nur Eintragungen bezüglich Registerpfandrechten oder Rechten an solchen vorsieht. Der staatliche Verfall zielt aber nach § 73e Abs. 1 S. 1 StGB auf den gesetzlichen Eigentumsübergang ab. Sofern jedoch der gutgläubige Erwerb von Registerpfandrechten in Frage steht, müssen auch relative Verfügungsbeschränkungen eintragungsfähig sein. Ansonsten bliebe die Bestimmung des § 16 Abs. 1 Nr. 2 LuftfzRG unverständlich[259]. Diese Norm besagt u.a., dass die relative Verfügungsbeschränkung des Eigentümers dem Gutgläubigen gegenüber nur wirksam ist, wenn sie auch aus dem Register hervorgeht[260].

Bis zur Berichtigung des Registers besteht daher die grundsätzliche Gefahr einer beschlagnahmewidrigen Belastung des Luftfahrzeuges mit einem Pfandrecht[261]. Bei den eingetragenen Luftfahrzeugen liegt nämlich die gleiche Problematik wie bei den eingetragenen Schiffen und Schiffsbauwerken vor. Die §§ 5 Abs. 3, 16, 17 LuftfzRG entsprechen vom Regelungsgehalt her den §§ 3 Abs. 3, 16, 17 SchRG

---

255 Schleicher/Reymann/Abraham, § 16 Anm. 1.
256 Haupt, NJW 1974, 1457 m.w.N.; Stöber-ZVG, § 171a Rn. 1.
257 Dobberahn, MittRhNotK 1998, 162. Schleicher/Reymann/Abraham, § 16 Anm. 1.
258 Hierzu Dobberahn, MittRhNotK 1998, 1262 m.w.N.; Haupt, NJW 1974, 1457; Wendt, MDR 1963, 448 f.
259 Haupt, NJW 1974, 1457.
260 Schleicher/Reymann/Abraham, § 16 Anm. 1.
261 Ebenso argumentiert das OLG Braunschweig bei der Eintragung eines Rechtshängigkeitsvermerks in das Luftfahrzeugpfandrechtsregister, NJW-RR 2005, 1100.

bzw. den §§ 878, 892, 893 BGB[262]. Zur Vermeidung von Wiederholungen wird deshalb auf die vorhergehende Darstellung Bezug genommen.

Ein Argument für die Notwendigkeit eines von der Beschlagnahme ausgehenden absoluten Veräußerungsverbotes lässt sich bei den eingetragenen Luftfahrzeugen deshalb genauso wenig wie bei den eingetragenen Schiffen und Schiffsbauwerken ableiten. Auch hier zeigt sich, dass der Gesetzgeber bei der vollstreckungssichernden Beschlagnahme anders als bei der Arrestvollziehung in eingetragene Luftfahrzeuge vorgeht. Der Arrest in ein Luftfahrzeug wird vollzogen, indem der Gerichtsvollzieher dieses in Bewachung und Verwahrung nimmt[263] und parallel dazu für die Forderung die Eintragung eines Registerpfandrechts erfolgt, § 99 Abs. 2 S. 1 HS 1 LuftfzG. Während die Besitznahme eine eventuelle Übereignung verhindert, entsteht das Arrestpfandrecht im Register mit der Eintragung[264]. Insofern ist § 99 Abs. 2 LuftfzG der in § 932 ZPO enthaltenen Regelung nachgebildet worden[265]. Anders als bei dem im Zivilrecht zweigleisig ausgestalteten Arrestvollzug geschieht die strafprozessuale Beschlagnahme nach § 111c Abs. 4 StPO nur eingleisig. Die für eine relativ kurze Zeit bestehende Gefährdung wird auch hier wieder in Kauf genommen, obwohl nach §§ 10, 11 LuftfzG wie bei den eingetragenen Schiffen und Schiffsbauwerken die Möglichkeit zur Eintragung eines akzessorischen Sicherungsvermerks in Form einer Vormerkung bestünde.

- Umfang der Beschlagnahme

Wie bei eingetragenen Schiffen und Schiffsbauwerken fehlt ebenfalls eine den Umfang der Beschlagnahme regelnde Verweisung auf §§ 171a, 20 ff. ZVG, §§ 31 ff. LuftFzRG[266]. Insofern kann bezüglich der Zubehörstücke und Versicherungsforderungen auf die bisherigen Ausführungen zu eingetragenen Schiffen und Schiffsbauwerken Bezug genommen werden. Einer Erstreckung des Haftungsumfanges im Wege der Analogie bedarf es auch hier nicht.

---

262 Schleicher/Reymann/Abraham, § 5 Anm. 7, § 16 Anm. 1, § 17 Anm. 1.
263 Die Bewachung und Verwahrung unterbleibt, soweit nach den Vorschriften des Gesetzes über die Unzulässigkeit der Sicherungsbeschlagnahme von Luftfahrzeugen vom 17. März 1935 (RGBl. I S. 385) eine Pfändung unzulässig ist, § 99 Abs. 2 S. 1 HS 2 LuftfzG. Siehe Schleicher/Reymann/Abraham, § 99 Anm. 4.
264 Noak, JurBüro 1982, 171.
265 Haupt, NJW 1974, 1457.
266 Nach §§ 99 Abs. 1 S. 2 LuftFzRG erstreckt sich die Haftung im Rahmen der Zwangsvollstreckung nicht auf die nach § 71 LufFzgRG näher bestimmten Ersatzteile.

- Zwischenergebnis

Obwohl auch bei den eingetragenen Luftfahrzeugen die kurzfristige Gefahr des gutgläubigen Erwerbs von Registerpfandrechten besteht, wäre die Forderung nach einem absoluten Veräußerungsverbot genauso verfehlt.

εε) Forderungen und sonstige Vermögensrechte

- Durchführung und Rechtsfolge der Beschlagnahme

Die Beschlagnahme von Forderungen und sonstigen Vermögensrechten, welche nicht der Zwangsvollstreckung in das unbewegliche Vermögen unterliegen[267], wird nach dem missglückten Wortlaut des Gesetzes *»durch Pfändung bewirkt«*, § 111c Abs. 3 S. 1 StPO. Folgt man der vormals herrschenden Meinung[268], würde zeitgleich ein Pfändungspfandrecht nach § 804 Abs. 2 ZPO entstehen.

Jedoch kann der Auffassung, dass mit der Beschlagnahme einer Forderung zeitgleich ein Pfändungspfandrecht entstünde, nicht beigetreten werden[269]. Eine sich ausschließlich auf den Wortlaut der Norm stützende Auffassung verkennt die Rechtsnatur sowie den Zweck des Pfändungspfandrechts. Sie setzt sich auch über die Gesetzessystematik und die aus der Entstehungsgeschichte hervorgehenden Überlegungen des Gesetzgebers hinweg.

Die Zwangsvollstreckung in das bewegliche Vermögen wird nur bei Geldforderungen durch Pfändung bewirkt, § 803 Abs. 1 S. 1 ZPO. Durch die Pfändung erwirbt der Gläubiger ein Pfändungspfandrecht, § 804 Abs. 1 ZPO. Dieses begründet einen prozessualen Anspruch auf Erlöszuteilung[270]. Mit der strafprozessualen Beschlagnahme nach §§ 111b Abs. 1, 111c StPO soll aber nicht die Befriedigung einer fiskalischen Geldforderung, sondern primär der mit Rechtskraft der Entscheidung kraft Gesetz eintretende Eigentums- bzw. Rechtsübergang des Verfallsgegenstandes auf den Staat nach § 73e Abs. 1 S. 1 StGB, § 60 StVollstrO gewährleistet werden. In Ermangelung einer zu sichernden Geldforderung bedarf es keines mit der Beschlagnahme entstehenden dinglichen Rechtes. Die vormals herrschende Meinung ist daher abzulehnen. Sie kann sich auch nicht auf die Entstehungsgeschichte berufen. Die Beschlagnahme nach §§ 111b Abs. 1, 111c StPO wurde nach dem Willen des Gesetzgebers lediglich den Zwangsvollstreckungsvorschriften der

---

267 Siehe hierzu insbesondere LR-Schäfer, § 111c Rn. 9 und der Verweis auf §§ 830, 830 a, 831, 846 ff., 857 ff. ZPO.
268 Ursprünglich BGH Rpfleger 2000, 420; Hellerbrand, wistra 2003, 205; Rönnau Rn. 352, Schmidt Rn. 592.
269 Siehe im Einzelnen hierzu Huber, Rpfleger 2002, S. 287.
270 Zöller/Stöber, § 804 Rn. 2.

Zivilprozessordnung nachgebildet. Nach den Materialien zur Gesetzgebung führt sie, ebenso wie die noch nicht rechtskräftige Verfallsentscheidung, nur zu einem relativen Veräußerungsverbot[271], § 111c Abs. 5 StPO. Ein vergleichender Blick in das materielle Strafrecht bestätigt dieses Ergebnis. Wenn im Ermittlungsverfahren eine Beschlagnahme gänzlich unterblieben ist, billigt das Gesetz dem im Urteil angeordneten Verfall bis zu seiner Rechtskraft auch nur die Wirkung eines Veräußerungsverbotes zu, § 73e Abs. 2 StGB, §§ 136, 135 BGB.

Folgt man nunmehr der inzwischen auch vom Bundesgerichtshof unter Aufgabe der bisherigen Rechtsprechung vertretenen Auffassung[272], werden Forderungen und sonstige, nicht der Zwangsvollstreckung in das unbewegliche Vermögen unterliegende Vermögensrechte nicht durch Pfändung, sondern lediglich nach der in der Zivilprozessordnung festgelegten Verfahrensweise beschlagnahmt. Nur für den Vollzug sind die Vorschriften über die Zwangsvollstreckung in Forderungen und andere Vermögensrechte sinngemäß anzuwenden, § 111c Abs. 3 S. 2 StPO. Die Beschlagnahme ist daher durch Zustellung des entsprechenden Beschlagnahme- bzw. *Pfändungsbeschlusses* im Sinne von § 829 ZPO an den Drittschuldner, bzw. wenn ein solcher nicht vorhanden ist, an den Schuldner[273], zu bewirken[274]. Es kann daher wie bei den Beschlagnahmen nach § 111c Abs. 1, 2 und 4 StPO nur ein Veräußerungsverbot entstehen.

Da bei der Beschlagnahme die Verweisung auf die Vorschriften der Zivilprozessordnung nur sinngemäß für den Vorgang der Beschlagnahme gilt, eröffnet sich aber nur scheinbar ein weiteres Problem zum Ausmaß der vorläufigen Sicherung. In der Strafprozessordnung ist nicht ausdrücklich geregelt, welchen Umfang die Beschlagnahme haben soll. Nachdem mit der Beschlagnahme gerade kein Pfändungspfandrecht entsteht, kann auch nicht unmittelbar auf die das Ausmaß der Pfändung regelnde Verweisung in § 804 Abs. 2 ZPO i.V.m. § 1289 BGB zurückgegriffen werden. Da sich gem. § 73 Abs. 2 S. 1 StGB der spätere Verfall auch auf gezogene Nutzungen erstreckt, wäre eine ausdrückliche Regelung des Beschlagnahmeumfanges an sich wünschenswert. Ungeachtet dessen entstehen für die tägliche Praxis dadurch jedoch keine unüberwindbaren Hindernisse. Es ist ohne weiteres möglich, in der Beschlagnahme- und *»Pfändungs«*anordnung die zu sichernden Nebenrechte und Nutzungen ausdrücklich mit aufzunehmen.

---

271 BT-Drucks. 7/550, S. 293.
272 BGH, NJW 2007, 3352.
273 Sofern ein Drittschuldner nicht existiert, ist nach § 857 Abs. 2 ZPO die Pfändung mit dem Zeitpunkt bewirkt, in welchem dem Schuldner das Gebot, sich jeder Verfügung über das Recht zu enthalten, zugestellt worden ist. Das wäre z.B. bei Patenten, Geschmacksmustern etc. der Fall. Vgl. hierzu im Einzelnen Stöber, Rn. 1719 ff., 1551 ff.
274 Zu den zur Anwendung kommenden Vorschriften bezüglich der Zustellung siehe KMR-Mayer, § 111c Rn. 17.

- Beschlagnahmewidrige Verfügungen

Wird nun über eine beschlagnahmte Forderung verfügt, wäre z.B. aufgrund des Veräußerungsverbotes eine Abtretung dem verfallberechtigten Staat gegenüber relativ unwirksam[275]. In der Regel ist ebenfalls kein gutgläubiger Erwerb möglich[276]. Allerdings schränkt § 405 BGB in einem relativ kleinen Teilbereich diesen Grundsatz zulasten des Schuldners ein[277].

Mit § 405 BGB werden dem Schuldner nämlich zwei mögliche Einwendungen abgeschnitten, die einem gutgläubigen Erwerb gleichstehen. Voraussetzung hierfür ist, dass eine verbriefte Forderung unter Vorlage der Urkunde abgetreten wird. Geht ein vereinbarter Ausschluss der Abtretung[278] bei der Zession nicht aus der Urkunde hervor, kann der Schuldner die trotzdem verbotswidrig erfolgte Abtretung gegenüber dem gutgläubigen Zessionar nicht einwenden. Gleiches gilt, wenn das Schuldverhältnis nur zum Schein[279] eingegangen oder anerkannt worden ist. Auch dieser Einwand bleibt ungehört. Alle anderen Einreden und Einwendungen bleiben bestehen und gelten unverändert fort[280]. D.h. aber auch, dass mit § 405 BGB gerade kein Vertrauenstatbestand in die uneingeschränkte Verfügungsbefugnis des von der Beschlagnahme betroffenen Zedenten geschaffen wird. Der Zessionar kann sich trotz der unter Urkundsvorlage erfolgten Abtretung keinesfalls darauf verlassen, dass die Forderung frei von Rechten Dritter ist oder der Gläubiger tatsächlich darüber verfügen durfte. Eine Kollision zwischen § 405 BGB und der vollstreckungssichernden Beschlagnahme ist daher nicht möglich.

- Schuldnerschutz nach §§ 407, 408 BGB

Mit der vollstreckungssichernden Beschlagnahme könnten daher allenfalls die zugunsten des Schuldners entsprechend zur Anwendung kommenden Schutzvorschriften der §§ 407, 408 BGB kollidieren[281]. Der ursprüngliche Regelungsgehalt von den §§ 407, 408 BGB besagt, dass im Falle der Abtretung die Zessionare Rechtshandlungen des Schuldners mit dem bisherigen Gläubiger (Zedenten) gegen sich gelten lassen müssen, wenn der Schuldner bei Vornahme des Rechtsgeschäfts in Unkenntnis der Abtretung gehandelt hat. Mit anderen Worten: der die vorläufige Sicherung betreibende Staat müsste die in Unkenntnis der Beschlagnahme erbrach-

275 BGH, Rpfleger 2007, 574.
276 Stöber-ZVG, § 23 Rn. 6.
277 Palandt/Grüneberg, § 405 Rn. 1.
278 Siehe hierzu § 399 BGB und die Ausnahme in § 354a HGB.
279 Siehe hierzu § 117 BGB.
280 Palandt/Grüneberg, § 405 Rn. 4.
281 Schmidt, Rn. 595.

ten Leistungen des Schuldners an den durch die Beschlagnahme in seiner Verfügungsbefugnis beschränkten Gläubiger gegen sich gelten lassen. Entsprechendes
würde für die sonstigen Rechtsgeschäfte gelten, die zwischen dem von der Beschlagnahme betroffenen Gläubiger und dessen Schuldner vorgenommen worden
sind (z.B. Stundung). Die Gefahr, dass der Staat durch diese Schuldnerschutzvorschriften einen Nachteil erleidet, ist jedoch verhältnismäßig gering. Schließlich
wird mit der Kenntnis des zugestellten Beschlagnahme- bzw. *Pfändungsbeschlusses* dem nunmehrigen Drittschuldner regelmäßig die Berufung auf die für ihn bestehenden Schutzvorschriften der §§ 407, 408 BGB verbaut.

Problematisch ist hierbei nur, dass das Kennenmüssen (§ 122 Abs. 2 BGB) der
positiven Kenntnis des Drittschuldners im Sinne von §§ 407, 408 BGB nicht gleich
gestellt ist[282]. Es genügt deshalb nicht, wenn dem Drittschuldner der Beschlagnah-
me- und *Pfändungsbeschluss* durch Ersatzzustellung formell ordnungsgemäß zu-
ging. Eine in Unkenntnis der wirksamen Beschlagnahme trotzdem an den Schuldner erfolgte Leistung muss der durch die Beschlagnahme verbotsgeschützte Staat
gegen sich gelten lassen[283]. Der Drittschuldner ist bei der Beschlagnahme in einer
ähnlich schutzwürdigen Lage wie ein Schuldner nach erfolgter Abtretung oder
Verpfändung[284]. Letztlich gingen ohne Heranziehung des in den §§ 407, 408, 412,
1275 BGB verankerten Schutzgedankens für den bis dato am Strafverfahren gänzlich unbeteiligten Drittschuldner von der Ersatzzustellung nicht zu unterschätzende
Gefahren aus. Diese dürfen ihm bei redlichem Verhalten nicht zum Nachteil gereichen. Unter Umständen könnte aber die Berufung auf die fehlende Kenntnis trotz
Ersatzzustellung auch rechtsmissbräuchlich sein[285]. Daneben trifft den Drittschuldner die Beweislast dafür, dass die Beschlagnahme und ihre Ersatzzustellung ihm
nicht bekannt waren[286].

Für den beschlagnahmenden Staat besteht aufgrund der entsprechend zur Anwendung kommenden §§ 407, 408 BGB zwar das theoretische Risiko des möglichen Totalverlustes. Dennoch vermag die Forderung nach einem von der Beschlagnahme ausgehenden absoluten Veräußerungsverbot selbst hier nicht zu überzeugen. Soweit man mit einem absoluten Veräußerungsverbot dem in Unkenntnis
der Beschlagnahme leistenden Drittschuldner eine erneute Zahlung zugunsten des
Staates aufbürden kann, würde man damit den Normzweck der Verfallsvorschriften
mehr als in Frage stellen. Einerseits könnte der von Strafverfolgung Betroffene die
Früchte seiner Tat vereinnahmen. Andererseits würden zeitgleich die den Schuld-

282 Staudinger/Busche, § 407 Rn. 39 m.w.N.
283 So Zöller/Stöber, § 829 Rn. 19 m.w.N. für den Bereich der Forderungspfändung.
284 Stöber, Rn. 566 m.w.N. zur Ersatzzustellung im Rahmen der Forderungspfändung.
285 So für die Berufung auf eine fehlende Kenntnis trotz Zugang einer Abtretungsanzeige Staudin-
   ger/Bursche, § 407 Rn. 39 m.w.N.
286 Stöber, Rn. 566 m.w.N. zur Pfändung nach § 829 ZPO.

ner in dieser Situation schützenden Vorschriften ausgehebelt und der rechtswidrige Vermögensvorteil auf Kosten des an der Straftat völlig unbeteiligten Dritten manifestiert.

- Pfändung eingetragener Rechte

Nach § 111c Abs. 3 StPO können nicht nur Forderungen, sondern insbesondere auch im Grundbuch, Schiffs(bau)- oder im Luftfahrzeugspfandrechtsregister eingetragene Rechte[287] beschlagnahmt werden. Hier ist neben dem »*Pfändungsbeschluss*«[288] zusätzlich entweder die konstitutive Eintragung im jeweiligen Register[289] oder bei Briefrechten die Übergabe bzw. Wegnahme des Briefes[290] erforderlich.

Wird die Beschlagnahme mit Eintragung im Register bewirkt, ermangelt es regelmäßig an einer den Anwendungsbereich der §§ 892, 893 BGB, §§ 16, 17 SchRG, §§ 16, 17 LuftfzRG eröffnenden Unrichtigkeit des Grundbuches bzw. Registers. Die Gefahr des gutgläubigen (einredefreien) Erwerbs wird auch bei beschlagnahmten Briefrechten wirksam unterbunden. Der Anwendungsbereich der Gutglaubensvorschriften ist bei Briefrechten nur eröffnet, wenn sich das Gläubigerrecht des Besitzers aus einer zusammenhängenden, auf den ursprünglich im Grundbuch eingetragenen Gläubiger zurückführenden Kette notariell beglaubigter Abtretungserklärungen ergibt, §§ 1155 S. 1, 1192 Abs. 1 BGB. Ohne Briefbesitz ist der Verfügende nicht in der Lage, einen seine Berechtigung legitimierenden Rechtsschein zu setzen. Darüber hinaus kann vom redlichen Schuldner der Geltendmachung eines Briefrechts widersprochen werden, wenn der Gläubiger nicht den Brief vorlegt, §§ 1160 Abs. 1, HS. 1, 1192 Abs. 1 BGB.

δ) Zwischenergebnis

Bei dinglichen Rechtsgeschäften über beschlagnahmte Sachen, Grundstücke, grundstücksgleiche Rechte, eingetragene Schiffe, Schiffsbauwerke, Luftfahrzeuge und

---

287 Dies sind insbesondere: Hypotheken, Grundschulden, Rentenschulden, Reallasten, Schiffshypotheken, Pfandrechte an eingetragenen Luftfahrzeugen, Nießbrauch
288 Siehe hierzu: §§ 830 Abs. 1 S. 1, 830 a Abs. 1 HS. 2, 857 Abs. 6, 858 Abs. 1 ZPO, 99 Abs. 1 S. 1 LuftfzRG.
289 Siehe hierzu: §§ 830 Abs. 1 S. 3, 830 a Abs. 1 HS. 1, 857 Abs. 6, 858 Abs. 3 S. 1 HS. 1 ZPO, 99 Abs. 1 S. 1 LuftfzRG – Wird der Pfändungsbeschluss bereits vor Übergabe des Hypothekenbriefes (§ 830 Abs. 2 Alt. 1 ZPO) oder der Eintragung im Register (§§ 830 Abs. 2 Alt. 2, 830 a Abs. 2 ZPO) dem Drittschuldner zugestellt, so gilt die Pfändung diesem gegenüber mit der Zustellung bereits als bewirkt.
290 Siehe hierzu: §§ 830 Abs. 1 S. 1 u. 2, 857 Abs. 6 ZPO.

sonstige Vermögensrechte tritt entweder aufgrund des amtlichen Gewahrsams oder der Register- bzw. Grundbucheintragung die Verfügungsbeschränkung regelmäßig offen zu Tage. Die Beschlagnahme einer Forderung oder eines anderen nicht der Zwangsvollstreckung in das unbewegliche Vermögen unterliegenden Vermögensrechts i.S.d. § 857 ZPO ist dem Drittschuldner durch die Zustellung des entsprechenden Beschlusses in aller Regel ebenfalls bekannt.

Ungeachtet des von der Beschlagnahme ausgehenden Publizitätsakts besteht innerhalb eines engen zeitlichen Rahmens jedoch vereinzelt die Gefahr, dass Verfügungen des Beschuldigten dem Justizfiskus zum Nachteil gereichen. Selbst die dem Gesetzeswortlaut zuwiderlaufende Forderung nach einem von der Beschlagnahme ausgehenden absoluten Veräußerungsverbot könnte nicht in jedem Falle eine beschlagnahmewidrige Verfügung verhindern. Dieses Risiko ist primär auf die nicht vollständige Ausschöpfung der gesetzgeberischen Gestaltungsmöglichkeiten in § 111c StPO zurückzuführen. Die Forderung nach einem absoluten Veräußerungsverbot wäre auch aus diesem Blickwinkel unangebracht.

(3) Weitere Einwände gegen ein absolutes Veräußerungsverbot

Fraglich ist auch, wie die niedrige Eingriffsschwelle und die nicht zwingende Sicherstellung von Verfallsgegenständen[291] mit der Forderung nach einem von der Beschlagnahme ausgehenden absoluten Veräußerungsverbot in Einklang gebracht werden können.

Obwohl der Verfall im Strafgesetzbuch obligatorisch ausgestaltet ist[292], liegt die vorläufige Sicherung der Verfallsgegenstände im Ermessen von Gericht und Staatsanwaltschaft, §§ 111b Abs. 1, 111e Abs. 1 S. 1 StPO. Auch hier gilt der Grundsatz der Verhältnismäßigkeit[293]. Mit dem Gesetz zur Verbesserung der Bekämpfung der Organisierten Kriminalität vom 4.5.1998[294] sind daneben auch die Anforderungen für eine vollstreckungssichernde Beschlagnahme abgesenkt worden[295]. Für ihre Anordnung müssen nicht einmal mehr dringende Gründe vorliegen[296], §§ 111b Abs. 1 u. 3 StPO. Der einfache Tatverdacht ist bereits ausreichend[297]. Wenn sich der einfache nicht zu einem dringenden Tatverdacht erhärtet,

291 Schmidt, Rn. 562.
292 Schmidt, Rn. 34. Siehe hierzu aber die mögliche Auswahlentscheidung in §§ 73 Abs. 2 S. 2, 73a S. 1 StGB und die Härtevorschrift in § 73c StGB.
293 Schmidt, Rn. 548.
294 BGBl. I 1998, 845.
295 Achenbach, NStZ 2001, 401.
296 Greiner, ZInsO, 2007, 954. Zum Entschädigungsanspruch bei zu Unrecht ergangenen Maßnahmen siehe §§ 2 Abs. 2 Nr. 4, 7 StrEG.
297 Hansen/Wolff-Rojczyk, GRUR 2007, 471.

hat das Gericht erst nach sechs Monaten die Sicherstellungsmaßnahme von Amts wegen durch förmlichen Beschluss aufzuheben[298], § 111b Abs. 3 S. 1 StPO. Nach Maßgabe von § 111b Abs. 3 S. 2 StPO kann es aber alternativ auch die Beschlagnahme längstens um noch weitere drei Monate ohne dringenden Tatverdacht aufrecht erhalten. Die an die Beschlagnahme zu stellenden Anforderungen bleiben somit weit hinter dem zurück, was z.B. bei der Anordnung von Untersuchungshaft zu gelten hat[299]. Nicht zuletzt kann bei Gefahr im Verzug sogar von den Ermittlungspersonen der Staatsanwaltschaft die Beschlagnahme beweglicher Sachen angeordnet werden, § 111e Abs. 1 S. 2 StPO. Berücksichtigt man die niedrige, ermessensabhängige Eingriffsschwelle, wäre die Begründung eines die wirtschaftliche Betätigung des Betroffenen über den sichergestellten Gegenstand gänzlich verhindernden absoluten Veräußerungsverbots für sich betrachtet bereits unverhältnismäßig.

Außerdem kann nach § 111c Abs. 6 S. 1 StPO dem Betroffenen eine beschlagnahmte bewegliche Sache gegen sofortige Erlegung des Wertes zurückgegeben oder unter dem Vorbehalt des jederzeitigen Widerrufs zur vorläufigen weiteren Benutzung bis zum Abschluss des Verfahrens weiter überlassen werden. Letzteres muss nicht einmal zwingend mit einer Sicherheitsleistung oder Auflagenerteilung verbunden sein, § 111c Abs. 6 S. 3 StPO. Wie diese mögliche Lockerung des amtlichen Gewahrsams mit dem angeblichen Bedürfnis eines absoluten Veräußerungsverbotes noch in Einklang gebracht werden kann, ist daher mehr als fraglich. Mit einem absoluten Veräußerungsverbot würde zwar jede Verfügung über den Gegenstand wirksam unterbunden. Selbst wenn man aber von einem solchen ausginge, wären mit der weiteren Benutzung durch den Beschuldigten auch Gefahren verbunden, die nur durch Auflagen und eine Sicherheitsleistung relativiert werden können. Das absolute Veräußerungsverbot könnte weder den Verschleiß, die Abnutzung sowie eine mögliche Zerstörung oder gar das unauffindbare Beiseiteschaffen verhindern. Es wäre nur ein Garant für den Bestand der formaljuristischen Rechtslage.

Daneben gelten §§ 111b Abs. 1, 111c StPO nicht nur für potenzielle Verfallsgegenstände. Die der teilweise fakultativen Einziehung unterliegenden Vermögenswerte können ebenfalls beschlagnahmt werden. Soll nun die gegen den Wortlaut der Norm erhobene Forderung nach einem absoluten Veräußerungsverbot auch für alle Einziehungsgegenstände gelten? Ein zwingendes Bedürfnis existiert hierfür nicht. Sofern nämlich gemeingefährliche Gegenstände aus Sicherungsgründen eingezogen werden müssen, besteht auch ohne förmliche Beschlagnahme wegen der

---

298 Rönnau, Rn. 105.
299 OLG Köln, StV 2004, 121; Schmidt, Rn. 548.

ihnen anhaftenden Verkehrsunfähigkeit bereits ein absolutes Veräußerungsverbot[300].

Im Ergebnis rechtfertigen die niedrige Eingriffsschwelle, die mögliche Besitzüberlassung beschlagnahmter Gegenstände an den vorherigen Besitzer und das den gemeingefährlichen Einziehungsgegenständen auch ohne vorläufige Sicherung bereits anhaftende absolute Veräußerungsverbot nur eine relative Schutzwirkung der förmlichen Beschlagnahme nach § 111c StPO.

(4) Vergleich mit §§ 111p, 290, 443 StPO

Dass in der Strafprozessordnung durchaus auch absolute Veräußerungsverbote unmissverständlich zum Ausdruck gebracht werden können, ergibt sich aus den §§ 290 ff. StPO. So besteht nach Maßgabe des § 290 StPO die Möglichkeit, das gesamte inländische Vermögen eines Abwesenden, gegen den die öffentliche Klage erhoben ist, zu beschlagnahmen. Nach § 292 Abs. 1 StPO führt die erste Bekanntmachung der Beschlagnahme im Bundesanzeiger zu einem absoluten Verfügungsverbot, das gegen jedermann und ohne Rücksicht auf den guten Glauben eines Dritten wirkt[301]. Bei der Vermögensbeschlagnahme nach § 443 StPO treten die gleichen Rechtsfolgen ein[302]. Diese Beschlagnahmen sollen mit ihrer umfassenden Wirkung die Gestellung des Abwesenden zur Durchführung der Hauptverhandlung erzwingen[303] bzw. dessen Teilnahme am Strafverfahren herbeiführen und ihn an der Verfügung über sein Vermögen hindern[304]. Deshalb ist dem Berechtigten jeder Gebrauch seiner Vermögensrechte entzogen[305].

Die mit der vollstreckungssichernden Beschlagnahme nach § 111c StPO verfolgten Ziele sind mit den vorangehenden Konstellationen jedoch nicht zu vergleichen. Die prozessualen Zwangsmaßnahmen nach §§ 290, 443 StPO haben im Gegensatz zur vollstreckungssichernden Beschlagnahme nach §§ 111b, 111 c StPO keine materiell-rechtliche Entsprechung[306]. Mit § 290 StPO soll die Durchführung eines Strafverfahrens bei Straftaten von erheblichem Gewicht ermöglicht werden[307] und § 443 StPO kommt primär bei Staatsschutzdelikten, schweren Umweltdelikten und typischen Tatbestände der Organisierten Kriminalität zum Tragen. Die Vermögensbeschlagnahmen dienen nicht dem Schutz bestimmter Personen oder rein

300 Hans. OLG Bremen, NJW 1951, 675; Meyer-Goßner, § 111c, Rn. 12.
301 KK-StPO/Engelhardt, § 292 Rn. 1; BayObLGZ 12, 31, 32.
302 KK-StPO/Boujong, § 443 Rn. 4.
303 KK-StPO/Engelhardt, § 290 Rn. 1; BayObLG NJW 1964, 301.
304 Breuer, KTS 1995, 4.
305 KK-StPO/Engelhardt, § 292 Rn. 2.
306 Rönnau, Rn. 321.
307 Vgl. hierzu § 290 Abs. 2 StPO.

fiskalischer Interessen. Sie erfolgen im Interesse der Allgemeinheit. Deshalb haben sie die Wirkung eines absoluten Verfügungsverbotes im Sinne des § 134 BGB[308]. Bei §§ 111b Abs. 1, 111c StPO wird hingegen primär die Sicherung einer späteren Rechtsfolge gewährleistet[309], welche auch bei Straftaten von geringerem Gewicht zum Tragen kommt.

Dass der Gesetzgeber diese Differenzierung zwischen relativem und absolutem Verfügungsverbot bewusst vorgenommen hat, kann auch aus einem Vergleich mit dem die Vermögensbeschlagnahme regelnden § 111p StPO entnommen werden. Die Beschlagnahme des gesamten Vermögens schien insbesondere bei undurchsichtigen Vermögensverhältnissen von *»Drahtziehern der international organisierten Drogenkriminalität«* erforderlich[310]. Nachdem das Bundesverfassungsgericht die in § 43a StGB geregelte Vermögensstrafe für verfassungswidrig erklärt hat[311], ist für die Beschlagnahme nach § 111p StPO derzeit kein Anwendungsbereich mehr vorhanden[312]. Ungeachtet dessen gilt aber auch hier, dass das für und gegen jeden wirkende Verfügungsverbot im Sinne von § 134 BGB nur als ultima ratio bei schweren und schwersten Straftaten gelten soll[313]. Gerade das kann man aber von der vollstreckungssichernden Beschlagnahme nach §§ 111b Abs. 1, 111c StPO nicht immer sagen.

cc) Weiterführende Überlegungen

(1) Das gesetzliche Verbot nach § 134 BGB

Eine schematische Prüfung, wie Verbotsgesetze nach § 134 BGB von anderen Bestimmungen abzugrenzen sind, ist nicht möglich. Falls das Gesetz nicht ausnahmsweise die Folgen eines Verstoßes ausdrücklich bestimmt, bedarf es der Auslegung jeder in Frage kommenden Norm[314]. Von der Zugehörigkeit der Bestimmung zu einem bestimmten Sachgebiet mag zwar ein wichtiger Anhaltspunkt ausgehen. Die bloße Zuordnung ersetzt keinesfalls die an Sinn und Zweck orientierte Analyse der betreffenden Norm[315].

---

308 Breuer, KTS 1995, 4; Rönnau, Rn. 323.
309 Janssen, Rn. 24.
310 BT-Drucks. 11/5461 Anl. 2 S. 12.
311 BVerfG, NJW 2002, 1779.
312 Meyer-Goßner, § 111p.
313 Zu den weiteren Voraussetzungen der Anordnung siehe insbesondere § 111p Abs. 1 u. 2 StPO.
314 MüKo-BGB/Armbrüster, § 134 Rn. 49; siehe hierzu insbesondere die Abhandlungen von Beater AcP 197 (1997), 505, 515 ff.; Krampe AcP 194 (1994), 1, 28 ff.; Palandt/ Ellenberger, § 134 Rn. 6.
315 MüKo-BGB/Armbrüster, § 134 Rn. 49.

Nach den Motiven des Gesetzgebers sollten ursprünglich strafrechtliche Verbote das Hauptanwendungsgebiet des § 134 BGB sein[316]. Wenngleich der Schwerpunkt sich inzwischen verlagert hat, spielt das Strafrecht immer noch eine wichtige Rolle für die Bestimmung der Nichtigkeit von Rechtsgeschäften[317]. Ein Rechtsgeschäft ist gänzlich nichtig, wenn es entweder wegen seines Inhalts verboten ist oder der Zweck einer Verbotsnorm sich nur durch die Nichtigkeit des zwischen den Vertragsparteien geschlossenen Vertrages erreichen lässt[318]. Das wäre insbesondere gegeben bei dem unerlaubten Handel mit Betäubungsmitteln, §§ 29 ff. BtMG[319], den Erwerbsgeschäften des Hehlers § 259 StGB[320] (Perpetuierung), dem Vertrag, dessen Hauptzweck zur Steuerhinterziehung dient, § 370 AO[321] und der strafbaren Bestechung oder Vorteilsannahme, §§ 299 f., 331 ff. StGB[322]. Die hierdurch bedrohten Rechtsgüter sind besonders sensibel und massiv gefährdet. Ihre Verletzung berührt das öffentliche Interesse in besonderem Maße und stellt einen gravierenden Verstoß gegen die Rechtsordnung dar. Darüber hinaus sind die Straftaten im Amt geeignet, die Grundfeste des Staates und die Lauterkeit des öffentlichen Dienstes zu erschüttern.

Dass aber nicht unbedingt jeder strafbare Verstoß ein solcher sein muss, der die Nichtigkeitsfolgen des § 134 BGB nach sich zieht, ist allgemein anerkannt[323]. Ein Blick in das Strafgesetzbuch unterstreicht diese Aussage. Nach Maßgabe des § 73 Abs. 1 S. 1, Abs. 3 StGB unterliegen nicht nur alle dem Täter oder Teilnehmer oder dem Drittempfänger gehörenden Gegenstände dem Verfall. Von § 73 Abs. 4 StGB werden auch die einem anderen (im Hinblick auf die §§ 134, 138 BGB noch)[324] gehörenden oder zustehenden Gegenstände erfasst, die dieser für die Tat oder in Kenntnis der Tatumstände gewährt hat. Mit der vom Gesetzgeber getroffenen Formulierung bleibt dem Strafrichter die Prüfung der zweifelhaften zivilrechtlichen Rechtslage erspart. Er kann von einem wirksamen Rechtsübergang ausgehen[325]. Mittelbar kommt hiermit gleichzeitig die bestätigende Wertung zum Ausdruck, dass nicht jedes strafbare Tun automatisch die Nichtigkeitsfolge der §§ 134, 138 BGB nach sich zieht. Wenn aber die der Straftat zugrunde liegenden Rechtsgeschäfte nicht automatisch nichtig sind, stellt sich mehr als berechtigt die Frage,

---

316 So MüKo-BGB/Armbrüster, § 134 Rn. 50 unter Verweis auf die Motive zu dem Entwurf eines Bürgerlichen Gesetzbuches für das Deutsche Reich (Band I Allgemeiner Teil, S. 210).
317 MüKo-BGB/Armbrüster, § 134 Rn. 50.
318 Soergel/Hefermehl, § 134 Rn. 30 m.w.N.
319 BGHSt 31, 145 ff.; BGHSt 33, 233f.
320 MüKo-BGB/Armbrüster, § 134 Rn. 53.
321 MüKo-BGB/Armbrüster, § 134 Rn. 57.
322 MüKo-BGB/Armbrüster, § 134 Rn. 59.
323 Vgl. hierzu Palandt/Ellenberger, § 134 Rn. 6 ff.
324 LK-Schmidt, § 73 Rn. 68.
325 LK-Schmidt, § 73 Rn. 68; Schmidt, Rn. 90.

weshalb dann von der Beschlagnahme ein absolutes Veräußerungsverbot nach § 134 BGB ausgehen muss. Wie oben schon dargestellt, erfordert der im öffentlichen Interesse liegende Zweck einer Beschlagnahme keineswegs die umfassende Nichtigkeit späterer Verfügungen.

(2) Systematik anderer Verfügungsverbote

Die Beschlagnahme nach § 111c StPO ist ein auf die Bedürfnisse des Strafverfahrens zugeschnittenes Sicherungsmittel, welches vor allem zur vorläufigen Sicherung und Durchsetzung des staatlichen Strafanspruches dient. Soweit es um die Sicherung von individuellen Ansprüchen geht, gibt es darüber hinaus aber auch eine Reihe von anderen gerichtlichen Verfügungsverboten, denen allesamt nur eine relative Schutzwirkung beigemessen wird[326]. Namentlich können als weitere Beispiele mit relativer Schutzwirkung die einstweilige Verfügung nach §§ 935, 940 ZPO[327], die Pfändung von Forderungen und Rechten gem. §§ 829, 857 ZPO[328], die in § 480 FamFG geregelte Zahlungssperre[329] und nach §§ 20, 23, 146, 151 ZVG mögliche Grundstücksbeschlagnahme[330] sowie das im Insolvenzeröffnungsverfahren ergangene Verfügungsverbot des Insolvenzgerichts, § 21 Abs. 2 Nr. 2 InsO[331], angeführt werden. Die relative Schutzwirkung der Beschlagnahme ordnet sich nahtlos in die vom Gesetzgeber vorgegebene Systematik zur Sicherung individueller Ansprüche ein und steht mit dem im Strafverfahrensrecht vorherrschenden Verhältnismäßigkeitsgrundsatz im Einklang.

(3) Opferschutz als Argument für ein absolutes Veräußerungsverbot?

Wie schon erwähnt, erfordern weder der Zweck des Verfalls noch die vorläufige Sicherstellung als solche einen absoluten Schutz im Sinne von § 134 BGB. Die Beschlagnahme erfolgt aber nicht nur zur Sicherung des späteren Verfalls, sondern auch für die Opfer der Tat, § 111b Abs. 5 StPO. Daraus wird mitunter auch die Notwendigkeit für ein absolutes Veräußerungsverbot hergeleitet[332]. Absolute Veräußerungsverbote gehen über den Schutz des Einzelnen hinaus und berühren im

326 Siehe hierzu die Zusammenstellung in Palandt/Ellenberger, § 136, Rn. 4
327 RGZ 135, 384.
328 Zöller/Stöber, § 804 Rn. 1.
329 Zöller/Geimer, § 480 FamFG Rn. 1.
330 RGZ 90, 34; LG Kassel NJW-RR 1990, 977.
331 Soergel/Hefermehl, § 136 Rn. 17.
332 Kiethe/Groeschke/Hohmann, ZIP 2003, 189.

besonderen Maße die Belange der Allgemeinheit[333] oder größerer Gruppen, die sich von der Öffentlichkeit abheben. Gerade beim Anlagebetrug gebe es eine Vielzahl von Straftatgeschädigten, die sich aufgrund ihrer Verletzteneigenschaft gegenüber der Öffentlichkeit abgrenzen[334]. Nicht zuletzt müsse die möglichst wirksame Entschädigung des Opfers als herausragendes Interesse der Allgemeinheit bewertet werden[335].

Das pauschale Abstellen auf eine Vielzahl von Geschädigten ist jedoch kein geeignetes Argument, die Forderung nach einem absoluten Veräußerungsverbot zu stützen. Hat z.B. ein Buchhalter durch geschickte Transaktionen Vermögenswerte seines Arbeitgebers in existenzbedrohender Höhe veruntreut, drängt sich die so genannte Rückgewinnungshilfe auch zugunsten von nur einer einzigen Person auf. Soll nun die Schutzwirkung der Beschlagnahme tatsächlich von der Anzahl der Opfer abhängen?

Die Belange der Opfer werden auch bei einem relativen Veräußerungsverbot hinreichend gewahrt. Sofern diese zur Befriedigung ihrer Ansprüche entweder die Zwangsvollstreckung in das beschlagnahmte Vermögen betreiben oder den Arrest vollziehen, erhalten sie gegenüber den gewöhnlichen und ihnen im Rang vorgehenden Gläubigern des Täters einen privilegierten Zugriff. Nach Maßgabe des § 111g StPO erstreckt sich nämlich das mit der Beschlagnahme entstandene Verfügungsverbot auch rückwirkend auf die zugelassenen Geschädigten. Ein absolutes Verfügungsverbot i.S.d. § 134 BGB würde den Interessen der Geschädigten dagegen eher zum Nachteil gereichen. Bis zur Zulassung könnten sie an dem sichergestellten Gegenstand nicht einmal ein Pfandrecht erwerben[336].

Die ganze Tragweite des Streits um die Rechtsnatur des Veräußerungsverbotes entfaltet sich vor allem in einem parallel zum Strafverfahren eröffneten Insolvenzverfahren. Während das absolute Veräußerungsverbot im Insolvenzverfahren weiterhin von Bestand wäre, müssten bei einem relativen Veräußerungsverbot die beschlagnahmten Vermögenswerte auf Antrag des Insolvenzverwalters freigegeben werden[337].

Den durch Prägnanz bestechenden Ausführungen des Gesetzgebers zur nicht insolvenzfesten Ausgestaltung der Opferansprüche ist kaum mehr etwas hinzuzufügen. In der amtlichen Begründung zu dem Gesetzentwurf zur Stärkung der Rückgewinnungshilfe und der Vermögensabschöpfung bei Straftaten wird in der BT-

---

333 Palandt/Ellenberger, § 136 Rn. 2.
334 Kiethe/Groschke/Hohmann, ZIP 2003, S. 189.
335 Kiethe/Groschke/Hohmann, ZIP 2003, S. 189.
336 Schulte, S. 326.
337 Schmidt, Rn. 532; Malitz NStZ 2002, 341; Haarmeyer, S. 64.

Drucks. 16/700 auf S. 14 wörtlich ausgeführt, dass hierfür kein Bedürfnis besteht. Die

»...Rückgewinnungshilfe vermag nicht die umfassende Realisierung von Restitutions- und Schadensersatzansprüchen zu gewährleisten, sondern kann den Verletzten lediglich innerhalb des vom Zivilrecht vorgegebenen Rechtsrahmens bei der Durchsetzung seiner Ansprüche unterstützen. Vor allem aber stehen Funktion und Bedeutung des Insolvenzverfahrens entgegen. Denn dieses Verfahren erfüllt eine wichtige staatliche Ordnungsaufgabe, indem es die Verteilung der Insolvenzmasse regelt und den für den einzelnen Gläubiger eintretenden Rechts- und Vermögensverlust durch den staatlich garantierten Erhalt der Insolvenzmasse kompensiert. Dementsprechend vermögen auf dem Sozialstaatsprinzip gründende Belange Eingriffe in das Ranggefüge des Insolvenzrechts nicht ohne weiteres zu rechtfertigen (vgl. BVerfGE 65, 182, 193 f.). Ist der Vermögensverfall des Täters durch die Eröffnung des Insolvenzverfahrens dokumentiert, kann dem die Rückgewinnungshilfe tragenden Ausgleichsinteresse nur noch eine eingeschränkte Bedeutung zukommen. Denn wenn es kaum noch etwas abzuschöpfen und zu verteilen gibt, sind die Möglichkeiten eines vermögensrechtlichen Ausgleichs zwischen Täter und Opfer alsbald erschöpft. Erfüllt die Rückgewinnungshilfe ihre Funktion jedoch tatsächlich nur noch in eingeschränktem Maße, fällt sie gegenüber widerstreitenden rechtlichen Belangen weniger stark ins Gewicht. Dies gilt umso mehr, als sich ihre Zielrichtung in der Insolvenzsituation zwangsläufig verändert: Wirtschaftlich trifft sie hier weniger den Täter, der nicht mehr viel zu verlieren hat, sondern belastet in erster Linie die Notgemeinschaft der sonstigen Gläubiger, weil ein absoluter Vorrang der Opferansprüche deren Forderungsausfall erhöhte. Im Übrigen gewährt die Rechtsordnung den Ansprüchen der Verletzten auch sonst keinen absoluten Schutz, wie etwa die Regelungen der §§ 430, 442 StPO und die Beendigung der Sicherstellung beim zwischenzeitlichen Eintritt eines Verfahrenshindernisses zeigen. Ob für die Beschuldigten ein erheblicher Anreiz für eine 'Flucht in die Insolvenz' besteht, erscheint hingegen fraglich, denn auch im Insolvenzverfahren können sie nicht mehr davon ausgehen, inkriminiertes Vermögen behalten zu dürfen. ....«

dd) Ergebnis systematischer Auslegung

Im Gegensatz zu dem immer wieder geforderten absoluten Veräußerungsverbot fügt sich das relative Veräußerungsverbot ganz ohne Widersprüche in das komplexe Normengefüge ein. Die angeblichen Argumente für ein absolutes Veräußerungsverbot greifen nicht.

e) Zwischenergebnis

In Beantwortung der eingangs gestellten Fragen ist festzuhalten, dass für den mit der Beschlagnahme verfolgten Zweck die Schutzwirkungen eines relativen Veräußerungsverbotes regelmäßig ausreichend[338] und systemkonform sind. Weder der im allgemeinen Interesse stehende staatliche Anspruch auf Durchsetzung einer quasi-kondiktionellen Ausgleichsmaßnahme noch die Belange des Opferschutzes vermögen die relativ ausgeprägte Schutzwirkung der Beschlagnahme ernsthaft in Frage zu stellen. Die vollstreckungssichernde Beschlagnahme nach §§ 111b Abs. 1, 111c StPO zieht somit kein absolutes, sondern nur ein relatives Veräußerungsverbot gem. §§ 136, 135 BGB nach sich.

Aber auch Wortlaut, Systematik, Gesetzgebungsgeschichte sowie Sinn und Zweck eines insolvenzrechtlichen Gleichbehandlungsgebotes sprechen klar für eine nur relative Schutzwirkung der Beschlagnahme nach § 111c StPO[339].

3. Ausnahmeregelung des § 80 Abs. 2 S. 2 InsO

Wird nun nach der vollstreckungssichernden Beschlagnahme das Insolvenzverfahren eröffnet, hätte das zugunsten des Staates nach § 111c Abs. 5 HS 1 StPO entstandene relative Veräußerungsverbot gem. § 80 Abs. 2 S. 1 InsO keine Wirkung[340]. Etwas anderes könnte nur gelten, wenn es unter die Ausnahme des § 80 Abs. 2 S. 2 InsO fällt.

§ 80 Abs. 2 S. 2 InsO bestimmt, dass von der Eröffnung des Insolvenzverfahrens die Wirkungen einer Pfändung oder einer Beschlagnahme im Wege der Zwangsvollstreckung unberührt bleiben. Soweit nicht Rückschlagsperre und Insolvenzanfechtung gem. §§ 88, 129 ff. InsO greifen[341], werden durch die Insolvenzeröffnung weder die sich auf bewegliche Sachen oder Rechte ersteckenden Pfändungen noch die Beschlagnahmen von unbeweglichem Vermögen im Wege der Zwangsvollstreckung in Frage gestellt. Wie die Pfändung gewährt die Grundstücksbeschlagnahme nach dem Gesetz über die Zwangsversteigerung und Zwangsverwaltung grundsätzlich ein Recht auf abgesonderte Befriedigung[342], §§ 49, 50 InsO.

Fraglich ist, ob die nach der Strafprozessordnung erfolgte Sicherstellung auch als »...*Beschlagnahme im Wege der Zwangsvollstreckung*...« angesehen werden kann. Wenn ja, würde sie unter die Ausnahme des § 80 Abs. 2 S. 2 InsO fallen[343].

---

338 So auch Schulte, S. 323 f.
339 BGH, NJW 2007, 3350.
340 LG Düsseldorf, NZI 2001, 488; siehe auch LG Neubrandenburg, ZInsO 2000, 676.
341 Siehe hierzu Uhlenbruck, § 80 Rn. 146.
342 BT-Drucks. 12/2443, S. 135; MüKo-InsO/Ott/Vuia, § 80 Rn. 3. Zur Grundstücksbeschlagnahme und zur Beschlagnahme von eingetragenen Schiffen, Schiffsbauwerken und Luftfahrzeugen im Wege der Zwangsversteigerung und -verwaltung siehe §§ 20 ff., 146, 162, 171 ZVG, § 99 LuftfzRG.
343 So LR-Schäfer, § 111b Rn. 50 d.

Die Zwangsvollstreckung im zivilprozessualen Sinn ist ein staatliches Verfahren zur zwangsweisen Durchsetzung oder Sicherung von privatrechtlichen Leistungsansprüchen[344], welche in einem Vollstreckungstitel verbrieft sind. Sie ist ein selbständiger Teil des Zivilprozesses, unterliegt bisweilen auch anderen als im Erkenntnisverfahren vorherrschenden Grundsätzen und hat eigene Organe[345].

Mit § 111c StPO wurde zwar ein eigenständiges Sicherungsmittel zugunsten des Staates geschaffen. Es entspricht aber den Bestimmungen der Zivilprozessordnung[346]. Vom Wortlaut ausgehend könnte die strafprozessuale Beschlagnahme durchaus als Zwangsvollstreckung im Sinne des § 80 Abs. 2 S. 2 InsO angesehen werden.

Obwohl die Beschlagnahme nach § 111c StPO als auch die im Rahmen der Zwangsversteigerung und Zwangsverwaltung ergehenden Beschlagnahmen nach §§ 22 ff., 146, 151, 162, 171a ZVG jeweils ein relatives Veräußerungsverbot zur Folge haben[347], fallen nur letztere unter die Ausnahme des § 80 Abs. 2 S. 2 InsO. Mit der Beschlagnahme eines Grundstücks oder grundstücksgleichen Rechts im Wege der Zwangsversteigerung und Zwangsverwaltung wird nämlich die Rechtsgrundlage für die Verwertung und Erlösberechtigung geschaffen[348]. Der bereits einen vollstreckbaren Titel innehabende Gläubiger kann sich aus dem Erlös oder den Erträgen des Grundstücks befriedigen[349]. Die Beschlagnahme nach § 111c StPO weist hingegen nur einen vorläufigen Charakter auf. Sie korrespondiert gerade nicht mit den die abgesonderte Befriedigung regelnden §§ 49 ff. InsO. Von ihr wird nur zu Beginn des Ermittlungsverfahrens der betreffende Vermögenswert vor beeinträchtigenden Verfügungen und Zugriffen Dritter geschützt. Die strafprozessuale Beschlagnahme ist deshalb keine zur abgesonderten Befriedigung berechtigende Beschlagnahme im Sinne des § 80 Abs. 2 S. 2 InsO[350]. Sie ist nur vorläufiger Natur.

Die Ausnahmeregelung des § 80 Abs. 2 S. 2 InsO findet auf die strafprozessuale Beschlagnahme daher keine Anwendung. Sie entfaltet im Insolvenzverfahren keine Wirkung, § 80 Abs. 2 S. 1 InsO.

---

344 Brox/Walker, Rn. 1.
345 Jauernig/Berger, Rn. 2.
346 BT-Drucks. 7/550, S. 293.
347 Stöber-ZVG, § 23 Rn. 2.
348 Eickmann, § 9 I.
349 Stöber-ZVG, § 146 Rn. 2.
350 BGH, NJW 2007, 3350.

4. Rückschlagsperre nach § 88 InsO

§ 80 Abs. 2 S. 1 InsO bestimmt bereits, dass ein gegen den Schuldner bestehendes Veräußerungsverbot nach §§ 135, 136 BGB im Insolvenzverfahren keine Wirkung hat. Daneben geht aus § 88 InsO die so genannte Rückschlagsperre hervor. Diese besagt, dass alle im letzten Monat vor dem Antrag auf Eröffnung des Insolvenzverfahrens oder später von einzelnen Insolvenzgläubigern im Wege der Zwangsvollstreckung erzielten Sicherungen mit der Eröffnung des Verfahrens unwirksam werden. D.h., dass mit der Eröffnung des Insolvenzverfahrens regelmäßig alle in der Krise bzw. »heißen Phase« ausgebrachten Zwangsvollstreckungsmaßnahmen an den zur Insolvenzmasse gehörenden Gegenständen automatisch absolut unwirksam werden[351].

Die dingliche Unwirksamkeit[352] erfasst aber nur die materiell-rechtliche Seite der Zwangsvollstreckung. Davon sind vor allem Pfändungspfandrechte und Zwangsgrundpfandrechte betroffen. Sie werden absolut unwirksam[353]. Die Rückschlagsperre erstreckt sich hingegen nicht unmittelbar auf die öffentlich-rechtliche Seite der Vollstreckung. Die Verstrickung, also das durch die Zwangsvollstreckung begründete strafbewehrte amtliche Gewahrsamsverhältnis, bleibt hiervon unberührt[354].

Nachdem unter Zwangsvollstreckung im Sinne des § 88 InsO jede Art des Zwangsvollzugs der persönlich bestehenden Haftung zu verstehen ist[355], fällt auch die Beschlagnahme gem. § 111c StPO unter den Anwendungsbereich des § 88 InsO[356].

Für den Justizfiskus macht es jedoch keinen Unterschied, ob die im letzten Monat vor dem Antrag auf Eröffnung des Insolvenzverfahrens oder später bewirkte Beschlagnahme zusätzlich mit der Rückschlagsperre kollidiert. Denn trotz Rückschlagsperre wird die öffentlich-rechtliche Verstrickung nicht unwirksam[357].

---

351 Braun/Kroth, § 88 Rn. 8 mit weiteren Ausführungen zur (nur) schwebenden Unwirksamkeit bei einer Zwangssicherungshypothek; FK-InsO/App, § 88 Rn. 17 m.w.N.; Vallender, ZIP 1997, 1994.
352 Braun/Kroth, § 88 Rn. 8; KS-Gerhardt, S. 178.
353 Jaeger/Henckel-InsO/Eckardt, § 88 Rn. 61.
354 Braun/Kroth, § 88 Rn. 8; Vallender, ZIP 1997, 1994.
355 Vallender, ZIP 1997, 1993.
356 Braun/Kroth, § 88 Rn. 2;
357 Braun/Kroth, § 88 Rn. 8.

5. Zwischenergebnis

Die Schutzwirkung des von der Beschlagnahme nach §§ 111b, 111c StPO ausgehenden Veräußerungsverbotes hat im Insolvenzverfahren hinsichtlich der zur Insolvenzmasse gehörenden Gegenstände keine Wirkung[358]. Da nach § 80 Abs. 2 S. 1 InsO die Insolvenzverwaltung von relativen Veräußerungsverboten freigestellt wird[359], sind beschlagnahmte Vermögenswerte in die Insolvenzmasse auszukehren[360]. Deshalb ist die durch die Beschlagnahme entstandene Verstrickung bei beweglichen Sachen aufzuheben[361]. Die entsprechenden Löschungen der im Grundbuch, Schiffs(bau)- und Luftfahrzeugpfandrechtsregister stehenden Beschlagnahmevermerke sind zu bewilligen. Gegenüber dem Drittschuldner einer beschlagnahmten Forderung oder eines sonstigen Vermögensrechtes muss die Aufhebung der Maßnahme erklärt werden.

Von der Aufhebung einer Beschlagnahme könnte grundsätzlich nur dann abgesehen werden, wenn sich eine vom Insolvenzverwalter konkret zu erklärende Freigabe für den zuvor gesicherten Vermögenswert abzeichnet. Mit der Freigabe wird dieser nämlich aus dem Insolvenzbeschlag entlassen[362]. Das würde beispielsweise in Frage kommen, wenn der Gegenstand entweder für die Masse wertlos ist oder diese nur noch mit weiteren Kosten belastet[363]. Da § 80 Abs. 2 S. 1 InsO aber nur die relative Unwirksamkeit eines relativen Veräußerungsverbotes bestimmt[364], könnte nach der Freigabe die nicht aufgehobene Beschlagnahme weiterhin ihre unverminderte Schutzwirkung zugunsten des Staates entfalten. Das Verfügungsverbot bliebe gegenüber einem Dritten unvermindert wirksam und binde nach der Freigabe auch den Schuldner[365].

358 MüKo-InsO/Ott/Vuia, § 80 Rn. 157 allgemein zu einem nach § 80 Abs. 2 S. 1 InsO unwirksamen Verfügungsverbot. So bereits zur Konkursordnung Schäfer, KTS 1991, 24. LG Düsseldorf, ZInsO 2002, 87 f.; AG Moers, DZWIR 2002, 454 f; LG Neubrandenburg, ZInsO 2000, 676; Meyer-Goßner, § 111d Rn. 15 a. Nach Braun/Kroth, § 88 Rn. 2 sei für die Beschlagnahme nach § 111c StPO der Anwendungsbereich des die Rückschlagsperre regelnden § 88 InsO grundsätzlich eröffnet. Soweit die Beschlagnahme außerhalb des die Rückschlagsperre umfassenden Zeitraumes erfolgt sei, greife beim Fortbestand dieser Maßnahme zum Zeitpunkt der Insolvenzeröffnung hingegen das Vollstreckungsverbot aus § 89 Abs. 1 InsO.
359 Gottwald/Eickmann, S. 508.
360 KMR-Mayer, § 111c Rn. 21; Meyer-Goßner, § 111c Rn. 12a m.w.N.; Greier, ZInsO 2007, 856.
361 A.A. Malitz, die eine Aufhebung der Beschlagnahmeanordnung nicht für erforderlich hält, diese jedoch aus Klarstellungsgründen regelmäßig angebracht findet.
362 Braun/Bäuerle, § 35 Rn. 9 f.
363 Braun/Diethmar, § 148 Rn. 10.
364 Vgl. hierzu Uhlenbruck, § 80 Rn. 13; Kuhn/Uhlenbruck, KO, § 13 Rn. 5; Kilger/Schmidt, § 13 Nr. 2 a.
365 MüKo-InsO/Ott/Vuia, § 80 Rn. 157.

IV. Die Herausgabe an den Insolvenzverwalter

1. Relevanz von zivil- und verfahrensrechtlichen Problemen

Bei der Herausgabe von sichergestellten Gegenständen treten regelmäßig Fragen zur Empfangsberechtigung auf[366]. Abgesehen von der Ausnahmevorschrift des § 111 k StPO, die die Rückgabe von beweglichen Sachen an den Verletzten regelt, gibt es in der Strafprozessordnung keine weitergehende Bestimmung zu diesem Bereich[367]. Der Umstand wird gleichermaßen von Schrifttum und Rechtsprechung auf den in der Strafprozessordnung ungeschriebenen Rechtssatz zurückgeführt, dass man sichergestellte Gegenstände immer an den letzten Gewahrsamsinhaber zurückgeben müsse[368]. Abgesehen von dem Adhäsionsverfahren obliegt dem Strafverfahren grundsätzlich nicht die Klärung der zivilrechtlichen Beziehungen möglicher Beteiligter[369]. Die Rückgabe stellt als actus contrarius den vor dem Eingriff bestehenden ursprünglichen Zustand wieder her[370]. Die Aushändigung an den letzten Gewahrsamsinhaber entspricht dem Grundsatz der Nichteinmischung[371].

Mehr als eine bloße Rückabwicklung liegt hingegen vor, wenn der Vermögenswert nicht an den ursprünglichen Gewahrsamsinhaber, sondern an einen Dritten herausgegeben wird. Hier versagt der formale actus-contrarius-Gedanke[372]. Nach Nr. 75 Abs. 2 Alt. 1 RiStBV sind zwar in amtlicher Verwahrung befindliche Sachen an den letzten Gewahrsamsinhaber herauszugeben. Stehen der Herausgabe offensichtlich begründete Ansprüche eines Dritten entgegen, werden sie ihm gemäß Nr. 75 Abs. 4 S. 1 RiStBV übergeben. Den Richtlinien für das Straf- und Bußgeldverfahren kommt aber nur der Rang einer Verwaltungsanordnung zu. Sie haben weder Gesetzeskraft[373] noch können sie als Ermächtigungsgrundlage für Eingriffe in die Rechtssphäre des Betroffenen angesehen werden[374]. Deshalb werden auch generelle Bedenken gegen die Rechtmäßigkeit einzelner Bestimmungen, insbesondere gegen Nr. 75 Abs. 4 RiStBV, abgeleitet[375].

---

366 Weiterführend zur praktischen Abwicklung der Herausgabe, Kemper NJW 2005, 3679 ff.
367 Umfassend zur Herausgabe beweglicher Sachen an den Verletzten nach § 111k StPO, Bohne, S. 215 ff.
368 OLG Düsseldorf, NJW 1990, 723, 724; Malitz, NStZ 2003, 63. Zum Ort der Rückgabe siehe Damrau, NStZ 2003, 408 ff.
369 OLG Düsseldorf, NJW 1990, 724; Julius, DRiZ 1984, 192.
370 Gropp NStZ 1984, 567 m.w.N.
371 Julius, DRiZ 1984, 192.
372 Malitz, NStZ 2003, 63.
373 Malitz, NStZ, 2003, 63 m.w.N.
374 Malitz, NStZ, 2003, 63.
375 OLG Düsseldorf, NJW 1990, 724; Malitz, NStZ, 2003, 63 m.w.N.

Sollte der von der Beschlagnahme betroffene Gewahrsamsinhaber die möglichen Ansprüche des die Herausgabe ebenfalls begehrenden Dritten nicht anerkennen, würde mit der Aushändigung der sichergestellten Gegenstände an die dritte Person eine Besitzlage geschaffen, die den letzten Gewahrsamsinhaber in einem nachfolgenden Zivilprozess nicht unerheblich benachteiligt. Mit der Herausgabe durch die Strafverfolgungsorgane wird die Parteirolle im späteren Zivilprozess vorbestimmt. Den Beschuldigten trifft dann als Kläger gerade wegen der gesetzlichen Eigentumsvermutung aus § 1006 BGB die Darlegungs- und Beweiskraft für seine Berechtigung. Daneben besteht bei der Herausgabe an einen nichtberechtigten Dritten die Gefahr, dass die Sache verändert, veräußert oder beiseite geschafft wird[376]. Die mögliche Vereitelung der Ansprüche des Beschuldigten und die Benachteiligung bei der Rechtsverfolgung hat bei der Herausgabe an einen Nichtberechtigen zweifellos Eingriffscharakter[377]. Sie berührt die Rechtssphäre des von der Beschlagnahme Betroffen nicht unerheblich[378].

Andererseits darf sich der Staat aber auch nicht an der Aufrechterhaltung eines rechtswidrigen Zustandes beteiligen, indem er die Sachen an den erkennbar nichtberechtigten letzten Gewahrsamsinhaber zurückgibt[379]. Es hat sich daher bislang die Frage gestellt, inwiefern substantiiert vorgetragene Drittansprüche berücksichtigt werden können und dürfen. Daneben sind in diesem Zusammenhang auch zur Aufhebungs- und Freigabezuständigkeit gegensätzliche Auffassungen vertreten worden[380]. Diese Probleme hat der Gesetzgeber inzwischen entschärft. Soweit nämlich die Staatsanwaltschaft im Ermittlungsverfahren über die Herausgabe zu befinden hat, kann nunmehr bei Zweifeln an dem Bestehen von Rechten des Verletzten das Gericht angerufen werden, § 111 k S. 3 StPO. Verbleiben hingegen Bedenken, ob die Anlasstat überhaupt begangen worden ist, wird der die Herausgabe begehrende Antragsteller auf den Zivilrechtsweg verwiesen[381].

Ungeachtet der soeben angesprochenen Problemfelder bereitet jedoch die Aushändigung an den Insolvenzverwalter des letzten Gewahrsamsinhabers in der Regel weder große rechtsdogmatische noch praktische Schwierigkeiten. Obwohl er nicht mit dem vormaligen Gewahrsamsinhaber identisch ist, ergibt sich seine Empfangsberechtigung unstreitig aus der mit Eröffnung des Insolvenzverfahrens übergegangenen Verwaltungs- und Verfügungsbefugnis[382], §§ 80 Abs. 1, 82 InsO. Die Aushändigung an den Insolvenzverwalter des von der Beschlagnahme Betroffenen hat

---

376 Löffler, NJW 1991, 1706.
377 Löffler, NJW 1991, 1706.
378 Julius, DRiZ 1984, 192.
379 Löffler, NJW 1991, 1706.
380 Umfassend hierzu Malitz, NStZ 2003, 61 ff.
381 Meyer-Goßner, § 111k Rn. 11.
382 Malitz, NStZ 2003, 66; Schmidt, Rn. 537.

für diesen somit keinen Eingriffscharakter. Darüber hinaus entspricht die Freigabe an den Insolvenzverwalter auch dem strafprozessualen Nichteinmischungsgebot. Es obliegt dem Verwalter, die Massezugehörigkeit des jeweiligen Gegenstandes zu prüfen. Nicht zuletzt bietet er aufgrund seiner Rechtsstellung als Amtstreuhänder und fremdnütziger Verwalter die Gewähr für eine ordnungsgemäße Abwicklung[383].

2. Die Herausgabe beschlagnahmter Gegenstände an den Insolvenzverwalter

a) Insolvenzmasse und Forderungsumfang des Insolvenzverwalters

Der Verwalter muss nach § 148 Abs. 1 InsO das zur Insolvenzmasse gehörende Vermögen sofort in Besitz und Verwahrung nehmen. Er hat alles, was der Masse auf irgendeine Art widerrechtlich entzogen worden ist, wieder zuzuführen. Notfalls geschieht dies im Wege der Klage oder Zwangsvollstreckung[384]. Für die klageweise Geltendmachung brauchen die Ansprüche des Schuldners nicht einmal durch einen gesonderten Rechtsakt auf den Verwalter übertragen zu werden. Er kann sich unmittelbar auf die ihm gem. § 80 InsO zustehende Verwaltungs- und Verfügungsbefugnis berufen[385]. Aus diesem Grund werden Strafverfolgungsbehörden und Gerichte häufig mit dem Freigabeverlangen des Insolvenzverwalters konfrontiert[386]. Der Insolvenzverwalter ist zwar gegenüber den jeweiligen Strafverfolgungsbehörden unmittelbar berechtigt, die Herausgabe der beschlagnahmten Gegenstände zu seinen Händen zu beantragen. Von ihm können dabei aber grundsätzlich nicht andere und nicht mehr Rechte hinsichtlich der Masse ausgeübt werden, als dem Gemeinschuldner bereits zustehen[387].

Ob die von der Beschlagnahme erfassten Rechtsobjekte dann tatsächlich immer zur Insolvenzmasse des Betroffenen gehören und nach Eröffnung des Insolvenzverfahrens stets von der Strafverfolgungsbehörde herauszugeben sind, hängt von der zivilrechtlichen Wirksamkeit der der Tat zugrunde liegenden Rechtsgeschäfte ab. In die Insolvenzmasse fällt das gesamte pfändbare Vermögen des Schuldners, das ihm zum Zeitpunkt der Eröffnung des Verfahrens gehört oder von ihm während des Verfahrens noch erworben wird[388], §§ 35, 36 InsO. Die im Zusammenhang mit einer Straftat stehenden und gegen ein gesetzliches Verbot oder gegen die guten Sitten verstoßenden Rechtsgeschäfte sind oftmals nach §§ 134, 138 BGB nichtig. Von

---

383 Malitz, NStZ 2003, 66.
384 Haarmeyer/Wutzke/Förster, S. 510.
385 FK-InsO/Wegener, § 148 Rn. 16.
386 Faust, S. 107.
387 BGHZ, NJW 1989, 581.
388 Andreas/Leithans/Dahl, § 35 Rn. 2 u. 3; FK-InsO/Schumacher, § 35 Rn. 5; Häsemeyer, Rn. 9.06.

der Nichtigkeit können nur das schuldrechtliche Grundgeschäft, nur das dingliche Erfüllungsgeschäft oder beide gleichzeitig betroffen sein[389]. Daher sollte vor einer Herausgabe an den Verwalter stets geprüft werden, ob der durch die Straftat erlangte Gegenstand tatsächlich dem Beschuldigten zusteht. Schließlich sind die dem Beschuldigten nicht gehörenden Gegenstände weder Bestandteil der Insolvenzmasse[390] noch werden sie vom Insolvenzbeschlag erfasst. Ihre Freigabe hat lediglich deklaratorischen Charakter[391]. Eine konkurrierende Beschlagnahme kann es deshalb nur hinsichtlich des nach § 35 InsO umfassten Schuldnervermögens geben[392].

Im Gegensatz zum Insolvenzbeschlag unterliegt dem Verfall aber nicht nur das durch den Betroffenen wirksam Erworbene. Der Verfall erfasst nach § 73 Abs. 4 StGB gerade auch das unmittelbar[393] für oder aus der Tat Erlangte[394], welches nicht dem Empfänger, sondern wegen der nach §§ 134, 138 BGB unwirksamen Übereignung immer noch dem gewährenden Dritten gehört oder zusteht[395]. Da aber bereits die Beschlagnahme für die aus Straftaten rechtswirksam erworbenen Vermögenswerte aufgehoben werden muss, könnte man zumindest aus insolvenzrechtlicher Sicht gleiches für die Gegenstände fordern, die aufgrund der zivilrechtlichen Nichtigkeitsfolge dem Verfall nach § 73 Abs. 4 StGB unterliegen. Soweit man sich diesem Gedanken anschließen mag, stellt sich aber sogleich die weitere Frage, ob die Herausgabe der beschlagnahmten Gegenstände dann auch dauerhaft der Masse zugutekommt. Anhand des folgenden Beispiels gilt es die gesamte Problematik zu verdeutlichen und zu klären.

Fallbeispiel[396]:

Bauoberrat B ist von dem Unternehmer U in mehreren großen Ausschreibungsverfahren bestochen worden. Unter anderem erhielt B als Gegenleistung eine Eigentumswohnung und einen Sportwagen von U. Im Rahmen des gegen B geführten Ermittlungsverfahrens wird der im Besitz des B befindliche PKW als potenzielles Verfallsobjekt[397] von der Staatsanwaltschaft nach §§ 111b Abs. 1, 111c Abs. 1 StPO ord-

---

389 Palandt/Sprau, § 817 Rn. 7; zur Nichtigkeit von schuldrechtlichem Kaufvertrag und dinglichem Erfüllungsgeschäft beim illegalen Betäubungsmittelhandel siehe Eberbach, NStZ 1985, S. 294 ff. m.w.N.
390 Braun/Bäuerle, § 35 Rn. 7.
391 Braun/Bäuerle, § 35 Rn. 11; Häsemeyer, Rn. 9.06; Gottwald/Gottwald, spricht auf S. 614 von einem faktischen Insolvenzbeschlag.
392 Rönnau, Rn. 481.
393 BGHSt. 31, 147; Schönke/Schröder/Eser, § 73 Rn. 9; Lachkner/Kühl, § 73 Rn. 5, LK-Schmidt, § 73 Rn. 26.
394 LK-Schmidt, § 73 Rn. 17.
395 LK-Schmidt, § 73 Rn. 68; Schönke/Schröder/Eser, § 73 Rn. 39.
396 Zur Lösung siehe Teil 1 A. IV. 2. b) bb) (2) α) und cc).
397 Zum Verfall des dem Beamten bezahlten Bestechungslohnes siehe z.B. Bohne, S. 62 ff. u. Husberg, S. 88. Der Dienstherr des Amtsträgers ist kein Verletzter i.S.v. § 73 Abs. 2 S. 1 StGB

nungsgemäß beschlagnahmt. Im Grundbuch erfolgt zeitgleich die Eintragung des Beschlagnahmevermerks, §§ 111b Abs. 1, 111c Abs. 2 S. 1 StPO.

Nach dem Zugriff der Strafverfolgungsbehörde wird über das Vermögen des B das Insolvenzverfahren eröffnet.

Der Insolvenzverwalter begehrt die Löschung des Beschlagnahmevermerks und fordert das von der Staatsanwaltschaft vorläufig gesicherte Fahrzeug zur Masse heraus. Dem Begehren wird nicht entsprochen.

1. Abwandlung:

Nachdem der Beschlagnahmevermerk im Grundbuch gelöscht und der Sportwagen an den Insolvenzverwalter ausgehändigt worden ist, verlangt der Bauträger U im Wege der Aussonderung die Rückgabe des an B Geleisteten.

2. Abwandlung:

Nicht der bestochene Beamte B, sondern der Bestecher U wird insolvent. Der Insolvenzverwalter des U verlangt nunmehr die Herausgabe des bei B beschlagnahmten Kraftfahrzeugs und die Löschung des Beschlagnahmevermerks von der Strafverfolgungsbehörde sowie die Zustimmung zur Grundbuchberichtigung von B.

b) § 73 Abs. 4 StGB – Herausgabe von verbots-/sittenwidrig Erlangtem?

aa) Ausgangsproblem: Aussonderung nach Rückgabe?

Wie aus der obigen *Fallabwandlung 1* hervorgeht, kann nach der Herausgabe von massefremden Gegenständen der Insolvenzverwalter sehr schnell mit möglichen Aussonderungsansprüchen konfrontiert werden. Nachdem der Insolvenzverwalter wiederum die Aufgabe hat, die Masse von nicht vom Beschlag betroffenen Rechten zu bereinigen[398], könnte eine von den Strafverfolgungsorganen voreilig bewilligte Freigabe unerwünschte Folgen nach sich ziehen. Sofern der Insolvenzverwalter den zuvor von der Staatsanwaltschaft beschlagnahmten Gegenstand im Wege der Aussonderung an den immer noch Berechtigten aushändigen müsste, stünde zwar der Beschuldigte bzw. die Masse so, wie wenn die Straftat nie begangen worden wäre. Insofern würde auf diesem Umweg der mit den Verfallsvorschriften beabsichtigte Zweck auch erreicht. Jedoch gelangt auf diesem Umweg der bei der Tat verwendete Originalgegenstand wieder in die Hände des anderweitig an der strafbaren Handlung Beteiligten. Aus dem das Tatentgelt verkörpernden Verfallsgegenstand wird

---

- siehe hierzu Wallschläger, S. 85 m.w.N. Die Ansprüche aus § 71 Abs. 2 BBG sind nur subsidiär. Zum Vorteilsbegriff bei Bestechungsdelikten siehe Griebl, S. 1 ff.
398 Häsemeyer, Rn. 9.06.

nach nicht unumstrittener Ansicht sozusagen ein potenzielles Einziehungsobjekt[399]. Die bei vorsätzlichen Straftaten zur Begehung gebrauchten Vermögenswerte kommen aber grundsätzlich für die Einziehung nach §§ 74 ff. StGB in Frage[400]. Im Zuge weiterer Ermittlungen müsste dann eine erneute Beschlagnahme des potenziellen Einziehungsgegenstandes nach §§ 111b Abs. 1, 111c StPO erfolgen.

Aus den soeben genannten Gründen stellt sich vor der Herausgabe an den Insolvenzverwalter stets die Frage, ob der von der Beschlagnahme Betroffene die vorläufig gesicherten Gegenstände überhaupt rechtswirksam erworben hat. Zwar bleibt nach dem Willen des Gesetzgebers[401] einem Tatrichter bei der späteren Anordnung des Verfalls die Prüfung der oftmals zweifelhaften zivilrechtlichen Rechtslage erspart. Dritteigentümer und der Täter werden nach § 73 Abs. 4 StGB gleichermaßen wie eine Person behandelt[402]. Der Verfall ist auch dann anzuordnen, wenn der zugunsten des Täters gewollte Rechtsübergang bei zivilrechtlicher Betrachtungsweise nicht wirksam zustande gekommen ist und der Gegenstand formalrechtlich dem anderweitig in die Tat verwickelten Dritteigentümer noch gehört[403]. Aber im Rahmen einer vor der Verurteilung des Straftäters zu treffenden Herausgabeentscheidung kann sich der Richter gerade nicht auf diese materiell-rechtliche Auffangnorm stützen. Ihm werden bereits im Ermittlungsverfahren mitunter solide zivilrechtliche Kenntnisse abverlangt. Das ist allerdings kein rechtsdogmatisches Problem, welches gegen die vorstehende Prüfpflicht spricht. Es zeigt sich wieder einmal mehr, dass selbst dem Strafrichter gelegentlich fundierte Kenntnisse des Zivilrechts nicht fremd sein sollten[404].

Die Aufhebung der Beschlagnahme von den gem. § 73 Abs. 4 StGB, §§ 111b Abs. 1, 111c StPO beim insolventen Empfänger gesicherten Verfallsgegenständen könnte aber im Zuge von wertenden Überlegungen durchaus in Frage kommen. Bevor jedoch solche Gedanken weiterverfolgt werden, müsste im Vorfeld sichergestellt sein, dass mit der Rückgabe nicht zeitgleich mögliche Aussonderungsrechte des die verbots- oder sittenwidrige Leistung Erbringenden einhergehen. Wann bzw. bei welchen Fallgruppen dem verbots- oder sittenwidrig Leistenden ein nach § 47 S. 2 InsO außerhalb des Insolvenzverfahrens und ggf. vor den ordentlichen Gerichten geltend zu machendes Aussonderungsrecht zusteht, gilt es daher vordringlich

---

399 Siehe Wallschläger, S. 110. Für die Anwendung von § 73 Abs. 4 StGB bei der Rückübereignung an den Gewährenden BGH, NJW 1985, 752; so auch noch Schönke/Schröder/Eser, in 25. Aufl., 1997, § 73 Rn. 40.
400 So Rengier, JR 1985, 250 und Wallschläger, S. 85 bei der Rückübertragung von Bestechungsgeschenken.
401 Wallschläger, S. 107.
402 Rönnau, Rn. 292.
403 LK-Schmidt, § 73 Rn. 68; Podolsky/Brenner, S. 78.
404 Vgl. hierzu auch Rengier, JR 1985, 251.

zu klären. Mit der Aussonderung wird schließlich nichts anderes als die Nichtzugehörigkeit zur Insolvenzmasse geltend gemacht. Das bedeutet, dass der von der Aussonderung betroffene Gegenstand der Masse endgültig verloren geht und nicht der Gesamtheit der verbleibenden Insolvenzgläubiger zugutekommt. Die Aussonderung selbst kann dabei auf verschiedene dingliche[405] als auch persönliche[406] Ansprüche und Rechte gestützt werden. Dabei stehen allerdings dem Insolvenzverwalter alle Einwendungen und Einreden zu, die auch der Schuldner in einem solchen Prozess hätte anführen dürfen[407]. Zu prüfen ist nun, ob dem verbots- oder sittenwidrig Leistenden bei der Insolvenz des Empfängers tatsächlich ein solches zur Aussonderung führendes Recht zusteht.

Innerhalb des zu lösenden Problemkreises würde jedoch die umfassende Erörterung, wann nur das schuldrechtlich und/oder das dingliche Rechtsgeschäft von der Nichtigkeitsfolge der §§ 134, 138 BGB erfasst wird, den Rahmen der vorliegenden Arbeit sprengen. Von der Erörterung dieser rein im Zivilrecht wurzelnden Problematik wird abgesehen, so dass im Folgenden nur die abstrakte Betrachtung der möglicherweise zur Aussonderung führenden Fallgruppen erfolgt.

bb) Die einzelnen Fallgruppen in der Insolvenz

(1) Unwirksamkeit von Grund- oder Kausalgeschäft

Hat der Beschuldigte trotz eines mangelhaften oder unwirksamen Kausalgeschäfts rechtswirksam das Eigentum an der Sache erlangt oder ist er Inhaber einer Forderung oder eines sonstigen Rechts geworden, fallen diese Gegenstände unweigerlich in die Insolvenzmasse. Zur Masse gehören grundsätzlich alle der Vollstreckung unterliegenden dinglichen Berechtigungen des Schuldners[408], §§ 35, 36 InsO. Die Frage nach einer möglichen Aussonderung stellt sich hier grundsätzlich nicht. Sofern der die ursprüngliche Leistung Erbringende den dinglichen Erwerb nicht nach §§ 119 ff. BGB erfolgreich anfechten kann, wird die Masse aufgrund des Abstraktionsprinzips allenfalls mit schuldrechtlichen Rückforderungsansprüchen konfron-

---

405 Darunter fallen insbesondere Rechte aus Eigentum und Besitz, §§ 985, 894, 861, 1007 BGB, § 18 SchRG, § 18 LuftfzgRG.
406 Darunter fallen insbesondere Rechte aus Miete, Pacht und der sich aus einem Verwahrvertrag ergebenden Rückgewähranspruch sowie der bereicherungsrechtliche Rückgewähranspruch in Verbindung mit dem Dritteigentum, vgl. hierzu insbesondere Kilger/Schmidt, § 43 Nr. 7.
407 Braun/Bäuerle, § 47 Rn. 94.
408 HK-InsO/Eickmann, § 35 Rn. 3.

tiert[409]. Persönliche Verschaffungsansprüche berühren aber weder die Massezugehörigkeit noch berechtigen sie zur Aussonderung gem. § 47 InsO[410]. Der Anspruchsinhaber kann sie nur als gewöhnlicher Insolvenzgläubiger nach Maßgabe der §§ 38, 87, 174 ff. InsO durch Anmeldung der Forderung beim Insolvenzverwalter weiterverfolgen. Neben der den Strafverfolgungsbehörden obliegenden Verpflichtung zur Herausgabe solcher vorläufig gesicherten Gegenstände besteht in dieser Konstellation keine Gefahr für die Masse, den Vermögenswert im Wege der Aussonderung zu verlieren.

(2) Unwirksamkeit des Erfüllungsgeschäfts

α) Zugehörigkeit zur Insolvenzmasse?

Beim illegalen Betäubungsmittelhandel sind sowohl das schuldrechtliche Kausalgeschäft als auch das dingliche Erfüllungsgeschäft nach § 134 BGB nichtig[411]. Im Wege der Fehleridentität erstreckt sich nämlich die Nichtigkeit des Kaufvertrages auch auf das dingliche Erfüllungsgeschäft[412]. Gleiches gilt für das vorstehende Fallbeispiel, das die Bestechung eines Beamten problematisiert.

Lösungsansatz Fallbeispiel:

Nach einhelliger Auffassung haftet die Nichtigkeitsfolge aus § 134 BGB auch einer schuldrechtlichen Vereinbarung an, die entweder eine Bestechung oder eine Vorteilsannahme i.S.d. §§ 332, 334 f. StGB zum Gegenstand hat[413].

Obwohl Mängel des schuldrechtlichen Grundgeschäfts grundsätzlich nicht zur Unwirksamkeit des dinglichen Erfüllungsgeschäfts führen[414], erfasst die nichtige Übereinkunft der Tatbeteiligten auch das Erfüllungsgeschäft[415]. Das Bestechungsverbot richtet sich ja gerade auch gegen den Leistungserfolg[416]. Sowohl die Bestechungsabrede als auch das Erfüllungsgeschäft sind nach § 134 BGB unwirksam.

Der Beschuldigte B hat zwar bis zur Beschlagnahme die tatsächliche Gewalt über die potenziellen Verfallsgegenstände mit dem Willen ausgeübt, sie als ihm gehörend zu

---

409 Kilger/Schmidt, § 43 Nr. 7: Die Anfechtung von Rechtsgeschäften nach Maßgabe der §§ 119 ff. BGB und Unwirksamkeit nach Maßgabe der §§ 134, 138 BGB erzeugen ein Aussonderungsrecht nur bei Anfechtung und Unwirksamkeit auch des dinglichen Rechtsgeschäfts.
410 Braun/Bäuerle, § 47 Rn. 60.
411 BGH, NStZ, 1985, 556.
412 Podolsky/Brenner, S. 79.
413 MüKo-BGB/Armbrüster, § 134 Rn. 59 m.w.N.; Staudinger/Sach, § 134 Rn. 295 m.w.N.
414 Palandt/Ellenberger, § 134 Rn. 13.
415 Für die Nichtigkeit des Erfüllungsgeschäfts bei der Vorteilnahme gem. § 331 StGB siehe Eberbach, NStZ 1987, S. 489.
416 MüKo-BGB/Armbrüster, § 134 Rn. 59 m.w.N; Staudinger/Sach, § 134 Rn. 295.

beherrschen. Er kann aber nur als Eigenbesitzer angesehen werden[417], §§ 872, 854 BGB. Der Bestecher U ist hingegen immer noch Eigentümer der Wohnung und des Sportwagens. Er leistete rechtsgrundlos an B.

Da B kein Eigentum an den Gegenständen erlangt hat, fallen diese auch nicht gem. § 35 InsO in die Insolvenzmasse. Das Herausgabeverlangen des Insolvenzverwalters wäre demnach unbegründet.

Sind nun entweder zeitgleich das Grund- und Erfüllungsgeschäft oder nur das Erfüllungsgeschäft gem. §§ 134, 138 BGB nichtig, kann der Empfänger einer solchen Leistung weder das Eigentum noch die Inhaberschaft über die jeweiligen Gegenstände erlangen. Solche dem Insolvenzschuldner nicht gehörenden Gegenstände wären dann auch nicht Bestandteil der noch vorhandenen Insolvenzmasse, § 35 InsO. Werden nun wie in der obigen *Fallabwandlung 1* solche Gegenstände von den Strafverfolgungsbehörden dennoch freigegeben, schließt sich regelmäßig die Frage an, ob solche Objekte dann der Aussonderung unterliegen und die Masse ihrer endgültig verlustig geht.

β) Zur Aussonderung berechtigende Rechte

αα) Anspruch aus § 985 BGB

Nach § 985 BGB kann der Eigentümer vom (insolventen) Besitzer bzw. vom Insolvenzverwalter die Herausgabe der Sache verlangen. Die Vindikationslage berechtigt regelmäßig zur Aussonderung von den in Besitz des Schuldners befindlichen Gegenständen.

Sofern der Insolvenzverwalter keine Besitzrechte nach § 986 BGB geltend machen kann, muss der massefremde Gegenstand grundsätzlich ausgesondert werden. Da bei einer verbots- oder sittenwidrigen Leistung es oftmals an einer wirksamen schuldrechtlichen Vereinbarung für den (dauerhaften) Übergang in das Vermögen des Beschuldigten fehlt, würde nach dem reinen Gesetzeswortlaut das auf § 985 BGB gestützte Aussonderungsbegehren des Eigentümers regelmäßig greifen.

Dieses mit dem Wortlaut des Gesetzes absolut in Einklang stehende Ergebnis ist aber gerade im Hinblick auf schwere und schwerste Verstöße gegen die Rechtsordnung äußerst umstritten. Sofern nämlich wegen der in §§ 134, 138 BGB angeordneten Nichtigkeitsfolge sowohl die schuldrechtliche Vereinbarung als auch die dingliche Erfüllung unwirksam sind, müsste der Empfänger nach § 985 BGB die Sache an den Eigentümer herausgeben. Letztlich würde das Zivilrecht bei besonders gravierenden Straftaten das inkriminierte Originalobjekt wieder an den Geber

---

417 Zum Eigenbesitz siehe Palandt/Bassenge, § 872 Rn. 1.

zurückfallen lassen. Die Rechtsordnung könnte man so z.B. auch bei der Rückforderung des vom Anstifter geleisteten Mordlohnes instrumentalisieren[418]. Dieses formaljuristisch anmutende Ergebnis erscheint nur schwer hinnehmbar. Gerade deshalb wird die Rückabwicklung von verbotenen oder sittenwidrigen Rechtsgeschäften im Bürgerlichen Recht lebhaft diskutiert. Zur Verhinderung solcher augenscheinlich unerwünschten Ergebnisse wird u.a. die konsequente Anwendung des in § 817 S. 2 BGB enthaltenen Rechtsschutzverweigerungsgedankens auf außerhalb des Bereicherungsrechts liegende Ansprüche vertreten. Mit der analogen Anwendung des die Kondiktion ausschließenden § 817 S. 2 BGB gelange man auch bei sonstigen Ansprüchen zu dogmatisch schlüssigen und rechtspolitisch vertretbaren Lösungen[419].

Würde man hingegen den bisweilen als wenig geglückten, ja rechtspolitisch verfehlt bezeichneten[420] § 817 S. 2 BGB nur innerhalb des Bereicherungsrechts zur Geltung kommen lassen oder ihn gar gänzlich abschaffen, hätte das auch eine kriminalpolitisch unerwünschte Nebenfolge. Der die verbots- oder sittenwidrige Handlung nicht Ausführende käme unter den zusätzlichen Druck, die Tat doch zu begehen. Andernfalls müsse er ja mit der durchsetzbaren Rückforderung des bereits Erhaltenen rechnen[421]. Dass aber der Gesetzgeber ein dauerhaftes Auseinanderfallen von Eigentum und Besitz durchaus toleriert, zeigt der mit dem Fernabsatzgesetz eingefügte § 241a BGB[422]. Wenn ein Unternehmer einem Verbraucher unbestellt Waren liefert, wird gegenüber dem Verbraucher kein Anspruch begründet. Der Verbraucher erwirbt zwar nicht das Eigentum an der Sache. Er darf sie jedoch gebrauchen und verbrauchen. Selbst durch die vorsätzliche Beschädigung oder Weiterveräußerung macht er sich nicht strafbar[423]. Da es nun schon ein solches Auseinanderfallen von Eigentum und Besitz bei absolut legalen Handlungen gibt, sollte es in Bezug auf Straftaten erst recht möglich sein.

Hierbei muss allerdings wieder berücksichtigt werden, dass mit der analogen Anwendung des § 817 S. 2 BGB ein unauflöslicher Wertungswiderspruch zwischen der Nichtigkeitssanktion der §§ 134, 138 BGB und der Aufrechterhaltung der vollzogenen Vermögensverschiebung zu Tage trete. Der verbotswidrige Zweck würde infolge der durch die analoge Anwendung des § 817 S. 2 BGB eintretenden Rückabwicklungssperre endgültig perpetuiert und manifestiert. So unterlaufe man letztlich die gesetzlich angeordnete Nichtigkeitsfolge.

418 Rengier, Jura 1994, 238.
419 Michalski, Jura 1994, 238.
420 Weitere Nachweise hierzu bei Michalski, Jura 1994, 113.
421 Michalski, Jura 1994, 238.
422 Zur Entstehungsgeschichte MüKo-BGB/Kramer, § 241a BGB, Rn. 1 ff.
423 Palandt/Grüneberg, § 241a Rn. 7.

Als Zwischenergebnis gilt es zunächst festzuhalten, dass der auf § 985 BGB fu-ßende Aussonderungsanspruch nur durch eine wirksame, zum Besitz berechtigende Vereinbarung und die stark umstrittene analoge Anwendung des sich aus § 817 S. 2 BGB ergebenden Kondiktionsausschlusses[424] zu verhindern wäre. Im Rahmen der vorliegenden Arbeit soll und kann aber die bestehende Diskussion um die Reich-weite des § 817 S. 2 BGB mit all ihren bislang unerwähnt gebliebenen Argumenten nicht weiter vertieft werden.

ββ) Berichtigungsansprüche

Die Aussonderung könnte bei unbeweglichem Vermögen darüber hinaus auch mit dem aus § 894 BGB hervorgehenden Anspruch auf Berichtigung des Grundbuchs und Löschung des nach § 32 InsO eingetragenen Insolvenzsperrvermerkes betrie-ben werden[425]. Grundsätzlich gilt das auch für eingetragene Schiffe, Schiffsbau-werke und Luftfahrzeuge. Denn die § 18 SchiffsRG, § 18 LuftfzRG entsprechen insoweit § 894 BGB[426]. Sowohl § 894 BGB als auch die nahezu identischen § 18 SchiffsRG und § 18 LuftfzRG setzen voraus, dass der Inhalt des Grundbuchs bzw. Registers mit der tatsächlichen Rechtslage nicht in Einklang steht.

Hat der insolvente Buch- oder Registerberechtigte trotz formgültiger Eintragung wegen der sich aus §§ 134, 138 BGB ergebenden Nichtigkeitsfolge kein Eigentum und kein Recht wirksam erlangt, müsste der Insolvenzverwalter der zur Aussonde-rung führenden Berichtigung zustimmen.

Der Berichtigungsanspruch, also mithin auch das Recht auf Aussonderung, könnte hier wiederum durch die stark umstrittene analoge Anwendung des aus § 817 S. 2 BGB resultierenden Kondiktionsausschlusses verhindert werden.

γγ) Ansprüche aus Besitz

Neben dem Anspruch aus § 985 BGB berechtigt mitunter auch der zuvor innege-habte Besitz zur Aussonderung. Das Recht zum Besitz wird in der Insolvenz wie ein dingliches Recht behandelt.[427] Der frühere Besitzer kann entweder die Wieder-einräumung des durch verbotene Eigenmacht entzogenen Besitzes nach § 861 BGB

---

424 Siehe hierzu insbesondere die komprimierte Darstellung des Meinungsstandes bei Michalski, Jura 1994, 113 ff., 232 ff.
425 Braun/Bäuerle, § 47 Rn. 9.
426 So Staudinger/Nöll, zu § 18 SchRG (dort Rn. 1); Schleicher/Reymann/Abraham, § 18 Anm. 1.
427 Gottwald/Gottwald, S. 620.

oder die Herausgabe nach § 1007 BGB sowie die Unterlassung und Beseitigung der Besitzstörung verlangen, § 862 BGB[428].

Allerdings greift keiner dieser Ansprüche, wenn der die Aussonderung verlangende Eigentümer zuvor etwas freiwillig aus seinem Besitz weggegeben hat.

δδ) Aussonderung durch persönliche Rechte

Persönliche und nur auf Verschaffung gerichtete Ansprüche begründen regelmäßig kein Recht zu Aussonderung[429]. Sie können nur als gewöhnliche Forderung zur Insolvenztabelle angemeldet werden, §§ 38, 87, 174 ff. InsO. Darunter fällt insbesondere der bereicherungsrechtliche Herausgabeanspruch aus § 812 BGB. Nur soweit der Kondiktionsanspruch gleichzeitig mit den dinglichen Eigentumsansprüchen aus §§ 985, 894 BGB einhergeht, würde auch er als persönliches Recht eine Aussonderung ermöglichen[430].

Wäre hingegen das schuldrechtliche Kausalgeschäft gültig und nur die Übereignung nach §§ 134, 138 BGB unwirksam, könnte über den speziell auf Leistungsverhältnisse zugeschnittenen Rückgewähranspruch aus § 817 S. 1 BGB in Verbindung mit den Ansprüchen aus §§ 985, 894 BGB auch eine Rückforderung bzw. Aussonderung begründet werden. Das wäre z.B. bei der Schutzgelderpressung der Fall. Dort ist das Grundgeschäft gültig. Es wird nur das Erfüllungsgeschäft von der Nichtigkeitsfolge des § 134 BGB erfasst[431]. Nach § 817 S. 1 BGB ist der Empfänger zur Herausgabe des Erlangten verpflichtet, wenn der Zweck der Leistung darin besteht, durch die Annahme gegen ein gesetzliches Verbot oder gegen die guten Sitten zu verstoßen.

Es sei aber recht selten, dass nur der Empfänger durch die Annahme der Leistung einseitig gegen ein gesetzliches Verbot oder gegen die guten Sitten verstößt[432]. Fällt dem Leistenden gleichfalls ein solcher Verstoß zur Last, wird das zur Aussonderung führende Rückforderungsrecht gem. § 817 S. 2 BGB wieder ausgeschlossen. Teilweise könnte man aber auch weiter argumentieren, dass bei einem beiderseitigen Gesetzes- oder Sittenverstoß im Sinne des § 817 S. 2 BGB nicht nur das dingliche Erfüllungsgeschäft, sondern auch das schuldrechtliche Kausalge-

---

428 Braun/Bäuerle, § 47 Rn. 42; Gottwald/Gottwald, S. 620; Palandt/Bassenge § 861 Rn. 1, § 1007 Rn. 1.
429 Braun/Bäuerle, § 47 Rn. 60.
430 Kilger/Schmidt, § 43 Nr. 7.
431 Wallschläger, S. 36.
432 MüKo-BGB/Lieb, § 817 Rn. 8; weitere Nachweise zur praktischen Bedeutung des § 817 S. 1 BGB siehe bei Staudinger/Lorenz, § 817 Rn. 6.

schäft erfasst werde[433]. Das würde dann aber wiederum bedeuten, dass der nach §§ 134, 138 BGB unwirksame Erwerb doch rechtsgrundlos wäre. Mit anderen Worten müsste dann das Empfangene nicht über § 817 S. 1 BGB, sondern nach § 812 Abs. 1 S. 1 Alt. 1 BGB in Verbindung mit §§ 985, 894 BGB zurückgegeben werden[434]. Aber auch hier solle nach dem ganz überwiegenden Teil der Literatur und der Rechtsprechung der Ausschlusstatbestand des § 817 S. 2 BGB analog angewendet werden[435]. Andernfalls bliebe ja für § 817 S. 2 BGB nur ein sehr geringer Anwendungsbereich.

(3) Zusammenfassung

Bei einer von den Strafverfolgungsbehörden erfolgten Aushändigung der durch den Täter vor der Beschlagnahme in verbots- oder sittenwidriger Weise erlangten Gegenständen an den Insolvenzverwalter scheitert die Aussonderung in der Regel nur dann, wenn der Insolvenzverwalter sich entweder auf ein zum Besitz berechtigendes Schuldverhältnis oder die unmittelbare bzw. analoge Anwendung des Kondiktionsausschlusses nach § 817 S. 2 BGB berufen kann.

cc) Wertende Überlegungen zur Aufhebung der Beschlagnahme

Aus rein formell-rechtlicher Sicht werden die beim Schuldner zwar vorgefundenen, aber dennoch massefremden Vermögenswerte vom Insolvenzbeschlag nicht erfasst. Gibt der Insolvenzverwalter einen solchen Gegenstand frei, hätte das auch keine konstitutive, sondern nur deklaratorische Wirkung[436]. Die Insolvenzeröffnung würde bei massefremden Gegenständen weder das zugunsten des Gläubigers bestehende Verfügungsverbot noch bei der Beschlagnahme das zugunsten des Staates entstandene öffentlich-rechtliche Verwahrungsverhältnis tangieren. Mögliche Rückforderungsansprüche gegenüber dem Staat setzen jedoch voraus, dass die Beschlagnahme entweder unwirksam geworden oder in Wegfall gekommen ist. Demnach müssten die dem Verfall nach § 73 Abs. 4 StGB unterliegenden Gegenstände trotz Insolvenzeröffnung nicht herausgegeben werden. Die Beschlagnahme könnte an sich weiter aufrecht erhalten bleiben.

---

433 Zur gesetzes- oder sittenwidrigen Handlung des Empfängers siehe MüKo-BGB/Lieb, § 817 Rn. 8.
434 Michalski, Jura 1994, 113.
435 Michalski, Jura 1994, 113.
436 Braun/Bäuerle, § 35 Rn. 11; Uhlenbruck, InsO, § 35 Rn. 29 m.w.N.

Diese formalistische Auffassung wäre auch mit der in § 80 Abs. 2 S. 1 InsO im Rahmen der allgemeinen, mit Eröffnung des Insolvenzverfahrens zugedachten Aufgabe gut in Einklang zu bringen. Da die Interessen einzelner Gläubiger entsprechend dem in § 1 S. 1 InsO normierten Grundprinzip der gemeinschaftlichen Befriedigung aller Gläubiger zurücktreten müssen, bestimmt § 80 Abs. 2 S. 1 InsO konsequenterweise die Unwirksamkeit der nur dem Schutz einzelner Personen dienenden Veräußerungsverbote. Abgesehen von den in § 80 Abs. 2 S. 2 InsO genannten Ausnahmen wird der Insolvenzverwalter durch relative Verbote grundsätzlich nicht gebunden[437]. Mit § 80 Abs. 2 S. 1 InsO soll so der Handlungsspielraum des Insolvenzverwalters[438] und nicht die Insolvenzmasse als solche erweitert werden. Ein Rückschluss auf die vollstreckungssichernde Beschlagnahme von massefremden Gegenständen bzw. deren (Un-)Wirksamkeit sowie eine Verpflichtung zur Herausgabe der nicht vom Insolvenzbeschlag betroffenen Vermögenswerte lässt sich aus § 80 Abs. 2 S. 1 InsO gegenüber den Strafverfolgungsbehörden demnach nicht unmittelbar ableiten.

Soweit aber vom Insolvenzschuldner verbots- oder sittenwidrig erlangte Vermögenspositionen keiner Aussonderung unterlägen, kämen sie vor allem den Insolvenzgläubigern zugute. Es stellt sich daher die Frage, ob dann nicht auch die Strafverfolgungsbehörden ihre Beschlagnahme der potenziellen Verfallsgegenstände, die wegen §§ 134, 138 BGB nicht in das Eigentum des zuvor besitzenden Beschuldigten übergegangen sind, aufheben sollen. Schließlich erleiden alle Insolvenzgläubiger gerade durch den vor der Insolvenzeröffnung erfolgten Zugriff auf massefremde Gegenstände einen nicht unerheblichen Nachteil. Wie oben erörtert, steht dem Eigentümer des verbots- oder sittenwidrig Geleisteten oftmals kein zur Aussonderung führendes Recht zu. Insofern kollidiert die strafprozessuale Beschlagnahme von massefremden Verfallsgegenständen unweigerlich mit dem in § 1 S. 1 InsO festgeschriebenen Grundsatz der gleichmäßigen Befriedigung aller Gläubiger.

Dem kann aber erwidert werden, dass das Besitzrecht des Insolvenzverwalters größtenteils nur auf die analoge Anwendung des Kondiktionsausschlusses nach § 817 S. 2 BGB zurückgeht. Sowohl schuldrechtliche Verträge als auch bereicherungsrechtliche Ansprüche bestehen aber nur inter partes. Im Schuldrecht geht es um Sonderverbindungen zwischen einzelnen Personen[439]. Durch das Schuldverhältnis werden grundsätzlich nur die an ihm Beteiligten berechtigt und verpflichtet[440]. Diese relativen Rechte haben im Gegensatz zum Sachenrecht keine absolute,

437 Braun/Bäuerle, § 80 Rn. 1 u. 5.
438 MüKo-InsO/Ott/Vuia, § 80 Rn. 3.
439 Brox/Walker-SchRAT, § 1 Rn. 7; Rüthers/Stadler, § 5 Rn. 1.
440 Palandt/Grüneberg, Einl. v. § 241 Rn. 5.

gegenüber jedermann entfaltende Wirkung[441]. Daher wird das Forderungsrecht beispielsweise auch nicht durch § 823 Abs. 1 BGB geschützt[442].

Nach der ebenfalls umstrittenen Ratio des § 817 S. 2 BGB verfolgt der Kondiktionsausschluss an sich auch nicht den Zweck, einen sitten- oder verbotswidrig handelnden Leistungsempfänger gegenüber jedermann zu schützen, geschweige ihm den Erhalt des verbots- oder sittenwidrig Erlangten dauerhaft zu garantieren. Es gestattet ihm nur gegenüber dem »Vertragspartner«, den verwerflichen Erwerb zu behalten[443]. Damit sollen die in ein verbotenes Geschäft getätigten Investitionen für den Gewährenden unwiederbringlich verloren sein[444]. Daneben komme der in § 817 S. 2 BGB normierte Kondiktionsaussschluss nach der heute wohl am meisten vertretenen Lehre dem Gedanken der Rechtsschutzverweigerung am nähesten[445]. Wer sich außerhalb der Rechtsordnung stellt, solle keinen Rechtsschutz bezüglich der Rückabwicklung beanspruchen können[446]. Der Gesetzgeber wolle dem Empfänger einer aus verwerflicher Gesinnung heraus erfolgten Leistung keinen Schutz gewähren[447]. Letztlich wäre es auch sinnlos, bei einer beiderseitigen Gesetzwidrigkeit, den einen Täter zum Nachteil des anderen durch eine restriktive Anwendung des § 817 S. 2 BGB zu begünstigen[448].

Allerdings könnte man im Wege einer vergleichenden Betrachtung die vorstehenden Gegenargumente wieder aushebeln. Man muss hierzu nur die obige *Fallabwandlung 2* heranziehen. In dieser fällt nicht der Empfänger der verbotswidrigen Leistung, sondern der den Vermögensvorteil Gewährende in Insolvenz. Die noch im Eigentum des insolventen Gebers stehenden Vermögenswerte unterliegen hier dem Insolvenzbeschlag, § 35 Abs. 1 InsO. Auch wenn sie zuvor beim beschuldigten Empfänger sichergestellt worden sind, müssten alle durch die Strafverfolgungsbehörden zuvor beschlagnahmten Gegenstände an den Insolvenzverwalter des die verbotswidrige Leistung Erbringenden herausgegeben werden. Einen sachlichen Grund, warum die Gläubiger des insolventen Gebers besser stehen sollen, als die Gläubiger eines in Vermögensverfall geratenen Empfängers, wird man hier kaum finden.

Letztlich warten beide Ansichten mit guten Argumenten auf. Bei der Herausgabe von beschlagnahmten Vermögenswerten an den Insolvenzverwalter des Schuld-

441 Brox/Walker-SchRAT, § 1 Rn. 7.
442 Palandt/Grüneberg, Einl. v. § 241 Rn. 5 m.w.N.
443 BGH, NJW 1985, 581.
444 BVerfG, NJW 2004, 2076,
445 Siehe hierzu die mit jeweils umfassenden Nachweisen aufgezählten Ansichten bei Michalski, Jura 1994, 113.
446 MüKo-BGB/M.Schwab, § 817 Rn. 9; Wallschläger, S. 37.
447 RGZ 151, 72.
448 Wallschläger, S. 37.

ners, der die verbotswidrige Leistung erhalten hat, würde die Bekämpfung von profitorientierten Straftaten darüber hinaus auch keine unüberbrückbaren Nachteile erleiden. Von der Aufhebung der Beschlagnahme profitieren in erster Linie die Gläubiger und nicht der straffällige Insolvenzschuldner. Nach einer Herausgabe könnte gegen diesen immer noch der Verfall von Wertersatz angeordnet werden. Damit könnte man den Schuldner auch weitaus besser und längerfristiger treffen. Der Wertersatzverfall unterliegt nämlich weder der Restschuldbefreiung noch wäre eine Modifizierung im Rahmen eines Insolvenzplanes denkbar, §§ 225 III, 302 Nr. 2 InsO.

dd) Zwischenergebnis

Soweit die Aussonderung zugunsten des die verbots- oder sittenwidrige Leistung Gewährenden ausgeschlossen werden kann, würde bei einem im Raume stehenden Verfall nach § 73 Abs. 4 StGB selbst die Herausgabe der beim Leistungsempfänger beschlagnahmten Gegenstände an dessen Insolvenzverwalter mit keinen größeren Nachteilen für die Verbrechensbekämpfung verbunden sein. Unter Außerachtlassung von rein fiskalischen Interessen könnte der Forderung des Insolvenzverwalters entsprochen werden. Einen gesetzlich verankerten Anspruch gibt es hierfür jedoch nicht.

c) Der formlose Verfall von sichergestellten Vermögenswerten und die Insolvenz

Fraglich ist auch, welche Konsequenzen ein vor der Eröffnung des Insolvenzverfahrens erklärter Verzicht[449] des Täters auf die Rückgabe von beschlagnahmten Gegenständen und Rechten nach sich zieht.

Die Antwort wird von der sachenrechtlichen Einordnung des nicht ausdrücklich in der Strafprozessordnung geregelten und literarisch kaum behandelten Verzichts[450] abhängen. In Ermangelung einer gesetzlichen Bestimmung kann der konkrete Vermögenswert im Rahmen des formlosen Verzichts allenfalls nach den zivilrechtlichen Vorschriften auf den Staat übergehen[451]. In Frage kämen hier entweder die teilweise formbedürftige Aufgabe des entsprechenden Rechtes bzw. des Ei-

---

449 Nach der vertretenen Mindermeinung von Thode, NStZ 2000, 67 sei z.B. die außergerichtliche Einziehung in den meisten Fällen gem. § 138 BGB sogar nichtig.
450 In BT-Drucks. 16/700, S. 8 wird der Verzicht nur als eine Möglichkeit zur Abschöpfung erwähnt. Siehe hierzu auch Rönnau, Rn. 606; Ströber/Guckenbiehl, Rpfleger 1999, 115 ff.; Thode, NStZ 2000, 62 ff.
451 Ströber/Guckenbiehl, Rpfleger 1999, 115.

gentums im Wege der Dereliktion[452] oder die rechtsgeschäftliche Übertragung nach den entsprechenden Bestimmungen des Bürgerlichen Rechts und den entsprechenden Nebengesetzen[453].

Da eine Eigentumsaufgabe zugunsten einer bestimmten Person nicht möglich ist[454], wird der formlose Verzicht im Rahmen eines Strafverfahrens regelmäßig als privat-rechtliches Angebot auf Übereignung anzusehen sein[455]. Dieses Angebot müsste dann nach §§ 146 ff. BGB von der den Fiskus vertretenden Behörde[456] angenommen werden. Erst wenn die ggf. sonst noch nach dem sachenrechtlichen Bestimmtheitsgebot zu wahrenden Formerfordernisse und Rechtsakte erfüllt sind, käme ein wirksamer Wechsel des Eigentums und der Rechtsinhaberschaft zustande. Der formlose Verzicht ist in der Regel nichts anderes, als im Vorgriff zur gerichtlichen Verfallsentscheidung die rechtsgeschäftliche Übertragung des beschlagnahmten Gegenstandes auf den Fiskus. Da die Verfügung zugunsten des Staates erfolgt, steht eine zuvor erfolgte Beschlagnahme dem Rechtsübergang nicht im Wege[457]. In der Regel kann in diesem Zusammenhang auch dahingestellt bleiben, ob der den formlosen Verzicht Erklärende tatsächlich den zuvor erlangten Gegenstand rechtswirksam erworben hat. Da der gewährende Dritte ursprünglich den dauerhaften Rechtsübergang in das Vermögen des Täters bewirken wollte, liegt darin oftmals die schlüssig zum Ausdruck gebrachte Einwilligung im Sinne des § 185 Abs. 1 BGB[458] vor. Der Leistungsempfänger darf deshalb grundsätzlich wirksam im eigenen Namen verfügen. Dem gewährenden Dritten wird dadurch auch kein Unrecht zuteil. Man behandelt ihn nur entsprechend seiner Absicht, Rechte aufzugeben (»volenti non fit iniuria«)[459].

---

452 Siehe hierzu z.B. bei beweglichen Sachen §§ 958, 959 BGB, bei Grundstücken und grundstücksgleichen Rechten § 928 BGB, § 4 WEG, § 11 ErbbauVO, bei eingetragenen Schiffen und Schiffsbauwerken, §§ 7, 78 SchRG; dagegen sieht das Gesetz einen einseitigen Verzicht auf schuldrechtliche Forderungen nicht vor. Erforderlich ist ein Vertrag, Palandt/Grüneberg, § 397 Rn. 1. Zum bedingungslosen Verzicht siehe BGH, JZ 1965, 685.

453 Thode, NStZ 2000, 64.

454 Ströber/Guckenbiehl, Rpfleger 1999, 115 m.w.N.; Palandt/Bassenge, 959 Rn. 1.

455 Ströber/Guckenbiehl, Rpfleger 1999, 115.

456 Hierzu sind insbesondere die landesrechtlichen Bestimmungen zu beachten. So wird z.B. der Freistaat Bayern vor den ordentlichen Gerichten in Verfahren, die aus Beschlagnahmen oder der Arrestvollziehung nach § 111d StPO hervorgehen, von der zur Strafverfolgung zuständigen Staatsanwaltschaft vertreten, § 4 Abs. 1 Nr. 3 VertrV. In diesem Zusammenhang wäre jedoch noch zu klären, ob und inwieweit bei einer rechtsgeschäftlichen Übertragung außerhalb des gerichtlichen Verfahrens die Zuständigkeit der Staatsanwaltschaft begründet werden kann.

457 Ströber/Guckenbiehl, Rpfleger 1999, 116.

458 Zur formlosen und konkludent erteilbaren Einwilligung nach § 185 Abs. 1 BGB siehe Soergel/Leptien, § 185 Rn. 22.

459 So auch LK-Schmidt, § 73 Rn. 68 zum Verfall von Gegenständen, die formaljuristisch noch einem Dritten gehören.

Wenn nun vor der Eröffnung des Insolvenzverfahrens ein formloser Verzicht wirksam erklärt worden ist[460], stellt sich wieder die Frage, ob der Insolvenzverwalter den Gegenstand dennoch zur Masse ziehen kann. Da der Vermögenswert durch den rechtsgeschäftlichen Erwerb dem Fiskus gehört, unterliegt dieser infolgedessen auch nicht dem Insolvenzbeschlag. Nachdem die Übertragung zur Erfüllung des staatlichen Verfallsanspruchs erfolgte, ist der Erwerb auch nicht rechtsgrundlos erfolgt. Ein Kondiktionsanspruch zugunsten der Masse wäre deshalb nicht gegeben. Der Rückforderungsanspruch des Verwalters könnte sich allenfalls durch eine erfolgreiche ex tunc Anfechtung des »formlosen Verzichts« nach §§ 119 ff. BGB ergeben. Daneben hätte der Verwalter mit seinem Herausgabeverlangen nur im Zuge der Insolvenzanfechtung Erfolg, §§ 129 ff., 143 Abs. 1 InsO.

d) Notveräußerung und Insolvenz

aa) Eingangsbeispiel

Wie das nachfolgende Beispiel zeigt, können nicht nur Beschlagnahme und formloser Verzicht, sondern auch die Notveräußerung mit der Insolvenzordnung kollidieren. Daher gilt es im Folgenden neben den Rechtswirkungen der Notveräußerung insbesondere der Frage nachzugehen, welche Gegenstände dieser Maßnahme unterliegen und wie der Insolvenzverwalter die erzielten Erlöse zur Masse ziehen kann. Ebenso von Interesse sind die dem Verwalter zur Verfügung stehenden Möglichkeiten, eine Notveräußerung zu verhindern.

Fallbeispiel:

Wegen der nicht absehbaren Verfahrensdauer, dem damit verbundenen Wertverlust sowie den anfallenden Unterstellkosten wird von der Staatsanwaltschaft die Notveräußerung eines sichergestellten Sportwagens angeordnet.

Der zuständige Gerichtsvollzieher versteigert daraufhin den PKW öffentlich und führt den erzielten Barerlös an die Staatsanwaltschaft ab. Kurz darauf wird das Insolvenzverfahren eröffnet. Der Insolvenzverwalter verlangt den Erlös zugunsten der Masse heraus.

1. Abwandlung:

Die Notveräußerung wird kurz nach Eröffnung des Insolvenzverfahrens durchgeführt.

2. Abwandlung:

---

460 Zur grundsätzlich möglichen Zulässigkeit von Absprachen im Strafprozess siehe Satzger, JA 1998, 98 ff. Zur Vermögensabschöpfung durch Verzicht Rönnau Rn. 606 ff.

Die Notveräußerung wird entweder in Unkenntnis[461] der Insolvenzeröffnung angeordnet oder die vor der Insolvenzeröffnung bereits angeordnete Notveräußerung soll nach der Eröffnung noch durchgeführt werden. Der Insolvenzverwalter will hiergegen vorgehen.

bb) Gegenstände, die der Notveräußerung unterliegen

Vor Rechtskraft[462] der strafgerichtlichen Entscheidung dürfen beschlagnahmte oder gepfändete Vermögenswerte veräußert werden, § 1111 Abs. 1 S. 1, 111c, 111d StPO. Voraussetzung für die Notveräußerung ist zunächst, dass den Gegenständen der Verderb bzw. eine wesentliche Wertminderung droht oder die Aufbewahrung, Pflege und Unterhaltung unverhältnismäßig ist, § 1111 Abs. 1 S. 1 StPO.

Mit der vom Gesetzgeber verwendeten Umschreibung des beschlagnahmten oder gepfändeten Vermögenswertes wird klargestellt, dass die Notveräußerung sich im Gegensatz zur alten Fassung des § 1111 StPO nicht nur auf bewegliche Gegenstände beschränkt. Sie erfasst darüber hinaus auch sonstige Vermögenswerte (z.B. sichergestellte Aktiendepots)[463]. Den vereinzelt vertretenen Auffassungen, dass selbst unbewegliche Sachen der Notveräußerung unterliegen[464], kann nicht beigepflichtet werden[465]. Es stellt sich bereits die pragmatische Frage, in welchen Fällen einem Grundstück die zur Notveräußerung berechtigende Wertminderung überhaupt droht und wie die Staatsanwaltschaft und das Gericht ohne externen Sachverstand diese an sich eilbedürftige Prognose überhaupt vornehmen können. Daneben lässt sich ein derartiges Begehren anhand der nachfolgend darzustellenden Gesetzessystematik kaum überzeugend begründen.

Die Notveräußerung von unbeweglichem Vermögen kann auch mit dem Verhältnismäßigkeitsgrundsatz nur schwer in Einklang gebracht werden. Schließlich kennt das Zivilrecht bei unbeweglichem Vermögen neben der Versteigerung als milderes Mittel auch die Zwangsverwaltung, §§ 146 ff. ZVG. Bedenkt man, dass die einen tiefgreifenden Grundrechtseingriff möglich machende Notveräußerung[466] u.a. auf eine Beschlagnahme zurückgeführt werden kann, die nur aufgrund eines einfachen Tatverdachts erfolgt, wäre die nicht auf Substanzverwertung des Grundstücks ausgerichtete Zwangsverwaltung weitaus moderater. Sie belässt nämlich dem Schuldner das Eigentum. Der gerichtlich eingesetzte Zwangsverwalter erhält

---

461 Zur öffentlichen Bekanntmachung der Insolvenzeröffnung und der damit verbundenen Publizitätswirkung siehe § 9 InsO und www.insolvenzbekanntmachungen.de.
462 Zur Notveräußerung nach Rechtskraft siehe §§ 1111 Abs. 1 S. 2, 111i Abs. 2 StPO.
463 BT-Drucks. 16/700, S. 19.
464 So z.B. Meyer-Goßner, § 1111 Rn. 1; LR-Schäfer, § 1111 Rn. 3.
465 KK-StPO/Nack, § 1111 Rn. 2; Rönnau, Rn. 357.
466 Siehe hierzu SK-StPO/Rogall, § 1111 Rn. 45.

neben der Mobilisierung des Nutzwertes auch das Grundstück in seinem wirtschaftlichen Bestand[467], § 152 Abs. 1 ZVG. Dass der Strafprozessordnung die Einsetzung eines Verwalters oder Abwesenheitspflegers für beschlagnahmte Vermögenswerte nicht fremd ist[468], ergibt sich aus den §§ 292 Abs. 2 S. 2, 443 Abs. 3, 111p StPO. Für die vollstreckungssichernde Beschlagnahme sind vergleichbare Bestimmungen oder Verweisungen hingegen nicht vorhanden. Selbst aus der Entstehungsgeschichte[469] gehen derartige Überlegungen nicht hervor. Obwohl mit der Verwaltung beschlagnahmter Grundstücke in der Regel ein ebenso geeignetes und wesentlich milderes Mittel zur Verhinderung eines Wertverfalls vorhanden wäre, hat der Gesetzgeber dies im Rahmen des § 111l StPO offensichtlich nicht gewollt. Hieraus kann gefolgert werden, dass vom Anwendungsbereich des § 111l StPO unbewegliches Vermögen nicht erfasst sein sollte.

cc) Anordnung und Durchführung der Notveräußerung

Sofern die Voraussetzungen für eine Notveräußerung vorliegen, wird sie je nach Verfahrensstand und Dringlichkeit entweder durch die Staatsanwaltschaft oder durch das Gericht angeordnet, § 111l Abs. 2 S. 1, Abs. 3 StPO. Nach Maßgabe des § 111l Abs. 2 S. 2, Abs. 3 S. 2 StPO steht diese Befugnis auch den Ermittlungspersonen der Staatsanwaltschaft zu. Voraussetzung für die Anordnung der Notveräußerung durch Ermittlungspersonen der Staatsanwaltschaft ist jedoch der drohende Verderb des Gegenstandes, bevor eine gerichtliche oder staatsanwaltschaftliche Entscheidung herbeigeführt werden kann[470]. Da den Ermittlungspersonen nach § 111f Abs. 1 S. 1 StPO aber nur die Beschlagnahme von beweglichen Sachen obliegt, wird für sie der Anwendungsbereich der Norm auf Sachen im Sinne von § 90 BGB beschränkt.

Die Durchführung der Notveräußerung erfolgt nach den Vorschriften der Zivilprozessordnung über die Verwertung einer gepfändeten Sache, § 111l Abs. 5 S. 1 StPO, §§ 814 - 825 ZPO[471]. Demnach wird der betroffene Gegenstand entweder durch den Gerichtsvollzieher[472] oder seit dem Inkrafttreten des Gesetzes über die Internetversteigerung in der Zwangsvollstreckung[473] über eine allgemein zugängliche Versteigerungsplattform im Internet öffentlich versteigert. Daneben kann er

---

467 Siehe hierzu Eickmann, S. 377.
468 Siehe hierzu z.B. BT-Drucks. 11/5461, Anl. 2 S. 12.
469 Vgl. hierzu BT-Drucks. 7/550, S. 293.
470 LR-Schäfer, § 111l Rn. 10.
471 Meyer-Goßner, § 111l Rn. 6.
472 AG Hannover, Rpfleger 2003, 20.
473 Das Gesetz ist am 05.08.2009 in Kraft getreten, BGBl. I 2009, 2474; siehe hierzu auch Remmert, NJW 2009, 2575 ff.

auch nach Maßgabe des § 825 ZPO in anderer Weise verwertet werden (z.B. durch freihändigen Verkauf)[474]. Wenn es zweckmäßig erscheint, kann die Notveräußerung aber auch auf andere Weise und durch eine andere Person als den Gerichtsvollzieher erfolgen, § 1111 Abs. 5 S. 4 StPO. Die Pfandverwertung von Forderungen und sonstigen Vermögensrechten regelt die Zivilprozessordnung jedoch nicht in den §§ 814 ff. ZPO. Hierfür sind vielmehr die §§ 835 ff. ZPO einschlägig. Auf diese verweist die Strafprozessordnung allerdings nicht. Da nach dem erklärten Willen des Gesetzgebers nunmehr auch sonstige Vermögenswerte von der Notveräußerung erfasst werden sollen, ist § 1111 Abs. 5 S. 1 StPO dahingehend auszulegen. Der Anwendung der hierzu erforderlichen Vorschriften[475] steht demnach nichts im Weg.

Würde man nun auch unbewegliches Vermögen und diesem gleichgestellte Werte[476] im Wege der Notveräußerung versteigern wollen, ermangelt es an einem entsprechenden Verweis. Die Strafprozessordnung bezieht sich weder auf § 869 ZPO noch auf das Gesetz über die Zwangsversteigerung und Zwangsverwaltung (ZVG). Daneben ist für die Verwertung von unbeweglichem Vermögen der Rechtspfleger funktionell zuständig, § 3 Nr. 1 lit. i) RPflG. Für den Gerichtsvollzieher ist die Versteigerung solcher Objekte eine wesensfremde Aufgabe. Daraus ergibt sich ein weiteres Indiz, dass die Notveräußerung sich nur auf bewegliches Vermögen und sonstige Vermögenswerte erstreckt[477].

Ferner bedürfen schuldrechtliche Verträge über den Erwerb eines Grundstücks der notariellen Beurkundung, § 311b Abs. 1 S. 1 BGB. Alternativ könnte die notarielle Beurkundung durch einen gerichtlichen Vergleich oder mit der Aufnahme entsprechender Erklärungen formwirksam in dem gestaltenden Teil des Insolvenzplanes[478] ersetzt werden, § 127a BGB, § 221 InsO. Darüber hinaus ist die Übertragung des Eigentums ebenfalls formbedürftig, §§ 925 Abs. 1, 873 Abs. 1 BGB. Die dingliche Einigung hat nämlich bei gleichzeitiger Anwesenheit der Vertragsparteien vor einem Notar zu erfolgen. Ohne Auflassung könnte das Eigentum an Grundstücken z.B. nur im Wege der Erbfolge oder mit Erteilung des Zuschlages nach § 90 Abs. 1 ZVG erworben werden. Mit der Verwertung eines Grundstückens durch

---

474 LR-Schäfer, § 1111 Rn. 16. Nach Zöller/Stöber, § 825 Rn. 12, handelt selbst beim freihändigen Verkauf der Gerichtsvollzieher wie bei der öffentlichen Versteigerung als Organ der Zwangsvollstreckung hoheitlich. Das Einvernehmen mit dem Käufer ist wie der Zuschlag Hoheitsmaßnahme und kein Zustandekommen eines privatrechtlichen Vertrages.

475 Siehe hierzu insbesondere §§ 844, 857 Abs. 5 ZPO.

476 Dies sind insbesondere Grundstücke, eingetragene Schiffe, Schiffsbauwerke und Luftfahrzeuge, §§ 1 ff., 162 ff., 171a ff. ZVG.

477 Nach KK-StPO/Nack, § 1111 Rn. 2 sei (ohne nähere Begründung) die Notveräußerung von den nach § 111c Abs. 1 StPO beschlagnahmten Schiffen, Schiffsbauwerken und Luftfahrzeugen möglich.

478 Braun/Frank, § 221 Rn. 5.

den Gerichtsvollzieher werden aber diese Formerfordernisse nicht erfüllt, so dass das Eigentum nicht übergehen kann, § 125 BGB. Fraglich ist auch, wie bei einer Versteigerung oder einem freihändigen Verkauf durch den Gerichtsvollzieher die Zahlungspflicht des Meistbietenden ohne notarielle Beurkundung begründet werden soll.

Mit dem neu geschaffenen § 111l Abs. 5 S. 4 StPO wird darüber hinaus den Gerichten und Staatsanwaltschaften zusätzlich die Möglichkeit eröffnet, die Verwertung durch Beauftragung von gewerblichen Vermittlern zu betreiben[479]. Wenn aber ein privater Vermittler oder Verkäufer mit der Verwertung beauftragt wird, stellt sich mehr denn je die Frage, wie gerade bei Grundstücken eine formwirksame Abwicklung ohne Einbindung eines Notars möglich sein soll.

Im Ergebnis widersprechen Gesetzessystematik und Verhältnismäßigkeit einer Notveräußerung von Grundstücken und den noch vom Gesetz über die Zwangsversteigerung und Zwangsverwaltung erfassten Vermögenswerten. Nach der gegenwärtigen Gesetzeslage unterliegen deshalb nur bewegliche Sachen und sonstige Vermögenswerte im Sinne von § 90 BGB, § 857 ZPO der Notveräußerung.

dd) Wirkung der Notveräußerung

Die Notveräußerung bewirkt, dass das Eigentum oder das Recht an dem Gegenstand auf den Erwerber übergeht und der Erlös an die Stelle der verwerteten Gegenstände tritt[480], § 111l Abs. 1 S. 3 StPO. Nach dem Wortlaut der Norm könnte man meinen, dass der Erlös im Wege der dinglichen Surrogation an die Stelle des veräußerten Vermögenswertes tritt. Nach einhelliger Meinung ist das jedoch nicht der Fall. Der ursprüngliche Eigentümer oder Rechtsinhaber erwirbt durch die Notveräußerung gerade kein Eigentum am Erlös[481]. Die nur vermeintlich gegen den Wortlaut der Norm verstoßende Auffassung lässt sich anhand der Entstehungsgeschichte überzeugend begründen.

§ 111l StPO entspricht im Wesentlichen der alten Fassung des inzwischen aufgehobenen § 101a StPO[482]. Mit Einführung des § 101a StPO a.F. sollte wiederum die bis dahin nicht einheitliche Rechtsprechung auf eine zweifelsfreie Grundlage gestellt werden[483]. In den damaligen Entscheidungen war umstritten, ob durch den Verkauf vorläufig sichergestellter Gegenstände auf die Einziehung des Reinerlöses

---

479 BT-Drucks. 16/700, S. 20.
480 LR-Schäfer, § 111l Rn. 8.
481 RGSt 56, 322; 66, 85; Janssen, Rn. 114; LR-Schäfer, § 111l Rn. 8; Meyer-Goßner, § 111l Rn. 4; Schmidt, Rn. 1136.
482 Siehe hierzu BT-Drucks. 7/550, S. 291, 295.
483 BGHSt 8, 53; Dallinger, JZ 1953, 441 m.w.N.

oder auf die Einziehung der bereits verwerteten Sache erkannt werden könne[484]. Es gebe, so zumindest die damaligen Ausführungen, keinen allgemeinen Grundsatz, dass der Erlös an die Stelle der einzuziehenden Sache trete[485]. Es sei in Ermangelung einer gesetzlichen Grundlage unzulässig, etwas anderes anstelle der zwingend einzuziehenden Sache einzuziehen[486]. Mit Einführung des § 101a StPO a.F. hat der Gesetzgeber diesen Streit beigelegt. Soweit die Voraussetzungen für die Verfalls- oder Einziehungsanordnung vorliegen, ist nunmehr rechtsfehlerfrei der Verfall oder die Einziehung des bei der Notveräußerung erzielten Erlöses möglich[487].

Zusammenfassend kann festgehalten werden, dass im Zuge der Notveräußerung gerade keine dingliche Surrogation stattfindet[488]. Das bei der Verwertung unmittelbar vereinnahmte Bargeld geht bei der Notveräußerung bereits in das Eigentum des Staates über[489]. Der vormalige Eigentümer erlangt anstelle des Sacheigentums oder Rechtes nur einen Anspruch auf Auszahlung des erzielten Wertes[490]. Dieser aufschiebend bedingte Anspruch[491] ist erst mit Wegfall der Beschlagnahmevoraussetzungen durchsetzbar. Wird hingegen rechtskräftig der Verfall des Erlöses ausgesprochen, erlischt der Auszahlungsanspruch infolge des dauerhaften Ausfalls der aufschiebenden Bedingung[492].

ee) Kollision zwischen Insolvenzrecht und Notveräußerung

(1) Zeitpunkt der Notveräußerung

Nachdem der vormalige Eigentümer kein Eigentum am Verwertungserlös erhält, ist fraglich, wie der aus einer Notveräußerung resultierende Rückgewähranspruch im Insolvenzverfahren zu behandeln ist. Fraglich ist in diesem Zusammenhang auch, ob und ggf. welche Rechtsfolgen sich ergeben, wenn die Notveräußerung nicht vor, sondern erst nach der Eröffnung des Insolvenzverfahrens durchgeführt wird.

---

484 Siehe hierzu auch RGSt 54, 138
485 RGSt 66,86.
486 RGSt 52,126 f.
487 BGH, NJW 1955, 1406; KK-StPO/Nack, § 111l Rn. 10; LR-Schäfer, § 111l Rn. 8.
488 Schmidt, Rn. 1136.
489 Bei der Verwertung von beschlagnahmten Einziehungsgegenständen bereits ähnlich argumentierend RGSt 52, 127.
490 LK-Schäfer, § 74e Rn. 3; LR-Schäfer, § 111l Rn. 8; Meyer-Goßner, § 111l Rn. 4; Pfeiffer, § 111l Rn. 2.
491 LK-Schäfer, § 74e Rn. 3.
492 LK-Schäfer, § 74e Rn. 3.

α) Notveräußerung vor Insolvenzeröffnung

Falls vor der Eröffnung des Insolvenzverfahrens die Notveräußerung durchgeführt worden ist, ist der durch die Verwertung erzielte Erlös regelmäßig an die Masse auszukehren. Wie bereits dargestellt[493], hat das mit der Beschlagnahme entstandene relative Veräußerungsverbot im Insolvenzverfahren keine Wirkung, §§ 80 Abs. 2 S. 1, 88 InsO. Wenn der Gegenstand nicht notveräußert worden wäre, müsste die Beschlagnahme aufgehoben und die Sache an den Verwalter herausgegeben werden. Mit Wegfall der für den ursprünglichen Gegenstand geltenden Beschlagnahmevoraussetzungen ist der im Zuge der Notveräußerung entstandene und bis zur Insolvenzeröffnung nur aufschiebend bedingte Rückforderungsanspruch des vormaligen Eigentümers zu erfüllen. Der Staat hat deshalb die vereinnahmte Summe freizugeben. Vom Insolvenzverwalter kann der komplette Betrag zur Masse gezogen werden.

β) Notveräußerung nach Insolvenzeröffnung

αα) Notveräußerung durch den Gerichtsvollzieher

Erfolgt der strafprozessuale Zugriff oder die sich daran anschließende Notveräußerung durch den Gerichtsvollzieher tatsächlich noch nach der Eröffnung des Insolvenzverfahrens, ergeben sich die Rechtsfolgen aus den vorrangigen Bestimmungen der Insolvenzordnung. Diese untersagt allen Insolvenzgläubigern für die gesamte Dauer des Verfahrens die Zwangsvollstreckung[494], §§ 89 Abs. 1, 38, 39 InsO. Die Zwangsvollstreckung ist regelmäßig weder in die Insolvenzmasse noch in das sonstige Vermögen des Schuldners zulässig. Das Vollstreckungsverbot des § 89 InsO ist vom Amts wegen zu beachten[495] und gilt hinsichtlich der in § 89 Abs. 2 InsO aufgeführten Vermögenswerte grundsätzlich auch für andere Gläubiger. Andere Gläubiger können z.B. Gläubiger von Masseverbindlichkeiten, Neugläubiger oder auch aus- und absonderungsberechtigte Gläubiger sein[496]. Unter Zwangsvollstreckung im Sinne des § 89 Abs. 1 InsO ist jeder auf Befriedigung des Gläubigers gerichtete Akt zu verstehen. Dieser muss nur in einem an bestimmte Voraussetzungen geknüpften hoheitlichen Verfahren unter Androhung oder Anwendung von

---

493 Siehe hierzu Teil 1 A. III.
494 Vgl. BGH, Rpfleger 2009, 408; App, NZI 1999, 138. Zum Vollstreckungsverbot für die Insolvenzgläubiger nach Aufhebung des Verfahrens während der Wohlverhaltensphase siehe § 294 Abs. 1 InsO.
495 Vallender, ZIP 1997, 1998.
496 Braun/Kroth, § 89 Rn. 5 ff.

Zwangsmitteln gegen den Schuldner vorgenommen werden[497]. Dem umfassenden Vollstreckungsverbot unterliegen deshalb nicht nur sämtliche zivilprozessualen Zwangsmaßnahmen. Vom Anwendungsbereich des § 89 InsO werden auch die nach öffentlich-rechtlichen Verwaltungsgesetzen ausgebrachten Vollstreckungsakte erfasst[498]. Das gilt nicht zuletzt auch für die den Vorschriften der Zivilprozessordnung nachgebildete Beschlagnahme gemäß §§ 111b Abs. 1, 111c StPO[499].

Für das Vollstreckungsverbot des § 89 Abs. 1 InsO spielt es grundsätzlich keine Rolle, ob die Zwangsvollstreckung erst nach Eröffnung des Verfahrens durchgeführt oder die zuvor bereits begonnene Vollstreckung fortgesetzt werden soll[500]. Es erstreckt sich gleichermaßen auf den verbotswidrigen Zugriff als auch auf die sich zum Zwecke der Verwertung anschließenden Rechtsakte. Ausnahmen wären hiervon möglich, wenn beispielsweise die Verwertung mit einem insolvenzfesten Absonderungsrecht einherginge[501] oder das zeitlich befristete Vollstreckungsverbot für Massegläubiger abgelaufen ist, § 90 InsO.

Sofern nach Eröffnung des Insolvenzverfahrens eine verbotswidrige Zwangsvollstreckung erfolgt, ist die Maßnahme aber nur materiell-rechtlich unwirksam und nicht gänzlich nichtig[502]. Zur Nichtigkeit einer Vollstreckungsmaßnahme würden nämlich nur besonders gravierende oder offenkundige Fehler führen[503]. Ein Verstoß gegen § 89 InsO reicht hierfür noch nicht. Der verbotene Zugriff entfaltet auch in der Insolvenz seine formelle Beschlagnahmewirkung in Form der öffentlich-rechtlichen Verstrickung[504]. Unter Verstrickung versteht man wiederum die nach § 136 StGB strafbewehrte Begründung[505] eines öffentlich-rechtlichen Gewahrsamsverhältnisses. Ein solches liegt vor, wenn die Sache im öffentlichen oder privaten Interesse durch hoheitliche Akte der freien Verfügung entzogen worden ist[506]. Darum begründet selbst eine nach Eröffnung des Insolvenzverfahrens erfolgte Beschlagnahme gem. § 111c StPO weiterhin ihre öffentlich-rechtliche Verstrickung.

---

497 Jaeger/Henckel-InsO/ Eckardt, § 89 Rn. 38.
498 Braun/Kroth, § 89 Rn. 2; Jaeger/Henckel-InsO/Eckardt, § 89 Rn. 48.
499 Zur Entstehungsgeschichte siehe BT-Drucks. 7/550, S. 293. Zur Erstreckung des Vollstreckungsverbotes auf die Beschlagnahme nach § 111c StPO siehe Braun/Kroth, §§ 89 Rn. 2, 88 Rn. 2.; FK-InsO/App, § 88 Rn. 4; Schmidt Rn. 541; für die Erstreckung auf Zwangsvollstreckung nach Verwaltungsgesetzen Vallender, ZIP 1997, 1993 ff.
500 Braun/Kroth, § 89 Rn. 2; Jaeger/Henckel-InsO/Eckardt, § 89 Rn. 49.
501 Braun/Kroth, § 89 Rn. 2; Jaeger/Henckel-InsO/Eckardt, § 89 Rn. 49.
502 Gerhard, S. 178 Rn. 47; FK-InsO/App, § 89 Rn. 15; Kübler/Prütting/Lücke, § 89 Rn. 21.
503 Zöller/Stöber, Vor § 704 Rn. 34 m.w.N.
504 Andreas/Leithans/Dahl, § 89 Rn. 8; Braun/Kroth, § 89 Rn. 14; FK-InsO/App, § 89 Rn. 15; Gerhard, S. 178 Rn. 47; Kübler/Prütting/Lücke, § 89 Rn. 21; Vallender, ZIP 1997, 1998.
505 FK-InsO/App, § 89 Rn. 15; Jaeger/Henckel-InsO/Eckardt, § 89 Rn. 73; Zöller/Stöber, § 804 Rn. 1.
506 Fischer, § 136 Rn. 3.

Die vor oder auch nach der Insolvenzeröffnung entstandene Verstrickung ist Grundlage für alle folgenden Vollstreckungsakte und nicht zuletzt auch für die Verwertung der Sache[507]. Selbst bei einer nach Eröffnung des Insolvenzverfahrens durchgeführten öffentlichen Versteigerung[508] würde der Meistbietende ungeachtet des in § 89 Abs. 1 InsO bestehenden Vollstreckungsverbots das Eigentum an dem zur Insolvenzmasse gehörenden Gegenstands erlangen[509]. Zwar verbietet auch § 91 Abs. 1 InsO den Rechtserwerb an Gegenständen der Insolvenzmasse. Nach herrschender Meinung führt aber die auf einer wirksamen Verstrickung beruhende öffentliche Versteigerung trotzdem zum Rechtserwerb durch den Meistbietenden[510]. Bei einer verbotswidrigen Verwertung im Wege der Zwangsvollstreckung geht somit der Insolvenzmasse das Haftungsobjekt verloren. Da über die Verweisung des § 111l Abs. 5 S. 1 StPO auch die nach § 111c Abs. 1 StPO beschlagnahmten bzw. verstrickten Sachen ebenfalls gemäß §§ 814 ff. ZPO notveräußert werden, gilt für die strafprozessuale Beschlagnahme nichts anderes. Auch hier erwirbt der Ersteigerer das Eigentum an der bis dahin zur Insolvenzmasse gehörenden Sache durch die Ablieferung der zugeschlagenen Sache, § 817 ZPO. Es macht nämlich keinen Unterschied, ob die Versteigerung aufgrund einer im Zivil-, Straf- oder öffentlichen Recht wurzelnden Verstrickung erfolgt. Gleiches gilt für den freihändigen Verkauf durch den hoheitlich tätigen Gerichtsvollzieher.

Fraglich ist nun, wie mit dem aus der Notveräußerung erzielten Erlös zu verfahren ist. Wie oben ausgeführt, erhält der vormalige Eigentümer der beschlagnahmten Sache bei der Notveräußerung nur einen aufschiebend bedingten Anspruch auf Auszahlung in Höhe des erzielten Geldbetrages. Sofern bei hypothetischer Betrachtung die Beschlagnahmevoraussetzungen wegfallen, wäre der aufschiebend bedingte Anspruch durchsetzbar und der Verwertungserlös müsste auch hier an den Insolvenzverwalter ausbezahlt werden.

ββ) Notveräußerung durch gewerbliche Vermittler

Mit dem nachträglich eingefügten § 111l Abs. 5 S. 4 StPO können die Gerichte und Staatsanwaltschaften nach pflichtgemäßem Ermessen nunmehr auch eine andere Art der Verwertung bestimmen. Demnach wäre beispielsweise die Beauftragung

---

507 Musielak/Becker, § 803 Rn. 9.
508 Siehe hierzu §§ 814 ff. ZPO.
509 Braun/Kroth, § 89 Rn. 14.
510 OLG Celle KTS 1962, 112; FK-InsO/App, § 89 Rn. 15 m.w.N; Jaeger/Henckel-InsO/Eckardt, § 89 Rn. 73. MüKo-InsO/Breuer, § 89 Rn. 33; Zu den Voraussetzungen eines möglichen Rückübereignungsanspruches vor allem über § 826 BGB siehe Jaeger/Henckel-InsO/Eckardt, § 89 Rn. 73 m.w.N.

von privaten bzw. gewerblichen Vermittlern möglich[511]. So könnte die in der Natur des konkreten Vermögenswertes liegende unzweckmäßige oder zu höheren Einbußen führende Verwertung durch den Gerichtsvollzieher umgangen werden[512]. Der gewerbliche Vermittler wird aber bei der ihm übertragenen Verwertung nicht hoheitlich, sondern aufgrund des ihm erteilten Auftrags privatrechtlich tätig[513]. Aus diesem Grund vollzieht sich die anschließende Eigentumsübertragung nicht gem. § 817 ZPO durch Ablieferung der Sache, sondern gem. §§ 929 ff. BGB durch Einigung und Übergabe. Nach der Insolvenzeröffnung können jedoch grundsätzlich keine Rechte an den Gegenständen der Insolvenzmasse mehr erworben werden. Soweit der Insolvenzverwalter die Veräußerung nicht genehmigt und nur den Erlös beansprucht, könnte er regelmäßig die verbotswidrig veräußerte Sache zur Masse zurückverlangen.

Da der Gesetzgeber dem Gerichtsvollzieher inzwischen gem. § 814 Abs. 2 Nr. 2, Abs. 3 ZPO die Internetversteigerung[514] als öffentlich-rechtlich ausgestaltete Verwertungsart neben der in § 814 Abs. 2 Nr. 1 ZPO geregelten Präsenzversteigerung ermöglicht, könnte die Verwertung durch gewerbliche Vermittler allerdings an Bedeutung verlieren.

(2) Zwischenergebnis

Müsste unter Außerachtlassung der Notveräußerung ein beschlagnahmter Gegenstand nach der Insolvenzeröffnung an den Insolvenzverwalter herausgegeben werden, wäre auch der durch den Gerichtsvollzieher für diesen erzielte Verwertungserlös freizugeben. Nur wenn nach der Insolvenzeröffnung die Verwertung über einen gewerblichen Vermittler oder sonstigen Dritten erfolgt wäre, hätte der Insolvenzverwalter ein Wahlrecht. Er könnte entweder die unwirksam veräußerte Sache zur Masse ziehen oder den Verwertungserlös vom Gläubiger herausverlangen.

---

511 BT-Drucks. 16/700, S. 20.
512 KMR/Mayer, § 1111 Rn. 13.
513 Siehe hierzu bereits Zöller/Stöber, § 825 Rn. 25 m.w.N. zur andersartigen Verwertung gem. § 825 ZPO durch Dritte.
514 Siehe hierzu Fn. 473. Unter http://www.justiz-auktion.de wird eine gemeinsame Online-Versteigerungsplattform mehrerer Landesjustizverwaltungen betrieben. Ein vergleichbares Portal gibt es aber auch für Zoll-Auktionen. Unter http://www.zoll-auktion.de treten in der Regel Bundes-, Landes- und Kommunalbehörden sowie Körperschaften, Anstalten und Stiftungen des öffentlichen Rechts als Anbieter auf.

3. Das Herausgabeverlangen des Insolvenzverwalters

a) Strafprozessuale oder insolvenzrechtliche Rechtsbehelfe und Rechtsmittel?

Mit der Eröffnung des Insolvenzverfahrens sind vor allem nicht im Besitz des Schuldners befindliche Gegenstände zur Masse zu ziehen und eventuelle Übergriffe auf die Masse abzuwehren, § 148 InsO. Soweit vermögensabschöpfende Maßnahmen noch Bestand haben, stellt sich die Frage, ob der Insolvenzverwalter diese mit strafprozessualen oder insolvenzrechtlichen Rechtsbehelfen und Rechtsmitteln angreifen kann. Hierbei ist wiederum zu differenzieren, ob die Maßnahmen vor der Insolvenzeröffnung vollzogen worden sind und noch andauern oder die Durchführung erst nach dem Eröffnungsbeschluss erfolgt ist und eventuell noch eine Verwertung in Form der Notveräußerung ansteht. Zur Lösung des Problems sind im Folgenden die strafprozessualen und insolvenzrechtlichen Rechtsbehelfe und Rechtsmittel darzustellen, voneinander abzugrenzen und zu gewichten.

b) Vor der Insolvenzeröffnung erfolgte Maßnahmen

Mit dem durch das Gesetz zur Stärkung der Rückgewinnungshilfe und der Vermögensabschöpfung bei Straftaten[515] in die Strafprozessordnung neu aufgenommenen § 111f Abs. 5 StPO hat der Gesetzgeber alle Einwendungen gegen Maßnahmen, die in Vollziehung der Beschlagnahme[516] getroffen worden sind, dem strafprozessualen Rechtsweg zugewiesen. Das gilt auch dann, wenn es sich der Sache nach um zwangsvollstreckungsrechtliche Rechtsbehelfe gem. §§ 766, 771 bis 776 ZPO handelt[517]. Soweit die Staatsanwaltschaft die in Vollziehung der Beschlagnahme oder auch des Arrestes ausgebrachten Maßnahmen nach der Insolvenzeröffnung nicht aufhebt, kann der Insolvenzverwalter nach § 111f Abs. 5 StPO eine gerichtliche Entscheidung beantragen. Über die Einwendungen entscheidet der Ermittlungsrichter, nach Erhebung der öffentlichen Klage das mit der Hauptsache befasste Gericht und nach rechtskräftigem Abschluss des Verfahrens das Gericht des ersten Rechtszuges[518]. Die Entscheidung des Gerichts kann der nach § 304 Abs. 2 StPO beschwerdeberechtigte Insolvenzverwalter wiederum anfechten, §§ 304 ff. StPO. Das gilt selbst dann, wenn die angegriffene Maßnahme zuvor von dem erkennenden

---

515 BGBl. I 2006, 2350 ff.
516 Gilt auch für Maßnahmen nach §§ 111b Abs. 2, 111d StPO. Podolsky/Brenner, S. 185.
517 BT-Drucks. 16/700, S. 13.
518 Meyer-Goßner, § 111f Rn. 15.

Gericht getroffen worden ist[519], §§ 304, 305 S. 2 StPO. Der Beschwerde wird jedoch grundsätzlich keine aufschiebende Wirkung beigemessen, § 307 Abs. 1 StPO.

c) Nach der Insolvenzeröffnung erfolgte Maßnahmen

aa) §§ 111f Abs. 5, 111l Abs. 6 StPO contra § 766 ZPO, § 89 Abs. 3 StPO

Mit § 111f Abs. 5 StPO werden grundsätzlich alle Einwendungen gegen vermögensabschöpfende Maßnahmen dem strafprozessualen Rechtsweg zugewiesen. Gleiches gilt für die Notveräußerung. Gem. § 111l Abs. 6 StPO kann gegen die Anordnungen der Staatsanwaltschaft oder ihrer Ermittlungspersonen eine gerichtliche Entscheidung beantragt werden. Unter den Anwendungsbereich der beiden Vorschriften würden auch die im Zuge des Strafverfahrens nach § 89 Abs. 1 InsO noch verbotswidrig erfolgten Zugriffe und Verwertungsversuche fallen. Nachdem aber gem. § 766 ZPO, § 89 Abs. 3 InsO über die nach der Insolvenzeröffnung verbotswidrig erfolgen Maßnahmen das Insolvenzgericht entscheidet, liegt ein bislang wenig beachtetes Konkurrenzverhältnis zwischen strafprozessualen Bestimmungen und insolvenzrechtlichen Normen vor. Nach einer kurzen Darstellung der gegen eine angeordnete Notveräußerung möglichen Rechtsbehelfe und Rechtsmittel gilt es dieses Spannungsfeld zu lösen.

bb) Rechtsbehelfe/Rechtsmittel gegen die Notveräußerung

Soweit nach der Insolvenzeröffnung noch eine Notveräußerung durchgeführt werden soll, könnten grundsätzlich die strafprozessualen Rechtsbehelfe und Rechtsmittel greifen. Dabei ist zu unterscheiden, wer in welchem Verfahrensstadium die Anordnung getroffen hat[520] (vgl. Abb. 3)[521]. Falls die Notveräußerung im vorbereitenden Verfahren durch den Staatsanwalt oder den Rechtspfleger der Staatsanwaltschaft angeordnet wurde, kann der Betroffene eine gerichtliche Entscheidung nach §§ 111l Abs. 6 S. 1, 162 StPO, § 31 Abs. 6 S. 1 RPflG beantragen.

Das gilt auch für die Anordnung der Notveräußerung von beweglichen Sachen durch die Ermittlungspersonen der Staatsanwaltschaft[522]. Antragsberechtigt ist jeder, der durch die Maßnahme betroffen ist[523]. Aus § 111l Abs. 4 StPO folgt, dass als Betroffener regelmäßig der Beschuldigte, der Eigentümer und derjenige in Fra-

---

519 Meyer-Goßner, § 111f Rn. 15.
520 Rönnau, Rn. 526.
521 Siehe hierzu insbesondere die Darstellung bei KMR-Mayer, § 111l Rn. 33 ff.
522 Siehe hierzu § 152 GVG.
523 KMR/Mayer, § 111l Rn. 11.

ge kommt, dem Rechte an der Sache zustehen[524]. Ein entsprechendes Antragsrecht steht aber auch dem gem. § 80 Abs. 1 InsO die Verwaltungs- und Verfügungsbefugnis ausübenden Insolvenzverwalter des von der Maßnahme betroffenen Schuldners zu.

Sofern der Staatsanwalt den Einwendungen nach entsprechender Vorlage nicht abhilft, legt er die Akten dem Gericht vor[525]. Das Gericht kann die Aussetzung der Notveräußerung anordnen. In dringenden Fällen steht diese Befugnis auch dem Vorsitzenden alleine zu, § 111l Abs. 6 S. 3 StPO. Gegen die abschließende Sachentscheidung des Gerichts hat der Gesetzgeber mit dem 2. Opferrechtsreformgesetz[526] inzwischen auch eine Beschwerdemöglichkeit geschaffen, §§ 304 ff. StPO. Zuvor war die Entscheidung unanfechtbar, §§ 111l Abs. 6 S. 2 a.F., 161a Abs. 3 S. 4 a.F. StPO.

Ordnet nach Erhebung der öffentlichen Klage das erkennende Gericht in eigener Zuständigkeit die Notveräußerung an, ist bis zur Änderung des § 111l Abs. 6 StPO ebenfalls umstritten gewesen, ob eine Beschwerde zulässig sei[527]. Nach der inzwischen erfolgten Neufassung kann aus § 111l Abs. 6 StPO nicht mehr entnommen werden, dass gerichtliche Entscheidungen im Notveräußerungsverfahren insgesamt der Anfechtung entzogen sein sollen[528]. Auch diese Entscheidung ist mittlerweile mit der Beschwerde anfechtbar. Hat hingegen der Rechtspfleger des befassten Gerichts die Notveräußerung angeordnet, erfolgt die gerichtliche Überprüfung gem. §§ 22 Nr. 2, 11 Abs. 1 RPflG, §§ 304 ff. StPO.

---

524 OLG Koblenz MDR 1985, 516; KK-StPO/Nack, § 111l Rn. 8.
525 Schmidt, Rn. 1529.
526 G. v. 29.07.2009 BGBl. I 2009, 2280; Geltung ab 01.10.2009; BT-Drucks. 16/12098, S. 18,
527 Zum damaligen Meinungsstand z.B. OLG Celle, StV 1992, 459; OLG Köln, NJW 2004, 2994 m.w.N.; KK-StPO/Nack, § 111l Rn. 8; KMR-Mayer, § 111l Rn. 46 f.; LR-Schäfer, § 111l Rn. 20; Rönnau, Rn. 528.
528 KMR-Mayer, § 111l Rn. 47.

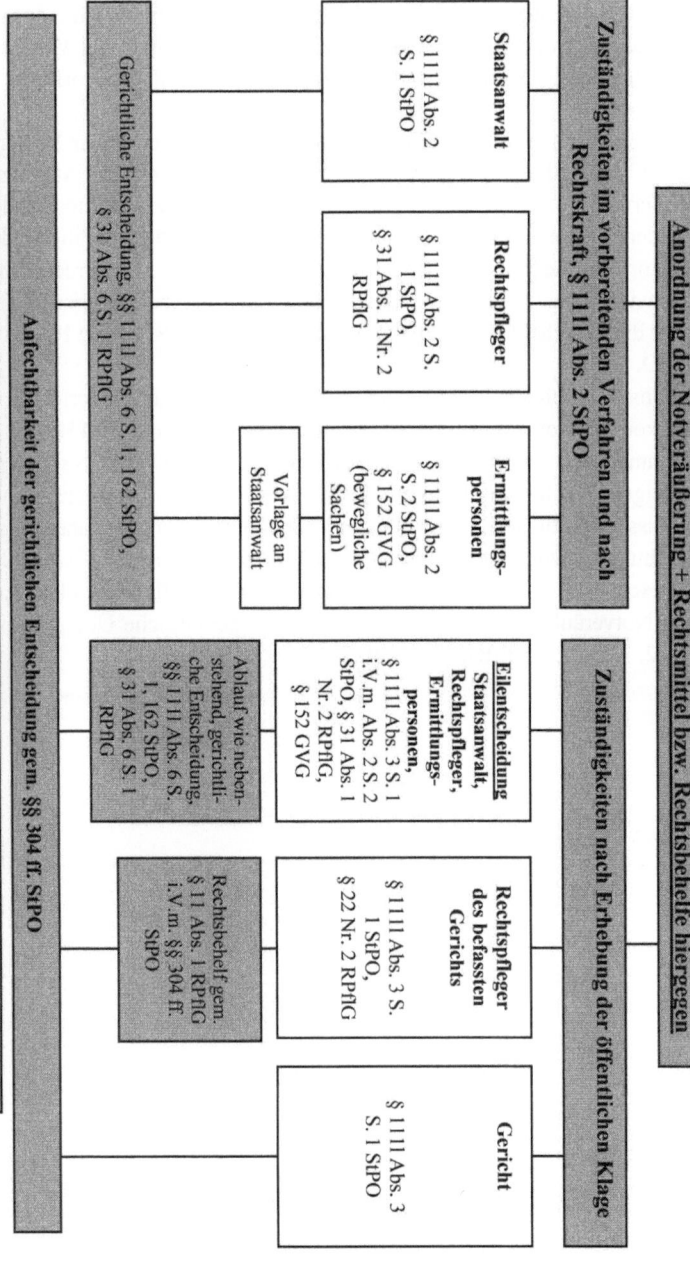

(Abb. 3)

cc) Zivilprozessuale Rechtsmittel und Rechtsbehelfe

Nach der Insolvenzeröffnung werden noch stattfindende Beschlagnahmen und mögliche Folgemaßnahmen wie die Durchführung der Notveräußerung vom Vollstreckungsverbot des § 89 Abs. 1 InsO erfasst. Bei Verstößen gegen das insolvenzrechtliche Zwangsvollstreckungsverbot ist zur Entscheidung über die Vollstreckungserinnerung nach § 766 ZPO das Insolvenzgericht ausschließlich zuständig[529], § 89 Abs. 3 S. 1 InsO. Dessen Entscheidung wäre mit der sofortigen Beschwerde nach § 793 ZPO anfechtbar[530]. Da für den Bereich der Verwaltungsvollstreckung die Zuständigkeit des Insolvenzgerichts ebenfalls bejaht wird[531], könnte für den strafprozessualen Zugriff trotz der in §§ 111f Abs. 5, 111l Abs. 6, 304 ff. StPO bestehenden Möglichkeiten Entsprechendes gelten.

dd) Zwischenergebnis

Zusammenfassend kann festgehalten werden, dass zumindest seit der mit dem 2. Opferrechtsreformgesetz erfolgten Änderung des § 111l Abs. 6 StPO der Insolvenzverwalter mit den in der Strafprozessordnung vorgesehenen Rechtsmitteln und Rechtsbehelfen sowohl gegen die nach der Eröffnung des Insolvenzverfahrens erfolgte Beschlagnahme als auch gegen eine anstehende Notveräußerungen umfassend vorgehen kann. Diese strafprozessualen Möglichkeiten stehen bei den nach der Eröffnung des Insolvenzverfahrens noch verbotswidrig erfolgten Maßnahmen in Konkurrenz zur Vollstreckungserinnerung nach § 766 ZPO, § 89 Abs. 3 InsO.

d) Lösung Konkurrenzfrage

aa) Normenkonkurrenz

Sobald die Strafverfolgungsbehörden durch verbotswidrige Zugriffe gegen das insolvenzrechtliche Vollstreckungsverbot verstoßen, stellt sich die generelle Frage, ob für die Einwendungen des Insolvenzverwalters der Strafrichter oder das Insolvenzgericht zuständig ist. Dabei ist wiederum zwischen beweglichem und unbeweglichem Vermögen zu differenzieren. Von der Konkurrenzfrage ausgenommen ist nämlich die verbotswidrig erfolgte Grundstücksbeschlagnahme. Hier ist das grundbuchrechtliche Verfahren zur Eintragung eines Amtswiderspruches und die

---

529 BT-Drucks. 12/2443, S. 138; Keller, Rn. 1080.
530 Braun/Kroth, § 89 Rn. 15; FK-InsO/App, § 89 Rn. 18.
531 Braun/Kroth, § 89 Rn. 15. Zur Verwaltungsvollstreckung siehe §§ 72, 73 VwGO, § 367 Abs. 1 AO.

damit verbundene Beschwerdemöglichkeit gem. §§ 53 Abs. 1 S. 2, 71 ff. GBO einschlägig. Über den einzutragenden Widerspruch befindet weder das Insolvenzgericht noch der Strafrichter[532], sondern der jeweils zuständige Grundbuchrechtspfleger. Dessen Entscheidung kann allenfalls mit der Beschwerde nach §§ 72 ff. GBO angefochten werden[533].

Bei allen anderen Gegenständen wäre über die das insolvenzrechtliche Vollstreckungsverbot betreffenden Erinnerungen grundsätzlich das Insolvenzgericht berufen[534], § 89 Abs. 3 S. 1 InsO. Andererseits entscheidet aber auch der Strafrichter über alle Einwendungen, die in Vollziehung der Beschlagnahme oder gegen die Anordnung der Notveräußerung erhoben werden, §§ 111f Abs. 5, 111l Abs. 6 S. 1 StPO. Es stehen sich somit nach einem eröffneten Insolvenzverfahren jeweils mehrere, sich gegenseitig ausschließende Zuständigkeitsbestimmungen gegenüber. Da die konkurrierenden Vorschriften allesamt bundesrechtlichen Parlamentsgesetzen entspringen, kann die Konkurrenzfrage auch nicht im Wege des Rangprinzips gelöst werden. Ob der gegenständliche Normenkonflikt von gleichrangigen Bestimmungen nur über Spezialitäts- und die Zeitkollisionsregeln lösbar erscheint, ist fraglich. Ggf. wird ein Rückgriff auf die Motive des Gesetzgebers und dem damit verfolgten Normzweck erforderlich sein.

bb) Spezialitäts- und Zeitkollisionsregeln

Nach dem sogenannten Spezialitätsgrundsatz verdrängt die Spezialvorschrift die Anwendbarkeit der allgemeinen Regelung *(»Lex specialis derogat legi generali«)*[535]. Diese juristische Auslegungsregel basiert auf der Vermutung, dass der Wille des Gesetzgebers in der lex specialis deutlicher und konkreter zum Ausdruck komme. Andernfalls bestünde das Risiko, dass der Gesetzgeber eine Rechtsnorm ohne praktischen Anwendungsbereich geschaffen habe. Denn soweit man statt der speziellen Regelung nur die allgemeine Norm anwendet, würde der besondere Rechtssatz seines praktischen Anwendungsbereiches beraubt[536]. Demzufolge ist das speziellere Gesetz das Gesetz, welches in seinem Tatbestand über alle Merkma-

---

532 Diesbezügliche Überlegungen lassen sich auch nicht aus den entsprechenden BT-Drucksachen entnehmen; vgl. hierzu insbesondere BT-Drucks. 12/2443 S. 138 u. BT-Drucks. 16/700, S. 13.
533 Eingetragene Schiffe, Schiffsbauwerke und Luftfahrzeuge werden nach § 111c Abs. 4 S. 1, Abs. 1 StPO wie bewegliche Sachen beschlagnahmt. Der Eintragung in den jeweiligen Registern kommt nur ein deklaratorischer Charakter zu. Daher ist der in den jeweiligen Registern nach §§ 56, 75 ff. SchRG, § 95 LuftfzRG gleichfalls mögliche Amtswiderspruch nicht weiter zu problematisieren.
534 BT-Drucks. 12/2443, S. 138.
535 Rüthers, Rn. 770 f.
536 Kramer, S. 109.

le der allgemeinen Norm verfügt und zusätzlich noch mindestens ein weiteres Merkmal enthält[537]. D.h., dass der Anwendungsbereich der spezielleren Norm nicht nur alle Fälle der allgemeineren Norm abdeckt, sondern noch darüber hinausgeht[538].

Schwierigkeiten treten jedoch bei der Lösung des Konkurrenzproblems auf, wenn zwischen den konkurrierenden Normen kein Deckungsverhältnis vorliegt und sie sich nur teilweise überschneiden[539]. Sobald sich zwei Rechtssätze lediglich wie zwei sich überschneidende Kreise verhalten und nur eine Schnittmenge bilden, kann der lex specialis-Grundsatz nicht zur Auflösung eines Normenkonflikts beitragen[540]. Eine Schnittmenge von zwei Rechtssätzen liegt insbesondere dann vor, wenn beide Normen zwar von ihrem Wortlaut her ein und denselben Sachverhalt erfassen, aber zeitgleich darüber hinaus noch jeweils völlig voneinander unabhängige Bereiche regeln.

Exakt diese Einschränkung des lex specialis-Grundsatz kommt bei dem vorstehend dargestellten Konkurrenzverhältnis zum Tragen. Mehr als eine Schnittmenge liegt nämlich nach der Eröffnung des Insolvenzverfahrens zwischen der auf dem insolvenzrechtlichen Vollstreckungsverbot beruhenden Erinnerung und den parallel möglichen Rechtsmitteln und Rechtsbehelfen der Strafprozessordnung nicht vor. Beispielsweise kann mit der insolvenzrechtlichen Vollstreckungserinnerung nicht die Art und Weise der vor der Insolvenzeröffnung gem. §§ 111b ff. StPO durchgeführten Sicherstellung angegriffen werden. Das ist nur auf dem strafprozessualen Rechtsmittelweg möglich[541]. Gleiches würde für die vor der Eröffnung des Insolvenzverfahrens angeordnete Notveräußerung gelten. Auch hier könnte das Bedürfnis bestehen, die Rechtmäßigkeit der Ermessensausübung richterlich überprüfen zu lassen[542].

Aber genau diese umfassende Prüfungsmöglichkeit eröffnet die insolvenzrechtliche Vollstreckungserinnerung gerade nicht. Sie dient zuvörderst zur Durchsetzung des in § 89 Abs. 1 InsO geregelten Vollstreckungsverbotes. Mit ihr kann man nur die nach der Insolvenzeröffnung verbotswidrig erfolgte Sicherstellung angreifen oder eine dem Vollstreckungsverbot zuwiderlaufende Verwertung noch unterbinden.

---

537 Wank, § 13 I. 2. lit. b).
538 Kramer, S. 108.
539 Kramer, S. 108.
540 Zippelius, S. 39.
541 Das könnte z.B. bei einer Beschlagnahme ohne Durchsuchungsbeschluss gem. §§ 111b Abs. 5, 102 ff. StPO trotz Widerspruch des von der Maßnahme Betroffenen der Fall sein.
542 Zur gerichtlichen Überprüfung einer bereits durchgeführten Maßnahme siehe SK-StPO/Rogall, § 111l Rn. 45.

Andererseits beschränkt sich die insolvenzrechtliche Vollstreckungserinnerung wiederum nicht nur auf verbotswidrig durchgeführte oder noch anstehende Maßnahmen der Strafverfolgungsbehörden. Der Anwendungsbereich des § 89 InsO erfasst alle Akte der Zwangsvollstreckung. Darunter fällt aber nicht nur die zivilprozessuale Zwangsvollstreckung, sondern auch die Vollstreckungsakte der Verwaltungsbehörden[543].

Zusammenfassend kann festgehalten werden, dass die konkurrierenden Normen zwar jeweils eine Schnittmenge bilden, aber darüber hinaus auch voneinander unabhängige Fallkonstellationen erfassen. Deshalb führt das pauschale Abstellen auf den Spezialitätsgrundsatz bei diesem Konkurrenzproblem zu keiner wirklich befriedigenden Auflösung des Normenkonflikts (vgl. Abb. 4).

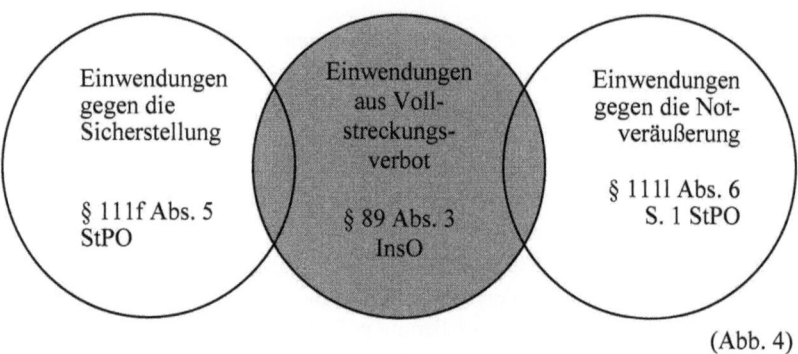

Einwendungen gegen die Sicherstellung

§ 111f Abs. 5 StPO

Einwendungen aus Vollstreckungsverbot

§ 89 Abs. 3 InsO

Einwendungen gegen die Notveräußerung

§ 111l Abs. 6 S. 1 StPO

(Abb. 4)

Ebenso wenig helfen die zeitlichen Kollisionsregeln weiter. Nach den zeitlichen Kollisionsregeln gehen die später erlassenen Rechtsnormen ihnen widersprechenden früheren vor (*»Lex posterior derogat legi priori«*). Das neuere, modernere Recht sei schließlich das *»richtigere Recht«*[544]. Da die zeitliche Kollisionsregel keine grundsätzliche Ausgestaltung durch den Gesetzgeber erfahren habe[545], könne ihr auch nicht der Charakter einer selbstverständlichen Rechtsvoraussetzung zukommen[546]. Aus den vorgenannten Gründen hilft deshalb auch die dritte, sich sowohl am zeitlichen als auch am inhaltlichen Verhältnis der widerstreitenden Normen orientierende Kollisionsregel, nicht weiter (*»Lex posterior generalis non derogat legi priori speciali«*).

---

543 Braun/Kroth, § 89 Rn. 2; Jaeger/Henckel-InsO/Eckardt, § 89 Rn. 48.
544 Rüthers, Rn. 772.
545 Siehe jedoch die positiv-gesetzliche Teilregelung in Art. 123 Abs. 1 GG; Renck, JZ 1970, 770.
546 Renck, JZ 1970, 770.

Da eine überzeugende Lösung des Konkurrenzproblems nicht über die Spezialitäts- und Zeitkollisionsregeln erzielt werden kann, gilt es weitere Überlegungen anzustellen[547].

cc) Normzweck

(1) § 111f Abs. 5 StPO

Mit § 111f Abs. 5 StPO wird klargestellt, dass mögliche Einwendungen gegen die Beschlagnahme im strafprozessualen Rechtsweg zu klären sind. Nach den Ausführungen des Gesetzgebers[548] gelte dies auch dann, wenn es sich der Sache nach um zwangsvollstreckungsrechtliche Rechtsbehelfe nach §§ 766, 771 bis 776 ZPO handle. Mit dieser Regelung solle insbesondere einem möglichen Missbrauch durch vorgeschobene Personen aus dem Täterumfeld wirksamer begegnet werden. Darüber hinaus werde die zeitintensive Einarbeitung der Zivilgerichte bei entsprechenden Einwendungen vermieden. Daneben könne sich die Vorgabe des Zivilrechtsweges für den Beschuldigten nachteilig auswirken und ein Spannungsfeld zu seinem strafprozessualen Schweigerecht entstehen. Nicht zuletzt spreche für die generelle Zuständigkeit der Strafgerichte die umfassendere Kenntnis der Gesamtumstände des Falles.

(2) § 89 Abs. 3 S. 1 InsO

Soweit gegen das insolvenzrechtliche Vollstreckungsverbot verstoßen wird, ist das Insolvenzgericht nach § 89 Abs. 3 S. 1 InsO regelmäßig zur Entscheidung berufen. Nach dem Willen des Gesetzgebers wurde die Prüfungszuständigkeit der grundsätzlich zuständigen Vollstreckungsgerichte auf das Insolvenzgericht übertragen[549]. Wegen der besonderen Entscheidungsrelevanz bei insolvenzspezifischen Fragen sei die Sachnähe des Insolvenzgerichts maßgeblich. Das Insolvenzgericht könne die Voraussetzungen der Verbote und die Eigenschaft des vollstreckenden Gläubigers als Insolvenzgläubiger besser beurteilen[550].

Allerdings hat der Gesetzgeber in den amtlichen Materialien nur die zivilprozessuale Vollstreckungserinnerung gem. § 766 ZPO problematisiert[551]. Das Verhältnis von § 89 Abs. 3 InsO ist z.B. zu den für die Verwaltungszwangsvollstreckung gel-

547 Siehe hierzu auch Zippelius, S. 39.
548 BT-Drucks. 16/700, S. 13.
549 FK-InsO/App, § 89 Rn. 17.
550 BT-Drucks. 12/2443, S. 138.
551 BT-Drucks. 12/2443, S. 138.

tenden Zuständigkeitsbestimmungen[552] hingegen nicht ausdrücklich geregelt worden[553]. Gleiches gilt für die Vollstreckung der Finanz- und Sozialversicherungsbehörden[554] sowie den strafprozessualen Zugriff. Auch hier lässt sich aus der Entstehungsgeschichte nichts entnehmen. Insofern ist strittig, wie weit die Kompetenzzuweisung des Insolvenzgerichts reicht[555].

Letztlich solle mit dem in § 89 InsO enthaltenen Vollstreckungsverbot der Schutz der Insolvenzmasse und die Gleichbehandlung aller Insolvenzgläubiger gewährleistet werden[556]. Deshalb wird auch im Interesse des weitgefassten Normzwecks vertreten, dass das Insolvenzgericht für alle Rechtsbehelfe zuständig sei, mit denen ein Verstoß gegen das Vollstreckungsverbot gerügt wird[557]. Der Gesetzgeber habe ursprünglich das sachnähere Gericht mit der Entscheidung über Verstöße gegen das Vollstreckungsverbot betraut. Dieser Ansatz spreche dafür, die Kompetenz auf alle insolvenzrechtlichen Einwendungen auszuweiten[558]. Nicht umsonst liege mit der Insolvenzeröffnung die Verfahrenshoheit über das schuldnerbefangene Vermögen in den Händen des Insolvenzverwalters und des Insolvenzgerichts. Keinesfalls wird aber durch § 89 Abs. 3 InsO die Kompetenz auf allgemeine vollstreckungsrechtliche Einwendungen ausgeweitet. So gelten beispielsweise für eine Vollstreckungsabwehrklage nach § 767 ZPO weiterhin die allgemeinen Zuständigkeiten. Gegen eine Ausweitung der dem Insolvenzgericht obliegenden Entscheidungsbefugnis für allgemeine Einwendungen würde nicht nur der Gesetzeswortlaut, sondern auch das bislang angeführte Argument der Sachnähe sprechen[559].

e) Schlussfolgerung

Weder aus der Insolvenz- noch aus der Strafprozessordnung lässt sich nach Eröffnung des Insolvenzverfahrens eine Vorrangstellung der Strafverfolgungsbehörden ableiten. Verstoßen nun Maßnahmen gegen das insolvenzrechtliche Vollstreckungsverbot, sind sie mit einem gravierenden Verfahrensmakel behaftet[560]. Diese verbotswidrigen Akte hätten eigentlich gar nicht mehr durchgeführt werden dürfen. Nachdem das Insolvenzgericht gem. § 89 Abs. 3 InsO aber nur über die gegen § 89 Abs. 1 InsO verstoßenden Maßnahmen befindet, wäre dessen vorrangige Zustän-

---

552 Siehe hierzu §§ 72, 73 VwGO, 367 Abs. 1 AO.
553 FK-InsO/App, § 89 Rn. 17.
554 FK-InsO/App, § 88 Rn. 18.
555 Jaeger/Henckel-InsO/Eckardt, § 89 Rn. 81.
556 Braun/Kroth, § 89 Rn. 1.
557 Jaeger/Henckel-InsO/Eckardt, § 89 Rn. 81 m.w.N.
558 FK-InsO/App, § 89 Rn. 17; Jaecker/Henckel-InsO/Eckardt, § 89 Rn. 82 jeweils m.w.N.
559 Jaeger/Henckel-InsO/Eckardt, § 89 Rn. 82 m.w.N.
560 Gerhardt, S. 159.

digkeit selbst bei Einwendungen gegen verbotswidrige Sicherungsmaßnahmen der Strafverfolgungsbehörden und möglichen Übergriffen auf die Masse durch noch anstehende Notveräußerungen schlüssig und keinesfalls systemwidrig[561]. Mit der ausschließlichen Zuständigkeit des Insolvenzgerichts besteht auch nicht die Gefahr von sich widersprechenden Beschlüssen. Sie dient der Rechtssicherheit und Rechtsklarheit. Sie gewährleistet den ungehinderten Fortgang des Insolvenzverfahrens. In diesem Zusammenhang spricht jedoch nichts dagegen, dass der Staatsanwaltschaft und dem Strafrichter weiterhin die Möglichkeit verbleibt, erfolgte Beschlagnahmen oder eine selbst verfügte Notveräußerung in eigener Zuständigkeit aufzuheben.

4. Strafprozessuale Beschlagnahme und formloser Verfall im Insolvenzeröffnungsverfahren, §§ 11 ff. InsO

a) Beschlagnahme erfolgt vor der Stellung des Insolvenzantrages

Mit Eröffnung des Insolvenzverfahrens ergibt sich aus § 80 Abs. 2 S. 1 InsO für die Strafverfolgungsbehörde die Verpflichtung zur Freigabe von beschlagnahmten Vermögenswerten. Im Insolvenzeröffnungsverfahren, das den Zeitraum zwischen Antragstellung und Entscheidung über die Eröffnung des Verfahrens umfasst, existiert hingegen keine vergleichbare Norm[562]. Während bei eröffneten Insolvenzverfahren neben den Sanierungsbemühungen die gleichmäßige Befriedigung der Gläubiger im Vordergrund steht, wird im Insolvenzeröffnungsverfahren die Zulässigkeit des Antrages, der Insolvenzgrund und die Deckung der voraussichtlichen Verfahrenskosten geprüft, §§ 1, 11 ff., 26 InsO. Hierzu ist es auch aus insolvenzrechtlicher Sicht nicht erforderlich, dass gegenüber dem vorläufigen Insolvenzverwalter bereits vorab die Freigabe von beschlagnahmten Vermögenswerten erklärt wird[563]. Grundsätzlich kommt erst nach Eröffnung des Insolvenzverfahrens eine Aufhebung von sichernden Maßnahmen in Betracht[564]. Für die insolvenzrechtlichen Ermittlungen reicht es aus, wenn die Strafverfolgungsbehörde Auskunft darüber gibt, in welcher Höhe staatlich beschlagnahmte Werte für das zu erwartende Insolvenzverfahren vorhanden sind[565].

---

561 Für die Zuständigkeit des Insolvenzgerichts bei der Kollision mit der Verwaltungsvollstreckung (§§ 72, 73 VwGO, § 367 Abs. 1 AO) Braun/Kroth, § 89 Rn. 15; FK-InsO/App, § 89 Rn. 17; so auch Heinze, ZVI 2006, 16 für Einwendungen im Rahmen der Strafvollstreckung (§§ 459h, 462a Abs. 2 StPO, § 31 Abs. 2, 6 RPflG).
562 Malitz, NStZ 2002, 342; Schmidt Rn. 536.
563 Malitz, NStZ 2002, 342.
564 Greiner, ZInsO 2007, 955; Rönnau, Rn. 487.
565 Groß, S. 123; Malitz, NStZ 2002, 342.

Aus strafprozessualer Sichtweise wäre es auch nicht sinnvoll, bereits vor Eröffnung des Insolvenzverfahrens beschlagnahmte Vermögenswerte freizugeben. Der Gläubiger könnte beispielsweise den Insolvenzantrag zurücknehmen oder es erfolgt die Abweisung mangels Masse. Dann müsste jede zuvor aufgehobene Sicherung im Wettlauf mit anderen Gläubigern neu ausgebracht werden. Dabei bestünde die Gefahr, dass der Schuldner vor dem zweiten Zugriff anderweitig über den Gegenstand verfügt. Einem eventuellen Freigabeverlangen des vorläufigen Insolvenzverwalters sollte nicht nachgekommen werden[566].

b) Beschlagnahme erfolgt nach Anordnung insolvenzrechtlicher Sicherungsmaßnahmen gem. § 21 InsO

Nachdem die Feststellung des Eröffnungsgrundes und der Kostendeckung jedoch mehr oder weniger zeitintensive Ermittlungen erfordert, kann das Insolvenzgericht mit bestimmten Sicherungsmaßnahmen eine Verschlechterung der Vermögenslage des Schuldners während des Insolvenzeröffnungsverfahrens verhindern[567]. So kann gem. § 21 Abs. 2 S. 1 Nr. 3 InsO die auch noch nach Stellung des Insolvenzantrages grundsätzlich fortbestehende Möglichkeit der Zwangsvollstreckung gegen den Schuldner untersagt oder einstweilen eingestellt werden.

Durch das Verbot der Einzelzwangsvollstreckung werden die von der Insolvenzeröffnung ausgehenden absoluten Wirkungen des Vollstreckungsverbotes in das Eröffnungsverfahren vorgezogen[568]. Die Schutzwirkung des Vollstreckungsverbotes tritt im Insolvenzeröffnungsverfahren bereits im Zeitpunkt des Beschlusserlasses ein[569]. Das bedeutet, dass sich nicht nur nach Eröffnung des Insolvenzverfahrens, sondern auch im Insolvenzeröffnungsverfahren vergleichbare Spannungsfelder zur vollstreckungssichernden Beschlagnahme und zur Notveräußerung ergeben. Das vom Insolvenzgericht angeordnete Vollstreckungsverbot gilt wie das in § 89 Abs. 1 InsO gesetzlich normierte Vollstreckungsverbot auch für die strafprozessuale Beschlagnahme nach §§ 111b Abs. 1, 111c StPO und die Notveräußerung nach § 111l StPO. Es ist von allen in Betracht kommenden Vollstreckungsorganen von Amts wegen zu beachten[570].

566 Groß, S. 123.
567 Braun/Kind, § 21 Rn. 2; zu den Haftungsrisiken des Insolvenzgerichts im Insolvenzeröffnungsverfahren siehe MüKo-InsO/Haarmeyer, § 21 Rn. 42 f.
568 BT-Drucks. 12/2443, S. 116; MüKo-InsO/Haarmeyer, § 21 Rn. 71; Siehe hierzu auch §§ 21 Abs. 2 S. 1 Nr. 3, 24 Abs. 1, 81, 82, 21 Abs. 2 S. 1 Nr. 2, 80 Abs. 1 InsO.
569 Braun/Kind, § 21 Rn. 40.
570 MüKo-InsO/Haarmeyer, § 21 Rn. 75; Zöller/Stöber, § 766 Rn. 17.

Wird nun gegen das angeordnete Vollstreckungsverbot verstoßen, liegt auch hier ein schwerer Verfahrensfehler vor[571]. Die verbotswidrige Zwangsvollstreckung ist aber nicht nichtig, sondern nur materiell-rechtlich unwirksam und anfechtbar[572].

Anders als bei § 89 Abs. 3 InsO ermangelt es im Insolvenzeröffnungsverfahren an einer besonderen Zuständigkeitsregelung für die Entscheidung über Einwendungen, die aufgrund der Anordnung des gerichtlichen Vollstreckungsverbotes erhoben werden[573]. Daher ist wiederum in Rechtsprechung und Literatur umstritten, ob das Insolvenzgericht in analoger Anwendung des § 89 Abs. 3 InsO auch zur Entscheidung über die von den einzelnen Gläubigern ausgehenden Verstöße gegen das vorläufige Vollstreckungsverbot berufen sein soll[574]. Da dieser primär im Zivilprozessrecht behandelte Streit auch für strafprozessuale Einwendungen von Bedeutung ist, gilt es ihn kurz voranzustellen.

Einerseits wird argumentiert[575], dass es an einer für die analoge Anwendung des § 89 Abs. 3 InsO erforderlichen Regelungslücke und einem vergleichbaren Sachverhalt fehle. Im Gegensatz zu dem gesetzlichen Vollstreckungsverbot des § 89 InsO handle es sich bei dem Vollstreckungsverbot nach § 21 Abs. 2 S. 1 Nr. 3 InsO lediglich um eine pflichtgemäße Anordnung des Insolvenzgerichts. Diese Entscheidung stelle z.B. in der zivilprozessualen Zwangsvollstreckung ein Vollstreckungshindernis im Sinne von § 775 Nr. 1 u. 2 ZPO dar. Derartige Hindernisse könne man nur im Wege der Vollstreckungserinnerung gem. § 766 ZPO geltend machen. Ausschließlich zuständig sei hierfür das Vollstreckungsgericht, §§ 764 Abs. 2, 802 ZPO. Daneben werde mit einer sofortigen Entscheidung des Insolvenzgerichts die im Rahmen des § 766 ZPO zunächst bestehende Abhilfebefugnis umgangen. Die analoge Anwendung des § 89 Abs. 3 InsO für Einwendungen gegen das im Insolvenzeröffnungsverfahren ausgesprochene Vollstreckungsverbot sei daher abzulehnen. Es werde die Zuständigkeit des Vollstreckungsgerichts und der in Art. 101 Abs. 1 S. 2 GG geschützte Anspruch auf den gesetzlichen Richter verletzt.

Dem wird erwidert[576], dass man zwar das gerichtlich angeordnete Vollstreckungsverbot nach § 21 Abs. 2 S. 1 Nr. 3 InsO durchaus als Vollstreckungshindernis nach § 775 ZPO ansehen und die Geltendmachung von Einwendungen im Erinnerungsverfahren verfolgen könne. Es werde aber dadurch nicht beantwortet, ob

---

571 Vallender, ZIP 1996, 1996.
572 MüKo-InsO/Haarmeyer, § 21 Rn. 75.
573 Vallender, ZIP 1996, 1997, 1996.
574 Siehe hierzu die umfassenden Nachweise für beide Ansichten in AG Göttingen, NZI 2003, 612 f.
575 So z.B. AG Köln, NJW-RR 1999, 1351; AG Rostock, NJW-RR 2000, 716.
576 So z.B. LG Dessau, Beschl. v. 03.11.2006, Az.: 7 T 411/06.

die insolvenzspezifische Fragestellung die in § 802 ZPO ausschließliche Zuständigkeit des Vollstreckungsgerichts verdrängt. Mit den Sicherungsmaßnahmen werden auch die objektivierten Auswirkungen des Insolvenzverfahrens im Wesentlichen bereits nach vorne verlagert[577]. Welches Gericht für die Entscheidung über entsprechende Einwendungen berufen ist, werde weder in § 89 Abs. 3 InsO, noch in §§ 766, 802 ZPO ausdrücklich geregelt. Es liege eine im Wege der Analogie auszufüllende Regelungslücke vor. Für das Insolvenzgericht spreche vor allem die größere Sachnähe. Nicht zuletzt könne dieses ja bereits im Wege der einstweiligen Einstellung auf die begonnene Zwangsvollstreckung in das bewegliche Vermögen unmittelbar einwirken, § 21 Abs. 2 S. 1 Nr. 3 InsO. Zutreffend werde daher überwiegend das Insolvenzgericht und nicht das Vollstreckungsgericht für entscheidungsbefugt angesehen[578]. Vertritt man nun bei den im Insolvenzeröffnungsverfahren verbotswidrigen Zwangsvollstreckungen analog § 89 Abs. 3 InsO die Zuständigkeit des Insolvenzgerichts, müsste man dann konsequenterweise auch dem Insolvenzgericht die Entscheidungskompetenz für die Aufhebung vermögensabschöpfender Maßnahmen zubilligen. Das widerspräche zwar § 111f Abs. 5 StPO. Da der strafprozessuale Akt an sich aber nicht mehr hätte vorgenommen werden dürfen, käme man auch hier bei einer analogen Anwendung des § 89 Abs. 3 InsO zu keinem unvertretbaren Ergebnis.

c) Insolvenzeröffnungsverfahren und Immobiliarvollstreckung

Ungeachtet der vorstehenden Diskussion um die Zuständigkeit des Insolvenzgerichts bei Verstößen gegen das Einzelzwangsvollstreckungsverbot werden nach dem Wortlaut des Gesetzes die im Wege der Immobiliarvollstreckung ausgebrachten Maßnahmen nicht erfasst. Ursprünglich war in § 25 Abs. 2 Nr. 3 RegEInsO zwar vorgesehen, dass das Insolvenzgericht umfassend die Zwangsvollstreckung gegen den Schuldner untersagen oder einstweilen einstellen kann[579]. Diese weitreichende Ausgestaltung des Gesetzes ist jedoch durch den Rechtsausschuss zur Entlastung der Insolvenzgerichte für den Bereich der Zwangsvollstreckung in das unbewegliche Vermögen nicht mehr beibehalten worden[580]. Daraus kann aber nicht geschlossen werden, dass die Zwangsvollstreckung in Immobilien nunmehr uneingeschränkt möglich wäre.

Das gesamte Normengefüge der Insolvenzordnung und ihrer Begleitgesetze richtet sich schließlich auf die Erhaltung des schuldnerischen Vermögens als Wirt-

577 Braun/Kind, § 21 Rn. 28.
578 LG Dessau, Beschl. v. 03.11.2006, Az.: 7 T 411/06.
579 BT-Drucks. 12/2443, S. 13; MüKo-InsO/Haarmeyer, § 21 Rn. 79.
580 Jaeger/Henckel-InsO/Gerhardt § 21 Rn. 42 (Fn. 104 m.w.N.)

schaftseinheit aus[581]. Deshalb ist dem vorläufigen Insolvenzverwalter die Möglichkeit erhalten geblieben, bei der Zwangsversteigerung von Grundstücken oder grundstücksgleichen Rechten die einstweilige Einstellung der Zwangsversteigerung zu beantragen, § 30d Abs. 4 ZVG. Entsprechendes gilt für die Zwangsversteigerung von eingetragenen Schiffen, Schiffsbauwerken und eingetragenen Luftfahrzeugen, §§ 162, 171a ZVG. Die ursprünglich hierfür vorgesehene Zuständigkeit des Insolvenzgerichts ist auf den funktionell zuständigen Rechtspfleger[582] des Vollstreckungsgerichts übertragen worden, § 30d Abs. 4 ZVG. Angesichts des klaren Gesetzeswortlauts sind nur noch die Vollstreckungen in Form der Eintragung in das Grundbuch[583] oder in die jeweiligen Register uneingeschränkt zulässig. Der vorläufige Insolvenzverwalter kann allerdings die daraus mögliche Verwertung verhindern[584]. Die rangwahrende Zwangsvollstreckung und die strafprozessuale Beschlagnahme in unbewegliches Vermögen sind im Insolvenzeröffnungsverfahren nach wie vor möglich.

Es besteht auch kein Bedürfnis, den Anwendungsbereich des Vollstreckungsverbotes und des § 30d Abs. 4 ZVG im Wege der Auslegung oder Analogie auf die strafprozessuale Beschlagnahme von Grundstücken und grundstücksgleichen Rechten auszudehnen. Die Grundstücksbeschlagnahme nach §§ 111b Abs. 1, 111c Abs. 2 StPO ermöglicht weder die Notveräußerung noch schränkt sie die Nutzungsmöglichkeiten ein. Sie zielt auch nicht auf die Verwertung des Grundstücks ab. Mit ihr soll nur der von einer späteren Verfallsentscheidung ausgehende Eigentumsübergang auf den Staat abgesichert werden. Da die Beschlagnahme nach § 80 Abs. 2 S. 1 InsO im Insolvenzverfahren ohnehin keine Wirkung entfaltet, wird nach Eröffnung des Verfahrens weder die Verwaltungs- und Verfügungsbefugnis des Insolvenzverwalters beeinträchtigt noch die Insolvenzmasse geschmälert.

d) Formloser Verfall im Insolvenzeröffnungsverfahren

Das Insolvenzgericht kann aber nicht nur ein Vollstreckungsverbot im Insolvenzeröffnungsverfahren erlassen. Es besteht daneben die Möglichkeit, dem Schuldner ein allgemeines oder gegenständlich beschränktes bzw. besonderes Verfügungsverbot aufzuerlegen, § 21 Abs. 1 u. 2 S. 1 Nr. 2 InsO. Insofern stellt sich hier wie-

---

581 MüKo-InsO/Haarmeyer, § 21 Rn. 79.
582 Siehe § 3 Nr. 1 lit. i) RPflG.
583 So z.B. für die Eintragung einer Zwangshypothek Jaeger/Henckel-InsO/Gerhard, § 21 Rn. 45; HK-InsO/Kirchhof, § 21 Rn. 46.
584 MüKo-InsO/Haarmeyer, § 21 Rn. 79.

der die Frage, wie diese Anordnung sich auf den formlosen Verfall von potenziellen Verfallsgegenständen zugunsten des Staates auswirkt.

Das allgemeine Verfügungsverbot ist umfassend und mit absoluter Wirkung ausgestattet, §§ 21 Abs. 2 S. 1 Nr. 2, 24 Abs. 1, 81, 82 InsO. Handelt der durch das allgemeine Verfügungsverbot belastete Schuldner dennoch, so verfügt er als Nichtberechtigter. Durch die in § 24 Abs. 2 geregelte Verweisung auf § 81 InsO ist der gutgläubige Erwerb hinsichtlich beweglicher Gegenstände ausgeschlossen[585]. Der Beschuldigte kann deshalb im Insolvenzeröffnungsverfahren nach dem Erlass eines allgemeinen Verfügungsverbotes nicht mehr wirksam über sein Eigentum verfügen. Selbst im Vorgriff auf die zu erwartende Verfallsentscheidung kann er nicht mehr zugunsten des Staates formlos auf sichergestellte Gegenstände verzichten. Seine Verfügung wäre absolut unwirksam.

Etwas differenzierter verhält es sich nur bei Vermögenswerten, die der Publizität eines öffentlichen Registers unterliegen. Der öffentliche Glaube des Grundbuchs sowie der Schiffs- und Luftfahrzeugregister an das Fortbestehen der Verfügungsbefugnis wird regelmäßig erst durch Eintragung eines entsprechenden Vermerks beseitigt[586]. Für den Staat bestünde deshalb nur bei Grundstücken, grundstücksgleichen Rechten, eingetragenen Schiffen und Schiffsbauwerken sowie den im Luftfahrzeugpfandrechtsregister eingetragenen Pfandrechten die Möglichkeit des gutgläubigen Erwerbs. Der gutgläubige Eigentumserwerb eines eingetragenen Luftfahrzeuges wäre hingegen ausgeschlossen. Das Eigentum wird bei eingetragenen Luftfahrzeugen losgelöst vom Registerinhalt nach den für bewegliche Sachen geltenden Bestimmungen übertragen, § 98 Abs. 1 S. 1 LuftFzRG, §§ 929 ff. BGB. Das Luftfahrzeugpfandrechtsregister schützt wiederum nur den guten Glauben bei Erwerb eines Registerpfandrechts oder eines Rechts an einem solchen Recht[587]. Es schützt nicht den guten Glauben an das Eigentum.

Ein anderes würde nur gelten, wenn kein allgemeines, sondern nur ein gegenständlich beschränktes Verfügungsverbot vom Insolvenzgericht erlassen worden wäre. Die wohl herrschende, aber im insolvenzrechtlichen Schrifttum nicht unumstrittene Meinung will dem besonderen, sich auf einzelne Vermögensgegenstände und Rechte beziehenden, Verfügungsverbot lediglich eine relative Schutzwirkung beimessen[588]. Sofern man dieser Meinung beitritt, würde bei einem gegenständlich beschränkten Verfügungsverbot auch der gutgläubige Erwerb von beweglichen Sa-

---

585 Braun/Kind, § 21 Rn. 13 m.w.N.
586 Siehe hierzu §§ 21 Abs. 2 S. 1 Nr. 2, 23 Abs. 1 u. 3, 32, 33 InsO, § 892 Abs. 1 S. 2 BGB, §§ 16 Abs. 1 S. 2, 17, 77 SchRG, §§ 16 Abs. 1 S. 1, 48 LuftfzgRG.
587 Siehe hierzu Teil 1 A. III. 2. d) a) bb) (2) γ) δδ).
588 Ablehnend MüKo-InsO/Haarmeyer, § 21 Rn. 59 m.w.N zu den gegensätzlichen Meinungen.

chen und im Luftfahrzeugpfandrechtsregister eingetragenen Luftfahrzeugen in Frage kommen.

Insgesamt betrachtet ist im Insolvenzeröffnungsverfahren nach Erlass des Verfügungsverbotes nur noch in eng umrissenen Konstellationen der formlose Verfall zugunsten des Staates möglich.

e) Zusammenfassung

Vor dem Insolvenzeröffnungsantrag und dem Einzelzwangsvollstreckungs- und allgemeinen Verfügungsverbot ausgebrachte Beschlagnahmen und Eigentumsübertragungen werden durch vorläufige Sicherungsmaßnahmen im Insolvenzeröffnungsverfahren nicht berührt. Eine Herausgabe an den vorläufigen Insolvenzverwalter ist nicht veranlasst. Gleiches würde für die Gegenstände gelten, die der Staat nach Erlass eines allgemeinen oder gegenständlich beschränkten Verfügungsverbotes im Wege des formlosen Verzichts noch gutgläubig erworben hat.

Dagegen sind Einzelzwangsvollstreckungen nach Erlass der durch das Insolvenzgericht angeordneten Sicherungsmaßnahmen grundsätzlich nicht mehr möglich. Wenngleich sie bei verbotswidriger Durchführung noch die öffentlich-rechtliche Verstrickung entfalten, sind sie materiell-rechtlich unwirksam und anfechtbar. Nicht zuletzt kann die Fortsetzung der Zwangsvollstreckung sowie die Fortsetzung einer wirksam angeordneten Notveräußerung im Insolvenzeröffnungsverfahren vorläufig eingestellt werden, § 21 Abs. 2 S. 1 Nr. 3 InsO.

Zulässig wäre im Insolvenzeröffnungsverfahren hingegen nur noch die Beschlagnahme unbeweglicher Gegenstände, § 21 Abs. 2 S. 1 Nr. 3 InsO.

B. Die Auswirkungen des Insolvenzverfahrens auf den Verfall

I. Die Durchsetzung der insolvenzfesten Verfallsentscheidung

1. Strafvollstreckung und Aussonderung

Im Rahmen der Strafvollstreckung von den vor der Insolvenzeröffnung in Rechtskraft erwachsenen Verfallsentscheidungen kann ein Rückgriff auf die Bestimmungen zur Aussonderung massefremder Gegenstände erforderlich werden. So wäre es z.B. vorstellbar, dass infolge einer im Ermittlungsverfahren unterbliebenen Sicherung sich wirksam für verfallen erklärte Gegenstände noch in den Händen des Insolvenzverwalters befinden oder dieser solche für die Masse weiterhin zu Unrecht in Anspruch nimmt. Wie nun mit derartigen Konflikten innerhalb der Strafvollstreckung umzugehen ist, gilt es nachfolgend zu klären. Um den Rahmen der gegenständlichen Arbeit jedoch nicht zu sprengen, beschränkt sich die Erörterung auf wesentliche Probleme.

2. Das Aussonderungsrecht

Die Insolvenzmasse umfasst regelmäßig das gesamte pfändbare Vermögen des Schuldners zum Zeitpunkt der Insolvenzeröffnung, §§ 35, 36 InsO. Alle nicht dem Schuldner gehörenden Gegenstände unterliegen grundsätzlich der Aussonderung, § 47 InsO. Zur Aussonderung sind Personen berechtigt, die aufgrund eines dinglichen oder persönlichen Rechts die Nichtzugehörigkeit eines Gegenstandes zur Insolvenzmasse geltend machen können, § 47 S. 1 InsO. Aussonderungsberechtigt wären demnach insbesondere Eigentümer bezüglich ihrer in der Insolvenzmasse noch befindlichen Gegenstände. Gleiches gilt für beschränkt dinglich Berechtigte, sofern deren Recht selbst den Gegenstand der Aussonderung bildet (z.B. Erbbaurecht). Zu dem Kreis der Aussonderungsberechtigten zählt daher auch der Staat als Eigentümer bzw. Inhaber eines nach § 73e Abs. 1 StGB, § 60 S. 1 StVollstrO übergegangenen Verfallsgegenstandes.

Die Aussonderung selbst ist unabhängig vom Insolvenzverfahren durchzuführen. In § 47 InsO wird nicht nur in materiell-rechtlicher Hinsicht, sondern auch bezüglich der Geltendmachung des Aussonderungsanspruches auf die außerhalb der Insolvenzordnung geltenden Gesetze verwiesen. Verweigert der Insolvenzverwalter die Herausgabe, muss ein zur Aussonderung Berechtigter den Klageweg gegen den als Partei kraft Amtes passiv legitimierten Insolvenzverwalter beschreiten[589]. Dem Berechtigten stehen durch sein Aussonderungsrecht somit alle Ansprüche und Rechtsbehelfe zu, die er außerhalb des Insolvenzverfahrens hätte[590]. Insofern weist die Aussonderung deutliche Parallelen zur Drittwiderspruchsklage nach § 771 ZPO auf. Hier wie dort wird die Nichtzugehörigkeit zu dem für Geldsummenansprüche haftenden Vermögen des Schuldners geltend gemacht[591]. Notfalls kann das Aussonderungsrecht auch im Wege der Zwangsvollstreckung durchgesetzt werden. Das Vollstreckungsverbot aus § 89 InsO gilt nur für (nachrangige) Insolvenzgläubiger, nicht jedoch für Aussonderungsberechtigte[592].

Der Staat kann auch im Zuge der Strafvollstreckung trotz Insolvenz des vom Verfall Betroffenen die mit dem Rechts- bzw. Eigentumsübergang resultierenden Ansprüche und Rechte grundsätzlich zwangsweise geltend machen. Die Strafvollstreckung selbst richtet sich nach den §§ 449 ff. StPO. Diese Normen werden ins-

---

589 Braun/Bäuerle, § 47 Rn. 93; Jaeger/Henckel-InsO/Henckel, § 47 Rn. 159, 164.
590 Jaeger/Henckel-InsO/Henckel, § 47 Rn. 38.
591 Jaeger/Henckel-InsO/Henckel, § 47 Rn. 10.
592 Jaeger/Henckel-InsO/Henckel, § 89 Rn. 17.

besondere noch durch die im Range einer Verwaltungsanordnung stehende Strafvollstreckungsordnung sowie die gleichermaßen als Bundes- wie auch als Landesrecht anzuwendende Justizbeitreibungsordnung[593] und die Einforderungs- und Beitreibungsanordnung ergänzt.

3. Aussonderung konkreter Verfallsgegenstände

a) Bewegliche Sachen

Soweit der vom Verfall Betroffene noch im Besitz der Sache ist, wird sie ihm nach § 459g Abs. 1 S. 1 StPO weggenommen[594]. Dabei ergeben sich wie im Zivilrecht nahezu identische Probleme. Die Verfallsobjekte könnten sich z.B. bei einem nicht zur Herausgabe bereiten Dritten befinden. Zu dem Kreis der Dritten würde auch der das Aussonderungsrecht des Fiskus nicht anerkennende Insolvenzverwalter zu zählen sein. Gegen einen nicht herausgabebereiten Dritten kann aber die Verfallsanordnung nicht vollstreckt werden, § 61 Abs. 4 S. 2 StVollstrO. Dem Staat bliebe hier nur die Möglichkeit, die mit dem übergegangenen Eigentum verbundenen Herausgabeansprüche im Klagewege zu verfolgen. Eine Entscheidung über die zivilgerichtliche Verfolgung des Anspruchs obliegt der obersten Justizbehörde oder der von ihr bestimmten Stelle, § 61 Abs. 4 S. 2, Abs. 3 S. 2 StVollstrO. Im Falle des Obsiegens wäre dann gegen den Insolvenzverwalter die Herausgabe bzw. Aussonderung im Wege der Zwangsvollstreckung möglich, §§ 750, 753, 883 ZPO.

b) Grundstücke, grundstücksgleiche Rechte, dingliche Rechte an solchen

Der gesetzliche Eigentums- bzw. Rechtserwerb von verfallenen Grundstücken, grundstücksgleichen Rechten und dinglichen Rechten an solchen vollzieht sich außerhalb des Grundbuchs, §§ 73e Abs. 1 StGB, 60 S. 1 StVollstrO. Mit Rechtskraft der Verfallsentscheidung wird das Grundbuch unrichtig. Der im Grundbuch ausgewiesene Inhalt stimmt ab diesem Zeitpunkt mit der tatsächlichen Rechtslage nicht mehr überein. Soweit der in Insolvenz geratene Schuldner zu Unrecht als Berechtigter im Grundbuch eingetragen ist, beruht die im Rahmen des Insolvenzverfahrens vorzunehmende Aussonderung auf dem in §§ 894, 899 BGB normierten Grundbuchberichtigungsanspruch[595]. Deshalb wird die Strafvollstreckungsbehörde

---

593 Hartman, IX, Rn. 1.
594 Zu den Einzelheiten der Vollstreckung siehe Savini, S. 142 ff.
595 Jaeger/Henckel-InsO/Henckel, § 47 Rn. 23.

das Grundbuchamt[596] um Eintragung des neuen Berechtigten (Justizfiskus)[597] und ggf. um Löschung des nach der rechtskräftigen Verfallsentscheidung noch gem. § 32 Abs. 1 Nr. 1 InsO eingetragenen Insolvenzvermerks ersuchen. Die im Grundbuch vorzunehmende Berichtigung erfolgt entweder gem. §§ 22, 29 GBO mit dem durch öffentliche bzw. öffentlich beglaubigte Urkunden geführten Nachweis der Unrichtigkeit[598] oder einer Berichtigungsbewilligung des Insolvenzverwalters, §§ 19, 29 GBO. Letztere kann auch im Klagewege nach § 894 BGB eingefordert werden. Damit der vom Verfall begünstigte Fiskus in das Grundbuch eingetragen werden kann, ist jedoch kein eigener Aussonderungsrechtsstreit zu führen.

Bereits mit Vorlage einer rechtskräftigen Verfallsentscheidung wird der für die nach § 13 GBO beantragte Grundbuchberichtigung erforderliche Unrichtigkeitsnachweis erbracht, §§ 22, 29 GBO. Gleiches gilt für die Löschung des nach § 32 InsO eingetragenen Insolvenzvermerks.

Darüber hinaus sieht die Grundbuchordnung in § 38 GBO auch die Eintragung auf Ersuchen einer Behörde vor. Dieses Ersuchen ersetzt neben dem nach § 13 GBO erforderlichen Eintragungsantrag sogar den gem. § 22 GBO zu führenden Nachweis der Unrichtigkeit[599]. Bei einem solchen Ersuchen prüft das Grundbuchamt zunächst nur, ob die ersuchende Behörde zur Stellung eines derartigen Ersuchens abstrakt befugt ist. Da die Staatsanwaltschaft bereits im Ermittlungsverfahren als Strafverfolgungsbehörde nach §§ 111c Abs. 2 S. 1, 111f Abs. 2 S. 1 StPO das Grundbuchamt um Eintragung des Beschlagnahmevermerks ersuchen kann, gilt die abstrakte Befugnis erst recht für die im Rahmen der Strafvollstreckung zu bewirkenden Eintragungen. Das Grundbuchamt entspricht in aller Regel dem gestellten Ersuchen, wenn zudem Form[600] und Inhalt des Ersuchens mit den gesetzlichen Vorschriften übereinstimmen und die durch das Ersuchen nicht ersetzten Eintragungserfordernisse vorliegen[601]. Das wäre insbesondere die im Grundbuch ausgewiesene Voreintragung des Betroffenen, § 39 GBO. Im Ergebnis trägt die Verantwortung für die Rechtmäßigkeit des Aktes allein die ersuchende und nicht die ausführende Behörde[602]. Die Aussonderung eines verfallenen Grundstücks, grundstücksgleichen Rechts oder eines Rechtes an solchen bereitet keine unverhältnismäßigen Schwierigkeiten.

---

596 Zu den landesrechtlichen Besonderheiten in Baden-Württemberg und in den neuen Bundesländern siehe insbesondere §§ 1 Abs. 1 S. 3, 143, 144 GBO.
597 Savini, S. 146.
598 Demharter, § 22 Rn. 42.
599 Hügel/Zeiser, § 38 Rn. 7 f.
600 Siehe hierzu § 29 Abs. 3 GBO.
601 Demharter, § 38 Rn. 73.
602 BayObLG, Rpfleger 1970, 346.

c) Eingetragene Schiffe, Schiffsbauwerke und Luftfahrzeuge

Hinsichtlich der Berichtigung des jeweiligen Registers und der Löschung des nach §§ 33 S. 1, 32 InsO eingetragenen Insolvenzvermerks kann auf die vorstehend bei den Grundstücken und grundstücksgleichen Rechten gemachten Ausführungen Bezug genommen werden[603]. Sowohl das Gesetz über Rechte an eingetragenen Schiffen und Schiffsbauwerken, die Schiffsregisterordnung als auch das Gesetz über Rechte an Luftfahrzeugen enthalten vergleichbare materielle und verfahrensrechtliche Bestimmungen wie das Liegenschaftsrecht[604].

Verweigert darüber hinaus der besitzende Insolvenzverwalter die Herausgabe eines Schiffes, Schiffsbauwerks oder eingetragenen Luftfahrzeuges, ist wie bei beweglichen Sachen nach den oben bereits dargestellten Grundsätzen zu verfahren.

d) Forderungen, sonstige Vermögensrechte

Von der Verwertung einer auf den Justizfiskus im Wege des Verfalls übergegangenen Forderung ist die eventuelle Geltendmachung des Aussonderungsanspruches gegenüber dem Insolvenzverwalter des Altgläubigers streng zu unterscheiden (vgl. Abb. 5).

Mit einer Aussonderungsklage gegen den Insolvenzverwalter wird nur die richterliche Feststellung erstrebt, dass die Forderung nunmehr dem Neugläubiger zusteht[605]. Da der gesetzliche Forderungsübergang jedoch aus der rechtskräftigen Verfallsentscheidung zweifelsfrei hervorgeht, bedarf es zumindest im Rahmen der Strafvollstreckung regelmäßig keiner darüber hinausgehenden zivilgerichtlichen Feststellung.

---

603 Zur Berichtigung des neuen Eigentümers im Luftfahrzeugpfandrechtsregister sind darüber hinaus die in § 86 Abs. 2 LuftFzRG genannten Voraussetzungen zu erfüllen. Zum Eintrag in die Luftfahrzeugrolle siehe § 64 LuftVG.
604 Siehe hierzu § 18 SchRG, §§ 24, 31 Abs. 1 S. 1, 37 Abs. 1, 45 SchRO, § 86 Abs. 1 LuftFzRG.
605 Jaeger/Henckel-InsO/Heckel, § 47 Rn. 25.

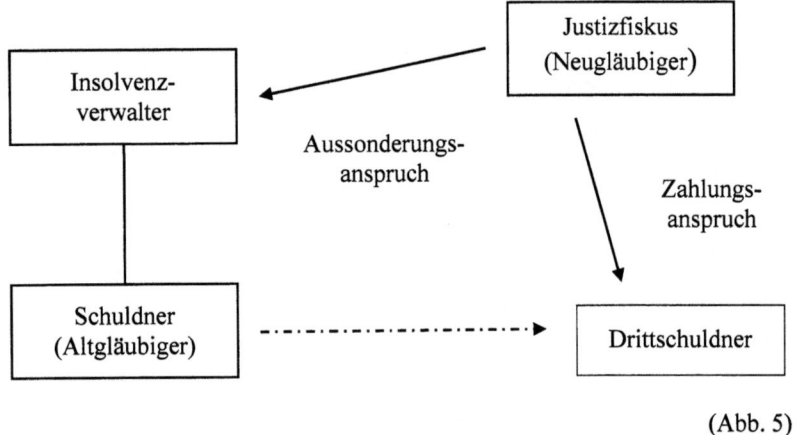

(Abb. 5)

Eine Aussonderungsklage könnte aber hinsichtlich der noch auszuhändigenden Schuldscheine oder Grundpfandrechtsbriefe in Betracht kommen. Folgt man der Ansicht, dass selbst das Eigentum an Ausfertigungen von gerichtlichen Entscheidungen über § 952 BGB übergeht[606], gilt dies nicht zuletzt auch für die eventuell vom Schuldner bereits gegen den Drittschuldner erwirkten Vollstreckungstitel. Nach §§ 727, 797 ZPO können diese auch zugunsten des Justizfiskus mit einer Rechtsnachfolgeklausel versehen werden[607]. Dadurch wird ohne weitere Zahlungsklage die Zwangsvollstreckung gegen den Drittschuldner möglich.

Soweit zwischen Fiskus und Insolvenzverwalter Einigkeit hinsichtlich der Aussonderung einer Forderung besteht, sind aber nicht zeitgleich alle im Zusammenhang mit der Verwertung möglichen Probleme ausgeräumt. Zur Verwertung einer verfallenen Forderung sind zwar weder die Pfändung noch Überweisung derselben erforderlich, § 61 Abs. 5 S. 1 StVollstrO. Der Drittschuldner ist lediglich unter Hinweis auf den gesetzlichen Übergang der Forderung zur Auszahlung aufzufordern[608], § 61 Abs. 5 S. 3, Abs. 4 S. 1 StVollstrO. Aber wenn sich dieser weigert, kann eine bislang nicht titulierte Forderung nur im Wege der Zahlungsklage weiterverfolgt werden, § 61 Abs. 5 S. 2, Abs. 4 S. 2, Abs. 3 S. 2 StVollstrO.

Neben Forderungen können auch sonstige, nicht der Zwangsvollstreckung in das unbewegliche Vermögen unterliegende Vermögensrechte, für verfallen erklärt

---

606 Dies ablehnend und mit Nachweis zur gegenteiligen Ansicht Staudinger/Gursky, § 952 Rn. 6; MüKo-BGB/Füller, § 952 Rn. 2.
607 Zum Neugläubiger nach Forderungsübergang kraft Gesetz siehe Zöller/Stöber, § 727 Rn. 7 m.w.N.
608 Savini, S. 146.

werden. Auch sie sind nach Maßgabe der Strafvollstreckungsordnung zu verwerten, §§ 63 ff. StVollstrO. Bei ihnen richtet sich der mögliche Aussonderungsanspruch nach der Art des verfallenen Vermögenswertes und der durch den Insolvenzverwalter verursachten Beeinträchtigung. Nicht zuletzt kann die Aussonderung auch auf absolute Rechte gestützt werden, worunter beispielsweise Patent- oder Geschmacksmusterrechte fallen[609]. Insbesondere kann ein derartiges Aussonderungsrecht auch durch Unterlassungsansprüche geschützt werden wie bei der unberechtigten Inanspruchnahme eines Patentes[610].

4. Ersatzaussonderung

Die Ersatzaussonderung kann nach Maßgabe des § 48 InsO verlangt werden, wenn ein grundsätzlich nach § 47 InsO bestehendes Aussonderungsrecht durch die unberechtigte Veräußerung des von der Aussonderung betroffenen Gegenstandes vereitelt worden ist. Die Ersatzaussonderung umfasst die gesamte Gegenleistung. Hat der Erwerber diese noch nicht beglichen, kann der Aussonderungsberechtigte vom Insolvenzverwalter die Abtretung des offenen Anspruches verlangen, § 48 S. 1 InsO. Soweit die Gegenleistung bereits erbracht und noch unterscheidbar in der Insolvenzmasse vorhanden ist, kann ihre Aussonderung aus der Masse verlangt werden, § 48 S. 2 InsO. Ist selbst die Gegenleistung untergegangen oder nicht mehr unterscheidbar mit anderen Massegegenständen vermengt worden, scheitert auch die Ersatzaussonderung[611]. In diesem Fall müsste der Berechtigte auf den verbliebenen Massebereicherungsanspruch zurückgreifen[612], § 55 Abs. 1 Ziff. 3 InsO i.V.m. §§ 812 ff. BGB oder ggf. nach § 55 Abs. 1 Ziff. 1 InsO i.V.m. § 989 BGB.

Nachdem für Massegläubiger die den Insolvenzgläubigern auferlegten Beschränkungen nicht gelten, können sie ihre Ansprüche gegenüber dem Insolvenzverwalter im Klagewege verfolgen und grundsätzlich durch Zwangsvollstreckung in die Masse befriedigen[613]. Auch unterliegen Masseverbindlichkeiten weder der Restschuldbefreiung, noch sind sie Gegenstand des Insolvenzplanes, §§ 217, 301 InsO. Da gem. § 53 InsO Masseverbindlichkeiten vor den Insolvenzgläubigern befriedigt werden, wäre die zivilprozessuale Verfolgung eines Masseanspruches für den Justizfiskus durchaus von Interesse. Die nachträgliche Anordnung von Wertersatz nach § 76 StGB würde ja nach § 39 Abs. 1 Nr. 3 InsO lediglich zu einer nach-

---

609 Umfassend hierzu Jaeger/Henckel-InsO/Henckel, § 47 Rn. 1 ff.
610 Jaeger/Henckel-InsO/Henckel, § 47 Rn. 14, 107.
611 Jaeger/Henckel-InsO/Henckel, § 48 Rn. 80.
612 Braun/Bäuerle, § 48 Rn. 2, 27, 33.
613 Jaeger/Henckel-InsO/Henckel, § 53 Rn. 24. Zum Vollstreckungsverbot für Massegläubiger s. §§ 90, 210 InsO.

rangigen Insolvenzforderung führen, während der Masseanspruch hingegen in der Regel vollständig erfüllt wird[614].

5. Zwischenergebnis

Obwohl die im Zuge der Strafvollstreckung mögliche Aussonderung bzw. Ersatzaussonderung nicht ausdrücklich geregelt ist, kommt man mit den bestehenden Normen stets zu vertretbaren Ergebnissen.

II. Verfall und Insolvenzanfechtung

1. Problemstellung

Die Vollstreckung des vor Eröffnung des Insolvenzverfahrens rechtskräftig angeordneten Verfalls gestaltet sich relativ unkompliziert. Allerdings ist fraglich, ob kurz vor der Insolvenzeröffnung in Rechtskraft erwachsene Verfallsentscheidungen ausnahmslos insolvenzfest sein können. Einer möglichen Aussonderung könnte beispielsweise die Einrede der Anfechtbarkeit entgegenstehen und ein bereits vollstreckter Verfall könnte im Zuge der Insolvenzanfechtung rückgängig zu machen sein.

Zutreffend ist, dass nach der Insolvenzeröffnung die Insolvenzmasse umfassend gegen gläubigerbenachteiligende Handlungen geschützt wird. Mit dem in § 80 Abs. 1 InsO geregelten Übergang der Verwaltungs- und Verfügungsbefugnis auf den Insolvenzverwalter und dem zeitgleich bestehenden Vollstreckungsverbot nach § 89 InsO wird regelmäßig eine Verkürzung der Insolvenzmasse verhindert[615]. Zugleich sind nach § 81 Abs. 1 S. 1 InsO verbotswidrige Verfügungen des Schuldners über massebefangene Gegenstände grundsätzlich absolut unwirksam. Allenfalls in engen Grenzen besteht nach Eröffnung des Insolvenzverfahrens die Gefahr des gutgläubigen Erwerbs eines Massegegenstandes, § 81 Abs. 1 S. 2 InsO. Ergänzend kommt als Auffangtatbestand § 91 Abs. 1 InsO hinzu. Dieser besagt, dass nach der Verfahrenseröffnung grundsätzlich keine Rechte an Gegenständen der Insolvenzmasse wirksam erworben werden können[616]. Ein gegen § 91 Abs. 1 InsO verstoßender Rechtserwerb ist ebenfalls absolut unwirksam. Er kann, sofern die Aus-

---

614 Zur Massearmut siehe insbesondere §§ 53, 207 ff. InsO.
615 Braun/Kroth, § 91 Rn. 1.
616 Zu den Ausnahmen siehe §§ 81 Abs. 1 S. 2, Abs. 2 u. 3 InsO.

nahme des § 91 Abs. 2 InsO nicht greift, nur durch eine nachträgliche Genehmigung des Insolvenzverwalters geheilt werden[617].

Damit aber dem Grundsatz der möglichst gleichmäßigen Gläubigerbefriedigung umfassend Rechnung getragen wird, erfassen die von der Insolvenzordnung zugunsten der Masse ausgehenden Schutzwirkungen nicht nur die nach der Eröffnung des Verfahrens vorgenommenen Rechtsakte. Es können im Interesse aller Insolvenzgläubiger selbst vor der Insolvenzeröffnung erfolgte Vermögensverschiebungen mit der in §§ 129 ff. InsO geregelten Insolvenzanfechtung rückgängig gemacht werden[618].

Hierdurch erschließen sich neue Spannungsfelder, die in Rechtsprechung und Literatur bislang nicht oder allenfalls nur am Rande erwähnt worden sind. In diesem Zusammenhang drängen sich nämlich mehrere grundsätzliche Fragen auf.

Kann eine kurz vor Eröffnung des Insolvenzverfahrens in Rechtskraft erwachsene Verfallsentscheidung wirksam nach §§ 129 ff. InsO angefochten werden? Wäre es wirklich vertretbar, dem Aussonderungsrecht des Staates die Einrede der Anfechtbarkeit entgegenzusetzen? Welche Auswirkungen würden sich durch das Zulassen einer Anfechtung für das rechtskräftig abgeschlossene Strafverfahren ergeben? Ließe sich die gegen den Verfall richtende Insolvenzanfechtung überhaupt annähernd überzeugend begründen? Würde man mit einem Nachverfahren gem. §§ 442, 439 StPO nicht zum gleichen Ergebnis gelangen?

2. Die Insolvenzanfechtung

a) Die rechtsdogmatische Einordnung der Konkurs-/Insolvenzanfechtung

Sofern gläubigerbenachteiligende Rechtshandlungen vor Eröffnung des Insolvenzverfahrens vorgenommen worden sind, kann der Insolvenzverwalter diese nach Maßgabe der §§ 129 ff. InsO anfechten. Die rechtsdogmatische Einordnung der im Konkurs und nunmehr auch in der Insolvenz möglichen Anfechtung ist von jeher heftig umstritten. Der Konkursanfechtung sind wegen ihrer mehrdeutigen Ausdrucksweise[619] bislang in unterschiedlichen Ausformungen entweder dingliche, haftungsrechtliche oder nur schuldrechtliche Wirkungen beigemessen worden[620]. Auch in der Insolvenzordnung lässt sich keine eindeutige Qualifizierung finden. In § 143 Abs. 1 S. 1 InsO wird der Text des § 37 Abs. 1 KO größtenteils wörtlich

---

617 Braun/Kroth, § 91 Rn. 6 ff.
618 Braun/de Bra, § 129 Rn. 1.
619 So Jauernig auf S. 238 in der Vorauflage zu Jauernig/Berger.
620 Hess/Weis, Rn. 33. Ausführlich hierzu und zu den weiteren Theorien siehe insbesondere Hess/Weis, Rn. 24 ff. und Jaeger/Henckel-InsO/Henckel, § 143 Rn. 3 ff. mit umfassenden Nachweisen.

übernommen[621]. Daneben hat der Gesetzgeber sich ausdrücklich einer Stellungnahme zur dogmatischen Einordnung der Insolvenzanfechtung enthalten[622].

Zumindest können die Auffassungen von der rechtsgestaltend bzw. dinglich wirkenden Anfechtung mit Einführung der Insolvenzordnung nicht mehr aufrechterhalten werden[623]. Der Gesetzgeber hat auf einen Teil der zuvor in § 29 KO verwendeten Formulierung verzichtet. Darin sind die angefochtenen Rechtshandlungen noch »als den Konkursgläubigern gegenüber unwirksam« umschrieben worden. Insofern hat die Insolvenzanfechtung mit der ex tunc wirkenden Anfechtung des Bürgerlichen Gesetzbuches außer dem Namen nichts gemein[624].

Im Gegensatz hierzu beschränken sich die schuldrechtlichen Theorien[625] zur Insolvenzanfechtung auf einen schuldrechtlichen Anspruch auf Rückgewähr des in anfechtbarer Weise veräußerten Gegenstandes[626].

Bei den in mehreren Spielarten vertretenen[627] und im Vordringen begriffenen[628] haftungsrechtlichen Theorien zur Insolvenzanfechtung werde hingegen zwischen dem Eigentum des Erwerbers und der haftungsrechtlichen Zuordnung des Gegenstandes zum Vermögen des veräußernden Schuldners unterschieden. Ehemaliges Schuldnergut hafte demnach für die Verbindlichkeiten des Schuldners passiv weiter, obwohl es aus dem Schuldnervermögen ausgeschieden ist. Bedeutung könne dies in mehrerlei Hinsicht erlangen. Wenn z.B. ein Gläubiger des Erwerbers in den anfechtbar erworbenen Gegenstand die Zwangsvollstreckung vollzieht, wäre nach dieser Theorie die Pfändung haftungsrechtlich unwirksam. Der pfändende Gläubiger würde kein Pfändungspfandrecht erhalten. Soweit die Anfechtungstatbestände greifen, bleibe so das Vermögen des Schuldners der gemeinschaftlichen Befriedigung aller Insolvenzgläubiger vorbehalten[629].

Der sich bereits für ganze Monografien eignende Streit über die rechtsdogmatische Einordnung der Insolvenzanfechtung[630] kann und soll aber im Rahmen dieser

---

621 KS-Henckel, S. 680 (= Rn. 84).

622 BT-Drucks. 12/2443, S. 157; FK-InsO/Dauernheim, § 129 Rn. 9.

623 FK-InsO/Dauernheim, § 129 Rn. 9; Markgraf, S. 20.

624 FK-InsO/Dauernheim, § 129 Rn. 11; Palandt/Ellenberger, Überbl. v. § 104 Rn. 34: Von der Anfechtung nach §§ 119 ff., 2078 BGB völlig andersartige Rechtsbehelfe sind die Anfechtung von Rechtshandlungen wegen Gläubigerbenachteiligung nach dem AnfG und der InsO, die Anfechtung der Vaterschaft (§§ 1600 ff. BGB) und die Anfechtung des Erbschaftserwerbs im Falle der Erbunwürdigkeit (§§ 2340 ff. BGB).

625 FK-InsO/Dauernheim, § 129 Rn. 9; Hess/Weis Rn. 64.

626 Jaeger/Henckel-InsO/Henckel, § 143 Rn. 7 m.w.N.

627 Jauernig/Berger, S. 192. Siehe die Zusammenstellung bei Jaeger/Henckel-InsO/Henckel, § 143 Rn. 10 ff.

628 Siehe hierzu die weiteren Nachweise bei FK-InsO/Dauernheim, § 129 Rn. 5.

629 Jaeger/Henckel-InsO/Henckel, § 143 Rn. 78.

630 Siehe hierzu z.B. Sieber, Die Rechtsnatur der Gläubigeranfechtung innerhalb und außerhalb des Insolvenzverfahrens, 2008, Hamburg.

Arbeit nicht beantwortet werden. Nachdem der Insolvenzanfechtung jedoch keine dingliche bzw. rechtsgestaltende Kraft mehr zuzumessen ist, darf der Streit zumindest für das sich mit dem Verfallsrecht abzeichnende Spannungsverhältnis offen bleiben. In diesem Zusammenhang ist die Feststellung völlig ausreichend, dass das durch die anfechtbare Handlung aus dem Vermögen des Schuldners Veräußerte, Weg- oder Aufgegebene zurückgewährt bzw. der Masse zur Verfügung gestellt werden muss[631], § 143 Abs. 1 InsO.

b) Die Abgrenzung der Insolvenzanfechtung

aa) Insolvenzanfechtung und Rückschlagsperre nach § 88 InsO

Während die Insolvenzanfechtung nur schuld- oder haftungsrechtliche Wirkungen nach sich zieht, werden durch die Rückschlagsperre die im letzten Monat vor dem Antrag auf Eröffnung des Insolvenzverfahrens oder später im Wege der Zwangsvollstreckung erlangten Sicherungen kraft Gesetz unwirksam, § 88 InsO.

Die Rückschlagsperre greift allerdings nicht, wenn der (Vollstreckungs-) Gläubiger bereits eine Befriedigung erlangt hat. Diese unterliegt grundsätzlich der Insolvenzanfechtung[632].

Richtet man nun den Blick auf die strafgerichtliche Verfallsentscheidung, kann bereits jetzt festgestellt werden, dass eine Kollision zwischen dem angeordneten Verfall und der Rückschlagsperre ausgeschlossen ist[633]. Der rechtskräftige Verfall hat den zugunsten des Staates kraft Gesetz eintretenden Rechtserwerb an den Verfallsgegenständen zur Folge, § 73e Abs. 1 StGB, § 60 S. 1 StVollstrO. Die Rechtswirkung des Urteils ist weitaus mehr als nur eine durch Zwangsvollstreckung erlangte Sicherung. Der gesetzliche Eigentums- bzw. Rechtsübergang ist die Erfüllung selbst, so dass der Anwendungsbereich des § 88 InsO hier nicht eröffnet ist.

bb) Insolvenzanfechtung und Nachverfahren nach §§ 431, 442 StPO

Sofern der Verfall eines Gegenstandes rechtskräftig angeordnet worden ist, können Dritte auf Antrag in einem strafprozessualen Nachverfahren mögliche Rechtsbeein-

---

631 Zum Zusammenfallen von Anfechtungsrecht und Anfechtungsanspruch siehe BGH, NJW 1986, 2253.
632 Braun/Kroth, § 88 Rn. 5.
633 Dies gilt auch bis zur Rechtskraft der Entscheidung. Das relative Veräußerungsverbot nach § 73e Abs. 2 StGB ergibt sich kraft Gesetz und muss nicht erst noch durch eine Beschlagnahme nach § 111c StPO bewirkt werden.

trächtigungen geltend machen[634]. Voraussetzung ist, dass ihnen ohne Verschulden weder im ersten Rechtszug noch im Berufungsverfahren die Rechtswahrnehmung möglich war, §§ 442 Abs. 1, 439 Abs. 1 S. 1 StPO. Es stellt sich die Frage, ob überhaupt eine Konkurrenz zwischen Nachverfahren und Insolvenzanfechtung bestehen kann. Bereits die Rechtsfolgen von Insolvenzanfechtung und Nachverfahren unterscheiden sich grundlegend.

Im Gegensatz zur nur schuld- oder haftungsrechtliche Folgen nach sich ziehenden Insolvenzanfechtung kann im Rahmen des strafprozessualen Nachverfahrens der rechtskräftige Ausspruch des Verfalls beseitigt werden[635]. Wird die strafrechtliche Maßnahme rechtskräftig aufgehoben, entfällt der zugunsten des Staates nach §§ 73e Abs. 1, 60 S. 1 StVollstrO eingetretene Eigentums- bzw. Rechtsübergang rückwirkend[636].

Daneben setzt das Nachverfahren insbesondere voraus, dass zur Zeit der Rechtskraft der Verfallsentscheidung ein Recht an dem Gegenstand bestand, welches durch den Verfall beeinträchtigt ist oder nicht mehr fortbesteht, §§ 442 Abs. 1, 439 Abs. 1 S. 1 Nr. 1 StPO. Ist die Anordnung des Verfalls vor der Insolvenzeröffnung rechtskräftig geworden, ermangelt es an einer das Nachverfahren stützenden Rechtsbeeinträchtigung. Gleiches gilt bei der Rechtskraft nach Eröffnung des Insolvenzverfahrens. Für das mit dinglicher Wirkung ausgestattete Nachverfahren ist erforderlich, dass ein Verlust oder die Beeinträchtigung als Folge der rechtskräftigen Anordnung eintritt[637]. Nach Eröffnung des Insolvenzverfahrens können aber grundsätzlich keine Rechte mehr an den Gegenständen der Insolvenzmasse erworben werden, §§ 81, 89, 91 InsO. Ein unmittelbarer Rechtsverlust oder eine Rechtsbeeinträchtigung wird dadurch zumindest für den strafrechtlichen Verfall ausgeschlossen. Soweit sich die Strafvollstreckungsbehörde hingegen nur in unzulässiger Weise auf die gerichtliche Verfallsentscheidung beruft und damit rechtsirrig die Herausgabe des bereits im Besitz befindlichen Massegenstandes verweigert, wird der Anwendungsbereich des Nachverfahrens nicht eröffnet.

Eine das Nachverfahren eröffnende Rechtsbeeinträchtigung kann auch nicht ausgemacht werden, wenn zum Zeitpunkt der Rechtskraft bereits vom Insolvenzgericht Maßnahmen zur vorläufigen Sicherung der späteren Insolvenzmasse nach § 21 InsO angeordnet worden sind. Nach § 21 Abs. 1 Nr. 2 u. 3 InsO können zwar Maßnahmen der Zwangsvollstreckung in das bewegliche Vermögen untersagt bzw. eingestellt und dem Schuldner ein Verfügungsverbot auferlegt werden. Der kraft

---

634 Zur Nichtbeachtung von Opferansprüchen bei einer über § 73 Abs. 1 S. 2 StGB hinausgehenden Verfallsanordnung im Zuge eines Nachverfahrens siehe Satzger, wistra 2003, 406 ff.
635 Meyer-Goßner, § 439 Rn. 1.
636 Meyer-Goßner, § 439 Rn. 13.
637 Meyer-Goßner, § 439 Rn. 4.

Gesetz eintretende Eigentumserwerb nach §§ 73e Abs. 1, 60 S. 1 StVollstrO wird hingegen vor der Eröffnung des Insolvenzverfahrens regelmäßig nicht ausgeschlossen.

cc) Zwischenergebnis

Anhand der vorstehenden Ausführungen ist deutlich geworden, dass sich die Insolvenzanfechtung sowohl in ihrem Anwendungsbereich als auch in ihren Rechtsfolgen von der Rückschlagsperre und dem strafprozessualen Nachverfahren grundlegend abgrenzt. Sie umfasst gerade die Bereiche, die weder von der Rückschlagsperre noch dem Nachverfahren erfasst werden. Aus insolvenzrechtlicher Sicht besteht daher das Bedürfnis, den von einer rechtskräftigen Verfallsentscheidung ausgehenden Rechtsübergang auf den Staat zugunsten der Masse anfechten zu können. Gleiches gilt auch für die Einrede der Anfechtbarkeit bei der Geltendmachung von Aussonderungsrechten durch die Strafvollstreckungsbehörden.

3. Rechtskräftiger Verfall und Anfechtung

a) Problemstellung

Bevor Überlegungen zur Anfechtung einer gerichtlichen Verfallsentscheidung angestellt werden, gilt es vorab zu prüfen, ob die insolvenzrechtlichen Anfechtungsvorschriften den strafgerichtlichen Verfall überhaupt erfassen.

Die Insolvenzanfechtung setzt zunächst voraus, dass vor der Eröffnung des Insolvenzverfahrens eine gläubigerbenachteiligende Rechtshandlung vorgenommen worden ist, § 129 InsO. Soweit diese Eingangsvoraussetzungen erfüllt sind, kann nach Maßgabe der §§ 130 ff. InsO diese Rechtshandlung durch den Insolvenzverwalter angefochten werden.

Demnach müsste der obligatorisch ausgestaltete Verfall zunächst als zu befriedigende Insolvenzforderung und der Staat als Insolvenzgläubiger angesehen werden[638]. Diese Problematik ist in der Literatur zumindest schon in Ansätzen erwähnt, aber größtenteils offen gelassen worden. So sei z.B. nach einer Meinung völlig unklar, inwieweit der Justizfiskus nach der Herausgabe von den im Ermittlungsverfahren beschlagnahmten Vermögenswerten Ansprüche beim Insolvenzverwalter anmelden kann[639]. Auch liege nach einer weiteren Ansicht völlig im Dunkeln, ob, wann und in welcher Form nach § 73 StGB für verfallen erklärte Vermögensge-

---

638 Siehe hierzu FK-InsO/Dauernheim, § 130 Rn. 6.
639 Rönnau, Rn. 483.

genstände im Insolvenzverfahren zu berücksichtigen wären[640]. Daneben ist weiter fraglich, an welche Rechtshandlung die Anfechtung überhaupt anknüpfen kann. Der Rechtserwerb des Staates vollzieht sich ja kraft Gesetz mit Rechtskraft der Verfallsentscheidung, § 73e Abs. 1 StGB.

Um das soeben dargestellte Problemfeld einer Lösung zuzuführen, wird zunächst geklärt, ob und ggf. in welchem Umfang der Verfall überhaupt eine Insolvenzforderung sein kann bzw. welche Rechtshandlung als anfechtungsrechtlich relevant angesehen werden darf.

b) Der Umfang des staatlichen Verfalls

aa) Der Verfall gem. § 73 StGB

Soweit nicht konkurrierende Ansprüche von Tatopfern bestehen, ordnet das Gericht bei profitorientierten Taten zwingend den Verfall an[641]. Nach der bis zum 6.3.1992 geltenden Fassung der §§ 73 ff. StGB[642] waren nur die für eine rechtswidrige Tat oder aus ihr erlangten *Vermögensvorteile* Gegenstand von Verfallsanordnungen[643]. Mit Einführung des Bruttoprinzips[644] ist der Umfang des Verfalls deutlich erweitert worden. Ihm unterliegt inzwischen nicht nur der um die zuvor getätigten Aufwendungen bereinigte Nettogewinn. Es wird vielmehr das aus der rechtswidrigen Tat Erlangte oder für sie Erhaltene in seiner ungeschmälerten Gesamtheit erfasst. Der Gesetzgeber hat sich unter anderem von dem Rechtsgedanken des § 817 S. 2 BGB leiten lassen. Das in ein verbotenes Geschäft Investierte müsse unwiederbringlich verloren sein[645]. Aus der Tat erlangt im Sinne von § 73 Abs. 1 S. 1 Alt. 2 StGB sind demnach alle Vermögenswerte, die dem Begünstigten unmittelbar aus der Verwirklichung des Tatbestandes in irgendeiner Phase des Tatablaufs zufließen[646]. Der Verfall erstreckt sich daneben auch auf die von dem ursprünglich Erlangten gezogenen Nutzungen, § 73 Abs. 2 S. 1 StGB. Treten hingegen Ersatzgegenstände und Surrogate an die Stelle des ursprünglich Erlangten, unterliegen sie, soweit nicht alternativ auf Verfall von Wertersatz erkannt wird, ebenfalls dem

---

640 Siehe hierzu die weiteren Nachweise bei Rönnau, Rn. 483.
641 Dessecker, S. 70.
642 Die allgemeinen Verfallsvorschriften wurden durch das 2. StrRG 1969 (BGBl. I, 717, 734 f.) geschaffen und mit Wirkung vom 1.1.1975 durch das EGStGB eingeführt.
643 Wallschläger, S. 13.
644 Eingeführt durch das Gesetz zur Änderung des Außenwirtschaftsgesetzes, des Strafgesetzbuches und anderer Gesetze vom 28. Februar 1992, BGBl. I 1992, 372.
645 BT-Drucks. 12/899, S. 11; LK-Schmidt, § 73 Rn. 18.
646 Fischer, § 73 Rn. 10 m.w.N.; zur gesamtschuldnerischen Haftung gegen mehrere Tatbeteiligte siehe Barreto da Rosa, NJW 2009, 1702 ff.

Verfall, §§ 73 Abs. 2 S. 2, 73a S. 1 StGB[647]. Der Verfall richtet sich auch gegen den an der Tat nicht beteiligten Nutznießer, § 73 Abs. 3 StGB. Gleiches gilt für einen Vorteilgeber, der lediglich aufgrund besonderer Bestimmungen des Bürgerlichen Rechts formal noch Eigentümer/Inhaber des Gegenstands geblieben ist, obwohl er dem Täter bereits faktisch eine wirtschaftliche Bereicherung verschafft hat[648], § 73 Abs. 4 StGB.

bb) Der erweiterte Verfall gem. § 73d Abs. 1 StGB

Sofern nicht vorrangig Ansprüche von Verletzten zu bedienen sind, ist der Anwendungsbereich des erweiterten Verfalls bei Vorliegen einer rechtswidrigen Anknüpfungstat ebenfalls eröffnet, §§ 73d Abs. 1 S. 3, 73 Abs. 1 S. 2 StGB. Wird in den jeweiligen Strafnormen auf § 73d StGB verwiesen, erklärt das Gericht die bei dem Tatbeteiligten vorgefundenen und ihm gehörenden oder zustehenden Vermögenswerte für verfallen. Voraussetzung hierfür ist, dass diese Gegenstände mit großer Wahrscheinlichkeit aus der Begehung von Straftaten herrühren und nicht auf einen rechtmäßigen Erwerb zurückzuführen sind[649]. Die aus solchen Vermögenswerten gezogen Sach- und Rechtsfrüchte unterliegen ebenfalls dem erweiterten Verfall, §§ 73d Abs. 1 S. 3, 73 Abs. 2 StGB. Gleiches gilt für die Ersatzgegenstände und Surrogate. Sieht das Gericht hingegen von ihrem Verfall ab, spricht es den auf Zahlung einer entsprechenden Geldsumme gerichteten Verfall von Wertersatz aus, §§ 73d S. 3, 73 Abs. 2 S. 2, 73a S. 1 StGB. Wie beim einfachen Verfall unterliegen dem erweiterten Verfall auch an sich täterfremde Vermögensbestandteile, die dem Betroffenen nur deshalb nicht gehören, weil die dem Erwerb zugrunde liegende rechtswidrige Tat die zivilrechtliche Unwirksamkeit des dinglichen Rechtsgeschäfts zur Folge hat.

cc) Zwischenergebnis

Anders als bei der nach § 46 StGB durch den Richter anzustellenden Strafzumessung sind durch das Gesetz die dem obligatorischen Verfall unterliegenden Gegenstände bereits vorbestimmt. Der jeweils auf konkrete Objekte bezogene staatliche Verfall erfasst das aus der Tat Erlangte, das für die Tat Erhaltene, die daraus jeweils gezogenen Nutzungen und alle erworbenen Surrogate. Nach dem Willen des Gesetzgebers sollen mit dem Verfall unrechtmäßige Vermögensverschiebungen

---

647 Zu den hierzu angestellten Überlegungen des Gesetzgebers siehe BT-Drucks. V/4095, S. 40.
648 Siehe hierzu die Beispiele bei Huber, Rpfleger 2002, 285 f.
649 LK-Schmidt, § 73d Rn. 3.

bei dem Täter, Teilnehmer oder Drittbegünstigten umfassend, also in ihrer Gesamtheit, abgeschöpft werden[650]. Das Gericht hat allenfalls die Möglichkeit, statt des Surrogatsverfalls im Wege des Auswahlermessens den auf Zahlung einer entsprechenden Geldsumme gerichteten Verfall von Wertersatz anzuordnen, §§ 73 Abs. 2 S. 1, 73a S. 1 StGB. Lediglich unter den engen Voraussetzungen der in § 73c StGB enthaltenen Härteklausel wird die Strenge der Verfallsanordnung abgemildert[651]. Von der zwingend vorgeschriebenen Anordnung des Verfalls könnte abgesehen werden, wenn bereits die durch den Gesetzgeber vorgenommene *»Strafzumessung«* für den Betroffenen eine unbillige Härte darstellt, § 73c StGB[652].

c) Der Verfall – ein Insolvenzanspruch?

aa) Rechtsnatur des Verfalls

Der Gesetzgeber hat es bewusst unterlassen, die Rechtsnatur des Verfalls festzulegen und ihn als Nebenstrafe auszugestalten[653]. Durch ihn soll die Strafe und das Tagessatzsystem nur eine angemessene Ergänzung erfahren[654]. Die ursprüngliche Auffassung, dass er eine der Strafe ähnliche Maßnahme sei und sogar auf eine Freiheitsentziehung angerechnet werden könne, hat der Gesetzgeber sehr früh aufgegeben[655]. Dem Verfall wird seit jeher eine vorbeugende Wirkung zugeschrieben[656]. Er stellt keinen Ausgleich für die Tat dar. Seine Anordnung dient allein dazu, dem Tatbeteiligten die Vermögensvorteile zu entziehen, die ihm sein gesetzwidriges Verhalten eingebracht hat[657].

Deshalb ist der im Strafgesetzbuch geregelte Verfall eine in Ausmaß und Umfang unmittelbar nach der Tatbegehung exakt zu bestimmende, sich in jeder Hinsicht für den Justizfiskus positiv auswirkende Sanktion. Den einfachen Verfall bezeichnet man bisweilen auch als strafrechtliche Ergänzung der zivilrechtlichen und öffentlich-rechtlichen Vermögensordnung[658]. Darüber hinaus hat man dem erwei-

---

650 LK-Schmidt, § 73 Rn. 17.
651 Jescheck/Weigend, S. 717.
652 Zur Härtefallentscheidung siehe z.B. BGH, NStZ 1995, 495; BGH, NStZ-RR 2000, 365; BGH, NStZ 2000, 480; BGH NStZ 2001, 312; BGH, U.v. 29.11.2001, 5 StR 451/01; BGH, NJW 2003, 300; BGH, U.v. 16.06.2005, 3 StR 338/04; BGH, NStZ-RR 2006, 376; BGH, NStZ 2006, 570; BGH, NStZ-RR 2007, 11; OLG Hamm NJW 1973, 716 ff.
653 BT-Drucks. IV/650, S. 240.
654 BT-Drucks. IV/650, S. 241.
655 BT-Drucks. IV/650, S. 245, BT-Drucks. V/4095, S. 41.
656 BT-Drucks. IV/650, S. 244 f.
657 BT-Drucks. V/4095, S. 41.
658 LK-Schmidt, § 73 Rn. 8.

terten Verfall auch einen kondiktionsähnlichen Charakter beigemessen[659]. Dieser soll ebenso wie der einfache Verfall unrechtmäßige Vermögensverschiebungen ausgleichen[660] und illegitime Vermögensvorteile abschöpfen[661]. Er dient auch vermögensordnenden und normstabilisierenden Zielen[662].

Nach dem zunächst geltenden Nettoprinzip hat man dem Verfall lange Zeit keinen strafähnlichen Charakter zugebilligt[663]. Es ist nämlich primär nur das Entgelt und der Gewinn[664] bzw. der durch die Tat erzielte Vermögensvorteil[665] Gegenstand einer Verfallsanordnung gewesen. Erst mit Einführung des Bruttoprinzips ist ein lebhafter Streit um dessen Rechtsnatur entstanden[666]. Durch das Bruttoprinzip werden nämlich die im Zusammenhang mit der Tatausführung stehenden Aufwendungen des Täters beim Verfall nicht mehr berücksichtigt. D.h., dass nunmehr all das für verfallen erklärt wird, was der Täter aus der Tat oder für die Tat (brutto) erlangt hat, § 73 Abs. 1 S. 1 StGB. Daraus ergibt sich die Möglichkeit, bei dem vom Verfall Betroffenen nicht nur den aus seiner Tat resultierenden Vorteil abzuschöpfen. Ihm wird durch die Außerachtlassung der zuvor getätigten »Investitionen« ein zusätzliches Übel auferlegt[667]. Gerade weil der Verfall die Gesamtheit des aus der Tat Erlangten ohne Berücksichtigung der eigenen Aufwendungen und gewinnschmälernden Kosten des Täters erfasst[668], erleide dieser eine echte wirtschaftliche Einbuße. Der Verfall gewinne dadurch strafähnliche Züge[669]. Die bisher als quasi-kondiktionelle Ausgleichsmaßnahme eingestufte Sanktion verwandle sich deshalb in eine Sanktion mit strafähnlichem Charakter[670], welche dem Betroffenen ein tatvergeltendes Strafübel auferlege[671].

Die Gegner dieser Auffassung lehnen den Strafcharakter des Verfalls ab. Nach ihrer Meinung werden bei der Diskussion um die Rechtsnatur des Verfalls insbe-

---

659 BT-Drucks. 11/6623, S. 4, 5 ff., 8; BT-Drucks. 12/989, S. 1, 23; BT-Drucks. 12/2720, S. 42 f.; Husberg S. 18; LK-Schmidt, § 73d Rn. 4; siehe auch die Übersicht nach amtlichen Materialien von Möhrenschlager, wistra 1992, 286.
660 BGH, wistra 1995, 222.
661 Goos, wistra 2001, 315.
662 BVerfG, NJW 2004, 2074, 2076.
663 BFH, NJW 2000, 3085.
664 Siehe hierzu BT-Drucks. IV/650, S.239.
665 Siehe hierzu BT-Drucks. V/4095, S.39.
666 Für einen Strafcharakter sprechen sich z.B. aus: Dannecker, NStZ 2006, 683 m.w.N.; Hoyer, GA 1996, 421;Keusch, S. 236; Lackner/Kühl, § 73 Rn. 4 b; Perron JZ 1993, 918; Schönke/Schröder/Eser, § 73 Rn. 19 m.w.N. Gegen einen Strafcharakter BGH, wistra 2002, 422; LK-Schmidt, § 73 Rn. 11; Wallschläger, S. 38. Zusammenfassend, jeweils m.w.N., Fischer, § 73 Rn 4; MüKo-StGB/Joecks, § 73 Rn. 5.
667 Rönnau, Rn. 16.
668 Schönke/Schröder/Eser, Vorbem. § 73 Rn. 2a.
669 Keusch, S. 59.
670 Rönnau, Rn. 17.
671 Schönke/Schröder/Eser, § 73 Rn. 19.

sondere verschiedene Fragestellungen in unzulässiger Weise miteinander verknüpft. Die Anordnung des Verfalls sagt nichts über das personale Unwerturteil aus. Für die Schuld kann zwar das Gewinnstreben des Täters, nicht aber der im Zusammenhang mit der Tat erzielte Gewinn ausschlaggebend sein[672]. Daneben fehlen dem Verfall typische Merkmale, die den Charakter einer Strafe im verfassungsrechtlichen Sinn ausmachen. Er enthält weder ein personales Unwerturteil noch hat die Höhe des Verfalls zunächst etwas mit der Schuld des Täters zu tun. Maßstab für den Verfall ist nicht das Schuldprinzip, sondern die Eigentumsgarantie nach Art. 14 GG und der im verfassungsrechtlichen Range stehende Grundsatz der Verhältnismäßigkeit[673]. Daneben kann der Verfall gem. § 73 Abs. 3 StGB auch gegen einen nicht an der Tat beteiligten Nutznießer angeordnet werden. Hier von einer Strafe zu sprechen, fällt sichtlich schwer.

Selbst der erweiterte Verfall (§ 73d StGB) verfolgt nicht repressiv-vergeltende, sondern präventiv-ordnende Ziele. Er ist deshalb ebenso keine dem Schuldgrundsatz unterliegende strafähnliche Maßnahme. Nach der Auffassung des Gesetzgebers teilt der erweiterte Verfall die Rechtsnatur des einfachen Verfalls[674]. Die Abschöpfung des über den Nettogewinn hinaus Erlangten dient letztlich der Prävention[675]. Andernfalls wäre bei der Berücksichtigung der täterseitigen Investitionen die Begehung des Delikts unter finanziellen Gesichtspunkten weitgehend risikolos[676].

Der Verfall ist auch bei Anwendung des Bruttoprinzips keine Strafe, sondern eine Maßnahme oder Rechtsfolge eigener Art[677]. Bei dem Verfall fehlt es an dem im verfassungsrechtlichen Sinn erforderlichen Charakter einer Strafe. Maßstab für den einfachen Verfall kann daher nur die im Grundgesetz verankerte Eigentumsgarantie und der in § 73c StGB ausdrücklich seinen Niederschlag findende Verhältnismäßigkeitsgrundsatz sein[678].

bb) Der staatliche Straf- bzw. Verfallsanspruch

Der umstrittene und ungeklärte[679] Begriff des staatlichen Strafanspruchs ist heute durchaus noch geläufig[680]. Er wird jedoch aus rechtsdogmatischen Gründen über-

---

672 BT-Drucks. IV/650, S. 241.
673 MüKo-StGB/Joecks, § 73 Rn. 14.
674 BVerfG, NJW 2004, 2074.
675 BGH, NJW 2002, 3339 f.
676 BGH, wistra 2008, 394.
677 BGH, wistra 2002, 422 f.; Goos, wistra 2001, 315 LK-Schmidt, § 73 Rn. 12; Podolsky/Brenner, S. 19; Wallschläger, S. 38 .
678 MüKo-StGB/Joecks, § 73 Rn. 14.
679 Katzorke, S. 89.
680 Kilchling, NStZ 2002, 57; Schumann JZ 1986, 69.

wiegend abgelehnt[681]. Nach einer Auffassung[682] sei der Strafanspruchsbegriff im Sinne eines subjektiven Rechts nicht haltbar. Ansprüche bzw. subjektive Rechte kennzeichneten die im Belieben der Berechtigten stehende Ausübung. Daneben verbinde man insbesondere bei dem Begriff des subjektiven Rechts die Vorstellung einer dem Berechtigten günstigen Rechtsposition. Das subjektive Recht diene letztlich den Interessen seines Inhabers, indem es ihm im weitesten Sinne ein »Gut« als ihm gebührend zuweise. Davon könne aber beim Strafanspruch offensichtlich nicht die Rede sein. Dem Staat und den Strafverfolgungsbehörden würden mit den Normen des Straf- und Strafprozessrechts keine günstigen Rechtspositionen, also auch keine ihnen gehörenden »Güter« zugewiesen. Zugewiesen würden vielmehr eine Funktion und die im Legalitätsprinzip wurzelnde Verpflichtung zur Strafverfolgung. Nicht zuletzt deshalb sehe man den Strafprozess allgemein auch nicht mehr als Parteiprozess an. Nach anderer Auffassung[683] mögen diese Argumente vielleicht dazu dienen, den staatlichen Strafanspruch nicht als subjektives Recht aufzufassen. Es könne aber nicht daran gezweifelt werden, dass die materielle Strafbefugnis eine für den Staat im weitesten Sinne günstige Rechtsposition darstelle. Diese spiegle sich mitunter in der dem Rechtsfrieden dienenden Zuweisung der Strafhoheit (*ius puniendi*) wider. Während z.B. das frühgermanische Rechtsdenken die Verfolgung der Missetat und des Verbrechers ganz dem Verletzten und seiner Sippe im Wege der Selbsthilfe überlassen hat, liegt heute das Recht zur Strafverfolgung nahezu ausschließlich in der Hand des Staates[684]. Nur bei den in § 374 Abs. 1 StPO aufgezählten Vergehen, kann der Verletzte oder der zur Stellung eines Strafantrages Berechtigte die Ahndung der Tat im Wege der Privatklage verfolgen. Diese Delikte berühren jedoch die Allgemeinheit in der Regel wenig und sind eher leichterer Natur[685].

Obwohl es sich bei dem Streit um den Strafanspruchsbegriff mehr um eine terminologische Frage handelt, führt bei einer Normverletzung das Absprechen jeglicher Rechtswirkung entschieden zu weit[686]. Unser geltendes Strafrecht ist schließlich ein Erfolgs- und Tatstrafrecht[687]. Mit der Normverletzung entstehe bereits die staatliche Strafbefugnis[688], welche die Verfassung schlichtweg voraussetzt[689]. Es

---

681 Siehe hierzu die umfassende Darstellung bei Katzorke, S. 87 ff. sowie die Ausführungen von Schumann JZ 1986, 68 ff. und Weigend, 191 ff. m.w.N. Zum Begriff der „Verwirkung des Strafanspruchs" siehe Lüderssen Jura 1985, 113 ff.
682 Schumann, JZ 1986, 70 m.w.N.
683 Katzorke, S. 101.
684 Katzorke, S. 17, 87 f.
685 Meyer-Goßner, Vor § 374 Rn. 1.
686 So auch Katzorke, S. 100.
687 Weber/Mitsch, § 3 Rn. 80.
688 Katzorke, S. 98, 100.
689 Katzorke, S. 96.

geht letztlich um die Verwirklichung oder Bewährung des materiellen Rechts[690]. Das Strafrecht beruht auf der Strafgewalt des Staates und diese ist wiederum Teil der Staatsgewalt[691]. Nicht ohne Grund spricht man auch vom Strafklagerecht des Staates. Neben dem hoheitlichen Recht zu strafen komme darüber hinaus mit einer schuldhaften Normverletzung zwischen dem wirklichen Täter und dem Staat ein irgendwie geartetes Rechtsverhältnis zustande[692]. Dies hänge auch nicht davon ab, wann das Delikt bekannt, verfolgt, verurteilt oder die gerichtliche Entscheidung hierüber rechtskräftig werde[693]. Dieses sogenannte Quasi-Rechtsverhältnis entstehe auch völlig unabhängig davon, ob der Staat den Täter kennt oder nicht[694]. Im Zuge dieses Rechtsverhältnisses werden z.B. die Verfolgung des Täters und je nach Schwere der Tat im Ermittlungsverfahren auch grundrechtsrelevante Eingriffe möglich. Es schützt aber beispielsweise auch den Täter nach Ablauf der Verfolgungsverjährung vor der weiteren Ahndung seiner rechtswidrig begangenen Normverletzung, §§ 78 ff. StGB. Nicht zuletzt löst eine Straftat auch Rechtsfolgen außerhalb des Strafrechts aus. Beispielsweise wird dadurch häufig ein zivilrechtlicher Schadensersatzanspruch aus § 823 BGB begründet[695].

Völlig unproblematisch gestaltet sich die vergleichbare Problemstellung in dem ebenfalls im öffentlichen Recht beheimateten Steuerrecht. Dort entstehen gem. § 38 AO die Ansprüche aus dem Steuerschuldverhältnis, sobald der an den das Gesetz die Leistungspflicht knüpfende Tatbestand verwirklicht ist. Anders als bei den erst durch Ermessensausübung entstehenden Ansprüchen, ist es für die von § 38 AO erfassten Steuerforderungen ohne Einfluss, ob, wann und zu welchem Zeitpunkt sie festgesetzt werden und zu erfüllen sind. Die Leistungspflicht entsteht unabhängig vom Willen des Steuerpflichtigen oder des Finanzamtes[696] mit der Verwirklichung des gesetzlichen Tatbestandes. Nur die Realisierbarkeit der Forderung hängt von der mit der Festsetzung einhergehenden Konkretisierung ab[697]. Entscheidungen und Entschließungen im Zuge des steuerlichen Festsetzungsverfahrens beeinflussen zwar den Inhalt des Anspruchs. Sie ändern aber nichts daran, dass die Forderung schon vorher entstanden ist[698]. Eine ausschließlich durch das Zivilrecht geprägte Auffassung des Anspruchsbegriffes ist für das öffentliche Recht zu eng. Nicht zuletzt verwendet der Gesetzgeber in § 38 AO auch den Begriff des Anspru-

690 Weigend, S. 191 f.
691 Jeschek/Weigend, S. 11 m.w.N.
692 Zur Historie dieser Umschreibung siehe Schumann, JZ 1986, 69.
693 Heinze, ZVI 2006, 14.
694 Katzorke, S. 100.
695 Weber/Mitsch, § 33 Rn. 2.
696 Klein/Brockmeyer/Ratschow, § 38 Rn. 3.
697 Koch/Scholtz/Hoffmann, § 38 Rn. 3.
698 Koch/Scholtz/Hoffmann, § 38 Rn. 7.

ches, obwohl die Festsetzung der Steuerforderungen grundsätzlich nicht im Belieben der Finanzbehörden steht. Steuern werden, soweit nichts anderes vorgeschrieben ist, von der Finanzbehörde durch Steuerbescheid festgesetzt, § 155 Abs. 1 S. 1 AO.

Überzeugende Gründe, weshalb für das Entstehen des obligatorischen Verfallsanspruches etwas anderes gelten soll, lassen sich nur schwer finden[699]. Ungeachtet der gegen die Begrifflichkeit des Strafanspruches sprechenden Argumente entsteht mit der Verwirklichung des strafbewährten Verhaltens (§ 8 StGB) zwischen dem Staat und dem Täter eine wie auch immer zu bezeichnende Rechtsbeziehung[700]. Der staatliche »Strafanspruch« ergibt sich aus den Bestimmungen des materiellen Rechts. Er entsteht aus dem Delikt und wird zur Befugnis zum Strafen, wenn er rechtskräftig festgestellt worden ist[701].

Soweit nicht die konkurrierende Rückgewinnungshilfe Vorrang genießt, erwächst dem Staat bereits mit der Begehung von profitorientierten Taten kraft Gesetz ein geldwertes Recht. Zwar bedarf es zur Vollstreckung des Verfalls nach § 449 StPO einer rechtskräftigen Verurteilung durch den gesetzlichen Richter. Der eventuelle Hinweis, dass die Strafvollstreckung eine solche Entscheidung voraussetzt, kann über die zuvor schon bestehende fiskalisch günstige Position nicht hinwegtäuschen. Sie spricht lediglich die in allen Rechtsgebieten vorhandene Frage der Durchsetzbarkeit an.

cc) Zwischenergebnis

Da nur bei Fehlen eines außerstrafrechtlichen Ausgleichs die kondiktionsähnliche Notordnung der §§ 73 ff. StGB ausgelöst wird[702], hätte für den Verfall ein materiell-rechtlich geprägter, mit Verwirklichung der Tat entstehender Anspruchsbegriff durchaus seine Berechtigung. Der Verfallsanspruch entsteht wie die von § 38 AO erfassten Steuerforderungen unmittelbar mit der Verwirklichung des entsprechenden Tatbestandes. Gerade deshalb wird dem Staat sogar vor der rechtskräfti-

---

699 A.A. Markgraf, S. 93, der unter Verweis auf § 73e Abs. 1 StGB von einem künftigen Anspruch ausgeht. Der Rechtsgrund des Verfallsanspruches entstehe seiner Meinung nach erst mit der Rechtskraft des Urteils.

700 Mit Verweis auf den strafrechtlichen Sanktionsanspruch führt z.B. der 9. Zivilsenat des BGH (NJW 2000, 2027) aus: *„Die Beschlagnahme nach den §§ 111b ff. StPO soll den auf Verfall (§§ 73 ff. StGB) oder Einziehung (§§ 74 ff. StGB) lautenden Teil des staatlichen Strafanspruches sichern.“* Ablehnend Schulte, S. 325.

701 Haarmeyer, S. 34. Er argumentiert jedoch widersprüchlich, wenn er im Zuge seiner Ausführungen dann wiederum pauschal behauptet, dass der materielle Anspruch aus dem Urteil entstehe.

702 Wallschläger, S. 38 f.

gen Verurteilung durch verfahrensrechtliche Regelungen eine geschützte Rechtsposition in Form von zu seinen Gunsten ausgeprägten Verfügungsverboten zugewiesen, §§ 73e Abs. 2 StGB, 111c Abs. 5 StPO. Da die in §§ 130, 131 InsO geregelte Insolvenzanfechtung sich sowohl gegen gewöhnliche als auch nachrangige Insolvenzgläubiger richtet[703], kann die Frage nach dem insolvenzrechtlichen Rang dieser Forderung bisweilen noch zurückgestellt werden. Das Problem wird erst an Bedeutung gewinnen, wenn man die Insolvenzanfechtung der von einer rechtskräftigen Verfallsentscheidung ausgehenden Rechtswirkungen tatsächlich befürwortet.

d) Der Anfechtung unterliegende Rechtshandlungen

aa) Der Begriff der Rechtshandlung

Durch das sich zwischen Verfall und Insolvenzanfechtung abzeichnende Spannungsfeld stellt sich weiter die Frage nach einem für die Anfechtung relevanten Anknüpfungspunkt. Grundsätzlich unterliegen der Insolvenzanfechtung alle Rechtshandlungen. Der Begriff der insolvenzrechtlich bedeutsamen Rechtshandlung ist im Zuge der Anfechtung weit auszulegen. Hierunter versteht man alle vom Willen getragenen Betätigungen, die in irgendeiner Weise Rechtswirkungen auslösen können[704]. Dabei muss der Wille nicht einmal auf deren Eintritt gerichtet sein[705]. Selbst eine Unterlassung wird der aktiven Rechtshandlung gleichgestellt, § 129 Abs. 2 InsO.

Die nach dem Insolvenzrecht anfechtbare Rechtshandlung umfasst daher insgesamt mehr als das bloße, durch Willenserklärungen auf bestimmte Rechtsfolgen ausgerichtete Rechtsgeschäft[706]. Anfechtbar sind deshalb nicht nur Willenserklärungen, sondern insbesondere Verfügungen und Rechtshandlungen, bei denen der Erfolg kraft Gesetzt eintritt. Darunter fällt z.B. der sich nach einer Mahnung einstellende Verzug, § 286 Abs. 1 S. 2 BGB[707].

Daneben können auch Parteiprozesshandlungen der Anfechtung unterliegen[708]. Nach der Insolvenzordnung unterliegt nicht nur die eine Sicherung oder Befriedigung gewährende, sondern auch eine solche erst ermöglichende Rechtshandlung der Anfechtung[709]. Darunter fallen z.B. Anerkenntnis, Klagerücknahme, Nichtbestreiten von Tatsachen, Nichterhebung der Einrede der Verjährung, Unterlassung

---

703 Braun/de Bra, § 130 Rn. 4, § 131 Rn. 3.
704 Hess/Weis Rn. 69.
705 Braun/de Bra, § 129 Rn. 11 m.w.N.
706 FK-InsO/Dauernheim, § 129 Rn. 19.
707 Hess/Weis, Rn. 69 ff.
708 Jaeger/Henckel-InsO/Henckel, § 129 Rn. 10.
709 BT-Drucks. 12/2443, S 157.

eines Widerspruchs gegen einen Mahnbescheid, Verzicht oder unterlassene Rüge von Verfahrensverletzungen[710]. Soweit Prozesshandlungen angefochten werden, bleibt die formelle Rechtskraft des Urteils jedoch unberührt[711]. Es sind nur deren materiell-rechtliche, d.h. gläubigerbenachteiligende Wirkungen im Zuge des durch die Insolvenzanfechtung zu befriedigenden Rückgewährschuldverhältnisses zu beseitigen. Der Anfechtungsschuldner wird letztlich »nur« zu einer Leistung verpflichtet, da er das in anfechtbarer Weise erlangte Etwas zurückzugewähren hat[712].

Grundsätzlich sind bei der Insolvenzanfechtung nicht nur die vom Schuldner, sondern auch vom Gläubiger ausgehende Rechtshandlungen anfechtbar[713]. Daneben unterliegen der Insolvenzanfechtung selbst gläubigerbenachteiligende Rechtshandlungen Dritter[714]. Die Anfechtung wird auch nicht dadurch ausgeschlossen, dass für die Rechtshandlung ein vollstreckbarer Schuldtitel erlangt oder dass die Handlung durch Zwangsvollstreckung erwirkt worden ist, § 141 InsO. Als vollstreckbare Schuldtitel im Sinne des § 141 InsO kommen insbesondere Urteile aller Gerichtszweige[715] sowie vollziehbare Verwaltungsakte der Verwaltungsbehörden nach §§ 35 VwVfG, 6 VwVG[716] in Betracht. Anfechtbar ist daher insbesondere die Befriedigung durch Zwangsvollstreckung und eine durch Zwangsvollstreckungsmaßnahmen erlangte Sicherung[717].

bb) Anknüpfbare Rechtshandlungen im Strafverfahren

Da nach den vorstehenden Ausführungen selbst Prozesshandlungen der Anfechtung unterliegen, ist fraglich, ob es auch im Strafverfahren entsprechende Anknüpfungspunkte gibt. Anfechtbar sind nach der Insolvenzordnung alle Rechtshandlungen, die eine Sicherung oder Befriedigung gewähren oder ermöglichen, §§ 130, 131 InsO. Ausgehend vom weit auszulegenden Wortlaut der Normen ist daher zu fragen, welche strafprozessualen Rechtshandlungen eine Befriedigung für den Staat möglich machen.

710 FK-InsO/Dauernheim, § 129 Rn. 24 mit noch weiteren Beispielen.
711 FK-InsO/Dauernheim, § 143 Rn. 13; Jaeger/Henckel-InsO/Henckel, §§ 129 Rn. 28, 143 Rn. 76.
712 Hess/Weis, Rn. 58.
713 Hess/Weis, Rn. 69.
714 Braun/de Bra, § 129 Rn. 20.
715 Siehe hierzu insbesondere die Aufzählung bei Braun/Riggert, § 141 Rn. 3; Kübler/Prütting/Paulus, § 141 Rn. 2; MüKo-InsO/Kirchhof, § 141 Rn. 6 und die ausführliche Auflistung bei Stein/Jonaus/Münzberg, § 794 Rn. 136 ff.
716 FK-InsO/Dauernheim, § 141 Rn. 2. Gleiches gilt natürlich auch für die nach den Bestimmungen der einzelnen Bundesländer ergangenen Verwaltungsakte; für Bayern siehe Art. 35 BayVwVfG, Art. 18 VwZVG.
717 Braun/de Bra, § 131 Rn. 25 m.w.N.

Da sich der gläubigerbenachteiligende Rechtserwerb an dem Verfallsgegenstand nach § 73e Abs. 1 StGB kraft Gesetz mit der Rechtskraft der strafgerichtlichen Verfallsentscheidung vollzieht, sind für die Anfechtung letztlich alle die Rechtskraft der strafgerichtlichen Entscheidung möglich machenden Umstände von Bedeutung. In Anlehnung an die für das Zivilverfahren geltenden Grundsätze kämen deshalb in Betracht der Rechtsmittelverzicht, die Rechtsmittelrücknahme, das ungenutzte Verstreichenlassen der Rechtmittelfrist bzw. die versäumte Wiedereinsetzung in den vorherigen Stand[718].

Problematisch ist hingegen die Suche nach einer anfechtbaren Handlung, wenn der verurteilte Schuldner gegen das den Verfall aussprechende Urteil beispielsweise Revision einlegt und diese durch Beschluss verworfen wird, §§ 349 Abs. 2, 34 a StPO. Da bei der Einlegung eines Rechtsmittels schwerlich von einer gläubigerbenachteiligenden Wirkung gesprochen werden kann, ist fraglich, ob das strafgerichtliche Urteil selbst der Anfechtung unterliegen könnte.

cc) Vollstreckungstitel und Insolvenzanfechtung

(1) Insolvenzrechtlicher Meinungsstand

Im insolvenzrechtlichen Schrifttum ist bereits umstritten, ob und ggf. in welchem Umfang ein Vollstreckungstitel selbst der Insolvenzanfechtung unterliegt. Die Meinungen reichen von der uneingeschränkten Anfechtbarkeit bis zur gänzlichen Ablehnung einer solchen Anfechtungsmöglichkeit.

Nach einer Auffassung könne der Vollstreckungstitel als Akt eines hoheitlich oder staatlich anerkannten neutralen Organs nicht gem. §§ 129 ff. InsO angefochten werden. Dieser sei mit den dafür jeweils vorgesehenen verfahrensrechtlichen Behelfen anzugreifen. Das Erwirken des Titels sei nur dann mit Erfolg anfechtbar, soweit ihm nach materiellem Recht keine wirksame Forderung zugrunde liege[719]. Nach der gegenteiligen Ansicht könne ein vollstreckbarer Titel unabhängig von seiner eventuellen Vollziehung angefochten werden. Dies gelte auch dann, wenn die titulierte Forderung unanfechtbar entstanden sei und die Voraussetzungen der §§ 130, 131 InsO hinsichtlich des Titels vorlägen[720]. Neben den beiden sich widersprechenden Meinungen wird vermittelnd vertreten, dass ein Vollstreckungstitel

---

718 Ausführlich zur Anfechtung zivilprozessualer Unterlassungen Schlie, S. 378 ff.
719 MüKo-InsO/Kirchhof, § 141 Rn. 5, 7.
720 LSZ/Zeuner, § 141 Rn. 4.

zumindest mit seiner beanstandungswürdigen Vollstreckung zusammen angefochten werden könne[721].

(2) Wertende Überlegungen für das Strafverfahren

Fraglich ist zunächst, ob auch ohne Rückgriff auf den im Insolvenzrecht wurzelnden Streit über die Anfechtbarkeit eines Titels ein vertretbares Ergebnis für die Verfallsproblematik erzielt werden kann. Ausgehend von der Tatsache, dass ein derartiger Konflikt vom Gesetzgeber offensichtlich nicht bedacht worden ist, gilt es unter Einbindung von wertenden Überlegungen eine überzeugende Begründung für die mögliche Anfechtbarkeit zu suchen.

Würde die beispielsweise kurz vor Stellung des Insolvenzantrags in Rechtskraft erwachsene Verfallsentscheidung nicht anfechtbar sein, könnte dies wohl kaum mit dem in § 1 S. 1 InsO festgeschriebenen Grundsatz der gleichmäßigen Befriedigung in Einklang gebracht werden. Es hätte nicht nur eine gläubigerbenachteiligende Wirkung zur Folge. Im äußersten Falle wäre das gesamte Insolvenzverfahren gefährdet. Durch den nicht mehr rückgängig zu machenden Wegfall eines potenziellen Massegegenstandes rückt die Abweisung des Insolvenzantrags mangels einer die Kosten deckenden Masse in bedrohliche Nähe[722].

Gerade aber mit Einführung der Insolvenzordnung sollten mögliche Vorrechte wie z.B. die bis dahin in § 61 KO bestehende Privilegierung des Fiskus abgebaut werden[723]. Der Staat steht im Insolvenzverfahren vielmehr regelmäßig mit anderen Gläubigern auf der gleichen Stufe[724]. Er muss mit seinen Ansprüchen teilweise auch den in § 39 Abs. 1 Nr. 3 InsO vorgesehenen Nachrang hinnehmen. Selbst das Steuerrecht unterwirft sich der Insolvenzordnung[725]. Schließlich bleiben auch im Verhältnis zur Abgabenordnung die Vorschriften der Insolvenzordnung unberührt, § 251 Abs. 2 S. 1 AO. Aus dieser grundsätzlichen Wertung des Gesetzgebers finden eventuelle Bedenken gegen eine insolvenzrechtliche Anfechtbarkeit der strafgerichtlichen Verfallsentscheidung keine überzeugende Stütze. Da bereits im Ermittlungsverfahren beschlagnahmte Gegenstände an den Insolvenzverwalter herauszugeben sind, würde die Rückabwicklung des durch den Verfall erfolgten Erwerbs nur die konsequente Fortschreibung des insolvenzrechtlichen Vorranges bedeuten. Daneben ist das Anfechtungsrecht mit Einführung der Insolvenzordnung

---

721 Hess-InsO/Weis, §§ 141 Rn. 6, 141 Rn. 723 m.w.N.; siehe hierzu auch die Fundstellen in HK-InsO/Kreft, § 141 Rn. 4 (Fn 10) und LSZ/Zeuner, § 141 Rn. 4.
722 Siehe hierzu aber auch § 4a InsO.
723 BT-Drucks. 12/2443, S. 93; von Gleichenstein, ZIP 2008,1157.
724 Für die Gerichtskosten des Insolvenzverfahrens wäre der Staat jedoch Massegläubiger, §§ 53, 54 Nr. 1 InsO.
725 Siehe hierzu z.B. BFG, ZIP 2008, 1780 f.

deutlich erweitert worden. Im Gegensatz zu den unzureichenden Anfechtungsregeln der Konkursordnung sollte damit die Durchsetzung der Anfechtungsansprüche zum Zweck der Masseanreicherung erleichtert werden[726].

Wichtig ist, in diesem Zusammenhang nochmals darauf hinzuweisen, dass der Insolvenzanfechtung keine kassatorische, die Rechtskraft der strafgerichtlichen Entscheidung durchbrechende Wirkung beizumessen ist. Das formell rechtskräftige Urteil wird in seinem Bestand nicht berührt[727]. Die Insolvenzanfechtung ist weniger unter formal-rechtlichen, sondern vielmehr unter wirtschaftlichen Regeln zu betrachten[728]. Durch sie sollen nur im Rahmen eines gesetzlichen Schuldverhältnisses die monetären Rechtsfolgen der anfechtbaren Handlung rückgängig gemacht werden[729]. Im Ergebnis unterliegt nicht der Schuldtitel als solcher, sondern die zu seiner Entstehung führenden Umstände bzw. die von ihm zugunsten des Gläubigers ausgehenden Rechtswirkungen der Anfechtung. Der schuldrechtlichen Theorie folgend werden nach der Anfechtung die für die Masse nachteiligen Wirkungen ausschließlich auf schuldrechtlicher Basis ausgeglichen.

(3) Vergleich mit der anfechtbaren Zwangsvollstreckung

Obwohl die sich an eine rechtkräftige Entscheidung anschließende Strafvollstreckung Ausfluss der öffentlich-rechtlichen Strafbefugnis des Staates, Aufgabe der Gerichtsverwaltung und Teil der Rechtspflege ist[730], folgt sie bei fiskalisch relevanten Entscheidungen grundsätzlich den für die Zwangsvollstreckung geltenden Bestimmungen der Zivilprozessordnung[731] und ihr vergleichbaren Vorschriften[732]. Grundsätzlich ist die Vollstreckung von Verfallsentscheidungen in ihren Wesenszügen mit der zivilprozessualen bzw. verwaltungsrechtlichen Zwangsvollstreckung identisch. Insofern könnte zur Lösung des aufgezeigten Spannungsfeldes ein vergleichender Blick auf anfechtbare Zwangsvollstreckungshandlungen hilfreich sein.

Für das Zwangsversteigerungsverfahren gilt allerdings, dass der durch den Zuschlag nach § 90 Abs. 1 ZVG begründete Eigentumserwerb des Meistbietenden als konstitutiv wirkender Staatshoheitsakt der Anfechtung grundsätzlich nicht zugänglich ist[733]. Daher könnte man kurzerhand für den nach § 73e Abs. 1 StGB gesetz-

---

726 BT-Drucks. 12/2443, S. 82; FK-InsO/Dauernheim, § 129 Rn. 2.
727 KS-Henckel, S. 652.
728 So bereits zur KO, BGH, WM 1978, 989; FK-InsO/Dauernheim, § 129 Rn. 1.
729 BGH, Report 2007, 85.
730 Meyer-Goßner, Vor § 449 Rn. 1.
731 Vgl. hierzu insbesondere die umfassende Verweisung auf die in § 6 Abs. 1 JBeitrO genannten Vorschriften des Achten Buches der Zivilprozessordnung.
732 Vgl. z.B. § 459g Abs. 1 StPO, § 61 Abs. 1 StVollstrO mit § 883 Abs. 1 ZPO.
733 BGH, ZIP 1986, 926.

lich geregelten Eigentums- oder Rechtsübergang des Verfallsgegenstandes auf den Staat in ähnlicher Richtung argumentieren. Der Erwerb eines Verfallsgegenstandes ist aber weniger mit dem zugunsten des Ersteigerers erfolgten Zuschlag am Grundstück des Schuldners zu vergleichen. Die Rechtsfolge des Verfalls entspricht wertungsmäßig mehr der Erlösauskehrung, die nach der zwangsweisen Verwertung zur (teilweisen) Befriedigung des Gläubigers führt. Gerade aber dieser zugunsten des Gläubigers gleichfalls konstitutiv wirkende Staatshoheitsakt ist unstreitig der Anfechtung zugänglich[734].

Im Ergebnis dient der in § 73e Abs. 1 StGB kraft Gesetz vorgesehene Eigentumserwerb des Staates vor allem der beschleunigten und nachdrücklichen Strafvollstreckung von oftmals bereits vorläufig gesicherten Vermögenswerten. Dem Verfallsausspruch ist im Ergebnis eine doppelte Funktion beizumessen. Einerseits kommt in ihm die freie, aus dem Inbegriff der Verhandlung geschöpfte Überzeugung des Gerichts zum Ausdruck. Andererseits wird dadurch bereits ein Teil des sich regelmäßig erst im Zuge der Zwangsvollstreckung zugunsten des Gläubigers vollziehenden Eigentumserwerbs vorweggenommen[735]. Insofern erscheint es vertretbar, den kraft Gesetz vonstattengehenden Erwerb verfallener Gegenstände der unstreitig anfechtbaren Erlösauskehrung zugunsten des Gläubigers gleichzusetzen.

(4) Zwischenergebnis

Auch wenn durch die Einlegung eines unbegründeten Rechtsmittels keine gläubigerbenachteiligende Rechtshandlung des Verurteilten vorliegt, wäre es durch die zur Zwangsvollstreckung gezogenen Parallele rechtsdogmatisch vertretbar, die von der Verfallsentscheidung unmittelbar ausgehende Rechtswirkung der Anfechtung zu unterwerfen. Andernfalls wäre der Staat unstreitig in der Stellung einer in der Insolvenzordnung nicht vorgesehenen und zugleich gläubigerbenachteiligenden Privilegierung.

e) Weitere Voraussetzungen für die Anfechtung

aa) Mögliche Anfechtungstatbestände

Die Insolvenzordnung sieht in den §§ 130 ff. InsO zahlreiche Anfechtungstatbestände vor. So können z.B. nach den §§ 132 ff. InsO grundsätzlich unentgeltliche Leistungen des Schuldners oder seine die Gläubiger vorsätzlich benachteiligenden

---

734 Jaeger/Henckel-InsO/Henckel, § 133 Rn. 9.
735 Siehe hierzu insbesondere die §§ 897, 894, 883 ff. ZPO.

Rechtshandlungen angefochten werden. Gleiches gilt für die Sicherung oder Befriedigung kaptialersetzender Darlehen und die Einlagenrückgewähr bzw. den Erlass von Verlustanteilen gegenüber einer stillen Gesellschaft.

Für den durch die rechtskräftige Verfallsentscheidung erfolgten Rechtserwerb des Staates käme hingegen die Anfechung wegen kongruenter oder inkongruenter Deckung nach §§ 130, 131 InsO in Frage. Unter Deckung im anfechtungsrechtlichen Sinn fasst die Insolvenzordnung eine Rechtshandlung auf, die einem Insolvenzgläubiger entweder Sicherung oder Befriedigung seines Anspruchs gewährt oder ermöglicht. Während Befriedigung mit Erfüllung gleichzusetzen ist, versteht man unter Sicherung die Einräumung einer Rechtsposition, die die Durchsetzung des gesicherten Anspruchs erleichtert. Sie unterscheidet sich wesensmäßig von der ursprünglich geschuldeten Leistung. Kongruent ist eine Deckung wiederum, wenn der Gläubiger infolge vertraglicher Regelungen oder aufgrund direkter gesetzlicher Anordnung, wie z.B. der Pflicht zur Erbringung von Steuern, einen Rechtsanspruch in dieser Art und zu dem für die Anfechtung nach § 140 InsO maßgeblichen Zeitpunkt hatte[736]. Inkongruenz würde hingegen bedeuten, dass der Gläubiger durch die anfechtbare Rechtshandlung etwas erhält, was er nicht, nicht in der Art oder nicht zu der Zeit hätte beanspruchen können[737].

Wenn jedoch die im Gesetz bereits weitaus strenger gefassten Anforderungen des § 130 InsO für die Anfechtung der kongruenten Deckung vorliegen, kann die Unterscheidung zwischen kongruent oder inkongruent dahinstehen. Nur wenn die Anfechtbarkeit an den subjektiven Voraussetzungen des § 130 InsO scheitert, wäre zu prüfen, ob der weitergehende Tatbestand des die inkongruente Deckung regelnden § 131 InsO vorläge[738]. Von dieser Überlegung ausgehend, wird im Folgenden zunächst auf die enger gefasste kongruente Deckung abgestellt.

bb) Die Insolvenzanfechtung nach § 130 InsO

(1) Objektive und subjektive Voraussetzungen

Neben der in gläubigerbenachteiligender Weise erfolgten Deckung erfordert die Anfechtung nach § 130 InsO das Vorliegen von weiteren objektiven Tatbestandsmerkmalen. Das wären namentlich die Zahlungsunfähigkeit des Schuldners oder der bereits gestellte Insolvenzantrag. Daneben enthält jede Anfechtungsalternative auch subjektive Anforderungen (vgl. Abb. 6).

---

736 Braun/de Bra, § 130 Rn. 8 f.
737 Braun/de Bra, § 131 Rn. 3.
738 Jaeger/Henckel-InsO/Henckel, § 130 Rn. 13.

Je nach Anfechtungsalternative muss der Gläubiger entweder positive Kenntnis der Zahlungsunfähigkeit oder des Insolvenzantrages haben. Darüber hinaus wird der positiven Kenntnis des Gläubigers das Kennen von Umständen gleichgestellt, die zwingend auf die Zahlungsunfähigkeit oder den Eröffnungsantrag schließen lassen, § 130 Abs. 2 InsO. Wie sich aus der Abbildung 6 ergibt, kann im Rahmen des § 130 InsO auf vier verschiedene Zeiträume abgestellt werden. Diese sind im Einzelnen die Phase von mehr als drei Monaten vor der Stellung des Insolvenzeröffnungsantrages, der Dreimonatsabschnitt vor dem Eröffnungsantrag, die Zeit zwischen Eröffnungsantrag und Eröffnungsbeschluss und die Zeit nach der Insolvenzeröffnung. In der Regel erfolgt eine Anfechtung umso leichter, je kürzer die Rechtshandlung zurückliegt. Wenn die anfechtbare Rechtshandlung beispielsweise nach dem Eröffnungsantrag vorgenommen worden ist, reicht neben ihrer gläubigerbenachteiligenden Wirkung aus, dass der Gläubiger entweder die Zahlungsunfähigkeit oder den Eröffnungsantrag kannte, § 130 Abs. 1 S. 1 Nr. 1 InsO. Hat die Rechtshandlung hingegen in den letzten drei Monaten vor dem Eröffnungsantrag stattgefunden, werden kumulativ die Zahlungsunfähigkeit des Schuldners und die Kenntnis des Gläubigers hiervon gefordert, § 130 Abs. 1 S. 1 Nr. 1 InsO. Nur wenn die Rechtshandlung älter ist, kann bei einer kongruenten Deckung von einem insolvenzfesten Erwerb ausgegangen werden.

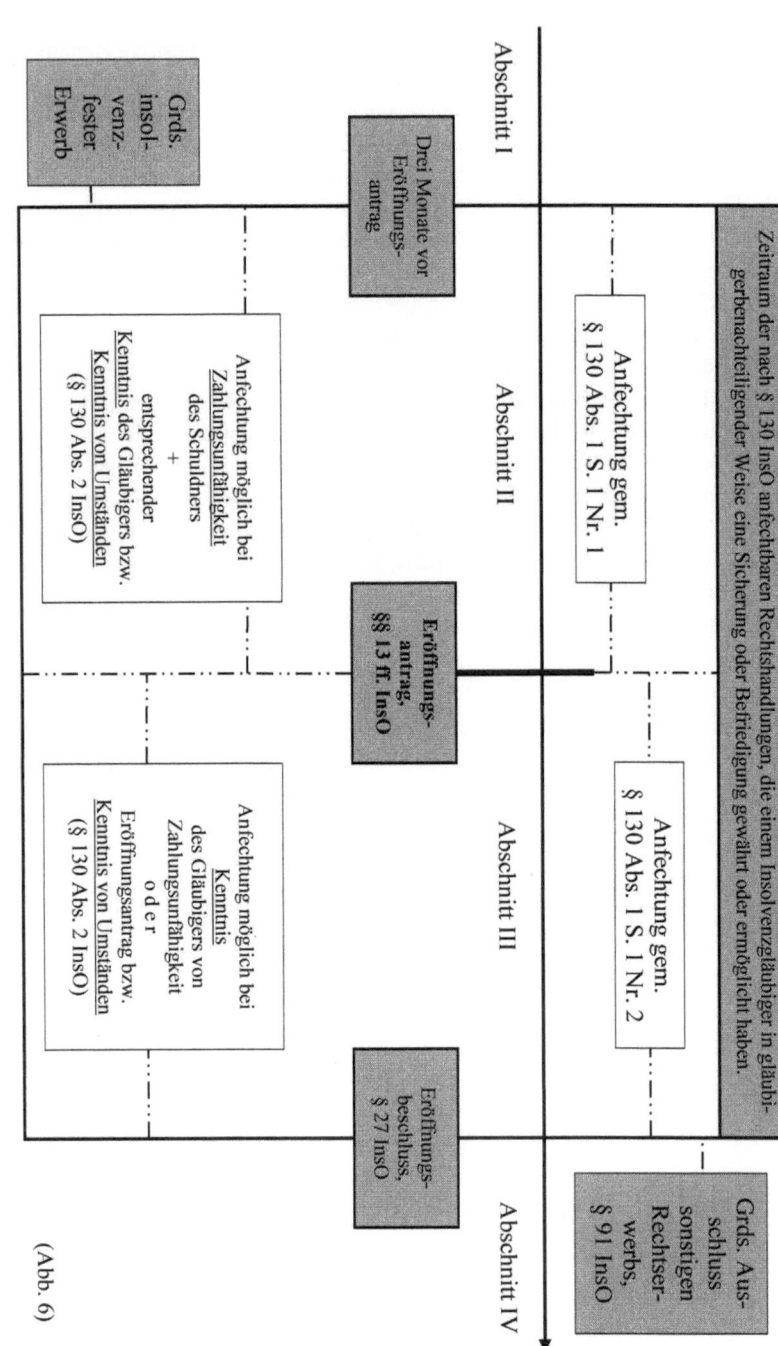

(Abb. 6)

(2) Kenntnis und Wissenszurechnung

Die erfolgreiche Anfechtung nach § 130 InsO setzt in subjektiver Hinsicht zum Zeitpunkt der Rechtshandlung beim Gläubiger die Kenntnis der Zahlungsunfähigkeit des Schuldners oder des gestellten Insolvenzantrages voraus. Ausreichend ist nach § 130 Abs. 2 InsO auch die Kenntnis von Umständen, die zwingend auf Zahlungsunfähigkeit und Insolvenzantrag schließen lassen. Fraglich ist nun, auf wessen Kenntnis bei dem anfechtbaren Erwerb durch den Justizfiskus abzustellen ist. Im Bürgerlichen Recht gilt für die Wissenszurechnung § 166 BGB. Es kommt in der Regel auf die Kenntnis des Vertreters an. Im öffentlichen Recht stellt man beispielsweise bei rechtswidrigen Verwaltungsakten auf die Kenntnis der Behörde von den zur Rücknahme rechtfertigenden Tatsachen ab, § 48 Abs. 4 VwVfG[739]. Die Behörde erlangt diese positive Kenntnis, wenn der nach der innerbehördlichen Geschäftsverteilung zur Rücknahme des Verwaltungsakts berufene Amtswalter oder ein sonst innerbehördlich zur rechtlichen Überprüfung des Verwaltungsakts berufener Amtswalter die eine Rücknahme des Verwaltungsakts rechtfertigenden Tatsachen feststellt[740]. Ähnlich hat es sich mit der Wissenszurechnung beim Erwerb des verfallenen Gegenstandes zu verhalten. Es ist grundsätzlich auf die Kenntnis des sachbearbeitenden bzw. die Anklage vertretenden Staatsanwalts abzustellen[741]. Von ihm gehen schließlich die Verfallsanträge aus. Probleme dürften sich hier in den wenigsten Fällen ergeben. Soweit die Vermögensverhältnisse nicht bereits Gegenstand der Ermittlungen waren, können sie bei der Vernehmung zur Sache zur Sprache kommen[742], § 243 Abs. 4 S. 1 StPO. Spätestens zu diesem Zeitpunkt werden sie in aller Regel aktenkundig protokolliert, §§ 271 ff. StPO. Die subjektive Seite der Anfechtung, also die positive Kenntnis bzw. das Kennenmüssen der anfechtungsrelevanten Umstände ist in aller Regel unproblematisch.

cc) Zwischenergebnis

Die Anfechtung des erworbenen Verfallsgegenstandes wird regelmäßig nach Maßgabe des § 130 InsO erfolgen.

---

739 Siehe hierzu auch die jeweils landesrechtlichen Bestimmungen; für Bayern Art. 48 Abs. 4 BayVwVfG.
740 BVerwG, NJW 1985, 821. Für die Kenntnis der Behörde schlechthin Schoch, NVwZ 1985, 885.
741 So z.B. Braun/de Bra § 130 Rn. 36 bezüglich der Kenntnis des zuständigen Sachbearbeiters der Finanzbehörde; zur Wissenszurechnung in einer Anwaltssozietät siehe OLG Celle ZIP, 1981, 467; allgemein zur Zurechnung der Kenntnis FK-InsO/Dauernheim, § 130 Rn. 48 ff.
742 Meyer-Goßner, § 243 Rn. 12.

f) Zwischenergebnis

Als für die Insolvenzanfechtung anknüpfbare Rechtshandlungen kommen sowohl verfahrensrechtlich relevante Handlungen und Unterlassungen des verurteilten Schuldners als auch die durch das Rechtsmittelgericht unmittelbar die Rechtskraft der Verfallsanordnung herbeiführenden Entscheidungen in Betracht. Die Insolvenzanfechtung richtet sich zwar gegen eine Rechtshandlung. Sie hat aber gerade nicht die rückwirkende Beseitigung derselben zum Gegenstand. Es geht »nur« um die von der angefochtenen Rechtshandlung ausgehende Wirkung[743]. Mit der Insolvenzanfechtung sollen in letzter Konsequenz die Folgen der Handlung oder des Unterlassens rückgängig gemacht werden[744]. Nach dem bisher Gesagten hätte der Staat bei einer nach § 130 InsO erfolgreichen Insolvenzanfechtung die im Zuge einer rechtskräftigen Verfallsentscheidung erworbenen Gegenstände im Wege der rechtsgeschäftlichen Übertragung zur Insolvenzmasse zurückzugewähren, § 143 Abs. 1 S. 1 InsO. Falls er noch nicht in Besitz derselben wäre, würde ihm die Einrede der Anfechtbarkeit entgegenstehen. Soweit das in anfechtbarer Leistung Erlangte zur Masse herausgegeben wird, lebt der vormalige Verfallsanspruch wieder auf, § 144 Abs. 1 InsO.

4. Wertungsmäßige Einwände gegen die Anfechtbarkeit

a) Problemstellung

Ausgehend von einer die Rechtsfolgen des Verfalls rückgängig machenden Insolvenzanfechtung gilt es nachfolgend zu erörtern, ob das gefundene Ergebnis gerade auch hinsichtlich einer effektiven Verbrechensbekämpfung wertungsmäßig gleichermaßen zu überzeugen vermag. Möglicherweise leiden aber auch die kriminalpolitischen Ziele gar nicht darunter. Daher gilt es im Folgenden zu klären, in welcher Rangklasse und in welchem Umfang der Staat am Insolvenzverfahren nach einer erfolgten Anfechtung teilnehmen kann. Daneben ist auch zu prüfen, was für Möglichkeiten nach Abschluss des Insolvenzverfahrens verbleiben, um den Verfallsanspruch vollständig zu realisieren.

---

743 Jauernig/Berger, S. 195.
744 Jauernig/Berger, S. 195.

b) Der Verfallsanspruch – eine nachrangige Insolvenzforderung?

Ob nun der Staat bezüglich des Verfalls gewöhnlicher oder nachrangiger Insolvenzgläubiger ist, lässt die Insolvenzordnung offen. Gem. § 39 Abs. 1 Nr. 3 InsO werden nur die zu einer Geldzahlung verpflichtenden Nebenfolgen der Tat als nachrangig eingestuft. Anders als der Verfall von Wertersatz begründet der eigentliche Verfall jedoch keinen Zahlungsanspruch. Mit dem rechtskräftigen Verfall ist vielmehr die Änderung der dinglichen Rechtslage verbunden, § 73e Abs. 1 StGB, § 60 S. 1 StVollstrO. Gerade deshalb wird im Zuge der vorläufigen Sicherung der potenzielle Verfallsgegenstand auch nicht mit einem Pfandrecht belastet, sondern der Täter, Teilnehmer oder Drittbegünstigte mit einem relativen Verfügungsverbot belegt, § 73e Abs. 2 StGB, § 111c Abs. 5 StPO. Der Verfallsanspruch kommt im Ergebnis einem zivilrechtlichen Verschaffungsanspruch gleich. Dieser ist ebenfalls ein nicht auf Geld gerichteter Vermögensanspruch[745], der in Geld umgerechnet als gewöhnliche Insolvenzforderung angemeldet werden kann, § 45 InsO. Alleine schon wegen dieser unterschiedlichen Rechtsfolgen erscheint eine bei § 39 Abs. 1 Nr. 3 InsO differenzierende Betrachtung zwischen Verfall und Wertersatzverfall notwendig[746].

Geht man von dem aus § 39 Abs. 1 Nr. 3 InsO zu ziehenden Gegenschluss aus, wäre der noch nicht rechtskräftig angeordnete oder wirksam angefochtene Verfall als gewöhnliche und nicht nachrangige Insolvenzforderung zu behandeln. Aus der Entstehungsgeschichte des § 39 InsO ergeben sich auch keine gegenteiligen Anhaltspunkte. Mit § 39 InsO hat der Gesetzgeber primär erreichen wollen, dass die nach § 63 KO bislang ausgeschlossenen Forderungen bei einem verbliebenen Überschuss nunmehr im Range nach allen anderen Insolvenzgläubigern berücksichtigt werden können[747]. Nach der im Gesetzgebungsverfahren zum Ausdruck gekommenen Absicht wäre es nicht sachgerecht, einen verbliebenen Überschuss an den Schuldner herauszugeben, bevor nicht die bislang als ausgeschlossen eingestuften Ansprüche getilgt sind[748].

Es lässt sich aus § 39 Abs. 1 Nr. 3 InsO auch keine allgemeine Regel ableiten, die dem Justizfiskus in der Insolvenz stets die Stellung eines nachrangigen Insolvenzgläubigers zuweist[749]. Während die nachrangigen Forderungen aus dem legalen bzw. nicht nachweislich aus Straftaten stammenden Vermögen zu befriedigen sind, beschränkt sich der originäre Verfall auf den Entzug des inkriminierten Vermögens. Die Einstufung des Verfallsanspruches als nachrangige Insolvenzforde-

---

745 Braun/Bäuerle, § 45 Rn. 4; Jaeger/Henckel-InsO/Henckel, § 45 Rn. 6.
746 Goss, wistra 2001, 315.
747 BT-Drucks. 12/2443, S. 123.
748 Braun/Bäuerle, § 39 Rn. 1.
749 A.A. von Gleichenstein ZIP 2008, S. 1156 f.

rung ist auch zum Schutz der Insolvenzgläubiger nicht geboten. Der immer noch in der Masse vorhandene, diese anreichernde und unmittelbar im Zusammenhang mit einer Straftat stehende Verfallsgegenstand wirkt sich für die Gläubiger bereits positiv aus. Sie profitieren unweigerlich von der Straftat und können auf eine bessere Quote hoffen. Dem in § 1 S. 1 InsO enthaltenen Grundsatz der gleichmäßigen Gläubigerbefriedigung kann darüber hinaus weder entnommen werden, dass zur Maximierung der Quote eine staatliche Forderung um jeden Preis zurücktreten müsse, noch dass das aus Straftaten stammende Vermögen ausschließlich den übrigen Insolvenzgläubigern zur Befriedigung ihrer Ansprüche gebühre. Nicht zuletzt deshalb werden z.B. auch die Kosten des Strafverfahrens völlig unproblematisch als gewöhnliche Insolvenzordnung behandelt. Diese sind öffentliche Abgaben, die dem Insolvenzschuldner nach dem Veranlasserprinzip auferlegt werden können. Sie stellen keine Sanktion für begangenes Unrecht dar[750]. Da der Verfall nach überwiegender Meinung auch keine Strafe ist[751], kann der Staat als gewöhnlicher und nicht als nachrangiger Insolvenzgläubiger am Verfahren teilnehmen[752].

c) Restschuldbefreiung für den Verfallsanspruch?

aa) Normzweck und Rechtsfolgen

Mit der in §§ 286 ff. geregelten Restschuldbefreiung wird das in § 1 S. 2 InsO festgesetzte Verfahrensziel aufgegriffen und dem redlichen Schuldner die Möglichkeit eines wirtschaftlichen Neubeginns eröffnet[753]. Soweit der insolvente Schuldner eine natürliche Person ist, kann er nach der Wohlverhaltensphase mit Ausnahme der in § 302 InsO genannten Forderungen von den im Insolvenzverfahren nicht erfüllten Verbindlichkeiten befreit werden, § 301 Abs. 1 InsO. Mit der Restschuldbefreiung erlöschen aber die Insolvenzforderungen nicht. Soweit sie von ihr erfasst werden, verlieren diese Ansprüche lediglich ihre Durchsetzbarkeit und wandeln sich in Naturalobligationen um[754], § 301 Abs. 3 InsO. Der Gläubiger kann in diesem Fall keine Befriedigung mehr beanspruchen. Erfolgt sie nach Abschluss des Verfahrens dennoch aus freien Stücken, stellt die Naturalobligation zumindest einen Rechtsgrund für das weitere Behaltendürfen dar[755].

---

750 Braun/Bäuerle, § 39 Rn. 13; MüKo-InsO/Ehrike, § 38 Rn. 108.
751 Siehe hierzu bereits die Ausführungen unter Teil 1 B. II. 3. c) aa).
752 Greiner, ZInsO 2007, 956; Schmidt, Rn. 528.
753 Braun/Kießner, § 1 Rn. 11.
754 Braun/Lang, § 301 Rn. 2.
755 Braun/Lang, § 301 Rn. 10.

bb) Restschuldbefreiung und § 73 Abs. 1 S. 1 StGB

(1) Restschuldbefreiung und Vorsatzdelikte

Getreu dem Rechtsgedanken folgend, dass nur der redliche Schuldner sich seiner Verbindlichkeiten entledigen kann, werden bestimmte Forderungen von der Restschuldbefreiung ausgenommen, § 302 InsO. Darunter zählen insbesondere die zur Zahlung einer Geldsumme verpflichtenden Nebenfolgen einer Straftat, §§ 302 Nr. 2, 39 Abs. 1 Nr. 3 InsO. Da der Verfallsanspruch weder auf Zahlung einer Geldsumme ausgerichtet noch eine nachrangige Insolvenzforderung ist, wird er von dem Wortlaut der Ausnahme jedoch nicht erfasst.

Man kommt aber auch ohne erweiterte Auslegung oder Analogie des § 302 Nr. 2 InsO regelmäßig zu einem gleichermaßen befriedigenden Ergebnis. Gem. § 302 Nr. 1 InsO sind nämlich die nach Maßgabe von § 174 Abs. 2 InsO anzumeldenden Ansprüche aus einem Vorsatzdelikt gleichfalls von der Restschuldbefreiung ausgenommen. Damit die aus einer unerlaubt begangenen vorsätzlichen Handlung entstammende Forderung in den Genuss der insolvenzrechtlichen Nachhaftung kommt, muss der Gläubiger jedoch neben der Forderung auch die Deliktsgrundlage anmelden und glaubhaft machen[756]. Darüber hinaus darf kein vom Schuldner rechtzeitig erhobener Widerspruch[757] mehr im Raum stehen. Andernfalls müsste dessen Widerspruch ggf. noch im Wege der Klage beseitigt werden[758]. Da der Verfallsanspruch aus vorsätzlichen Straftaten unzweifelhaft einen deliktischen Hintergrund hat, wird der Staat bei einer wirksam angefochtenen Verfallsentscheidung grundsätzlich nicht mit den Folgen der Restschuldbefreiung konfrontiert. Das gilt auch, wenn die Strafvollstreckungsbehörde bei der Anmeldung zunächst versehentlich nicht auf den deliktischen Hintergrund gem. §§ 174 Abs. 2, 302 Nr. 1 InsO hingewiesen hat. Der Insolvenzverwalter muss dies selbst für eine bereits zur Tabelle festgestellte Forderung nachträglich eintragen[759].

---

756 Weist der Gläubiger bei der Anmeldung seiner Forderung nicht darauf hin, dass sie nach seiner Einschätzung auf einer unerlaubten Handlung beruht, wird die Forderung von der Restschuldbefreiung erfasst, siehe hierzu BT-Drucks. 14/5680, S. 27.

757 Zur Belehrungspflicht des Insolvenzgerichts gegenüber dem Schuldner bei einer angemeldeten Forderung aus einer vorsätzlich begangenen unerlaubten Handlung s. § 175 Abs. 2 InsO und MüKo-InsO/Nowak, § 175 Rn. 17.

758 Siehe hierzu z.B. BGH, NZI 2009, 189 ff.

759 BGH, Rpfleger 2008, 326 f.

(2) Restschuldbefreiung und fahrlässige Delikte

Wie soeben dargestellt, nimmt die Restschuldbefreiung Ansprüche aus einer vorsätzlich unerlaubten Handlung aus, §§ 302 Nr. 1, 174 Abs. 2 InsO. Der Verfall ist aber selbst bei fahrlässiger Tatbegehung möglich[760]. In § 73 Abs. 1 S. 1 StGB ist nur von einer rechtswidrigen, aber nicht von einer vorsätzlichen Tat die Rede. Für verfallen können deshalb z.b. auch Gewinne erklärt werden, die aus fahrlässigen Verstößen gegen einzelne Bestimmungen über den Verkehr mit Lebens- und Futtermitteln, kosmetischen Mitteln und sonstigen Bedarfsgegenständen gezogen werden, § 58 Abs. 6 LFGB, § 73 Abs. 1 S. 1 StGB[761].

Nachdem der auf Fahrlässigkeit des Täters beruhende Verfall durch die Insolvenzordnung im Falle der Restschuldbefreiung zur Naturalobligation degradiert wird, ist dieses zwar mit dem reinen Gesetzeswortlaut in Einklang stehende Ergebnis aus kriminalpolitischer Sicht mehr als unerwünscht.

Allerdings hat der Gesetzgeber mit § 76 StGB eine nachträgliche Ersatzsanktion vorgesehen. Ist der Originalverfall nicht, nicht mehr oder nur unzureichend ausführbar, kann das Gericht bei pflichtgemäßem Ermessen den Verfall von Wertersatz anordnen. Voraussetzung für die Ersatzsanktion ist mitunter, dass die zur Nichtdurchführbarkeit des Verfalls führenden Umstände nach Anordnung der letzten tatrichterlichen Entscheidung eintreten oder bekannt werden. Zwar wird vom Wortlaut des § 76 StGB die Rückabwicklung eines wirksam vollstreckten Verfalls nicht ausdrücklich erfasst. Der Anwendungsbereich der Norm ist dennoch eröffnet. Wenn nämlich der staatliche Eigentums- oder Rechtserwerb wieder rückgängig gemacht wird, erweist sich der Originalverfall als nicht ausführbar. Gleiches ist anzunehmen, wenn der Verfall nach §§ 442, 439 Abs. 5 StPO wegen des unangemessenen Aufwandes eines Nachverfahrens wieder aufgehoben wird[762]. Ist der ursprüngliche Verfall durch die Rückabwicklung einer angefochtenen Entscheidung nicht durchführbar, muss die Ersatzsanktion erst recht möglich sein.

Obwohl die Restschuldbefreiung erst nach einer u.U. mehrjährigen Wohlverhaltensphase erteilt wird, steht der im Anschluss daran zu treffenden Entscheidung nach § 76 StGB auch keine Verjährungsproblematik im Wege. Die anzuordnende Ersatzsanktion ist ähnlich wie die in der Geldstrafe enthaltene Ersatzfreiheitsstrafe in der ursprünglichen Verfallsanordnung immanent vorbehalten[763]. Sie stellt gerade

---

760 LK-Schmidt, § 73 Rn. 15; Schönke/Schröder/Eser, § 73 Rn. 4.
761 So bereits Güntert, S. 33, zu den Gewinnen aus fahrlässig begangenen Lebensmittelverfälschungen nach den damals noch gültigen §§ 8, 51 Abs. 1 Nr. 1, Abs. 3 LMBG.
762 So bereits Schönke/Schröder/Eser, § 76 Rn. 5 zum gutgläubigen Erwerb eines Einziehungsgegenstandes nach der tatrichterlichen Einziehungsanordnung oder der Rückgängigmachung nach § 439 Abs. 5 StPO.
763 So zur Einziehung bereits Schönke/Schröder/Eser, § 76 Rn. 2 f., 7.

keine mit Art. 103 Abs. 3 GG unvereinbare nochmalige Inanspruchnahme des Be-troffenen dar[764]. Deshalb greift hier auch nicht die in §§ 78 ff. StGB geregelte Ver-folgungsverjährung. Zur Anwendung kämen vielmehr die Bestimmungen über die Vollstreckungsverjährung, §§ 79 ff. StGB. Da die Vollstreckungsverjährung des Verfalls weder vor einer zugleich erkannten Freiheits- oder Geldstrafe noch vor dem Ablauf von zehn Jahren eintritt, besteht hier grundsätzlich keine akute Gefahr, § 79 Abs. 4 S. 2, Abs. 5 S. 1 StGB. Darüber hinaus wäre noch zu überlegen, ob durch das insolvenzrechtliche Vollstreckungsverbot gem. §§ 89 Abs. 1, 294 Abs. 1 InsO nicht zusätzlich noch das Ruhen der Verjährung relevant wird, § 79a Nr. 1 StGB.

Im Ergebnis bleiben die kriminalpolitischen Ziele selbst bei der Anfechtung des auf eine Fahrlässigkeitstat zurückzuführenden Verfalls nicht auf der Strecke.

cc) Restschuldbefreiung und § 73 Abs. 2 S. 1, Abs. 3 - 4 StGB

Wie bereits erörtert, sind von der Restschuldbefreiung alle Ansprüche aus einer vorsätzlich begangenen unerlaubten Handlung und die durch Verletzung eines Schutzgesetzes nach § 823 Abs. 2 BGB entstehenden Forderungen ausgenom-men[765], § 302 Nr. 1 InsO. Dem Verfall unterliegen aber nicht nur die unmittelbar aus der strafbaren Handlung gezogenen Profite. Auch die im Rahmen einer nicht zu beanstandenden Geschäftsführung erzielten Früchte aus dem zu Unrecht erworbe-nen Gut werden für verfallen erklärt. Gleiches gilt für Surrogate und Ersatzgegens-tände, die z.B. im Wege des rechtmäßigen Tausches, des Verkaufs oder der Zerstö-rung durch einen Dritten an die Stelle des ursprünglich Erlangten treten. Diesen Konstellationen ist gemein, dass sie allenfalls mittelbar mit der Straftat im Zusam-menhang stehen. Sie sind nicht zuletzt Ausfluss der im Kern durch Art. 1 u. 2 GG geschützten Privatautonomie[766]. Ähnlich verhält es sich beim Drittempfängerver-fall. Die Anordnung des Verfalls kann ebenso gegen einen unbeteiligten Dritten er-gehen. Der Täter oder Teilnehmer muss nur für diesen gehandelt haben, § 73 Abs. 3 StGB. In der Literatur werden solche Fälle oftmals recht plastisch mit dem der ahnungslosen Frau des bestochenen Beamten geschenkten Pelzmantel umschrie-ben[767]. Soweit man nicht gleichermaßen die darauf abzielenden Verfallsansprüche von der Restschuldbefreiung durch eine erweiterte Anwendung des § 301 InsO ausnehmen will, käme man hier über die nachträgliche Ersatzsanktion des § 76

---

764 LK-Schmidt, § 76 Rn. 7.
765 Braun/Lang, § 302 Rn. 1.
766 Palandt/Ellenberger, Überbl. v. § 104 Rn. 1 m.w.N.
767 Siehe hierzu z.B. Güntert, S. 52; Podolsky/Brenner, S. 68.

StGB ebenso zu vertretbaren Ergebnissen. Dies gilt auch für den Verfall nach § 73 Abs. 4 StGB.

d) Der Verfallsanspruch im Insolvenzplanverfahren

Nach § 219 InsO können innerhalb eines zu erstellenden Insolvenzplanes die Befriedigung der absonderungsberechtigten Gläubiger und der Insolvenzgläubiger sowie die Verwertung der Masse nebst deren Verteilung und die Haftung des Schuldners nach Beendigung des Insolvenzverfahrens abweichend von den Vorschriften der Insolvenzordnung geregelt werden. Der im gestaltenden Teil des Plans eventuell festgeschriebene (Teil-)Erlass von Insolvenzforderungen könnte sich auch auf die staatlichen Verfallsansprüche auswirken.

Wie bei der Restschuldbefreiung gilt auch innerhalb des Insolvenzplanverfahrens, dass die zur Zahlung von Geld verpflichtenden Nebenfolgen einer Straftat gänzlich unberührt bleiben, §§ 225 Abs. 3, 39 Abs. 1 Nr. 3 InsO. Der eigentliche Verfall verpflichtet aber weder zur Zahlung einer Geldsumme, noch ist er eine nachrangige Insolvenzforderung. Daneben genießen deliktische Ansprüche innerhalb eines durch die Verfahrensbeteiligten angenommenen Planes keinen gesonderten Schutz. Solche Ansprüche können im Insolvenzplan durchaus ganz oder teilweise niedergeschlagen werden. Insofern existiert beim Insolvenzplanverfahren die gleiche Problematik wie bei der Restschuldbefreiung von Forderungen aus fahrlässigen Handlungen. Soweit man den (Teil-)Erlass einer Verfallsforderung im Insolvenzplanverfahren für möglich erachtet, kann zumindest im Anschluss daran die in § 76 StGB vorgesehene Ersatzsanktion dem kriminalpolitischen Bedürfnis hinreichend Rechnung tragen.

e) Der Verfall im gerichtlichen Schuldenbereinigungsplan, §§ 305 ff. InsO

Während der Insolvenzplan die Eröffnung des Insolvenzverfahrens voraussetzt, dient der Schuldenbereinigungsplan gerade dazu, das beantragte Insolvenzverfahren abzuwenden. Bis zur gerichtlichen Entscheidung über den gerichtlichen Schuldenbereinigungsplan[768] ruht das Insolvenzeröffnungsverfahren, § 306 Abs. 1 S. 1 InsO. Der Schuldenbereinigungsplan gilt als angenommen, wenn von Seiten der Gläubiger keine Einwendungen erhoben worden sind oder das Gericht die verweigerte Zustimmung zum Schuldenbereinigungsplan nach § 309 InsO ersetzt hat, § 308 Abs. 1 S. 1 InsO. Der angenommene gerichtliche Schuldenbereinigungsplan

---

768 Zum außergerichtlichen Schuldenbereinigungsverfahren siehe insbesondere § 305 Abs. 1 Nr. 1 InsO.

wirkt wie ein Prozessvergleich, §§ 308 Abs. 2 S. 1 InsO, 794 Abs. 1 Nr. 1 ZPO. Mit der gerichtlichen Bestätigung des Plans gelten die Insolvenzanträge als zurückgenommen[769], § 308 Abs. 2 InsO. Da der gerichtliche Schuldenbereinigungsplan aber vor der Eröffnung des Verfahrens durchgeführt wird, berührt es den bereits rechtskräftig angeordneten Verfall nicht.

f) Zwischenergebnis

Soweit nach der Insolvenzeröffnung die Voraussetzungen für eine Anfechtung vorliegen, sprechen weder rechtsdogmatische Gesichtspunkte noch kriminalpolitische Erwägungen gegen eine Insolvenzanfechtung der im Zusammenhang mit dem Verfall stehenden Rechthandlungen und Unterlassungen.

5. Der weitere Verfahrensfortgang

a) Forderungsanmeldung und -prüfung

Mit der Rückgewähr des in anfechtbarer Weise Erlangten lebt die ursprüngliche Forderung wieder auf, § 144 Abs. 1 InsO. Dadurch wird der in der Rolle des Anfechtungsgegners stehende Staat so gestellt, als ob der gesetzliche Eigentums- oder Rechtsübergang, mithin also die anfechtbare Rechtshandlung, nicht erfolgt wäre[770]. In diesem Fall können die bestehenden Verfallsansprüche als gewöhnliche Insolvenzforderung angemeldet werden.

Um am Verfahren teilnehmen zu können, muss zunächst der gem. § 45 InsO umgerechnete Verfallsanspruch bei dem die Insolvenztabelle führenden Insolvenzverwalter schriftlich unter Angabe von (Delikts-)Grund und Betrag angemeldet werden, §§ 174 Abs. 1 S. 1, Abs. 2, 175 InsO. Nach § 174 Abs. 1 S. 2 InsO sollen der Anmeldung Urkunden beigefügt werden, aus denen sich die Forderung ergibt. Die Staatsanwaltschaft wird mit der Beifügung einer zumindest in Auszügen gefertigten Urteilsabschrift stets gut beraten sein.

In dem nach §§ 29 Abs. 1 Nr. 2, 176 InsO anberaumten Prüfungstermin erfolgt die Prüfung der angemeldeten Forderungen. Dabei können voneinander unabhängig der Schuldner, der Insolvenzverwalter oder die Insolvenzgläubiger einer Forderung ganz oder teilweise widersprechen[771]. Neben der Erörterung der unterschiedlichen Prüfungsergebnisse samt den damit verbundenen Auswirkungen gilt es die

---

769 Braun/Buck, § 308 Rn. 10.
770 Braun/Riggert, § 144 Rn. 1.
771 Siehe hierzu Zimmermann, S. 115 ff.

Möglichkeiten der gesetzlich nicht ausdrücklich geregelten Verfolgung von Widersprüchen gegen eine vor der Anmeldung in Geld umgerechnete Verfallsforderung zu untersuchen.

b) Auswirkungen der unterschiedlichen Prüfungsergebnisse

aa) Forderung bleibt unbestritten

Sofern niemand der angemeldeten Forderung widerspricht, trägt das Insolvenzgericht[772] in die vom Insolvenzverwalter geführte Tabelle den Vermerk *»Festgestellt«* ein, § 178 Abs. 2 S. 1 InsO. Der Tabelleneintrag hat dieselbe Wirkung wie ein rechtskräftiges Urteil. Sie zehrt eine ggf. zuvor schon titulierte Forderung auf[773] und wirkt gegenüber dem Insolvenzverwalter, dem Schuldner und allen Insolvenzgläubigern, § 178 Abs. 3 InsO. Die Forderung nimmt im festgestellten Umfang am Insolvenzverfahren teil und der Gläubiger könnte nach Wegfall der insolvenzrechtlichen Vollstreckungsverbote und vorbehaltlich einer eventuell beschlossenen Restschuldbefreiung mit einem vollstreckbaren Tabellenauszug die Zwangsvollstreckung betreiben[774], §§ 201 Abs. 2, 89, 294 InsO.

bb) Nur Schuldner bestreitet Forderung

Falls nur vom Schuldner der angemeldeten Forderung widersprochen wird, steht dies – außer im Falle der Eigenverwaltung – der Feststellung der Forderung zur Tabelle nicht entgegen, §§ 178 Abs. 1 S. 2, 283 Abs. 1 S. 2 InsO. Das Insolvenzgericht trägt in der Tabelle trotzdem den Vermerk *»Festgestellt«* ein. Allerdings fügt es den Zusatz *»Vom Schuldner bestritten«* an, § 178 Abs. 2 S. 2 InsO. Das Bestreiten des Schuldners wirkt sich weder auf den Gang des Insolvenzverfahrens noch auf die Teilnahme des betroffenen Gläubigers am Insolvenzverfahren aus. Es hat auch keinen Einfluss auf die Auszahlung der Quote[775]. Dem Gläubiger darf aber in diesem Fall kein vollstreckbarer Tabellenauszug erteilt werden[776], § 201 Abs. 2 InsO.

---

772 Funktionell zuständig ist hier der Rechtspfleger, §§ 3 Nr. 2 lit. c), 18 RPflG.
773 Braun/Bäuerle, § 45 Rn. 6 m.w.N.
774 Gleiches gilt für Forderungen aus einem rechtskräftig bestätigten Insolvenzplan oder einem angenommenen Schuldenbereinigungsplan, den das Insolvenzgericht bestätigt hat, §§ 257, 308 Abs. 1 S. 2 InsO.
775 FK-InsO/Kießner, § 184 Rn. 2.
776 FK-InsO/Kießner, § 189 Rn. 6; Riedel/Vogelmair, Rpfleger 2008, 340.

cc) Insolvenzverwalter und/oder -gläubiger bestreiten Forderung

Der Widerspruch des Insolvenzverwalters oder eines Gläubigers gegen eine nicht titulierte Forderung wird in der Tabelle entsprechend vermerkt, § 178 Abs. 2 S. 1 InsO. Die bestrittene Forderung wäre im Insolvenzverfahren und bei der Verteilung nur dann zu berücksichtigen, wenn der Gläubiger die Feststellung seiner Forderung gegen den Bestreitenden mittels Feststellungsklage betreibt, §§ 179 Abs. 1, 189 Abs. 1 InsO. Weist er die Klageerhebung dem Insolvenzgericht fristgerecht nach, ist der auf die Forderung entfallende Anteil während der Anhängigkeit des Rechtsstreits bei der Verteilung zurückzubehalten, § 189 Abs. 2 InsO.

Anders verhält es sich bei bereits titulierten Forderungen. Diese nehmen trotz Widerspruch eines Beteiligten zunächst an der Verteilung teil[777]. Hat der Widersprechende bis zur Durchführung der Auszahlung jedoch nachgewiesen, dass Klage erhoben worden ist oder ein anhängiges Verfahren wieder aufgenommen wurde, wird der auf die Forderung entfallende Betrag bis zum Ausgang des Verfahrens in entsprechender Anwendung des § 189 Abs. 2 InsO zurückbehalten[778].

c) Die Verfolgung des Widerspruches

aa) Widerspruch gegen den titulierten Verfallsanspruch

(1) Widerspruch durch Gläubiger oder Insolvenzverwalter

Soweit für die von einem Gläubiger oder dem Insolvenzverwalter bestrittene Forderung ein vollstreckbarer Schuldtitel vorliegt, hat der Bestreitende den Widerspruch zu verfolgen, § 179 Abs. 2 InsO. Im Falle des Obsiegens kann er die Berichtigung der Tabelle beantragen, § 183 Abs. 2 InsO.

Für den Widerspruch gegen eine titulierte Forderung stehen allerdings nur die Rechtsbehelfe zur Verfügung, die auch dem Schuldner zugestanden hätten. In Zivilsachen wären dies namentlich die Vollstreckungsabwehrklage (§ 767 ZPO), die Wiederaufnahme des Verfahrens (§ 578 ZPO) oder die Beseitigung des Titels nach § 826 BGB[779].

Bei einer rechtskräftigen Verurteilung sieht die Strafprozessordnung ähnliche Rechtsbehelfe vor. Im Rahmen der Strafvollstreckung sind Einwendungen gegen die Entscheidungen der Vollstreckungsbehörde und den Bestand des Vollstreckungsanspruches möglich, §§ 459h, 458 Abs. 1 StPO. Dabei können aber die

---

777 Braun/Kießner, § 189 Rn. 3.
778 Braun/Kießner, § 189 Rn. 13.
779 Braun/Specovius, § 181 Rn. 18.

Existenz und Rechtmäßigkeit des Urteils oder Strafbefehls grundsätzlich nicht in Frage gestellt werden[780]. Dies ist neben der die Rechtskraft durchbrechenden Wiedereinsetzung in den vorigen Stand (§§ 44 ff. StPO), der Revisionserstreckung auf Mitverurteilte (§ 357 StPO), einer erfolgreichen Verfassungsbeschwerde (§ 95 Abs. 2 BVerfGG) nur noch mit der Wiederaufnahme eines rechtskräftig abgeschlossenen Strafverfahrens möglich, §§ 359 ff. StPO. Soweit der Verfall sich gegen einen anderen als den ursprünglich Angeklagten richtet, kann der vom Drittverfall nach § 73 Abs. 3 StGB Betroffene unter den Voraussetzungen der §§ 442, 439 StPO auch im Wege des strafprozessualen Nachverfahrens seine Einwendungen gegen den Verfallsausspruch geltend machen. Nach Maßgabe der §§ 442 Abs. 1, 439 Abs. 6 StPO steht ihm daneben auch die Wiederaufnahme des Verfahrens offen[781].

Ob nun die Reichweite der insolvenzrechtlichen Bestimmungen so weit gehen soll, dass man zur Verfolgung des Widerspruchs gegen den Bestand einer Verfallsanordnung auch dem Insolvenzverwalter oder gar einem widersprechenden Gläubiger ähnlich der Popularklage[782] alle die Rechtskraft durchbrechenden Möglichkeiten zubilligt, ist mehr als fraglich. Angesichts des in nur engen Grenzen zur Beseitigung von Fehlentscheidungen in Frage kommenden Wiederaufnahmeverfahrens[783], der verschwindend geringen Anzahl erfolgreicher Nachverfahren und der nur in Ausnahmefällen verfassungswidrigen Verurteilungen kann in Ermangelung der praktischen Bedeutung die umfassende Erörterung dieser Grundsatzfrage unterbleiben.

(2) Widerspruch durch Schuldner

Ähnliches gilt für die Beseitigung des Schuldnerwiderspruchs. Sie obliegt im Falle einer titulierten Forderung nämlich dem Gläubiger, § 184 InsO. Grundsätzlich erreicht der Gläubiger die Beseitigung einer titulierten Forderung durch eine gegen den Schuldner gerichteten Feststellungsklage[784]. Nachdem der Widerspruch des Schuldners die Berücksichtigung der in Geld umgerechneten Verfallsforderung bei den Verteilungen aber nicht verhindert und darüber hinaus immer noch die nachträgliche Anordnung des Verfalls von Wertersatz gem. § 76 StGB möglich ist, wird auch von der weiteren Behandlung dieses Problemfeldes abgesehen.

---

780 Meyer-Goßner, § 459h Rn. 1, § 458 Rn. 9.
781 Meyer-Goßner, § 439 Rn. 15.
782 Siehe hierzu z.B. Art. 98 S. 4 BV, Art. 2 Nr. 7, 55 Abs. 1 S. 1 VfGHG.
783 Meyer-Goßner, Vor § 359 Rn. 1.
784 FK-InsO/Kießner, § 184 Rn. 4.

174

bb) Widerspruch gegen die Höhe der Forderung

Nach § 2 Abs. 1 StVollstrO sind richterliche Entscheidungen im Interesse einer wirksamen Strafrechtspflege beschleunigt und mit Nachdruck zu vollstrecken. Für verfallene Gegenstände bedeutet dies, dass sie zügig zu verwerten sind[785]. Die Erfüllung des durch die Insolvenzanfechtung entstandenen Rückgewähranspruchs wird für den Justizfiskus oftmals nur durch Zahlung eines Ausgleichsbetrages möglich sein, § 143 Abs. 1 S. 2 InsO. Diese bereits im Zusammenhang mit der Insolvenzanfechtung erfolgte Wertermittlung der Ausgleichsforderung dürfte im Prüftermin regelmäßig keine Probleme bereiten. Anders könnte es sich verhalten, wenn die Befriedigung des Anfechtungsanspruchs doch noch im Wege der Naturalrestitution mit Rückgabe des verfallenen Gegenstandes erfolgt. Hier hat die Strafvollstreckungsbehörde bei der Forderungsanmeldung einen geldwerten Betrag für das zurückgegebene Verfallsobjekt anzugeben, § 45 InsO. Gegensätzliche Ansichten über die Werthaltigkeit des verfallenen Objekts sind daher nicht unwahrscheinlich. Zumindest für Teilbeträge könnte ein Widerspruch in Betracht kommen. Fraglich ist daher, wie man in dieser Situation zu einem befriedigenden Ergebnis kommt. Hier könnte die Verfolgung des Widerspruchs gegen die Höhe des nach § 45 InsO in Geld umgerechneten Verfallsanspruches durchaus an Bedeutung gewinnen.

Wegen seines nichtstreitigen Charakters ist das Insolvenzverfahren für die Klärung von streitigen Forderungen ungeeignet[786]. Die betragsmäßige Feststellung muss außerhalb des Insolvenzverfahrens betrieben werden, §§ 180 ff. InsO. Dabei geht das Gesetz grundsätzlich davon aus, dass dies in die Kompetenz der Zivilgerichte fällt. Klarstellend wird jedoch wegen aller anderen Forderungen in § 185 InsO auf die besonderen Zuständigkeiten der Fachgerichte oder Verwaltungsbehörden verwiesen. Für sie gelten die insolvenzrechtlichen Bestimmungen über die Feststellung einer strittigen Forderung entsprechend[787].

Wenngleich Strafsachen nach § 13 GVG stets vor die ordentlichen Gerichte gehören[788], kann eine Meinungsdifferenz über die Höhe des umgerechneten Verfallsanspruches nicht mit der zivilgerichtlichen Feststellungsklage beigelegt werden. Unter Heranziehung des in § 185 InsO enthaltenen Rechtsgedankens sind hier die strafprozessualen Möglichkeiten vorrangig zu berücksichtigen.

Als pragmatischen Lösungsansatz könnte man die bei der Forderungsanmeldung vorgenommene Benennung eines konkreten Geldwertes für den im Wege der Insolvenzanfechtung zurückgegebenen Verfallsgegenstand als pflichtgemäße Ermes-

---

785 Siehe hierzu die §§ 61 ff. StVollstrO.
786 Braun/Specovius, §§ 179-181 Rn. 2.
787 Braun/Specovius, § 185 Rn. 1 u. 9.
788 BVerfG, NJW 1967, 1219.

sensentscheidung der Strafvollstreckungsbehörde auffassen. In diesem Zusammenhang kann man auch von einer im Zuge der Strafvollstreckung ergangenen Maßnahme sprechen. Gegen Entscheidungen der Vollstreckungsbehörde oder gegen den Bestand des Vollstreckungsanspruches[789] sind wiederum die Einwendungen nach §§ 459h, 458 Abs. 1 StPO statthaft. Soweit die Einwendungen sich auf die Vollstreckung von Nebenfolgen beziehen und von Seiten der Strafvollstreckungsbehörde keine Abhilfe erfolgt, entscheidet hierüber das Gericht des ersten Rechtszuges ohne mündliche Verhandlung durch Beschluss, §§ 462 Abs. 1 S. 1, 462a Abs. 2 S. 1 StPO. Die Entscheidung kann grundsätzlich mit der sofortigen Beschwerde angegriffen werden, §§ 462 Abs. 3 S. 1, 311, 304 Abs. 4 StPO.

Da selbst in Durchbrechung der Rechtskraft die nachträgliche Anordnung des Verfalls von Wertersatz nach § 76 StGB im Beschlusswege ohne mündliche Anhörung möglich ist[790], könnte bei der erforderlichen Festlegung des strittigen Wertes erst recht so verfahren werden. In entsprechender Anwendung der insolvenzrechtlichen Bestimmungen müsste der Strafrichter über die jeweiligen Einwendungen entscheiden und nach Maßgabe des § 181 InsO den Umfang der Forderung feststellen.

d) Verfassungsrechtliche Bedenken

aa) Ausgangsproblem

Fraglich ist allerdings, ob die Feststellung der angemeldeten Verfallsforderung durch den nach §§ 3 Nr. 2 lit. e), 18 RPflG zuständigen Rechtspfleger des Insolvenzgerichts mit den im Strafverfahren geltenden Verfahrensgrundsätzen und der Verfassung in Einklang steht.

Die Verhängung von Kriminalstrafen ist elementarer Bestandteil der staatlichen Strafgewalt. Nicht zuletzt deshalb zählt die Strafgerichtsbarkeit zum Kernbereich der Rechtsprechung. Diese ist nach Art. 92 GG nur den Richtern anvertraut. Gerade mit der Verhängung einer Kriminalstrafe ist ein schwerwiegender Eingriff in die Rechtsphäre des betroffenen Staatsbürgers verbunden. Sie umfasst einen auf den Schultern des Täters lastenden ethischen Schuldvorwurf. Es bedarf deshalb unter allen Umständen einer Entscheidung des Richters. Obwohl Rechtspfleger nach § 9 RPflG zwar die sachliche Unabhängigkeit für sich beanspruchen können, sind sie keine persönlich unabhängigen Richter i.S.v. Art. 92, 97 GG[791].

---

789 Meyer-Goßner, § 459h Rn. 1, § 458 Rn. 9.
790 Siehe hierzu §§ 462 Abs. 2 S. 2, 462a Abs. 2 S. 1 StPO und MüKo-StGB/Joecks, § 76 Rn. 9.
791 Dreier/Schulze-Fielitz, Art. 92 Rn. 55.

Eventuell könnten die vorgetragenen Bedenken entkräftet werden. Eine Forderungsanmeldung durch die Strafvollstreckungsbehörde erfolgt nur, wenn der Insolvenzverwalter die rechtskräftige Verfallsentscheidung erfolgreich angefochten hat. Es liegt also bereits eine den ethischen Schuldvorwurf in sich bergende tatrichterliche Entscheidung vor.

Darüber hinaus unterscheidet sich die Feststellung des Verfallsanspruches zur Insolvenztabelle durch den Rechtspfleger in dogmatischer Hinsicht grundsätzlich von der nach § 76 StGB nachträglichen Wertersatzanordnung des Strafrichters. Bei der Feststellung zur Insolvenztabelle wird lediglich ein tatrichterlich ausgesprochener Verfallsanspruch in einen Zahlungsanspruch umgewandelt. Der frühere Vollstreckungstitel wird wegen der Gleichstellung der Tabelle mit einem rechtskräftigen Titel von dieser aufgezehrt und verdrängt[792]. Die in Durchbrechung der Rechtskraft nach § 76 StGB mögliche Bestimmung von Wertersatz zielt hingegen unmittelbar auf die nachträgliche Zahlung einer Ausgleichssumme ab. Sie ist eine weitere, also neben die ursprüngliche Anordnung parallel hinzutretende aliud-Maßnahme. Diese wird auch so im Bundeszentralregister eingetragen, § 5 Abs. 1 Nr. 7 BZRG, § 11 Abs. 1 Nr. 8 StGB. Mit der früher ergangenen Verfallsanordnung eines konkreten Gegenstandes ist sie keineswegs identisch.

Die bislang angeführten Argumente sind zwar durchaus in der Lage, die verfassungsrechtlichen Vorbehalte zu relativieren. Sie können aber nicht darüber hinwegtäuschen, dass es aus Sicht des Verurteilten keinen Unterschied macht, ob nun die weitere Beitreibung nach Abschluss des Insolvenzverfahrens mit einem vollstreckbaren Auszug der Insolvenztabelle oder aufgrund der nachträglichen Anordnung von Wertersatz erfolgt. Im Ergebnis würde die Strafvollstreckungsbehörde mit der bloßen Feststellung zur Insolvenztabelle einen neuen Vollstreckungstitel unter Umgehung strafprozessualer Maximen durch die Hintertür erhalten. Der Gesetzgeber hat aber den Kernbereich der Strafgerichtsbarkeit ausdrücklich den Gerichten und somit den die Rechtsprechung ausübenden Richtern zugewiesen[793]. Daneben ist in der amtlichen Begründung zur nachträglichen Wertersatzanordnung ausdrücklich klargestellt worden, dass dem Strafrichter auch die Prüfung vorbehalten bleibe, ob der Täter den Verfall derart vereitelt habe, dass eine solche Anordnung nach dem rechtkräftigen Abschluss des Strafverfahrens gerechtfertigt erscheine[794].

Im Hinblick darauf, dass die Insolvenzordnung anderen als den in der Strafprozessordnung verankerten Verfahrensgrundsätzen folgt, kann diese Kernaussage des Gesetzgebers zu § 76 StGB nicht unberücksichtigt bleiben. Während bei der nach-

---

792 Braun/Kießner, § 201 Rn. 11.
793 Dreier/Schulze-Fielitz, Art. 92 Rn. 33, 34; Jarass/Pieroth, Art. 92 Rn. 3; von Münch/Kunig/Meyer, Art. 92 Rn. 9.
794 LK-Schmidt, § 76 Rn. 7.

träglichen Anordnung von Wertersatz vor der richterlichen Entscheidungsfindung gem. § 462 Abs. 2 S. 1 StPO eine gerichtliche Anhörungspflicht gegenüber der als Strafverfolgungsbehörde[795] auftretenden Staatsanwaltschaft, dem Verurteilten und den von der Entscheidung sonst unmittelbar Betroffenen besteht[796], erfolgt die insolvenzrechtliche Feststellung bereits mit der widerspruchslosen Hinnahme der angemeldeten Forderung im Prüftermin. Eine richterliche Wertermittlung oder gar Einbeziehung der für das Verfallsrecht geltenden Härtevorschrift des § 73c StGB findet im Insolvenzverfahren nicht statt.

Der Verurteilte hat zwar die Möglichkeit, sich aus freien Stücken im Rahmen der insolvenzrechtlichen Feststellung vorab zu äußern. Seine Ausführungen finden jedoch in dem summarischen Prüfverfahren keine unmittelbare Berücksichtigung. Insofern ist hier bereits der Anspruch auf rechtliches Gehör tangiert, Art. 103 Abs. 1 GG. Der in der Insolvenzordnung vorgesehen Ablauf ist mit einem Vorschaltverfahren zu vergleichen, das erst auf Antrag die strafrichterliche Prüfung nach sich zieht. Dies kann mit dem Richtervorbehalt aus Art. 92 GG nicht in Einklang gebracht werden[797].

In letzter Konsequenz ist es nicht möglich, alle Vorbehalte gegen die insolvenzrechtliche Feststellung des nach § 45 InsO umgerechneten Verfallsanspruches auszuräumen. Derartige Bedenken dürfen im Zweifel nicht zulasten des Verurteilten gehen. Anstelle weiterer Versuche zur Entkräftung des aufgezeigten Spannungsfeldes sollte das aufgezeigte Dilemma vielmehr verfassungskonform gelöst werden. Schließlich wäre die Rückgabe von rechtskräftig für verfallen erklärten Gegenständen ohne Möglichkeit der gleichzeitigen Teilnahme am Insolvenzverfahren mehr als unbefriedigend und ein kriminalpolitisch absolut unerwünschtes Signal.

bb) Verfassungskonformer Lösungsvorschlag

Der Ausgleich zwischen den mit der Vermögensabschöpfung verfolgten Zielen und allen verfassungsrechtlichen Belangen wäre aber durchaus völlig pragmatisch und unkompliziert zu bewerkstelligen. In entsprechender Anwendung der §§ 76 StGB, 462 StPO könnte beispielsweise die Strafverfolgungsbehörde vor der Forderungsanmeldung eine strafgerichtliche Entscheidung herbeiführen. Diese hat nach Maßgabe des § 181 InsO über die Werthaltigkeit der Forderung unter Berücksichtigung der strafrechtlichen Härtevorschrift des § 73c StGB zu befinden. Innerhalb des

---

795 KK-StPO/Appl, § 462 Rn. 3; Katholnigg, NStZ 82, 195.
796 Meyer-Goßner, § 462 Rn. 2.
797 So BVerfG, NJW 1967, 1221 zu der für verfassungswidrig erklärten Möglichkeit der Finanzbehörden, nach den Bestimmungen der Abgabenordnung Kriminalstrafen zu verhängen, die auf Antrag in ein gerichtliches Verfahren übergeleitet werden können.

Verfahrens ist dann auch die Beteiligung des Insolvenzverwalters wie bei einer anstehenden Verfallsentscheidung nach §§ 441, 431 StPO anzuordnen. Die insolvenzrechtliche Feststellung der Forderung wäre dann verfassungskonform möglich.

e) Die Vollstreckung aus der Insolvenztabelle

Während § 251 Abs. 2 S.2 AO die Finanzbehörde ermächtigt, gegen den Schuldner aus dem Tabellenauszug im Wege der Verwaltungsvollstreckung vorzugehen, ermangelt es an einer vergleichbaren Regelung für die Strafvollstreckung. Jedoch kann auch hier nichts anderes gelten. Mit der Feststellung zur Tabelle erhält der strafrechtliche Hintergrund keinesfalls einen zivilrechtlichen Anstrich. Die Vollstreckung aus der Insolvenztabelle hat ebenfalls nach den einschlägigen Normen der Strafprozessordnung, der EBAO und der JBeitrO zu erfolgen. Diese Bestimmungen dienen nicht zuletzt auch dem Schutz des Verurteilten und binden die Strafvollstreckungsbehörde. So kann sich z.B. das gerichtlich überprüfbare Ermessen der Strafvollstreckungsbehörde bei dem Antrag auf Teilzahlung gegen Null reduzieren, §§ 459g Abs. 2, 459a, 459h StPO. Voraussetzung ist, dass dem Verurteilten nach seinen persönlichen und wirtschaftlichen Verhältnissen die sofortige Zahlung nicht zuzumuten ist[798]. Würde der Staat hingegen wegen einer dem Zivilrecht entspringenden Forderung die Zwangsvollstreckung betreiben, könnte der Schuldner allenfalls mit dem Einwand der sittenwidrigen Härte die Einstellung der an sich berechtigten Zwangsvollstreckung erreichen, § 765a ZPO.

6. Ergebnis

Der mit Tatbestandsverwirklichung entstehende Verfallsanspruch unterliegt nach seiner rechtskräftigen Anordnung als kongruente Deckung der Insolvenzanfechtung gem. § 130 InsO. Soweit parallel zur Anmeldung der Forderung in entsprechender Anwendung der § 76 StGB, § 462 StPO ein Beschluss über die Werthaltigkeit des Verfallsanspruches herbeigeführt wird, bestehen keine verfassungsrechtlichen Bedenken gegen die nach Wegfall der insolvenzrechtlichen Vollstreckungsverbote stattfindenden Beitreibungsversuche mit dem vollstreckbaren Auszug aus der Insolvenztabelle.

---

798 So Meyer-Goßner, § 459a Rn. 2 m.w.N. zur nachträglichen Zahlungserleichterung bei einer Geldstrafe.

III. Keine (rechtskräftige) Verfallsentscheidung vor Insolvenzeröffnung

1. Auswirkungen der Insolvenzeröffnung auf den Gang des Strafverfahrens

Insolvenzgläubiger können ihre Forderungen nur nach den Bestimmungen der Insolvenzordnung verfolgen. Eine in der Insolvenzordnung nicht vorhergesehene Rechtsverfolgung gegenüber der Masse ist ausgeschlossen[799]. In § 87 InsO wird klargestellt, dass Insolvenzgläubiger nur durch Anmeldung zur Tabelle ihre Ansprüche geltend machen können. Soweit zum Zeitpunkt der Insolvenzeröffnung die Insolvenzmasse betreffende Zivilverfahren noch nicht abgeschlossen sind, werden diese gem. § 240 ZPO unterbrochen[800]. Gleiches gilt insbesondere für massebezogene Verfahren vor den Arbeitsgerichten, anhängige Klagen bei den Finanzgerichten und laufende Verwaltungsprozesse. Die in den dortigen Verfahrensgesetzen enthaltenen Generalverweisungen nehmen jeweils auf § 240 ZPO Bezug[801]. Durch die Eröffnung des Insolvenzverfahrens unterbrochene Prozesse können nur nach Maßgabe der §§ 85, 86 InsO wieder aufgenommen werden.

Die Strafprozessordnung enthält jedoch keine dem Unterbrechungstatbestand des § 240 ZPO vergleichbare Regelung. Gegen eine Unterbrechung des Strafverfahrens würden ebenfalls mehrere Gründe sprechen. Neben dem in Art. 92 GG verankerten Richtervorbehalt für den Kernbereich der Strafgerichtsbarkeit folgt das Strafprozessrecht nicht dem zivilprozessualen Beibringungs- und Dispositionsgrundsatz. Es gilt vielmehr das Offizialprinzip, § 152 Abs. 1 StPO. Dem Staat obliegt grundsätzlich die Strafverfolgung für die Rechtsgemeinschaft[802]. Soweit die Offizialmaxime gilt, ist jedoch die Unterbrechung eines Verfahrens nicht annehmbar[803]. Würde man tatsächlich eine solche Unterbrechung für das Strafverfahren fordern, könnte der Täter durch die Flucht in die Insolvenz u.a. das in § 152 StPO verankerte Legalitätsprinzip zumindest zeitlich befristet aushebeln, den der Staatsanwaltschaft obliegenden Verfolgungs- und Anklagezwang unterlaufen und nicht zuletzt seine dem Rechtsfrieden dienende Verurteilung verzögern.

Allenfalls für die von den Verletzten gestellten Adhäsionsanträge[804] wird mit Blick auf den Unterbrechungstatbestand des § 240 ZPO von einer Entscheidung

---

799 Jaeger/Henckel-InsO/Windel, § 87 Rn. 7.
800 Die Unterbrechung nach § 240 ZPO wirkt sich nicht auf die Zwangsvollstreckung des Gläubigers aus. Hier gehen die speziellen Regeln aus §§ 88 ff. InsO vor. Vgl. BGH, Rpfleger 2007, 405.
801 Jaeger/Henckel-InsO/Windel, § 85 Rn. 79 f. Siehe hierzu insbesondere 173 VwGO, § 155 FGO, § 202 SGG, § 46 Abs. 2 S. 1 ArbGG.
802 Meyer/Goßner, § 152 Rn. 1.
803 Jaeger/ Henckel-InsO/Windel, § 85 Rn. 77.
804 Zum Schattendasein und der Bedeutungslosigkeit des Adhäsionsverfahrens siehe Sommerfeld, ZRP 2008, 258.

abzusehen sein. Es kommen zwar bei einem Adhäsionsverfahren grundsätzlich die Vorschriften der Strafprozessordnung zur Anwendung. Insbesondere gilt auch hier der Amtsermittlungsgrundsatz des § 244 Abs. 2 StPO[805]. Jedoch hat der Adhäsionsantrag die gleiche Wirkung wie die Klageerhebung in einem bürgerlichen Rechtsstreit, § 404 Abs. 2 StPO. Deshalb würde ein ungehinderter Fortgang des Adhäsionsverfahrens im Widerspruch zu den in §§ 86 f., 174 ff. InsO enthaltenen Bestimmungen über die Aufnahme von Passivprozessen und der Weiterverfolgung von Ansprüchen der Insolvenzgläubiger stehen. Ferner ist zu berücksichtigen, dass innerhalb des insolvenzrechtlichen Ranggefüges den durch Straftaten Geschädigten keine Privilegien zugebilligt worden sind. Das in § 1 InsO normierte Verfahrensziel der gleichmäßigen Gläubigerbefriedigung steht somit über den schützenswerten Interessen der Opfer. Der ungehinderte Fortgang des Adhäsionsverfahrens wäre mit der Wertung des Gesetzgebers nicht in Einklang zu bringen. Da ein durch das Zivilgericht trotz Unterbrechung nach § 240 ZPO erlassenes Urteil nichtig ist[806], wird gleiches für eine Adhäsionsentscheidung zu fordern sein. Denn die Adhäsionsentscheidung steht einem zivilprozessualen Urteil gleich, § 406 Abs. 3 S. 1 StPO. Deshalb hat das Gericht bei der Insolvenz des Beschuldigten durch Beschluss auszusprechen, dass von einer Entscheidung über den Entschädigungsantrag abzusehen ist[807].

Wenngleich sich ein laufendes Insolvenzverfahren auf die gestellten Adhäsionsanträge auszuwirken vermag, lässt sich eine darüber hinausgehende Unterbrechung des Strafverfahrens nicht rechtfertigen. Die Anordnung des Verfalls bleibt ausschließlich der strafrichterlichen Erkenntnis vorbehalten[808]. Von diesem Standpunkt ausgehend stellt sich die grundsätzliche Frage, wie die Bestimmungen des Insolvenzrechts mit den monetär ausgerichteten Sanktionen des Strafrechts in Einklang zu bringen sind und welche Möglichkeiten dem Beschuldigten trotz eröffnetem Insolvenzverfahren zur Verteidigung verbleiben.

2. Auswirkungen der Insolvenzeröffnung auf die Verteidigung

Der Schuldner ist auch nach der Insolvenzeröffnung weiterhin rechts-, geschäfts- und prozessfähig. Er bleibt Eigentümer bzw. Inhaber der massezugehörigen Sachen und Rechte[809]. Ihm geht lediglich das Recht verloren, darüber zu verfügen und einen Rechtsstreit diesbezüglich zu führen, §§ 80 ff. InsO, § 240 ZPO. Keinesfalls

805 KK-StPO/Engelhardt, § 404 Rn. 11.
806 Zöller/Greger, § 240 Rn. 3.
807 Jaeger/Henckel-InsO/Windel, InsO § 85 Rn. 78.
808 BGHSt 50, 312.
809 Braun/Kroth, § 80 Rn. 11.

lässt sich aus dem partiellen Verlust der Prozessführungsbefugnis eine Beschränkung der zum Teil im Grundgesetz ausgestalteten oder daraus abgeleiteten Rechte des Beschuldigten im Strafverfahren begründen. Durch die Eröffnung des Insolvenzverfahrens wird weder der Gang des Strafverfahrens unterbrochen, noch dem Beschuldigten das Recht der umfassenden Verteidigung genommen oder die Verständigung über den Verfahrensfortgang berührt.

Ebenso wenig wird davon das mögliche Bedürfnis des Schuldners tangiert, ein sich ggf. strafmildernd auswirkendes Geständnis abzulegen. Das Zugestehen der Tat oder einzelner Tatsachen kann zwar für die Entscheidung der Schuld- oder Rechtsfolgenfrage erheblich sein[810]. Eine unmittelbar negative Auswirkung auf die Masse ergibt sich daraus aber nicht. Insofern ist das Geständnis im Strafverfahren nicht mit dem zivilprozessualen Geständnis vergleichbar. Nur dieses ist nach Maßgabe des § 290 ZPO mit einer Bindungswirkung ausgestattet. Die von einer Partei zugestandene Tatsache bedarf im Zivilprozess keines weiteren Beweises, § 288 Abs. 1 ZPO. Daneben unterliegt das zivilprozessuale Geständnis auch der Insolvenzanfechtung[811]. Völlig anders verhält es sich bei dem Geständnis des Straftäters. Nur in früheren Zeiten ist durch das Geständnis des Beschuldigten jeder andere Beweis überflüssig geworden. Heute unterliegt hingegen das im Strafverfahren abgelegte Geständnis sehr wohl der freien Beweiswürdigung des Richters[812], § 261 StPO.

Letztlich erfährt der Beschuldigte durch die Eröffnung des Insolvenzverfahrens keine Einschränkung in seiner Verteidigung. Sofern Aussagen des Schuldners auf seine im Insolvenzverfahren beruhenden Auskunfts- und Mitwirkungspflichten zurückgehen, dürfen sie in einem Strafverfahren nur mit dessen Zustimmung verwendet werden, § 97 Abs. 1 S. 3 InsO. Ein entsprechendes Beweisverwertungsverbot gilt beispielsweise auch, wenn durch die der Postsperre nach § 99 Abs. 1 InsO gleichfalls unterliegende Verteidigerpost strafrechtlich relevante Fakten zu Tage treten[813]. Im Ergebnis lässt die Insolvenzordnung die Rechte des Beschuldigten unangetastet. Der Beschuldigte wird durch das Insolvenzverfahren lediglich daran gehindert, im Wege des formlosen Verfalls seine tätige Reue auch sachenrechtlich wirksam zu praktizieren. Eine dahingehende Erklärung würde nämlich mit dem Verfügungsverbot des § 81 Abs. 1 InsO kollidieren.

---

810 Meyer-Goßner, § 254 Rn. 2.
811 FK-InsO/Dauernheim, § 129 Rn. 24.
812 Roxin, § 15 Rn. 4; § 45 Rn. 47.
813 BVerfG NJW 2001, 745 f.

3. Verfallsanordnung und Insolvenzverfahren

a) Das Spannungsfeld zwischen Verfall und § 91 InsO

Soweit der Insolvenzverwalter den vorläufig gesicherten Gegenstand nicht aus der Masse entlässt, würde der mit Anordnung des staatlichen Verfalls verbundene Eigentums- und Rechtserwerb durch den Ausschlusstatbestand des § 91 Abs. 1 InsO ins Leere laufen[814]. Angesichts dieser Rechtslage gibt es eine Reihe von Folgeproblemen zu beleuchten.

Muss gerade deshalb zwingend von der Verfallsentscheidung abgesehen werden? Wäre eine trotzdem ergangene Anordnung rechtsfehlerhaft? Könnte anstelle des Verfalls zumindest der auf Zahlung einer Geldsumme gerichtete Verfall von Wertersatz angeordnet werden? Welche Gestaltungsmöglichkeiten verbleiben, wenn nach der erstinstanzlichen Verfallsentscheidung, aber noch vor dem Abschluss der Berufungs- oder Revisionsinstanz, das Insolvenzverfahren eröffnet wird? Inwiefern könnte der Fiskus vor Rechtskraft der Verfallsentscheidung überhaupt am Insolvenzverfahren teilnehmen? Beginnend mit den Auswirkungen auf den materiell-rechtlichen Verfallsanspruch gilt es den gesamten Fragenkomplex im Folgenden abzuarbeiten.

b) Auswirkungen auf den materiell-rechtlichen Verfallsanspruch

Mit der Insolvenzeröffnung kann der in §§ 73e Abs. 1 StGB, 60 S. 1 StVollstrO vorgesehene Rechtsübergang auf den Staat nicht mehr stattfinden[815]. Ist nun der Verfall wegen der Beschaffenheit des Erlangten oder aus einem anderen Grunde unmöglich, sieht § 73a S. 1 StGB den gleichfalls zwingend auszusprechenden Verfall von Wertersatz vor[816]. Würde man sich nun streng am Wortlaut des § 73a StGB orientieren, könnte man bei nur oberflächlicher Betrachtung zu dem Ergebnis kommen, dass mit Eröffnung des Insolvenzverfahrens der staatliche Verfall unmöglich wird. Bei einer solchen Sichtweise wäre dann nur noch der auf Zahlung einer Geldsumme ausgerichtete Verfall von Wertersatz einschlägig. Greift man diesen Gedanken vorbehaltlos auf, müsste bei der Insolvenz des Täters stets von einem nachrangigen Wertersatzanspruch ausgegangen werden, § 39 Abs. 1 Nr. 3 InsO. Eine solche Auffassung wird aber dem Sinn und Zweck der Norm nicht ge-

---

814 Jaeger/Henckel-InsO/Windel, § 91 Rn. 99. So bereits zu § 15 KO Jaeger/Henkel-KO, § 15 Rn. 31. Für die Einziehung mit Strafcharakter gleichfalls bejahend MüKo-InsO/ Breuer, § 91 Rn. 71.
815 Jaeger/Henckel-InsO/Windel, § 91 Rn. 99 m.w.N.
816 LK-Schmidt, § 73a Rn. 14.

recht. Mit § 73a StGB soll eine lückenlose Gewinnabschöpfung sichergestellt werden[817]. Wie aus § 73a S. 2 StGB hervorgeht, ist neben dem eigentlichen Verfall sehr wohl auch die parallele Anordnung von Wertersatz möglich. Das wäre insbesondere bei einer inzwischen eingetretenen Wertminderung des Verfallsgegenstandes geboten[818]. Anders als bei den klassischen Anwendungsbereichen des Wertersatzverfalls[819] wie z.B. bei der Zerstörung, dem Untergang, dem unauffindbar Beiseiteschaffen oder der Vermischung und Verarbeitung des Verfallsgegenstandes wird der Verfallsanspruch mit dem Insolvenzverfahren in der Regel nicht völlig wertlos. Die alleinige Eröffnung des Insolvenzverfahrens bewirkt regelmäßig keine Änderung des materiellen Anspruchsinhalts[820]. Solange dem Verfallsanspruch noch ein Restwert beigemessen werden darf, ist auch nicht einzusehen, weshalb mit der Insolvenz des Täters nur noch der nachrangige Verfall von Wertersatz einschlägig sein sollte. Eine derart enge, ausschließlich wortlautorientierte und aus fiskalischer Sicht zudem nachteilige Auslegung vermag weder zu überzeugen, noch scheint sie aus kriminalpolitischer Sicht wünschenswert. Die Insolvenzordnung verlangt nur, dass der im Verfahren zu berücksichtigende Anspruch vor Eröffnung begründet worden ist. Es müssen lediglich die Grundlagen des Schuldrechtsverhältnisses bestehen, aus denen sich der Anspruch ergibt[821]. Diese Voraussetzungen sind in der Regel bei dem aus einer Straftat gezogenen Gewinn unzweifelhaft existent.

Keineswegs ist erforderlich, dass der geltend gemachte Anspruch bereits durchsetzbar entstanden sein muss[822]. Nach §§ 41, 191 InsO finden darüber hinaus selbst nicht fällige oder aufschiebend bedingte Forderungen im Verfahren regelmäßig Berücksichtigung. Sofern der anspruchsbegründende Tatbestand vor der Eröffnung des Insolvenzverfahrens materiell-rechtlich abgeschlossen ist, kommt dem Forderungsinhaber regelmäßig die Stellung eines gewöhnlichen Insolvenzgläubigers zu[823], § 38 InsO. Das gilt insbesondere auch für die Kosten des Strafverfahrens[824]. Bei diesen ist allenfalls streitig, in welchem Stadium sich das Strafverfahren befinden muss, damit der Kostenanspruch im Insolvenzverfahren verfolgt werden kann[825]. Bisweilen wird sogar vertreten, dass alle auch noch nach Eröffnung des

817 LK-Schmidt, § 73a Rn. 2.
818 Fischer, § 73a Rn. 7.
819 Siehe hierzu LK-Schmidt, § 73a Rn. 6.
820 So bereits BGH NJW 1976, 2264 zu § 69 KO, der Vorgängervorschrift des § 45 InsO; § 45 InsO entspricht § 69 KO. Abweichungen im Text bringen keine Änderung in der Sache, sondern dienen der präziseren Regelung, vgl. Jaeger/Henckel-InsO/Henckel, § 45 Rn. 1.
821 Braun/Bäuerle, § 38 Rn. 6; HK-Eickmann, § 38 Rn. 17.
822 HK-InsO/Eickmann, § 38 Rn. 17; LSZ/Smid/Leonhardt, § 38 Rn. 18.
823 Kübler/Prütting, § 38 Rn. 12.
824 Braun/Bäuerle, § 39 Rn. 13; MüKo-InsO/Ehricke, § 38 Rn. 108.
825 Jaeger/Henckel-InsO/Gerhardt, § 38 Rn. 155 ff.

Insolvenzverfahrens anfallenden Kosten der Strafverfolgung materiell mit der Tatbegehung veranlasst sind[826].

Die außerhalb des Insolvenzverfahrens geltenden Pflichten des öffentlichen Rechts, des Arbeitsrechts und des Strafrechts erhalten durch die Insolvenzeröffnung einen anderen Stellenwert. Sie sind nicht so zu erfüllen, wie sie z.B. der Schuldner außerhalb des Verfahrens zu erfüllen hätte. Sie sind durch das Insolvenzverfahren modifiziert und den Insolvenzzweck determiniert[827]. Da der Verfallsanspruch durch die Insolvenzeröffnung nicht untergeht, ist es nunmehr von Interesse, wie er im Insolvenzverfahren geltend gemacht werden kann.

c) Einzelprobleme

aa) Die Anmeldung des Verfallsanspruches

Wenngleich der Schuldner mit Eröffnung des Insolvenzverfahrens seine Verwaltungs- und Verfügungsbefugnis hinsichtlich des dem Insolvenzbeschlag unterliegenden Vermögens verliert, bleibt er aber weiterhin Eigentümer der massezugehörigen Sachen und Rechte[828]. Nachdem die Eröffnung des Insolvenzverfahrens auch keine Inhaltsänderung des im Range einer gewöhnlichen Insolvenzforderung stehenden Verfallsanspruches bewirkt, ist fraglich, ob die Strafverfolgungsbehörde nicht als Minus zu der Beschlagnahme nach §§ 111b, 111c StPO den in Geld umzurechnenden Verfallsanspruch auch vor einer strafgerichtlichen Entscheidung beim Insolvenzverwalter anmelden sollte. Da der Verwalter nach § 174 Abs. 1 S. 1 InsO jede angemeldete Forderung in die Tabelle einzutragen hat, wäre die Anmeldung an sich völlig unproblematisch zu bewerkstelligen.

Bei der Anmeldung von nicht auf Zahlung ausgerichteten oder betragsmäßig unbestimmten Forderungen müsste nach § 45 InsO eine Bezifferung des Anspruches vorgenommen werden. Das ist erforderlich, um den Insolvenzgläubigern eine gleichberechtigte Teilnahme und anteilsmäßige Befriedigung in Geld zu ermöglichen[829]. Das Gebot, den Geldwert bei der Anmeldung zu schätzen, hat aber keine Veränderungen des bestehenden Verfallsanspruchs zur Folge. In § 45 InsO wird zunächst nur bestimmt, wie die Forderungen mit unbestimmtem Geldbetrag und die nicht auf Geld gerichteten Ansprüche im Insolvenzverfahren geltend zu machen sind[830].

---

826 Heinze, ZVI 2006, 15.
827 Haarmeyer, S. 36 f.
828 Braun/Kroth, § 80 Rn. 11.
829 So bereits zur Konkursordnung BGH, NJW 1991, 1112.
830 Jaeger/Henckel-InsO/Henckel, § 45 Rn. 17.

Die Eröffnung des Insolvenzverfahrens bewirkt in der Regel keine Änderung des materiellen Anspruchsinhalts. Nach § 45 InsO umgerechnete Forderungen wandeln sich erst mit der Feststellung in einen Zahlungsanspruch um[831]. Nach § 178 Abs. 1 S. 1 InsO gilt eine Forderung wiederum erst als festgestellt, soweit weder der Insolvenzverwalter noch ein Insolvenzgläubiger gegen sie im Prüfungstermin oder im schriftlichen Verfahren Widerspruch erhoben haben. Gegenstand der Prüfung ist der ursprünglich nur in Geld geschätzte Verfallsanspruch und gerade nicht der nachrangige, auf Zahlung ausgerichtete Wertersatz. Der Wertersatzanspruch würde in den meisten Fällen auch gar nicht am Insolvenzverfahren teilnehmen, da nachrangige Forderungen nämlich erst nach einem gesonderten Aufruf durch das Insolvenzgericht angemeldet werden können, §§ 174 Abs. 3 S. 1, 39 Abs. 1 Nr. 3 InsO. Ein solcher Aufruf wird wiederum nur dann geschehen, wenn sich für nachrangige Gläubiger ein Verteilbetrag abzeichnet oder im Insolvenzplan die Befriedigung nachrangiger Gläubiger vorgesehen ist[832].

Im Ergebnis resultiert die dem Schuldner nach der Feststellung zur Insolvenztabelle obliegende Verpflichtung zur Zahlung nicht aus dem materiellen Strafrecht, sondern aufgrund insolvenzspezifischer Besonderheiten, welche einen bestehenden Anspruch lediglich abwandeln.

Allerdings verbietet sich die im Vorgriff auf eine strafgerichtliche Verurteilung im Prüftermin nach § 178 Abs. 3 InsO einer Urteilswirkung gleichstehende Feststellung des Verfallsanspruches. Der insolvenzrechtliche Verfahrensgang gewährleistet weder Raum für die im Strafprozess notwendige Wahrheitserforschung noch räumt er die Möglichkeit zu einer geordneten und effektiven Verteidigung ein. Vor allem steht hier der Richtervorbehalt aus Art. 92 GG einer urteilsgleichen Feststellung entgegen. Gerade deshalb ist das Insolvenzgericht unabhängig vom eventuellen Bestreiten des Verwalters gehalten, die Feststellung von Amts wegen bis zum rechtskräftigen Abschluss des Strafverfahrens zu versagen. Der ohne rechtskräftige Verfallsentscheidung angemeldete Verfallsanspruch ist daher stets als bestrittene Forderung zu behandeln.

Nach §§ 189 Abs. 1 u. 2, 192 InsO können jedoch nicht festgestellte bzw. bestrittene und nicht titulierte Forderungen auch in das für die Abschlagszahlungen zu erstellende Verteilungsverzeichnis aufgenommen werden. Voraussetzung hierfür ist, dass gegenüber dem Insolvenzverwalter innerhalb einer zweiwöchigen Ausschlussfrist die Erhebung einer bezifferten Feststellungsklage oder die Aufnahme eines durch die Insolvenzeröffnung unterbrochenen Verfahrens nachgewiesen wird. Die Frist beginnt, sobald das vom Verwalter nach § 188 InsO zu erstellende und

---

831 So bereits zu § 69 KO (= Vorgängervorschrift des § 45 InsO) BGH, NJW 1976, 2264; BGH, NJW 1991, 1111; Braun/Bäuerle, § 45 Rn. 6.
832 Braun/Specovius, § 174 Rn. 33.

auf der Geschäftsstelle des Insolvenzgerichts zur Einsicht niederzulegende Verzeichnis über die zu berücksichtigenden Forderung und den zur Verfügung stehenden Verteilungsbetrag öffentlich bekannt gemacht worden ist. Die Bekanntmachung erfolgt gem. § 9 Abs. 1 S. 1 HS 1 InsO durch eine zentrale und länderübergreifende Veröffentlichung im Internet[833]. Sie gilt als bewirkt, sobald nach dem Tag der Veröffentlichung zwei weitere Tage verstrichen sind[834], § 9 Abs. 1 S. 3 InsO i.V.m. § 187 Abs. 2 BGB. Soweit der Gläubiger den Nachweis innerhalb der sich daran anschließenden Ausschlussfrist erbringt, wird er bei der Verteilung durch Zurückbehalten seines der Quote entsprechenden Anteiles berücksichtigt, § 189 Abs. 2 InsO.

Da § 189 Abs. 1 InsO die Feststellungsklage oder die Aufnahme eines unterbrochenen Verfahrens fordert, müssen für den staatlichen Verfallsanspruch dem Grunde nach vergleichbare Nachweise gefordert werden. Andernfalls würde dies auf eine nicht zu rechtfertigende Privilegierung hinauslaufen. Unter Berücksichtigung des Richtervorbehalts aus Art. 92 GG ist für den möglichen Rückbehalt bei einer anstehenden Abschlagsverteilung gegenüber dem Insolvenzverwalter die Erhebung der Anklage, der Antrag auf Erlass eines Strafbefehls oder ein gestellter Antrag auf Durchführung des Sicherungsverfahrens (noch) zu belegen. Die anteilsmäßige Ausschüttung erfolgt nach endgültiger Feststellung der Forderung[835]. Für den Fiskus bedeutet dies, dass er erst nach rechtskräftigem Abschluss des Strafverfahrens und der nach § 183 Abs. 2 InsO beim Insolvenzgericht zu beantragenden Berichtigung der Insolvenztabelle mit einer Zahlung rechnen kann.

bb) Strafgerichtlicher Verfall nach Insolvenzeröffnung?

(1) Die Anordnung des Verfalls

Einerseits können nach § 87 InsO Insolvenzgläubiger ihre Forderungen nur nach den Vorschriften der Insolvenzordnung verfolgen. Andererseits bedarf es durch den in Art. 92 GG geregelten Richtervorbehalt für eine erfolgversprechende Teilnahme am Insolvenzverfahren stets der rechtskräftigen Verfallsentscheidung. Wie mit diesem offensichtlichen Widerspruch umzugehen ist, gilt es nun zu prüfen. Zentrale Frage wird sein, ob und ggf. welche Gefahren von einer nach Eröffnung des Insolvenzverfahrens dennoch erfolgten Verfallsanordnung für die Masse ausgehen. Hierauf lässt sich jedoch sehr schnell eine Antwort finden. Das von § 91 Abs. 1 InsO ausgehende absolute Verbot steht dem sonstigen Erwerb von Massegegenständen

---

833 Siehe hierzu www.insolvenzbekanntmachungen.de.
834 Braun/Kießner, § 189 Rn. 5.
835 Braun/Kießner, § 189 Rn. 1.

entgegen. Dieses absolute Verbot verhindert unter anderem auch den gesetzlichen Eigentums- bzw. Rechtserwerb des Fiskus aus § 73e Abs. 1 StGB. Eine im Laufe des Insolvenzverfahrens ergangene Verfallsanordnung führt deshalb zu keiner Änderung der dinglichen Rechtslage. Unmittelbar nachteilige Auswirkungen für die Masse sind daher ausgeschlossen. Da der Staat trotz rechtskräftiger Verfallsanordnung keine Rechte an dem Massegegenstand erwirbt, bleibt er weiterhin gewöhnlicher Insolvenzgläubiger, § 38 InsO. Für ihn gilt trotz Verfallsentscheidung das Vollstreckungsverbot aus § 89 Abs. 1 InsO in unveränderter Form. In diesem Zusammenhang wäre allenfalls an eine mittelbare Beeinträchtigung der Masse zu denken. Sofern z.B. Forderungen für verfallen erklärt worden sind, könnte es bei den Drittschuldnern zu Unsicherheiten über die Person des Gläubigers führen. Solche Bedenken lassen sich jedoch völlig unproblematisch durch Abgleich des insolvenzrechtlichen Eröffnungsbeschlusses und des Rechtskraftdatums der Verfallsentscheidung beseitigen. Von einer im Sinne des § 372 S. 2 BGB zur Hinterlegung berechtigenden Ungewissheit über die Person des Gläubigers kann nicht annähernd gesprochen werden.

Von der Verfallsanordnung gehen nach Eröffnung des Insolvenzverfahrens keine masseschädigenden Wirkungen aus. Sie hat nur deklaratorischen Charakter. Da aber die insolvenzrechtliche Feststellung des nach § 45 InsO in Geld umgerechneten Verfallsausspruches gegen den Richtervorbehalt aus Art. 92 GG verstößt[836], müsste die strafgerichtliche Entscheidung neben der Verfallsanordnung eines konkreten Gegenstandes zeitgleich dessen Wert im Urteil beziffern.

Bedenken gegen eine derartige Feststellung sind nicht angebracht. Das Gericht hat bei der Tenorierung nur die zwingenden Vorgaben der Strafprozessordnung hinsichtlich des Schuld- und Rechtsfolgenausspruches zu beachten, § 260 Abs. 4 S. 1 - 4 StPO. Darüber hinaus unterliegt bei einer Verurteilung die Abfassung der Urteilsformel grundsätzlich dem richterlichen Ermessen, § 260 Abs. 4 S. 5 StPO. Die Urteilsformel muss knapp, übersichtlich und in verständlicher Sprache abgefasst sein[837]. Sie ist von allem freizuhalten, was nicht unmittelbar der Erfüllung ihrer Aufgaben dient[838]. Eine die Verfallsanordnung ergänzende Feststellung ist für die erfolgreiche Teilnahme am Insolvenzverfahren jedoch zwingend erforderlich. Sonst könnte die angemeldete Verfallsforderung innerhalb des Insolvenzverfahrens keine Berücksichtigung erfahren. Die ergänzende Feststellung widerspricht daher nicht der im Gesetz zum Ausdruck gekommenen Zweckbestimmung des Tenors. Seine

---

836 Siehe hierzu Teil 1 B. II. 5. d).
837 Meyer-Goßner, NStZ 1988, 529.
838 Meyer-Goßner, § 260 Rn. 20 m.w.N.

Aufgabe liegt in der Kennzeichnung des begangenen Unrechts und der durchsetzbaren Verlautbarung der im Urteil getroffenen Anordnungen[839].

(2) Parallele Anordnung von Wertersatz?

Soweit nach Abschluss des Insolvenzverfahrens für die von der Restschuldbefreiung ausgenommenen Forderungen die Erteilung eines vollstreckbaren Tabellenauszuges erfolgt, kann zwar nach Wegfall aller Vollstreckungsverbote die weitere Verfolgung des Anspruches betrieben werden. Es sind aber auch durchaus Konstellationen vorstellbar, die gerade keinen vollstreckbaren Tabellenauszug für den Fiskus ermöglichen. So könnte z.B. vor dem (nachträglichen) Prüftermin eine nicht vorhersehbare Massearmut zur Einstellung des Verfahrens führen oder der auf einer fahrlässigen Tat beruhende Verfallsanspruch der Restschuldbefreiung unterliegen, §§ 207 ff., 302 Nr. 2, 39 Abs. 1 Nr. 3 InsO.

Würde das Strafgericht bei einem eröffneten Insolvenzverfahren immer nur auf den eigentlichen Verfall abstellen, verbaut es sich den Weg für den nachträglichen Verfall von Wertersatz gem. § 76 StGB. Schließlich setzt der Anwendungsbereich dieser Norm voraus, dass sich erst nach dem ausgesprochenen Verfall dessen Vollstreckung als undurchführbar oder unzureichend herausstellt. Wird hingegen sehenden Auges bei einem eröffneten Insolvenzverfahren nur auf den Verfall eines Gegenstandes erkannt, hat es nach Eintritt der Rechtskraft damit sein Bewenden. Durch den Strafklageverbrauch sollen jedoch Täter und Verfallsbeteiligte keine dem Normzweck des Verfalls zuwiderlaufenden Vorteile ziehen. Als denkbare Lösung bietet sich deshalb zeitgleich die Anordnung von Wertersatz an. Hier offenbart sich aber eine neue Schwierigkeit: Wie soll das Gericht die Höhe des Wertersatzverfalls bestimmen? Regelmäßig wird zum Zeitpunkt der Entscheidungsfindung noch keine verlässliche Aussage über die zu erwartende Insolvenzquote möglich sein. Nach § 73a S. 1 StGB hat aber das Gericht den Verfall eines Geldbetrages anzuordnen, »soweit« der ursprüngliche Verfall nicht möglich ist. Da nach der Eröffnung des Insolvenzverfahrens eine dennoch ergangene Verfallsanordnung an den Schutzwirkungen des § 91 Abs. 1 InsO scheitert, könnte hier durchaus von einer den Wertersatz im vollen Umfang rechtfertigenden Unmöglichkeit gesprochen werden. Mit anderen Worten: Der Verfall von Wertersatz könnte durchaus den Bruttogewinn in seiner ganzen Höhe umfassen. Die unreflektierte Anwendung dieser oberflächlich anmutenden Rechtsauffassung könnte aber nicht zu unterschätzende Gefahren beinhalten, welchen hinreichend Rechnung zu tragen ist.

---

839 BGH, NStZ 1983, 524.

Selbst wenn das Strafgericht bei der Festsetzung des Wertersatzes die zu erwartende Insolvenzquote berücksichtigt, birgt die parallele Anordnung von Verfall und Verfall von Wertersatz für den Betroffenen stets das Problem einer weit über den Wert der ursprünglich erlangten Bruttogewinne liegenden Titulierung. Im schlimmsten Fall stünde der Verurteilte durch zeitgleich angestellte Beitreibungsversuche aus der strafgerichtlichen Wertersatzentscheidung und dem vollstreckbaren Tabellenauszug einer vom Gesetz nicht gedeckten Forderungsverdopplung gegenüber. Damit im Zuge der Strafvollstreckung erst gar nicht eine gem. § 458 Abs. 1 StPO durch das Gericht vorzunehmende Urteilsauslegung erforderlich wird, sollte dies bei der Abfassung des ursprünglichen Strafausspruches unmissverständlich berücksichtigt werden. Ähnlich wie die kraft Gesetz auf die Strafe anzurechnende Untersuchungshaft[840] wäre für die spätere Strafvollstreckung die Verrechnung aller Geldzuflüsse auf den Wertersatzverfall anzuordnen.

(3) Lösungsvorschlag

Unter Berücksichtigung der vorstehenden Ausführungen bietet sich folgende Urteilsabfassung an:

1. Der Angeklagte ist der Bestechlichkeit in dreizehn Fällen schuldig. Er wird zu … verurteilt.

2. Der PKW Marke …, Baujahr …, Fahrgestellnummer…, letztes amtliches Kennzeichen …, wird für verfallen erklärt. *Sein für den Verfall maßgeblicher Wert wird auf …. € festgestellt.*

3. Es wird der Verfall von Wertersatz in Höhe von …. € angeordnet. Erlöse aus dem unter Ziffer 2. angeordneten Verfallsgegenstand *sind hierauf anzurechnen.*

4. …

cc) Zwischenergebnis

Zusammenfassend ist festzuhalten, dass nach der Insolvenzeröffnung weder die Anordnung des Verfalls noch des Verfalls von Wertersatz in voller Höhe rechtsfehlerhaft ist. Die Berufungs- und Revisionsgerichte haben keinen Anlass zur Änderung oder Aufhebung einer derartigen Entscheidung. Andernfalls wären eine Berücksichtigung der staatlichen Ansprüche innerhalb des Insolvenzverfahrens und die weitere Beitreibung nach Abschluss des Verfahrens nicht gewährleistet. Es be-

---

840 Siehe hierzu § 51 StGB.

steht vielmehr ein tatsächliches Bedürfnis an einer dem obigen Vorschlag ange-
lehnten Tenorierung.

4. Verfallsanordnung im Insolvenzeröffnungsverfahren

Während bei einem eröffneten Insolvenzverfahren bereits der Gesetzgeber mit den
§§ 80 ff. InsO einen möglichst umfassenden Schutz der Masse gewährleistet, entscheidet im Insolvenzeröffnungsverfahren das Gericht über die Ausgestaltung der
konkret erforderlichen Sicherungsmaßnahmen, § 21 Abs. 1 S. 1 InsO. Obwohl die
materiell-rechtlichen Folgen der vorläufigen Sicherung im Vergleich zur Konkursordnung verschärft worden sind, zielt die Insolvenzordnung bis zur Eröffnung des
Verfahrens neben einer Beschränkung der schuldnerischen Verfügungsgewalt lediglich auf die Begrenzung der Vollstreckungsmöglichkeiten ab[841]. Dazu kann namentlich die Zwangsvollstreckung in das bewegliche Vermögen untersagt oder
einstweilen eingestellt werden, § 21 Abs. 2 Nr. 3 InsO. Ähnliches gilt für die Immobiliarvollstreckung und die Zwangsvollstreckung in eingetragene Schiffe,
Schiffsbauwerke und Luftfahrzeuge. Hier besteht für den vorläufigen Insolvenzverwalter die Möglichkeit, beim Vollstreckungsgericht die einstweilige Einstellung
der Zwangsvollstreckung zu erwirken, §§ 30d Abs. 4, 162, 171a ZVG. Daneben
wird das Insolvenzgericht in Verbindung mit der Bestellung eines vorläufigen
Verwalters in der Regel auch ein allgemeines bzw. nur gegenständlich beschränktes Verfügungsverbot gegen den Schuldner anordnen, § 21 Abs. 1 S. 1, Abs. 2 S. 1
InsO.
Nachdem der Fiskus die im Urteil benannten Verfallsobjekte weder durch eine
Verfügung des Schuldners noch im Wege der Zwangsvollstreckung erwirbt, stehen
die vorläufigen Sicherungsmaßnahmen des Insolvenzgerichts der strafrechtlichen
Verfallsentscheidung nicht im Wege. Der Eigentums- und Rechtsübergang voll-
zieht sich ungehindert mit Rechtskraft der strafgerichtlichen Entscheidung kraft
Gesetz, § 73e Abs. 1 StGB.
Zwar werden im Insolvenzeröffnungsverfahren durch die in § 24 Abs. 1 InsO
enthaltene Verweisung auf §§ 81, 82 InsO grundsätzlich alle gegen das allgemeine
Verfügungsverbot gerichteten Verstöße mit der absoluten Unwirksamkeit sanktio-
niert. Daneben zieht der Gesetzgeber durch die Möglichkeit der Untersagung oder
Einstellung der Zwangsvollstreckung auch die Wirkung des mit der Verfahrenseröffnung eintretenden Vollstreckungsverbots aus § 89 InsO vor[842]. Es fehlt aber insbesondere an einer darüber hinausgehenden Verweisung auf den Auffangtatbestand

841 Braun/Kind, § 21 Rn. 4.
842 BT-Drucks. 12/2443, S. 118.

des § 91 InsO. Mit § 91 InsO wird nämlich nach der Insolvenzeröffnung versucht, die zwischen dem Verfügungs- und Vollstreckungsverbot nach §§ 81, 89 InsO immer noch bestehende Lücke zu schließen[843]. Durch die in § 91 InsO getroffene Regelung wird grundsätzlich der nicht auf einer Rechtshandlung des Schuldners oder Zwangsvollstreckung beruhende Rechtserwerb an Massegegenständen gleichfalls mit absoluter Wirkung unterbunden. Insofern fällt es sichtlich schwer, von einer zwingend zu beseitigenden Regelungslücke zu sprechen. Einer derartigen Auffassung würden neben dem eindeutigen Gesetzeswortlaut auch rein systematische Erwägungen entgegenstehen. Zwar soll nach dem erklärten Willen des Gesetzgebers bis zur Entscheidung über den Insolvenzantrag mit geeigneten Schritten eine für die Gläubiger nachteilige Veränderung in der Vermögenslage des Schuldners vermieden werden[844], § 21 Abs. 1 S. 1 InsO. Aber wenn bereits im Insolvenzeröffnungsverfahren die gleichen Schutzwirkungen wie nach Eröffnung des Insolvenzverfahrens gelten sollen, hätte es der abgestuften Regelung zur vorläufigen Sicherung der späteren Masse in den §§ 21 - 25 InsO nicht bedurft.

Die unterschiedliche Reichweite des Sicherungsumfanges lässt sich auch dadurch rechtfertigen, dass der den Insolvenzantrag stellende Gläubiger bis zur Eröffnung des Verfahrens diesen jederzeit zurücknehmen kann. Erst nach dem Eröffnungsbeschluss wird das Insolvenzverfahren als Amtsverfahren fortgeführt. Nicht zuletzt erfasst nach der Insolvenzeröffnung die in § 88 InsO enthaltene Rückschlagsperre alle nach dem Insolvenzantrag vorgenommen Vollstreckungshandlungen der Insolvenzgläubiger. Außerdem lassen sich durch die Insolvenzanfechtung insbesondere die nach Stellung des Insolvenzantrages vorgenommenen Rechtshandlungen in der Regel rückabwickeln, §§ 129 ff. InsO.

Letztlich verbiete es sich, mit der Anordnung von vorläufigen Maßnahmen sämtliche Wirkungen des eröffneten Insolvenzverfahrens bereits vorwegzunehmen. Es könne nicht die Entscheidung des Gesetzgebers unterlaufen werden, dass weder die in § 96 InsO geregelten Aufrechnungsverbote noch der Auffangtatbestand des § 91 InsO im Insolvenzeröffnungsverfahren Geltung erlagen solle[845].

Deshalb erwirbt der Fiskus trotz der vorläufigen Sicherungsmaßnahmen im Insolvenzeröffnungsverfahren ungehindert alle Verfallsobjekte. Dieses Ergebnis räumt zwar zunächst dem Staat gegenüber anderen Gläubigern einen Vorteil ein. Aus pragmatischer Sicht wird das Resultat jedoch mit Eröffnung des Insolvenzverfahrens in aller Regel schnell wieder relativiert. Denn wie jeder andere Rechtser-

---

843 FK-InsO/App, § 91 Rn. 1.
844 Braun/Kind, § 21 Rn. 2.
845 Jaeger/Henckel-InsO/Gerhardt, § 21 Rn. 15.

werb unterliegt auch die strafgerichtliche Verfallsentscheidung grundsätzlich der Insolvenzanfechtung[846].

5. Rechtliche Stellung und Beteiligung des Insolvenzverwalters am Strafverfahren

a) Die rechtliche Stellung des Insolvenzverwalters

Zur Stellung des früheren Konkursverwalters sind im Schrifttum unterschiedliche Auffassungen vertreten worden. Auch die Insolvenzordnung hat die rechtliche Einordnung des nunmehrigen Insolvenzverwalters nicht gelöst. Zum großen Teil wird jedoch dem hier nicht näher auszuführenden Theorienstreit bloß formelle Bedeutung zugemessen[847]. Die meisten Fragen, bei denen es auf die Rechtsstellung des Insolvenzverwalters ankommt, sind im Gesetz ausdrücklich geregelt worden[848]. Für die weitere Bearbeitung wird deshalb der herrschenden Amtstheorie[849] gefolgt. Nach dieser sei der Insolvenzverwalter ein besonderes Rechtspflegeorgan, das im eigenen Namen ein ihm vom Gesetz übertragenes privates Amt ausübe.

b) Die Beteiligung des Insolvenzverwalters am Strafverfahren

Befindet sich nun der Angeschuldigte oder möglicherweise vom Verfall betroffene Dritte in Insolvenz, stellt sich die Frage, wie sich die Beteiligung des jeweiligen Insolvenzverwalters im Strafverfahren begründen lässt. Die Strafprozessordnung sieht hierfür keine ausdrückliche Regelung vor. Angesichts des klaren Gesetzeswortlautes ist auch der Anwendungsbereich des sich nur auf den Drittverfall nach § 73 Abs. 3 StGB beziehenden § 442 Abs. 2 S. 1 StPO nicht eröffnet. Durch diese Norm wird lediglich der nicht angeklagte und bei der Tatausführung auch nicht mitwirkende Nutznießer zur Frage des ihn unmittelbar betreffenden Verfalls am Verfahren beteiligt. Seine Beteiligung ergibt sich aus dem im Grundgesetz verankerten Anspruch auf rechtliches Gehör[850], Art. 103 Abs. 1 GG. Andernfalls läuft er Gefahr, seiner Stellung als Eigentümer oder Inhaber des potenziellen Verfallsobjektes verlustig zu gehen.

Obwohl von einer nach Eröffnung des Insolvenzverfahrens rechtskräftig gewordenen Verfallsanordnung der Eigentums- und Rechtserwerb des Fiskus nicht mehr ausgehen kann, ist ihr dennoch eine selbst für das Insolvenzverfahren bedeutsame

---

846 Siehe hierzu Teil 1 B. II. 3. u. 4.
847 Braun/Kroth, § 80 Rn. 18 ff., 24 jeweils m.w.N.
848 Jauernig/Berger, S. 164.
849 Braun/Kroth, § 80 Rn. 19 m.w.N.
850 Meyer-Goßner, Einl. Rn. 91.

Wirkung beizumessen. Durch die strafgerichtliche Entscheidung wird die Existenz des staatlichen Verfallsanspruches auch in einer für den Insolvenzverwalter bindenden Weise dokumentiert. Die Nichtbeteiligung des Verwalters wäre ein unzulässiger Eingriff in dessen Rechtskreis. Er ist primär der bestmöglichen Gläubigerbefriedigung verpflichtet. Daraus resultiert mitunter auch die Aufgabe, alle im Grunde oder der Höhe nach unberechtigt angemeldeten Forderungen zu bestreiten und ggf. vor Gericht abzuwehren.

Dass sich im Strafverfahren die Beteiligung des Insolvenzverwalters gelegentlich auch für den Schuldner günstig auszuwirken vermag, muss gar nicht bestritten werden. Dennoch ist der Verwalter kein weisungsabhängiger Verteidiger oder Vertreter des Schuldners. Dies wäre auch nicht mit seiner nach der Amtstheorie beigemessenen Stellung als besonderes Rechtspflegeorgan in Einklang zu bringen. Ähnlich wie im Zivilprozess, wo er als Partei kraft Amtes tätig wird, müsste er auch im Strafprozess sein Handeln ausschließlich nach den in § 1 InsO niedergelegten Verfahrenszielen ausrichten. Man muss ihn deshalb mit einem vom Drittverfall Betroffenen vergleichen. Darum ist er in analoger Anwendung des § 442 Abs. 2 S. 1 StPO ebenfalls am Strafverfahren zu beteiligen[851].

Unterbleibt bis zur rechtskräftigen Entscheidung seine Beteiligung, kann er seine Einwendungen wie ein vom Drittverfall Betroffener im Nachverfahren geltend machen, §§ 442 Abs. 2 S. 2, 439 StPO analog. Eine Wiederaufnahme des Verfahrens sieht das Gesetz hierfür jedoch nicht vor, §§ 442 Abs. 2 S. 2, 439 Abs. 4 StPO.

Ähnlich könnte man nach der Insolvenzeröffnung auch bei einer im Insolvenzeröffnungsverfahren bereits getroffenen Verfallsentscheidung argumentieren. Im Insolvenzeröffnungsverfahren besteht nämlich gleichfalls die Möglichkeit, dass nach 22 Abs. 1 S. 1 InsO die Verwaltungs- und Verfügungsbefugnis auf den vorläufigen Insolvenzverwalter übergeht. Damit verbunden wäre insbesondere auch die Unterbrechung eines Zivilverfahrens, § 240 S. 2 ZPO.

IV. Die Auswirkungen der Insolvenzeröffnung auf den formlosen Verfall

Der formlose Verfall ist nichts anderes als ein rechtsgeschäftlicher Erwerb des potenziellen Verfallsgegenstandes durch den Fiskus. Weder das materielle noch das formelle Strafrecht kennen einen solchen Rechtserwerb im Vorgriff auf die bestandskräftige Verfallsentscheidung. Nicht umsonst wird deshalb vereinzelt in der Literatur auch die extreme Ansicht vertreten, dass dieser Erwerb gegen die Grund-

---

851 Für eine direkte Anwendung des § 442 Abs. 2 StPO, jeweils ohne Angabe von Gründen: Schmidt Rn. 541, ebenso OLG Köln ZIP 2004, 2016 (Leitsatz), Volltext unter http://www.justiz.nrw.de/nrwe/olgs/koeln/j2003/2_Ws_593_und_617_03beschluss20031121.html bezüglich Verfall von Wertersatz, § 73a StGB.

sätze eines fairen Verfahrens, den Anspruch auf den gesetzlichen Richter und die Unschuldsvermutung verstoße und deshalb in den meisten Fällen nach § 138 BGB nichtig sein müsse[852]. Geht man hingegen von einem wirksamen Erwerb aus, hat der Staat mit dem formlosen Verfall vorzeitig in einer nicht zu beanspruchenden Art und Weise den rechtswidrigen Vermögensvorteil abgeschöpft. Diese Befriedigung ist nach den insolvenzrechtlichen Bestimmungen inkongruent erfolgt und somit ebenfalls anfechtbar[853].

Für den formlosen Verfall birgt aber nicht nur die Insolvenzanfechtung Risiken in sich[854]. Wenngleich das Einverständnis zu einem formlosen Verfall auch den unwiderruflichen Verzicht auf etwa bestehende Herausgabeansprüche beinhaltet[855], könnte die rechtsgeschäftliche Veräußerung theoretisch auch nach den Bestimmungen des Bürgerlichen Rechts angefochten werden, §§ 119 ff. BGB. Entsprechendes gilt für die Insolvenzanfechtung. Gerade in Kenntnis dieser Möglichkeiten wird das Gericht stets gut beraten sein, trotz des formlosen Verfalls im Urteil den Verfall zumindest deklaratorisch[856] anzuordnen[857]. Ungeachtet der feststellenden Verfallsanordnung könnte die Mitwirkung des Täters im Rahmen der Strafzumessung hinreichende Berücksichtigung erfahren, § 46 Abs. 2 StGB. Nicht zuletzt trägt er durch sein Verhalten zur Verfahrensvereinfachung bei und bringt zeitgleich Reue und Schuldeinsicht zum Ausdruck[858].

Soweit eine Anfechtung des formlosen Verfalls hingegen erst nach dem rechtskräftigen Abschluss des Strafverfahrens erklärt wird, wäre die weitere Verfolgung des nicht »titulierten« Verfallsanspruches weder im Insolvenzverfahren noch im Wege der nachträgliche Anordnung von Wertersatz gem. § 76 StGB möglich. Gegen die Forderungsanmeldung beim Insolvenzverwalter sprechen die vorstehend bereits ausgeführten verfassungsrechtlichen Bedenken. Nachdem das Strafgericht im Vertrauen auf die formlose Einziehung sehenden Auges von einer förmlichen Anordnung abgesehen hat, ist der Anwendungsbereich des § 76 StGB nicht eröffnet. Wie bereits erörtert, setzt nämlich die nachträgliche Bestimmung von Werter-

---

852 Thode, NStZ 2000, 67.
853 So auch beim formlosen Verzicht des Täters auf sichergestellte Gegenstände zum Zwecke der Schadensregulierung, BGH Report 2007, 85.
854 Zur Insolvenzanfechtung nach § 134 InsO beim formlosen Verzicht des Beschuldigten zugunsten der Staatsanwaltschaft zum Zwecke der Befriedung der durch die Straftat Geschädigten siehe LG Köln, ZIP 2006,1059 ff.
855 So BayObLG, NStZ-RR 1997, 51 zur formlosen Einziehung.
856 OLG Düsseldorf, NStZ 1993, 452.
857 A.A. BayObLG, NStZ-RR 1997, 51 unter Bezugnahme auf BGH JZ 1965, 684 ff. Die Entscheidung des BGH bezieht sich jedoch nur auf geringwertige Gegenstände im Zusammenhang mit der selbständigen Einziehung.
858 BayObLG NStZ-RR 1997, 51.

satz voraus, dass der ursprünglich angeordnete Verfall sich im Zuge der Strafvollstreckung als nicht oder nur unzureichend vollstreckbar herausstellt.

C. Die Rückgewinnungshilfe in der Insolvenz

I. Sinn und Systematik des Rückgewinnungshilfeverfahrens

Mit den in §§ 73 ff. StGB geregelten Rechtsfolgen sollen die aus einer Straftat erlangten Gewinne umfassend abgeschöpft werden. Das gleiche Ziel würde auch erreicht, wenn die bei einer strafbaren Handlung Geschädigten zur Befriedigung ihrer Schadensersatzansprüche auf das Vermögen des Täters zugreifen. Sobald die Interessen der Geschädigten in Konkurrenz zum staatlichen Verfall treten, gehen die Individualansprüche der Opfer grundsätzlich vor[859]. Die Anordnung des Verfalls hat bereits zu unterbleiben, wenn Verletzten aus der Tat Ansprüche erwachsen sind, § 73 Abs. 1 S. 2 StGB[860]. Dem Täter sollen die zur Befriedigung der Geschädigten erforderlichen Mittel verbleiben. Dadurch wird sichergestellt, dass er nicht doppelt in Anspruch genommen wird. Auf die Geltendmachung der Schadensersatzansprüche kommt es gar nicht mehr an. Die bloße Existenz eines solchen Anspruches verhindert bereits die Anordnung des Verfalls[861]. Soweit nicht der in § 111i StPO nachgeschaltete Auffangrechtserwerb des Staates greift, wäre die originäre Anordnung des Verfalls bei einem Rückgewinnungshilfeverfahren nur denkbar, wenn die vorhandenen Geschädigtenansprüche entweder schon der Verjährung unterliegen[862] oder auf ihre Geltendmachung wirksam verzichtet worden ist[863].

Ungeachtet dessen steht es grundsätzlich im Ermessen der Ermittlungsbehörde, selbst bei Existenz von Ansprüchen Geschädigter insbesondere das durch Straftaten erlangte Vermögen vorläufig sicherzustellen[864], § 111b Abs. 5 StPO. Falls die wirtschaftlichen Interessen der Verletzten nicht anders geschützt werden können, wird sich das von der Staatsanwaltschaft auszuübende Ermessen oftmals auf Null reduzieren[865]. In vielen Verfahren ist der vorläufige Zugriff schlichtweg zwingend geboten. Die Geschädigten sind häufig nicht oder nicht rechtzeitig in der Lage, ihre

859 Dessecker, S.70; LK-Schmidt, § 73 Rn. 34; Hees S. 22; Malitz, NStZ 2002, 338.
860 Zum Verfall trotz bestehender Ausgleichsansprüche der Verletzten siehe OLG München, wistra 2004, 353 ff.
861 Hansen/Wolff-Rojczyk, GRUR 2007, 472 m.w.N.
862 Siehe hierzu BGH; NStZ 2006, 623; Lohse, AnwBl 2006, 605.
863 BGH, NStZ-RR 2004, 55; BGH, NStZ 2006, 622; BGH, GRUR 2008, 825; OLG München, NStZ 2004, 443; Fischer, § 73 Rn. 19.
864 Hees, S. 22, 38.
865 von Gleichenstein, ZIP 2008, 1151.

Ansprüche im erforderlichen Umfang zu realisieren[866]. Durch die Sicherstellung der in Frage kommenden Wertgegenstände wird den Geschädigten letztlich bei ihren Ausgleichsbemühungen die Unterstützung des Staates zuteil[867]. Ihre Ansprüche sollen weiterhin durchsetzbar bleiben[868] und der Täter seiner Früchte endgültig verlustig gehen.

Der strafprozessualen Vollstreckungshilfe kommt darüber hinaus auch eine Platzhalterfunktion[869] zu. Selbst wenn gewöhnliche Vollstreckungsgläubiger vor den Geschädigten auf die zum Zwecke der sogenannten Rückgewinnungshilfe gesicherten Gegenstände zugreifen, sollen die Tatopfer regelmäßig vor diesen befriedigt werden. Eine derartige Privilegierung ermöglicht die Strafprozessordnung mit den in §§ 111g, 111h StPO geregelten Zulassungsverfahren.

Um das sich zwischen strafprozessualer Rückgewinnungshilfe und insolvenzrechtlichen Zielen abzeichnende Spannungsfeld umfassend erschließen zu können, sind die wesentlichen Züge des Zulassungsverfahrens und die damit verbundenen Rechtsfolgen vorweg zu erörtern.

II. Das vorrangige Befriedigungsrecht nach § 111g StPO

1. Das Zulassungsverfahren

Der Anwendungsbereich des Zulassungsverfahrens nach § 111g StPO ist zunächst bei allen nach §§ 111b Abs. 1, 111c StPO beschlagnahmten Gegenständen eröffnet[870]. Um in den Genuss des vorrangigen Befriedigungsrechts zu kommen, bedarf jede von dem Verletzten[871] eingeleitete Zwangsvollstreckung oder Arrestvollziehung in die beschlagnahmten Werte der richterlichen Zulassung, § 111g Abs. 2 S. 1 StPO. Hierzu ist im Zulassungsantrag glaubhaft zu machen, dass der titulierte Anspruch aus der dem Beschuldigten zur Last gelegten Straftat resultiert, § 111g Abs. 2, S. 3 u. 4 StPO, 294 ZPO. Eine Glaubhaftmachung wäre nur dann entbehrlich, wenn aus dem Vollstreckungstitel hervorgeht, dass ihm die Ansprüche aus der zur Beschlagnahme führenden Straftat zugrunde liegen[872]. Über den Zulassungsantrag des Verletzten entscheidet der zum Zeitpunkt des Zulassungsverfahrens für die Anordnung der Beschlagnahme oder eines dinglichen Arrestes aktuell zuständige Strafrichter, §§ 111g, Abs. 2 S. 1, 111h Abs. 2 S. 2 StPO. Je nach Verfahrensstand

---

866 Schubert, ZRP 2008, 55.
867 Bach, JR 2004, 231.
868 Meyer-Goßner, § 111g Rn. 1.
869 Hees, ZIP 2004, 299.
870 KK-StPO/Nack, § 111g Rn. 1.
871 Umfassend zum Begriff des Verletzten, Bohne S. 29 ff.
872 OLG Frankfurt a.M., NStZ-RR 1996, 302.

wäre dies entweder der Ermittlungsrichter oder nach Erhebung der öffentlichen Klage das mit der Hauptsache befasste Gericht.

Entgegen dem missverständlichen Gesetzeswortlaut wird aber für das Tatopfer durch das Zulassungsverfahren keine die Zwangsvollstreckung erschwerende Hürde aufgebaut[873]. Dieses so genannte Zulassungsverfahren hat mit der zivilprozessualen Zwangsvollstreckung nichts zu tun. Es läuft völlig unabhängig von dieser ab. Der Zulassungsbeschluss selbst muss weder der Vollstreckung vorausgehen[874], noch ist er Voraussetzung für deren Wirksamkeit[875]. Er muss auch nicht innerhalb der für den Arrestvollzug des Gläubigers geltenden Einmonatsfrist des § 929 Abs. 2 ZPO erlassen werden[876]. Eine ohne Zulassung erfolgte Zwangsvollstreckung ist weder schwebend unwirksam[877] noch aufschiebend bedingt wirksam[878]. Ihr steht nur das mit der staatsanwaltschaftlichen Beschlagnahme entstandene Verfügungsverbot nach § 111c Abs. 5 StPO, §§ 136, 135 BGB entgegen[879]. Die Vollstreckungsmaßnahme des Verletzten ist bis zur Zulassung nur gegenüber dem die Beschlagnahme betreibenden Staat relativ unwirksam[880].

2. Die Wirkungen der Zulassungsentscheidung

a) Privilegierung

Bei der Befriedigung konkurrierender Gläubiger ist grundsätzlich die zeitliche Abfolge der jeweils ausgebrachten Vollstreckungsmaßnahmen entscheidend[881]. Nach dem vollstreckungsrechtlichen Prioritätsprinzip wird der früher vollstreckende Gläubiger regelmäßig vor dem später die Zwangsvollstreckung oder Arrestvollziehung bewirkenden Gläubiger befriedigt[882]. Man kann auch sagen, wer zuerst kommt, mahlt zuerst[883]. Es ist aber durchaus möglich, dass nicht privilegierte Gläubiger im Anschluss an die strafprozessuale Beschlagnahme den Geschädigten

---

873 Hees, S. 99.
874 Dittke, wistra 1991, 210 f.; Hees/Albeck, ZIP 2000, 873 f.; Schmidt, Rn. 1169; a.A. AG Düsseldorf, WM 1992, 38.
875 BGH, Rpfleger 2000, 241.
876 BGH, NJW 2000, 2027; Hees, S. 100; Schmidt JuS 2000, 1025.
877 So aber Dittke, wistra 1991, 210 f.
878 So aber Frohn, Rpfleger 2000, 12.
879 Huber, Rpfleger 2002, 292.
880 Hansen/Wolff-Rojczyk, GRUR 2007, 473.
881 Siehe hierzu insbesondere §§ 804 Abs. 3, 867, 869 ZPO; § 879 Abs. 1 S. 1BGB, §§ 11 Abs. 1, 10 Abs. 1 Nr. 4, 109 Abs. 2, 112 ff., 155 ff. ZVG, §§ 10 Abs. 3, 25, 82 Abs. 2 SchRG, §§ 761 ff. HGB, § 25 LuftfzRG, §§ 162, 171a ZVG.
882 Hees S. 106.
883 Wacke, JA 1981, 94.

gegenüber im Rang vorgehende Pfand- oder Sicherungsrechte erwerben. In solchen Fällen besteht das Bedürfnis nach einer vom Prioritätsprinzip abweichenden Befriedigungsreihenfolge. Die vom Zulassungsbeschluss ausgehenden Rechtsfolgen stellen das sicher.

Mit dem Zulassungsbeschluss wirkt nämlich einerseits das zugunsten des Staates entstandene relative Veräußerungsverbot nicht mehr gegenüber der Vollstreckungsmaßnahme des zugelassenen Verletzten, § 111g Abs. 1 u. 2 S. 1 StPO. Andererseits gelten nunmehr auch die aus der staatsanwaltschaftlichen Beschlagnahme hervorgehenden Schutzwirkungen rückwirkend zugunsten des zugelassenen Verletzten, § 111g Abs. 3 S. 1 StPO. Letztlich teilt das Zulassungsverfahren alle nach der strafprozessualen Beschlagnahme die Zwangsvollstreckung betreibenden Gläubiger in zwei Gruppen auf. Neben den gewöhnlichen Gläubigern des Täters tritt das Lager der privilegierten bzw. zugelassenen Gläubiger. Diese können das teilweise weit vor ihrer Zwangsvollstreckung entstandene relative Veräußerungsverbot den gewöhnlichen oder (noch) nicht zugelassenen Gläubigern zum Zwecke der vorrangigen Befriedigung entgegensetzen (vgl. Abb. 7).

Das gilt selbst dann noch, wenn zu einem späteren Zeitpunkt die Beschlagnahme aufgehoben wird, § 111g Abs. 3 S. 1 u. 5 StPO. Die Geschädigten überholen sozusagen mit der Zulassung die im Rang vorgehenden, aber nicht privilegierten Vollstreckungsgläubiger.

Die Wirkungen der Zulassungsentscheidung nach § 111g StPO:

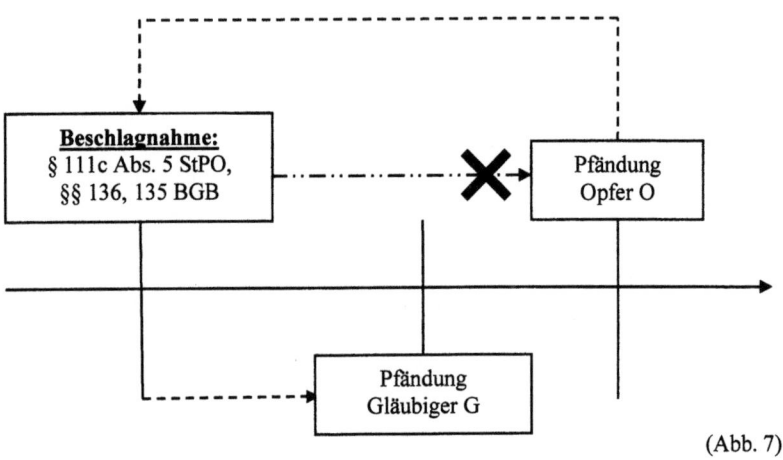

(Abb. 7)

b) Rangverhältnis mehrerer zugelassener Gläubiger

Da § 111g StPO das Verhältnis mehrerer Verletzter untereinander nicht regelt[884], ist in Rechtsprechung und Literatur umstritten, in welcher Reihenfolge mehrere zugelassene Gläubiger Befriedigung erfahren sollen[885]. So wird beispielsweise vertreten, dass bei einer beschlagnahmten Forderung mehrere zugelassene Gläubiger einer beschlagnahmten Forderung im Gleichrang zueinander stünden[886] oder sich die Befriedigungsreihenfolge nach der Reihenfolge der Zulassungsbeschlüsse richte[887]. Die herrschende Meinung[888] wendet hingegen innerhalb der zugelassenen Gläubiger das vollstreckungsrechtliche Prioritätsprinzip an. Dem ist uneingeschränkt beizupflichten. Nur soweit mehrere gerichtlich erlassene Verfügungsverbote zum

---

884 BGH Rpfleger 2000, 421; LG Berlin, ZInsO 2004, 280f.; Dittke, wistra 1999, 210.
885 Vgl. hierzu Huber, Rpfleger 2002, 291 f.
886 Frohn, Rpfleger 2001, 10 ff.
887 Hees/Albeck, ZIP 2000, 875; Kleinknecht/Meyer-Goßner, 45. Auflage, § 111g Rn. 5, nunmehr jedoch dem vollstreckungsrechtlichen Prioritätsprinzip folgend.
888 BGH, NJW 2007, 3351; OLG Stuttgart, ZIP 2001, 484; LG Berlin, NStZ, 2004, 85; nunmehr auch unter Aufgabe der bisherigen Auffassung Hees, S. 128; Hansen/Wolff-Rojczyk, GRUR 2007, 474; Huber, Rpfleger 2002, 292; Kiethe/Groschke/Hohmann, ZIP 2003, 186; Lohse, AnwBl 2006, 608; Schmidt, Rn. 1185 m.w.N.

Schutz unterschiedlicher Gläubiger gegeneinander in Wettbewerb treten, wäre das später wirksam gewordene Verbot gegenüber dem durch ein älteres Verbot geschützten Gläubiger (relativ) unwirksam[889]. Gerade das ist aber bei der Zulassung nach § 111g StPO nicht der Fall. Die richterliche Zulassung lässt den Antragsteller an den bereits bestehenden Schutzwirkungen der Beschlagnahme ex tunc teilhaben. Die Schutzposition, die der Staat durch die Beschlagnahme erlangt hat, kommt dem die Zwangsvollstreckung betreibenden Verletzten rückwirkend zugute[890]. Sie begründet kein neues oder konkurrierendes Veräußerungsverbot. Innerhalb der zugelassenen Gläubiger verbleibt es daher bei dem Prioritätsprinzip[891] des § 804 Abs. 3 ZPO. Denn wenn das zugunsten des Staates durch die Beschlagnahme entstandene Veräußerungsverbot mit der Zulassung bereits keine Wirkung mehr gegenüber dem Geschädigten entfaltet, kann es zwischen den zugelassenen Verletzten erst recht keine darüber hinausgehenden Rechtswirkungen haben[892].

III. Die Rückgewinnungshilfe bei Insolvenz des Täters

1. Problemstellung

Häufig treffen Insolvenz- und Strafverfahren aufeinander[893]. Trotz der enormen Relevanz ist nicht ausdrücklich geregelt, wie die Eröffnung des Insolvenzverfahrens sich auf Einzelzwangsvollstreckungsmaßnahmen der Tatopfer, denen bereits nach der StPO ein vorrangiges Befriedigungsrecht eingeräumt worden ist, auswirkt[894]. Mit dem Gesetz zur Stärkung der Rückgewinnungshilfe und der Vermögensabschöpfung bei Straftaten[895] hat der Gesetzgeber nunmehr den Hinweis gegeben[896], dass der Rückgewinnungshilfe bei eröffnetem Insolvenzverfahren nur noch eine eingeschränkte Bedeutung zukomme[897]. Unter Berücksichtigung der durch den Gesetzgeber zum Ausdruck gekommenen Auffassung gilt es nun zu prüfen, wie sich der insolvenzrechtliche Vorrang auf das Zulassungsverfahren nach § 111g StPO und die damit verbundene Befriedigungsreihenfolge auswirkt.

---

889 BGH, Rpfleger 2007, 538.
890 BGH, Rpfleger 2000, 421.
891 Hansen/Wolff-Rojczyk, GRUR 2007, 474 m.w.N.
892 Huber, Rpfleger 2002, 291.
893 Groß, S. 119; Moldenhauer/Momsen, wistra 2001, 456.
894 Kiethe/Groeschke/Hohmann, ZIP 2003, 185.
895 BGBl. I 2006, 2350.
896 BT-Drucks. 16/700, S. 14 mit umfassenden Rechtsprechungs- und Literaturnachweisen zur bislang streitigen Frage des insolvenzrechtlichen Vorranges bei einem Rückgewinnungshilfeverfahren.
897 So bereits LG Saarbrücken, NStZ 2004, 274 m.w.N.; OLG Frankfurt/M., ZInsO 2009, 1446 ff.

2. Die Zulassung nach § 111g StPO bei der Insolvenz des Täters

a) Zulassungsverfahren nach Insolvenzeröffnung?

Im Insolvenzverfahren hat das mit der Beschlagnahme nach § 111c Abs. 5 StPO entstandene relative Veräußerungsverbot keine Wirkung, 80 Abs. 2 S. 1 InsO. Deshalb kann nach der Insolvenzeröffnung die Schutzposition des Justizfiskus nicht mehr rechtswirksam an den Verletzten »abgetreten« werden[898]. Dennoch gestellten Zulassungsanträgen würde das erforderliche Rechtsschutzbedürfnis fehlen[899]. Trotz Insolvenzeröffnung noch ergangene Beschlüsse liefen ins Leere. Darüber hinaus würden sie auch eine nach § 89 Abs. 1 InsO unzulässige Maßnahme der Einzelzwangsvollstreckung darstellen[900].

Da die Rechtsordnung den Ansprüchen der Verletzten keinen absoluten Schutz gewährt, ist das Ergebnis konsequent und systemkonform. Soweit die Rückgewinnungshilfe ihre Funktion nur in eingeschränktem Maße erfüllen kann, fällt sie gegenüber widerstreitenden rechtlichen Belangen weniger stark ins Gewicht[901]. Mit der Insolvenzeröffnung verliert das Zulassungsverfahren seine grundsätzliche Bedeutung. Etwas anderes würde nur dann gelten, wenn der Insolvenzverwalter den vom Insolvenzbeschlag erfassten Gegenstand aus der Masse freigibt. Da die absonderungsberechtigten Gläubiger durch die außerhalb des Insolvenzverfahrens stattfindende Verwertung ihre Befriedigung erfahren, hätte das Zulassungsverfahren hier nach wie vor seine Berechtigung. Für die weitere Bearbeitung wird jedoch der Verbleib des beschlagnahmten Gegenstandes in der Masse unterstellt.

b) Zulassung vor Insolvenzeröffnung

aa) Insolvenzfestes Absonderungsrecht durch Zulassung?

Soweit ein Gläubiger vor der Insolvenzeröffnung die Zwangsvollstreckung betrieben hat, ist ein abgesondertes Befriedigungsrecht aus dem konkreten Massegegenstand nach §§ 49, 50 InsO nur bei einer insolvenzfesten Zwangsvollstreckung möglich. D.h., dass zur vorzugsweisen Befriedigung aus einem zur Masse gehörenden Gegenstand der ausgebrachte Zwangsvollstreckungsakt weder vom Anwendungsbereich der Rückschlagsperre noch der Insolvenzanfechtung erfasst werden darf, §§ 88, 129 ff. InsO. Unter die Rückschlagsperre und die Insolvenzanfechtung fallen

---

898 von Gleichenstein, ZIP 2008, 1160; Hees, ZIP 2004, 300.
899 Hees, ZIP 2004, 300.
900 AG Moers, DZWIR 2001, 454; Smid, DZWIR 2001, 455.
901 BT-Drucks. 16/700, S. 14.

regelmäßig alle Zwangsvollstreckungsmaßnahmen, die in der heißen Phase, also kurze Zeit vor oder nach dem Insolvenzantrag ausgebracht worden sind.

Zur Stärkung des Opferschutzes ist daher bereits vertreten worden, dass das Zulassungsverfahren eine nicht insolvenzfeste Zwangsvollstreckung insolvenzfest machen könne. Mit der Zulassung komme dem Geschädigten nicht nur das relative Veräußerungsverbot rückwirkend zugute. Es werde darüber hinaus auch das frühere Entstehen des Pfändungspfandrechts fingiert[902]. Dieser Auffassung ist jedoch eine klare Absage zu erteilen. Sie widerspricht dem eindeutigen Gesetzeswortlaut und findet auch in der Entstehungsgeschichte zur Rückgewinnungshilfe keine hinreichende Stütze. Selbst der Opferschutzgedanke liefert keine derart zwingenden Anhaltspunkte, die einen absoluten Schutz der aus Straftaten Geschädigten unbedingt erforderlich machen. Das Recht ist schließlich nur für den Wachsamen geschrieben (»*Jus civile scriptum est vigilantibus*«). Gerade aber im Bereich des Kapitalanlagebetruges stehen sich oftmals die unersättliche Gier der Geschädigten und die Gerissenheit der Täter unversöhnlich gegenüber. Zudem hat sich bei einem eröffneten Insolvenzverfahren der Gesetzgeber eindeutig gegen einen Vorrang der Rückgewinnungshilfe ausgesprochen[903]. Diese könne nämlich keine umfassende Realisierung von Restitutions- und Schadensersatzansprüchen gewährleisten.

Die Vollstreckungserfolge der nach § 111g StPO zugelassenen Verletzten stünden bei der Insolvenzeröffnung sowohl unter dem Vorbehalt der Rückschlagsperre als auch der Insolvenzanfechtung, §§ 88, 129 ff. InsO. Andernfalls würde der umfassende Schutz eines einzelnen Tatopfers die direkte Schädigung anderer Insolvenzgläubiger nach sich ziehen[904]. Soweit man bei Aufeinandertreffen von Rückgewinnungshilfe und Insolvenz der Befriedigung Verletzter an beschlagnahmten Gegenständen grundsätzlich den Vorrang einräumt, wäre dies im Prinzip nichts anderes als eine verdeckte Aussonderung aus der Masse, welche die Insolvenzordnung grundsätzlich auf die Fälle des § 47 InsO beschränkt[905]. Eingriffe in das insolvenzrechtliche Ranggefüge schmälern stets die den Insolvenzgläubigern verbleibende Haftungsmasse. Jedes Vorrecht bildet eine Ausnahme vom insolvenzrechtlichen Gebot der Gleichbehandlung und erfordert eine Verankerung im Gesetz[906]. Daher wird die Pfändung des Verletzten auch nicht direkt, analog oder entsprechend §§ 111g Abs. 3, 111c Abs. 5 StPO auf den Zeitpunkt der Beschlagnahme zurückbezogen[907]. Eine nicht insolvenzfeste Zwangsvollstreckung des Geschä-

---

902 Kiethe/Groeschke/Hohmann, ZIP 2003, 190 f.
903 Siehe hierzu BT-Drucks. 16/700, S. 14.
904 Moldenauer/Momsen, wistra 2001, 458.
905 Moldenauer/Momsen, wistra 2001, 457.
906 So bereits zur Konkursordnung BVerfG NJW, 1984, 475.
907 BGH, NJW, 2007, 3350; Beukelmann, NJW-Spezial 2007, 585; Markgraf, S. 161.

digten wird mit der Zulassung keinesfalls insolvenzfest[908]. Im Hinblick darauf verursacht die Rückgewinnungshilfe leider für viele Geschädigte oftmals nur unnötige Kosten und eine zusätzliche Enttäuschung. Daneben werden in nicht unerheblichem Umfang Kapazitäten der Gerichte und Strafverfolgungsbehörden gebunden[909]. Der Gesetzgeber sollte deshalb der Staatsanwaltschaft die Möglichkeit einräumen, anstelle der Durchführung eines in die Insolvenz mündenden Rückgewinnungshilfeverfahrens alternativ hierzu selbst den Insolvenzantrag zu stellen[910]. Wenn sich bei den Ermittlungen der Staatsanwaltschaft bereits ein Insolvenzverfahren abzeichnet, würde so zumindest den Geschädigten das im Zuge der Rückgewinnungshilfe eröffnete »Windhundrennen« samt späterer Rückschlagsperre und Insolvenzanfechtung erspart bleiben.

bb) Befriedigungsreihenfolge nach Insolvenzeröffnung

Nach § 80 Abs. 2 S. 1 InsO hat das durch die Beschlagnahme entstandene relative Veräußerungsverbot im Insolvenzverfahren keine Wirkung. Der Insolvenzverwalter wird dadurch nicht gebunden[911]. In § 80 Abs. 2 S. 2 wird aber klargestellt, dass die relative Unwirksamkeit des relativen Veräußerungsverbotes sich nicht auf die Pfändung beweglicher Sachen, Rechte und die Beschlagnahme von unbeweglichem Vermögen im Wege der Zwangsvollstreckung erstreckt[912]. Diese ermöglichen nach wie vor eine abgesonderte Befriedigung, §§ 49, 50 InsO. Absonderungsberechtigte Gläubiger werden vor allen Insolvenzgläubigern aus dem Verwertungserlös der belasteten Gegenstände befriedigt. Nur in Höhe des eventuell entstandenen Ausfalls werden die Pfand- oder Grundpfandrechtsgläubiger auf die Stufe gewöhnlicher Insolvenzgläubiger gestellt, §§ 52, 190 InsO. Aus § 80 Abs. 2 S. 1 InsO geht allerdings nicht eindeutig hervor, ob das mit der strafprozessualen Zulassung zugunsten einzelner Gläubiger geltende relative Veräußerungsverbot gleichfalls seiner Wirkung verlustig gehen soll. Vom Normzweck der Vorschrift ausgehend, gilt es hier eine Antwort zu finden.

Einerseits trägt § 80 Abs. 2 S. 1 InsO zur gemeinschaftlichen Befriedigung aller Gläubiger bei. Andererseits soll mit dieser Vorschrift die Arbeit des Insolvenzverwalters zur Anreicherung der Masse nicht behindert werden[913]. Die Norm betrifft insbesondere den Fall, dass dem Schuldner vor der Verfahrenseröffnung durch

908 So auch Markgraf, S. 169. Siehe auch SK-StPO/Rogall, § 111g Rn. 25.
909 So bereits für den zu erwartenden Verfall argumentierend Greiner, ZInsO 2007, 955.
910 A.A. Bach, ZRP 2005, 211.
911 Hees, ZIP 2004, 301.
912 FK-InsO/App, § 80 Rn. 28.
913 Groß, 126; Hees, ZIP 2004, 301; Markgraf, S. 166.

einstweilige Verfügung untersagt worden ist, eine Sache zu veräußern, die ein Gläubiger für sich beansprucht[914]. Derartige Veräußerungsverbote gewähren persönlichen Gläubigern eine Priorität, welche nach dem Willen des Gesetzgebers hinter dem insolvenzrechtlichen Verteilungsverfahren zurückzutreten hat. Ihren Ursprung findet die Regelung im insolvenzrechtlichen Gebot der Gleichbehandlung. Soweit für Gläubiger die Möglichkeit der abgesonderten Befriedigung besteht, tritt der Grundsatz der Gleichbehandlung allerdings in den Hintergrund. Durch die in §§ 49, 50 InsO gesetzlich vorgesehene Absonderung wird bei bestehenden Absonderungsrechten die Arbeit des Insolvenzverwalters nicht behindert[915]. Demnach wäre mit dem Normzweck des § 80 Abs. 2 S. 1 InsO ohne weiteres zu vereinbaren, dass die Befriedigungsreihenfolge zwischen zugelassenen und nicht zugelassenen Gläubigern nach der Insolvenzeröffnung unverändert beibehalten wird[916] und der Zulassung selbst innerhalb der Insolvenz eine beschränkte Geltung zukommt. Eine Bevorzugung der Verletzten, die ein insolvenzfestes Absonderungsrecht geltend machen können, hätte keine Auswirkung auf die sonstige Verteilung der Insolvenzmasse[917].

D. Der Auffangrechtserwerb

I. Ziel des Auffangrechtserwerbs[918]

Mit dem Gesetz zur Stärkung der Rückgewinnungshilfe und der Vermögensabschöpfung bei Straftaten hat der Gesetzgeber durch punktuelle Änderungen die Regelungsdefizite, die sich in der Praxis herauskristallisiert haben, ausmerzen und den Opferschutz verbessern wollen[919]. Aus diesem Grund ist insbesondere ein nachgeschalteter Auffangerwerb des Staates in die Strafprozessordnung eingebaut worden. Den Geschädigten verbleibt dadurch mehr Zeit, ihre Schadensersatzansprüche zu verfolgen. Daneben werde verhindert, dass die kriminellen Gewinne bei mangelnder Beteiligung der Opfer nach Abschluss des Rückgewinnungshilfeverfahrens wieder an den Täter zurückfallen. Dies ist in der Praxis vor allem bei Massenschäden mit im Einzelfall relativ geringen Schadenssummen nicht selten der Fall gewesen (z.B. Betrug mit 0190-Telefonnummern)[920].

---

914 BT-Drucks. 12/2443, S. 135.
915 Hees, ZIP 2004, 301; zur Verwertung von Gegenständen, an denen Absonderungsrechte bestehen siehe §§ 165 ff. InsO.
916 Groß, 130; Hees, ZIP 2004, 301.
917 Groß, 126, 130.
918 Zur Entstehungsgeschichte und zum wesentlichen Inhalt siehe Greeve, NJW 2007, 14 ff.
919 BT-Drucks. 16/700, S.1 u. 8.
920 BT-Drucks. 16/700, S. 8.

II. Gestaltung des Auffangrechtserwerbs

1. Der Auffangrechtserwerb von Verfallsgegenständen[921]

Im Einzelnen sieht der neu gefasste § 111i StPO mehrere Verfahrensschritte zum staatlichen Auffangrechtserwerb vor (vgl. Abb. 8). Diese werden in ihren Grundzügen nachfolgend dargestellt[922].

Auffangrechtserwerb und Ausgleichsansprüche:

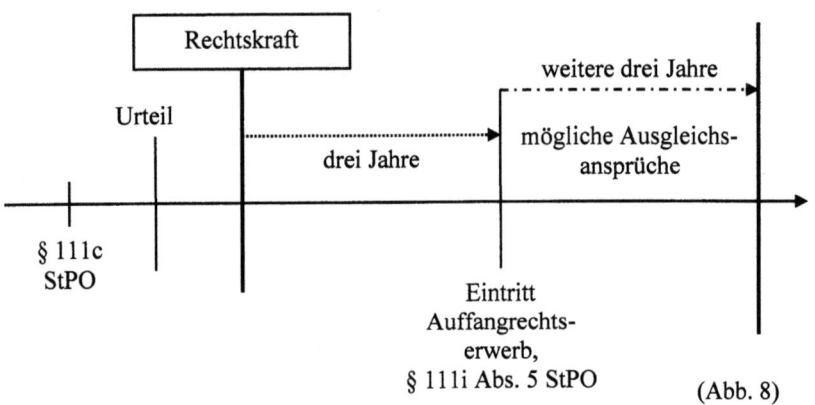

(Abb. 8)

Zunächst kann das Gericht auf Grundlage der Hauptverhandlung feststellen, in welchem Umfang etwas aus rechtswidrigen Taten erlangt worden ist, § 111i Abs. 2 S. 2 StPO. Dabei bezeichnet es die konkreten Gegenstände unter Berücksichtigung der den Verletzten bereits zuteil gewordenen Ausgleichsleistungen und sieht mit Blick auf § 73 Abs. 1 S. 2 StGB vom staatlichen Verfall ab, § 111i Abs. 2 S. 1 u. 4 StPO. Im Anschluss daran wird die Aufrechterhaltung der bestehenden Sicherungsmaßnahmen für weitere drei Jahre beschlossen. Die Frist beginnt mit Rechtskraft der Entscheidung, § 111i Abs. 3 S. 1 u. 2 StPO. Soweit Verletzte während dieser Zeit nachweislich aus dem Tätervermögen befriedigt werden, hebt das Gericht die vorläufige Sicherstellung auf, § 111i Abs. 3 S. 5 StPO. Andernfalls tritt nach Ablauf der Dreijahresfrist der Auffangrechtserwerb des Staates kraft Gesetz ein, § 111i Abs. 5 S. 1 StPO. Den Eintritt und den Umfang des staatlichen Rechtserwerbs stellt das Gericht des ersten Rechtszuges durch einen deklaratorischen Be-

---

921 Zu früheren Überlegungen eines Auffangrechtserwerbs siehe BT-Drucks. V/4095, S. 40.
922 Siehe hierzu die umfassenden und hier im Folgenden zitierten Ausführungen der BT-Drucks. 16/700, S. 8 ff.

schluss fest, § 111i Abs. 6 S. 1 StPO. Um eine doppelte Inanspruchnahme des Verurteilten zu vermeiden, steht diesem für weitere drei Jahre nach Eintritt des Auffangrechtserwerbs ein Ausgleichsanspruch gegenüber dem Staat bei nachträglich an die Tatverletzten erbrachten Leistungen zu, § 111i Abs. 7 StPO.

Während der Verfall in §§ 73, 73d Abs. 1 StGB durch den Gesetzgeber obligatorisch ausgestaltet worden ist, liegt die Anordnung des Auffangrechtserwerbs dagegen im Ermessen des Gerichts. Oftmals wird sich zwar das gerichtliche Ermessen auf Null reduzieren[923]. Das ändert aber nichts an der Tatsache, dass im Gegensatz zum eigentlichen Verfall erst mit der im Hauptsacheverfahren nach § 111i Abs. 2 StPO getroffenen Feststellungsentscheidung die materiell-rechtliche Grundlage für eine aufschiebend bedingte Verfallsanordnung zugunsten des Staates geschaffen wird[924]. Während der originäre Verfallsanspruch des Staates bereits mit dem Zufluss des aus der Tatausführung herrührenden Gewinns kraft Gesetz entsteht[925], werden dem Fiskus beim Auffangrechtserwerb erst mit der im Hauptsacheverfahren ergangenen Entscheidung des Gerichts aufschiebend bedingte Ansprüche zuteil.

Diese Unterscheidung zwischen originär und erst durch die richterliche Feststellung entstandenem Verfallsanspruch gewinnt auch im Zusammenhang mit einem parallel laufenden Insolvenzverfahren an Bedeutung. Soweit nämlich eine dahingehende Feststellung nach der Insolvenzeröffnung getroffen wird, würde die aufschiebend bedingte Anordnung des Auffangrechtserwerbs als nicht am Verfahren zu berücksichtigende Neuverbindlichkeit einzustufen sein.

Der staatliche Auffangrechtserwerb ist aber nicht nur aufschiebend, sondern zugleich auch auflösend bedingt. Soweit Verletzte innerhalb der ersten Dreijahresfrist eine zumindest teilweise Befriedigung erfahren, stünde ihm der Ausschlusstatbestand nach § 111i Abs. 5 S. 1 StPO entgegen. Dies ist aber für ein Insolvenzverfahren weitaus weniger beachtlich. Denn auflösend bedingte Forderungen werden bis zum Bedingungseintritt wie unbedingte Forderungen berücksichtigt, § 42 InsO.

2. Grundsätzliche Kritik an der Konstruktion des Auffangrechtserwerbs

Bereits im Zuge des Gesetzgebungsverfahrens hat die strafprozessuale Ausgestaltung des Auffangrechtserwerbs Kritik erfahren[926]. Diese ist auch nach dem Inkrafttreten nicht abgerissen[927]. Angesichts des komplexen Regelungswerkes verwundert

---

923 Hansen/Wolff-Rojczyk/Wolff-Rojczyk, GRUR 2007, 475.
924 BGH, NJW 2008, 1094.
925 Siehe hierzu Teil 1 B. II. 3. c) cc).
926 Siehe hierzu bereits die kritischen Abhandlungen von Rönnau, ZRP 2004, 191 ff.
927 Greeve, NJW 2007, 14 ff.

es kaum, wenn der Auffangrechtserwerb nicht nur als unmögliches legislatorisches Monstrum bezeichnet wird[928]. Es handle sich vielmehr um einen verkappten Nachtragsverfall, der durch die prozessuale Hintertür eingeführt worden ist[929]. Ein derartiges Verfahren werde die Gerichte und Staatsanwaltschaften bis zu zehn Jahre hinweg beschäftigen[930] und nicht besonders zur Akzeptanz des Auffangrechtserwerbs beitragen. Ungeachtet der am gesamten Regelungswerk geäußerten Kritik und der bestehenden Reformmängel[931] ist für die gegenständliche Bearbeitung dennoch zu hinterfragen, wie sich ein Insolvenzverfahren auf die mögliche Feststellung im Hauptsacheverfahren und den Eintritt des staatlichen Auffangrechtserwerbs auswirkt. Dazu sind die einzelnen Verfahrensschritte bis zum Eintritt des Auffangrechtserwerbs materiell-rechtlich zu bewerten.

III. Der Auffangrechtserwerb in der Insolvenz

1. Insolvenzeröffnung vor Anordnung Auffangrechtserwerb

Grundsätzlich sind nach der Insolvenzeröffnung alle gem. § 111c StPO beschlagnahmten Gegenstände an den Insolvenzverwalter herauszugeben[932]. Im Falle der Insolvenz verliert das Rückgewinnungshilfeverfahren seine Bedeutung[933]. Die Anordnung eines nachgeschalteten Auffangrechtserwerbs samt einer damit verbundenen Aufrechterhaltung der Beschlagnahme würde weder gegenüber den vorrangigen Bestimmungen der Insolvenzordnung durchsetzbar sein noch aus Gründen des Opferschutzes einen Sinn ergeben. Für eine über das Insolvenzverfahren hinausgehende strafprozessuale Vollstreckungshilfe besteht auch kein Bedürfnis. Soweit nämlich die zur Insolvenztabelle angemeldeten Forderungen der Geschädigten als deliktische Ansprüche festgestellt worden sind, unterliegen sie nicht der Restschuldbefreiung, §§ 174 Abs. 2, 302 Nr. 1 InsO. Nach der Aufhebung des Insolvenzverfahrens und dem Wegfall eventueller Vollstreckungsverbote[934] können die Verletzten mit ihrem vollstreckbaren Tabellenauszug bis zum Eintritt der dreißigjährigen Verjährung im Wege der Zwangsvollstreckung auf das Vermögen des Täters zugreifen, §§ 178 Abs. 3, 201, 202 InsO, § 197 Abs. 1 Nr. 5 BGB.

---

928 Mosbacher/Claus, wistra 2008, 1 ff.
929 Hansen/Wolff-Rojczyk, GRUR 2007, 475; Rönnau, ZRP 2004, 193.
930 Bohne/Boxleitner, NStZ 2007, 554.
931 Siehe hierzu insbesondere Bohne/Boxleitner, NStZ 2007, 552.
932 Siehe hierzu Teil 1 A. III. 5 u. IV. 2. b) dd).
933 BT-Drucks. 16/700, S. 14.
934 Siehe hierzu das Vollstreckungsverbot in § 294 Abs. 1 InsO. Strittig ist, ob dies auch für Forderungen gilt, die gem. § 302 von der Restschuldbefreiung ausgenommen sind; vgl. hierzu Braun/Lang, § 294 Rn. 4 m.w.N.

Da zumindest ein »*redlicher*« Täter in der Insolvenz nicht mehr viel zu verlieren hat[935], wäre darüber hinaus sowohl aus dem Blickwinkel der effektiven Verbrechensbekämpfung als auch aus Opferschutzgründen ein Auffangrechtserwerb entbehrlich.

2. Insolvenzeröffnung nach Anordnung Auffangrechtserwerb

a) Berücksichtigung des Auffangrechtserwerbs

Sofern das Insolvenzverfahren erst im Anschluss an die Anordnung, aber noch vor dem Eintritt des staatlichen Rechtserwerbs eröffnet wird, stellt sich die Frage, wie der aufschiebend bedingte Auffangrechtserwerb im Verfahren zu berücksichtigen ist.

Nach der gegenwärtigen Rechtslage bleibt der Schuldner bis zum Eintritt des staatlichen Auffangrechtserwerbs weiterhin Eigentümer bzw. Inhaber des durch die Beschlagnahme gem. § 111c StPO gesicherten Vermögens. Deshalb müssen auch mit Eröffnung des Insolvenzverfahrens die beschlagnahmten Werte von der Staatsanwaltschaft an den Insolvenzverwalter herausgegeben werden. Der erst nach Ablauf der Dreijahresfrist mögliche Rechtserwerb des Staates kann nach Eröffnung des Insolvenzverfahrens nicht mehr eintreten. Wie beim eigentlichen Verfall steht dem in § 111i Abs. 5 S. 1 StPO i.V.m. § 73e Abs. 1 StGB geregelten Auffangrechtserwerb der den sonstigen Rechtserwerb an Massegegenständen verhindernde Ausschlusstatbestand des § 91 Abs. 1 InsO entgegen[936].

Zwar kann ein nach § 45 InsO in Geld umgerechneter Verfallsanspruch beim Insolvenzverwalter problemlos angemeldet werden[937]. Beim aufschiebend bedingten Auffangrechtserwerb erscheint dies hingegen auf den ersten Blick fraglich. Denn die in der Konkursordnung nach § 67 KO ausdrücklich getroffene Regelung, dass unter einer aufschiebenden Bedingung stehende Forderungen im Konkursverfahren zu einer Sicherung berechtigten, ist nicht mehr in die Insolvenzordnung übernommen worden. Dessen ungeachtet nehmen aber aufschiebend bedingte Forderungen nach wie vor am Insolvenzverfahren teil. Der Gesetzgeber hat nur die praktische Relevanz aufschiebend bedingter Forderungen als gering eingestuft und es daher als ausreichend angesehen, die Behandlung derartiger Forderungen an verschiedenen Stellen der Insolvenzordnung individuell zu regeln[938]. Deshalb können auch

---

935 BT-Drucks. 16/700, S. 14.
936 Siehe hierzu Teil 1 B. III. 3. a).
937 Siehe hierzu Teil 1 B. III. 3. c) aa).
938 BT-Drucks. 12/2443, S. 124. Vgl. hierzu §§ 77 Abs. 3 Nr. 1, 95 Abs. 1 S. 1, 191, 237 Abs. 1 Nr. 1 InsO.

weiterhin aufschiebend bedingte Forderungen vollumfänglich zur Tabelle angemeldet werden[939]. Die Feststellung erfolgt lediglich mit dem Zusatz »aufschiebend
bedingte Insolvenzforderung«[940] und ihre Berücksichtigung bei der Schluss- und
den Abschlagsverteilungen findet nach Maßgabe des § 191 Abs. 1 InsO statt. Der
Insolvenzverwalter schüttet den auf sie entfallenden Anteil nicht sofort aus, sondern hält ihn zurück. Gleiches gilt für die Schlussverteilung. Erst wenn der Eintritt
der Bedingung so fern liegt, dass die Forderung zur Zeit der Schlussverteilung keinen Wert hat, entfällt die Berücksichtigung und bislang zurückbehaltene Anteile
werden für die übrigen Gläubiger frei, § 191 Abs. 2 InsO. Da allerdings der Auffangrechtserwerb mit Ablauf der Dreijahresfrist grundsätzlich eintreten würde,
steht die Bedingung unter einer so hohen Wahrscheinlichkeit, dass eine Berücksichtigung bei der Schlussverteilung nicht ernsthaft in Frage steht.

Nach den vorstehenden Ausführungen kann daher auch ein aufschiebend bedingter und sich auf einen konkreten Gegenstand beziehender Auffangrechtserwerb
beim Insolvenzverwalter als in Geld umgerechnete Forderung mit Erfolg angemeldet werden. Dabei sind die bei der Anmeldung von Verfallsansprüchen geltenden
Grundsätze[941] zu beachten und eventuell noch erbrachte Leistungen des Schuldners
an die Geschädigten gem. § 111i Abs. 3 S. 5 StPO in Anrechnung zu bringen.

b) Manipulationsmöglichkeiten

Da nach den in der Hauptsache getroffenen Feststellungen für den Auffangrechtserwerb der Schuldner noch weitere drei Jahre Eigentümer des konkreten Verfallsgegenstandes bleibt, besteht natürlich die Gefahr, dass dieser über die Insolvenz eine Art »Rückgewinnungshilfe« zu seinen Gunsten betreibt. Das nachfolgende Beispiel dient dazu, die Schwachstelle des staatlichen Auffangrechtserwerbs darzustellen:

Fallbeispiel[942]:

Zwei Täter ließen sich 0190-Nummern freischalten. Mit Computerhilfe riefen sie rund
860.000 Mal Handys an und legten gleich wieder auf. Viele der über die Audiotex-
Plattform Angerufenen riefen zurück und mussten für die teure 0190-Verbindung zahlen. Sie hörten jedoch nur ein simuliertes Freizeichen. Der »Gegenwert« dieser Tele-
fonate ist einem eigens hierfür eingerichteten und von der Staatsanwaltschaft im Ermittlungsverfahren nach § 111c Abs. 3 StPO beschlagnahmten Bankkonto gutge-

939 Braun/Bäuerle, § 42 Rn. 6.
940 So zur Konkursordnung bereits Kilger/Schmidt, § 67 Nr. 2.
941 Siehe hierzu Teil 1 B. II. 5.
942 In Anlehnung an LG Hildesheim, MMR 2005, 130 ff.

schrieben worden. Der Gesamtschaden beträgt rund 47.000 Euro und die Weichen für den Auffangrechtserwerb des Kontos sind im Hauptsacheverfahren gestellt worden.

Es ist nicht unwahrscheinlich, dass Tatverletzte mit relativ kleinen Schadenssummen auf die Rückgewinnungshilfe weder während des Ermittlungs- und Hauptsacheverfahrens noch innerhalb der Dreijahresfrist zurückgreifen. Wie das obige Beispiel zeigt, wäre damit oftmals ein nicht im Verhältnis stehender Aufwand verbunden, der die Schadenssumme deutlich übersteigende Kosten nach sich zieht. Gerade bei diesen Konstellationen besteht aber für die Täter bei hinreichend krimineller Energie durchaus die Möglichkeit, während der Dreijahresfrist den staatlichen Auffangrechtserwerb zu verhindern und das ergaunerte Vermögen sich wieder zu beschaffen. In Fortführung des obigen Fallbeispiels müsste man nur wie folgt vorgehen:

Die Täter fordern nach den vorläufigen Sicherungsmaßnahmen Freunde und Bekannte auf, diverse Mahnverfahren gegen sie zu betreiben. Mit den so erhaltenen Vollstreckungsbescheiden betreiben diese anschließend zeitlich versetzt die Zwangsvollstreckung in die vorläufig durch die Staatsanwaltschaft gesicherten Vermögenswerte. Nach dem rechtskräftigen Abschluss des Strafverfahrens stellen die Täter dann einen Insolvenzantrag. Das Insolvenzverfahren wird eröffnet und das beschlagnahmte Konto zugunsten der Masse freigegeben. Durch die insolvenzfesten Pfändungen fließt den Tätern das beschlagnahmte Vermögen über die absonderungsberechtigten Freunde und Bekannten wieder zurück.

Zweifellos werden bei dem vorstehend beschriebenen Ablauf neue Straftaten begangen, welche weitere Vermögensabschöpfungsmaßnahmen ermöglichen. Es stellt sich allerdings die Frage, wer sich nach mehreren Monaten oder Jahren tatsächlich darum noch kümmern sollte. Wer prüft, ob die in einem scheinbar rechtmäßig erwirkten Titel ausgewiesene Forderung nur fingiert oder real existent ist[943]?

Der Gesetzgeber hätte deshalb besser daran getan, das zur Sicherung von Verletztenansprüchen beschlagnahmte Vermögen mit Rechtskraft der Hauptsacheentscheidung auf den Staat übergehen zu lassen. Die Verletzten könnten dann genauso gut im Rahmen eines zeitlich befristeten Nachverfahrens gegenüber dem Staat die Herausgabe der entsprechenden Vermögenswerte verlangen. Dies war[944] und ist nicht gewollt[945]. Es wäre aber weitaus sicherer, pragmatischer und vor allem weniger arbeitsintensiv für die Gerichte und Staatsanwaltschaften gewesen.

---

943 So bereits Dr. Johann Podolksy (LKA Baden-Württemberg) in einem nicht veröffentlichten Schreiben an das Bundesministerium der Justiz am 14.04.2006.
944 BT-Drucks. IV/650, S. 241.
945 BT-Drucks. 16/700, S. 18.

3. Insolvenzeröffnung nach Eintritt des Auffangrechtserwerbs

a) Auswirkungen auf den Auffangrechtserwerb

Der Eintritt des Auffangrechtserwerbs vollzieht sich wie beim Verfall konkreter Gegenstände kraft Gesetz, § 111i Abs. 5 S. 1 StPO i.V.m. § 73e Abs. 1 StGB. Deshalb stellt sich auch hier die Frage, ob der nach Ablauf von drei Jahren eintretende Erwerb der Insolvenzanfechtung nach § 129 ff. InsO oder der Rückschlagsperre gem. § 88 InsO unterliegt.

Da nur die im Wege der Zwangsvollstreckung erlangten Sicherungen von der Rückschlagsperre nach § 88 InsO erfasst werden, ist ihr Anwendungsbereich beim Auffangrechtserwerb nicht eröffnet[946]. Diesem kommt eine dem Verfall gleichstehende und allenfalls im Wege der Insolvenzanfechtung rückgängig zu machende Erfüllungswirkung zu. Insofern kann auch hier auf die zum Verfall gemachten Ausführungen vollumfänglich verwiesen werden[947].

Ungeachtet dessen wird die Insolvenzanfechtung eines eingetretenen Auffangrechtserwerbs regelmäßig scheitern. Die kongruente Deckung kann nach § 130 Abs. 1 S. 1 InsO nämlich nur dann angefochten werden, wenn sie entweder nach dem Insolvenzantrag oder in den letzten drei Monaten vor diesem erfolgt ist. Nach § 140 Abs. 3 InsO bleibt aber bei einer bedingten oder befristeten Rechtshandlung der Eintritt der Bedingung oder des Termins anfechtungsrechtlich außer Betracht. Auflösend und aufschiebend bedingte sowie befristete Rechtshandlungen gelten nach der Insolvenzordnung bereits dann als abgeschlossen, wenn die rechtsbegründenden Tatumstände abgeschlossen sind[948]. Beim aufschiebend bedingten Auffangrechtserwerb ist deshalb für die Insolvenzanfechtung nicht der Tag des Rechts- bzw. Eigentumsüberganges maßgeblich, sondern die drei Jahre zuvor eingetretene Rechtskraft der im Hauptsacheverfahren getroffenen Feststellung nach § 111i Abs. 2 S. 1 u. 2 StPO. Diese bildet die materiell-rechtliche Grundlage für den späteren Erwerb. Daher kann man den nach Ablauf der Dreijahresfrist eingetretenen Auffangrechtserwerb nahezu als insolvenzfest bezeichnen.

Eine Anfechtung wäre theoretisch nur dann denkbar, wenn der Insolvenzantrag spätestens drei Monate nach Rechtskraft der strafgerichtlichen Entscheidung gestellt, aber das Insolvenzverfahren erst nach Eintritt des Auffangrechtserwerbs, also rund zweidreiviertel Jahre später eröffnet wird (Abb. 9).

---

946 Siehe hierzu bereits Teil 1 B. II. 2. b) aa).
947 Siehe Teil 1 B. II. 6.
948 Braun/Riggert, § 140 Rn. 11.

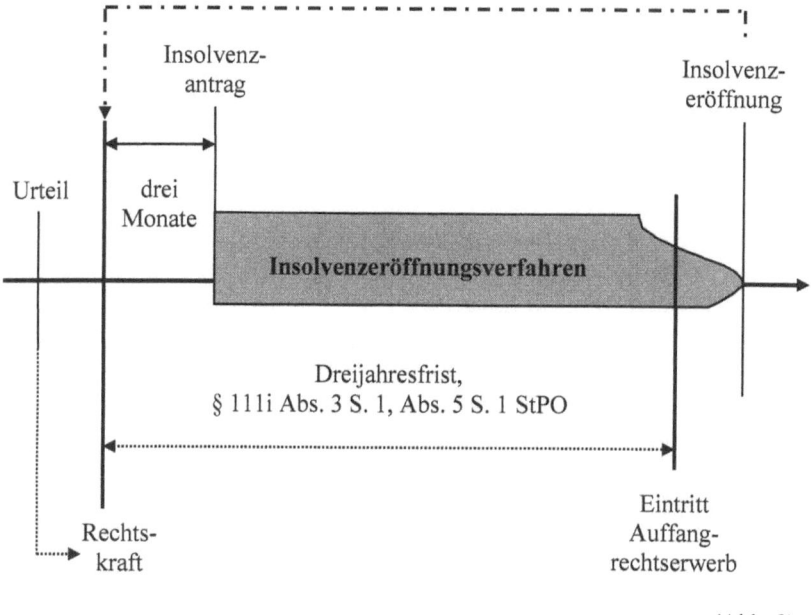

Insolvenzanfechtung nach § 130 Abs. 1 S. 1 Nr. 1 InsO

(Abb. 9)

b) Ausgleichsansprüche zugunsten der Masse

aa) Entstehen des Ausgleichsanspruches

Weitaus wahrscheinlicher ist bei einem nach Eintritt des Auffangrechtserwerbs eröffneten Insolvenzverfahren die Geltendmachung der auf weitere drei Jahre befristeten Ausgleichsansprüche durch den Insolvenzverwalter des Verurteilten. Denn soweit innerhalb des Insolvenzverfahrens Verletzte im Rahmen von Absonderungsrechten oder Abschlagszahlungen einen Teil ihrer Schadensansprüche haben realisieren können, entsteht zugunsten des vom Auffangrechtserwerb Betroffenen grundsätzlich ein Ausgleichsanspruch in entsprechender Höhe, § 111i Abs. 7 S. 1 StPO. Diesen Anspruch wird der Insolvenzverwalter gegenüber dem Staat einfordern und zur Masse ziehen.

bb) Höhe des Ausgleichsanspruches

Der Ausgleichsanspruch wird beim Auffangrechtserwerb von beschlagnahmten Gegenständen maximal in Höhe des dem Staat tatsächlich zugefallenen Vermögens gewährt[949]. Allerdings dürfte sich der objektive bzw. rein rechnerische Wert im Zuge der sich an den Auffangrechtserwerb anschließenden Verwertung nicht immer vollumfänglich realisieren lassen. Gerade bei Sammler- und Liebhaberobjekten oder Immobilien könnte das oftmals problematisch sein. Damit dem Staat nicht das alleinige Verwertungsrisiko obliegt, wäre auch bei den zuvor beschlagnahmten Gegenständen die eindeutige Beschränkung des Ausgleichsanspruches auf die konkret erzielten Verwertungserlöse wünschenswert gewesen. Andernfalls könnte eine zumindest teilweise Entschuldung des Täters zulasten des Fiskus erfolgen. Insofern sollte die nach § 111i Abs. 7 S. 1, Abs. 5 S. 3 StPO nur für gepfändete Gegenstände geltende Beschränkung auf den Verwertungserlös[950] auch für die beschlagnahmten und gem. § 111i Abs. 5 S. 1 StPO i.V.m. § 73 e Abs. 1 StGB auf den Staat übergegangenen Verfallsobjekte gelten. Würde man nur auf den tatsächlich zugefallenen Vermögenswert abstellen, wären darüber hinaus Meinungsverschiedenheiten über den maßgeblichen Wert des konkreten Gegenstandes und die Obergrenze des Ausgleichsanspruches vorprogrammiert. Diese Differenzen müssten ggf. im Beschwerdeverfahren durch Einbindung von externem Sachverstand beigelegt werden.

cc) Zeitlicher Ausschluss des Ausgleichsanspruches

Nach Eintritt des Auffangrechtserwerbs und Ablauf der sich daran anschließenden zweiten Dreijahresfrist hat der Gesetzgeber weitere Ausgleichsansprüche ausgeschlossen, § 111i Abs. 7 S. 2 Nr. 2 StPO. Nach der Auffassung des Gesetzgebers[951] gebiete neben der Gefahr des Missbrauchs auch die langjährige Aufbewahrung der Akten diese Beschränkung. Andernfalls sei der Täter unangemessen privilegiert. Schließlich betrage gemäß § 195 BGB

> »... die regelmäßige Verjährungsfrist nur noch drei Jahre. Diese Frist gilt auch, soweit sich – wie hier nach Vollzug des Auffangrechtserwerbs – ursprüngliche Herausgabeansprüche aus Eigentumsrechten in bereicherungsrechtliche Ansprüche gewandelt haben (vgl. Palandt/Heinrichs, BGB, 64. Aufl., § 197 Rn. 2). Zudem dürfte eine nennenswerte Motivation für Leistungen an das Opfer nach Ablauf sowohl der Frist von drei Jahren bis zum Eintritt des Auffangrechtserwerbs als auch der nochmaligen Drei-

---

949 BT-Drucks. 16/700, S. 18.
950 Meyer-Goßner, § 111i Rn. 18.
951 BT-Drucks. 16/700, S.18.

jahresfrist für den Ausgleichsanspruch, mithin also nach sechs Jahren, nicht mehr gegeben sein....«

Diese Ausführungen sind in mehrerlei Hinsicht problematisch. Wie schon dargestellt, besteht die Möglichkeit des Missbrauchs bereits wesentlich früher. Dem Argument kann daher kein besonderes Gewicht beigemessen werden. Daneben unterliegen z.b. titulierte Schadensersatzansprüche nicht der Regelverjährung von drei
Jahren. Für sie gilt eine dreißigjährige Verjährungsfrist, § 197 Abs. 1 Nr. 3 - 5
BGB. Man kann zwar wirklich nicht ernsthaft bestreiten, dass die Motivation des
Täters zur Schadenswiedergutmachung mit fortschreitender Zeit immer mehr ab-
nehmen wird. Die Schadenswiedergutmachung muss aber nicht unbedingt vom Täter ausgehen. Gerade wenn dieser nach Ablauf der Ausschlussfrist zu Vermögen
kommen sollte, können Geschädigte ihre (ggf. im Insolvenzverfahren) titulierten
Ansprüche weiterhin im Wege der Zwangsvollstreckung durchsetzen. Insofern
droht dem Täter tatsächlich die abstrakte Gefahr einer doppelten Inanspruchnahme[952]. Mit § 73 Abs. 1 S. 2 StGB will man das aber gerade verhindern. Die als
»Totengräber des Verfalls«[953] verrufene Norm räumt nicht nur den Individualan-
sprüchen der Geschädigten den Vorrang ein. Sie schützt auch den Täter. Er soll
nicht zweimal zahlen[954]. Muss er dies trotzdem, kann der Befriedigung von Geschädigten durchaus ein darüber hinausgehender Strafcharakter beigemessen werden. Nachdem das aufgezeigte Spannungsfeld jedoch frühestens in einigen Jahren
in der Rechtspraxis an Bedeutung gewinnen wird, kann die umfassende Würdigung
und die Frage der analogen Anwendung des § 111i Abs. 7 S. 2 StPO zum gegenwärtigen Zeitpunkt noch zurückgestellt werden.

IV. Fazit

Ohne das Gesetz zur Stärkung der Rückgewinnungshilfe und Vermögensabschöpfung bei Straftaten vollends bewerten zu wollen, haben sich bereits mehrere Regelungsdefizite herauskristallisiert. Nicht umsonst ist das verbesserungswürdige Re-
formgesetz auch schon mit *»Eins vor und zwei zurück«* umschrieben worden[955].
Ungeachtet der berechtigten Kritik kommt man auch mit den Regelungen zum Auffangrechtserwerb bei der Insolvenz des Täters regelmäßig zu vertretbaren Ergebnissen.

952 Bohne/Boxleitner, NStZ 2007, 555.
953 Bohne, S. 22 m.w.N.
954 LK-Schmidt, § 73 Rn. 34.
955 Bohne/Boxleitner, NStZ 2007, 552.

Teil 2 - Dinglicher Arrest, Verfall von Wertersatz und Rückgewinnungshilfe in der Insolvenz

A. Die Auswirkungen des Insolvenzverfahrens auf den Arrestvollzug nach §§ 111b Abs. 2, 111d StPO

I. Der Arrestvollzug nach §§ 111b Abs. 2, 111d Abs. 2 StPO

1. Die Regelung des Arrestvollzuges

Soweit sich im Ermittlungsverfahren der auf Zahlung einer Geldsumme gerichtete Verfall von Wertersatz abzeichnet, erfolgt die Sicherung der staatlichen Ansprüche im Wege des dinglichen Arrestvollzuges, § 111b Abs. 2 StPO. Während im Zivilrecht umstritten ist, welche Kriterien für die Sicherung eines künftigen Anspruches zu fordern sind[956], kommt es wegen § 111b Abs. 2 StPO nicht darauf an, ob der Verfall von Wertersatz materiell-rechtlich erst mit der Anordnung entsteht oder lediglich durchsetzbar wird.

Wie bei der Beschlagnahme ergibt sich auch für den strafprozessualen dinglichen Arrest die Anordnungs- und Vollziehungskompetenz aus §§ 111e, 111f StPO[957]. Im Gegensatz zu der umfassend in § 111c StPO ausgestalteten Beschlagnahme wird der Arrestvollzug lediglich im Wege einer Verweisung geregelt. Nach Maßgabe des § 111d Abs. 2 StPO gelten hierfür sinngemäß die §§ 928, 930 - 932 und 934 Abs. 1 ZPO.

2. Die Rechtsfolgen des Arrestvollzuges[958]

a) Bewegliches Vermögen

Die Arrestvollziehung in bewegliches Vermögen wird nach §§ 111b Abs. 2, 111d Abs. 2 StPO i.V.m. §§ 928, 930 ZPO im Wege einer Pfändung bewirkt. Die Sachpfändung erfolgt gem. §§ 808 ff. ZPO durch Wegnahme, Siegelung oder sonstige Kenntlichmachung. Geld- oder Hypothekenforderungen werden durch Zustellung eines Pfändungsbeschlusses nach §§ 829 ff. ZPO gepfändet. Gleiches gilt für An-

---

956 Zöller/Vollkommer, § 916 Rn. 8 m.w.N.
957 Zur Arrestanordnung siehe insbesondere Bach, S. 1 ff.; zum Problem des Arrestgrundes nach § 111d Abs. 2StPO, § 917 ZPO siehe Hansen/Wolff-Rojczyk, GRUR2007, 471.
958 Weiterführend zum strafprozessualen dinglichen Arrest Savini, S. 57 ff.; Schmidt, Rn. 770 ff.

sprüche auf Herausgabe oder Leistung körperlicher Sachen und anderer Vermögensrechte[959], §§ 846, 857 ff. ZPO.

Mit der Pfändung wird der konkrete Gegenstand verstrickt, d.h. beschlagnahmt[960]. Die mit der Beschlagnahme bzw. dem hoheitlichen Zugriff bewirkte Sicherstellung der Sache begründet für den Gläubiger ein Pfändungspfandrecht, § 804 Abs. 1 ZPO. Nach § 930 Abs. 1 S. 2 ZPO entsteht auch beim Arrestvollzug ein Arrestpfandrecht mit den in § 804 ZPO bestimmten Wirkungen. D.h., dass die Arrestpfändung von beweglichem Vermögen, von Forderungen und sonstigen, nicht der Zwangsvollstreckung in das unbewegliche Vermögen unterliegenden Vermögensrechten neben dem Pfandrecht zugleich die Verstrickung in Form eines relativen Veräußerungsverbotes nach §§ 135, 136 BGB zur Folge hat[961] (Abb. 10). Sobald der Gläubiger im Besitz eines vollstreckbaren Hauptsachetitels ist, tritt neben der Sicherungsfunktion der Arrestpfändung die Verwertungsfunktion der Zwangsvollstreckung hinzu[962].

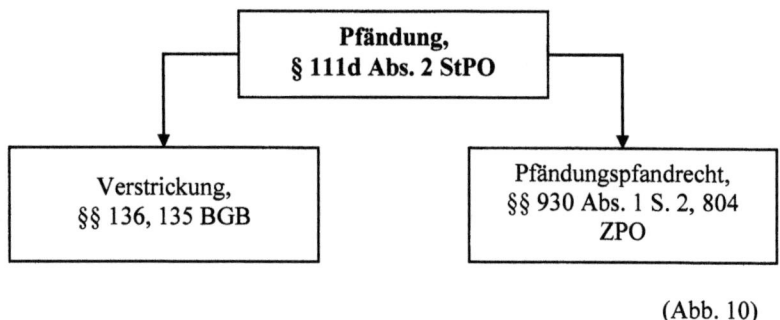

(Abb. 10)

b) Unbewegliches Vermögen

In unbewegliches Vermögen wird der Arrest durch Eintragung einer Sicherungshöchstbetragshypothek im Grundbuch vollzogen[963], §§ 111b Abs. 2, 111d Abs. 2 StPO i.V.m. §§ 928, 932 ZPO. Sobald ein rechtskräftiges Urteil über die Arrestforderung vorliegt, kann bis zur Insolvenzeröffnung[964] beim zuständigen Grundbuchamt die Umwandlung in eine Zwangshypothek beantragt werden, §§ 1186, 1190 BGB, 866 ZPO.

959 Thomas/Putzo, § 930 Rn. 1 ZPO.
960 Zöller/Stöber, § 804 Rn. 1.
961 Hansen/Wolff-Rojczyk, GRUR 2007, 472.
962 Stein/Jonas/Grunsky, § 930 Rn. 11; Zöller/Stöber, § 930 Rn. 5.
963 Siehe hierzu Dehmann, RpflStud. 2008, 65 ff.
964 Zöller/Stöber, § 932 Rn. 4; OLG Frankfurt, Rpfleger 1975, 103.

c) Eingetragene Schiffe, Schiffsbauwerke und Luftfahrzeuge

Die Arrestvollziehung in eingetragene Schiffe und Schiffsbauwerke bestimmt sich nach §§ 111b Abs. 2, 111d Abs. 2 StPO i.V.m. §§ 928, 931, 808 ZPO. Hier wirkt sich die Eigenschaft des Schiffes oder Schiffsbauwerkes als bewegliche Sache wieder aus. Die Vollziehung erfolgt nämlich durch eine im Vorfeld zusätzlich anzuordnende Pfändung[965]. Zeitgleich mit der Anordnung wird das Registergericht um die Eintragung einer Vormerkung ersucht, § 931 Abs. 3 HS 2 ZPO. Das erst mit Durchführung der Sachpfändung außerhalb des Registers begründete Pfandrecht[966] kann auf Antrag des Gläubigers in das Schiffs- oder Schiffsbauregister eingetragen werden, § 931 Abs. 6 S. 1 ZPO. Es gewährt dem Arrestgläubiger im Verhältnis zu anderen auf dem Schiff lastenden Rechte dieselben Rechte wie eine Schiffshypothek, § 931 Abs. 2 HS 2 ZPO.

Die Arrestvollziehung in ein in der Luftfahrzeugrolle oder im Register für Pfandrechte an Luftfahrzeugen eingetragenes Luftfahrzeug[967] erfolgt nach § 99 Abs. 2 S. 1 LuftfzRG[968]. Das nach § 111f Abs. 3 StPO zuständige Vollstreckungsorgan nimmt das Flugzeug in Bewachung und Verwahrung[969]. Anders als bei eingetragenen Schiffen und Schiffsbauwerken dient dies nur zur Sicherung. Das Arrestpfandrecht entsteht erst mit der Eintragung des Pfandrechts in das beim Amtsgericht Braunschweig befindliche Pfandrechtsregister für Luftfahrzeuge[970].

3. Zwischenergebnis

Während die Beschlagnahme nach § 111c StPO nur das inkriminierte Vermögen betrifft, ermöglicht der strafprozessuale Arrest dagegen den Zugriff auf legal erworbenes oder nicht nachweislich aus Straftaten stammendes Vermögen[971]. Im Gegensatz zur Beschlagnahme hat der Arrestvollzug grundsätzlich ein dingliches Recht zur Folge. Seine Vollziehung ist grundsätzlich in das gesamte pfändbare Vermögen des Schuldners zulässig[972]. Den Ermittlungsbehörden steht daher ein »scharfes Schwert« zur Verfügung, das bis zur existenzvernichtenden Gefährdung heranreichen kann[973].

---

965 Zur Unzulässigkeit des Arrestvollzuges in ein Schiff siehe insbesondere § 482 HGB.
966 Dobberahn, MittRhNotK 1998, 154.
967 Zur Zwangsvollstreckung in Luftfahrzeuge siehe Bauer, JurBüro 1974, 2 ff.
968 Siehe hierzu bereits die Ausführungen unter Teil 1 A. III 2. d) bb) (2) γ) δδ).
969 Die Bewachung und Verwahrung unterbleibt nach Maßgabe von § 99 Abs. 2 HS 2 LuftfzRG.
970 Noak, JurBüro 1982, 171.
971 Bach, JR 2004, 231.
972 Zöller/Stöber, § 930 Rn. 1.
973 Bach, ZRP 2005, 213.

II. Die Insolvenzeröffnung und ihre Auswirkungen

1. Anordnung und Vollzug nach Insolvenzeröffnung

Das Insolvenzverfahren als Gesamtvollstreckung verdrängt die Einzelvollstreckung und damit auch insbesondere den strafprozessualen Arrest[974]. Wenn der vor Eröffnung des Insolvenzverfahrens erlassene Arrest noch nicht vollzogen worden ist, kommt nur die Aufhebung desselben in Betracht[975]. Mit Eröffnung des Insolvenzverfahrens gilt das aus § 89 Abs. 1 InsO hervorgehende Verbot der Einzelzwangsvollstreckung auch für den Staat[976]. Die Einzelzwangsvollstreckung in die Insolvenzmasse und das sonstige Schuldnervermögen ist weder für gewöhnliche noch nachrangige Insolvenzgläubiger möglich[977]. Gegen das Einzelzwangsvollstreckungsverbot verstoßende Maßnahmen sind materiell-rechtlich unwirksam und lassen kein Pfandrecht entstehen. Sie sind aber nicht gänzlich nichtig, sondern führen weiterhin zur öffentlich-rechtlichen Verstrickung[978]. Diese wäre gesondert aufzuheben.

2. Anordnung und Vollzug vor Insolvenzeröffnung

Die durch den vor der Insolvenzeröffnung erfolgten Arrestvollzug entstandenen Sicherungsrechte werden von den Wirkungen der Insolvenzeröffnung grundsätzlich nicht berührt, § 80 Abs. 2 S. 2 InsO. Etwas anderes würde nur dann gelten, wenn sie unter den Anwendungsbereich der Rückschlagsperre nach § 88 InsO fallen oder mit der Insolvenzanfechtung gem. §§ 129 ff. InsO angegriffen werden können.

Die Rückschlagsperre greift, sofern ein Insolvenzgläubiger an dem zur Insolvenzmasse gehörenden Vermögen des Schuldners im letzten Monat vor oder auch nach dem Antrag auf Eröffnung des Insolvenzverfahrens durch Zwangsvollstreckung eine Sicherung erlangt hat, § 88 InsO. Mit Eröffnung des Verfahrens tritt automatisch die absolute Unwirksamkeit der Zwangsvollstreckungsmaßnahmen ein. Davon wird jedoch die öffentlich-rechtliche Verstrickung nicht erfasst. Sie bleibt bis zu ihrer Aufhebung unverändert bestehen[979]. Der von der Rückschlagsperre betroffene Pfandrechtsgläubiger ist trotz einer zuvor wirksam durchgeführten Zwangs-

---

974 KG Berlin, NJW 2005, 3734 m.w.N.
975 KG Berlin, NJW 2005, 3734; OLG Köln, ZIP 2004 2014 f. m.w.N; SK-StPO/Rogall, § 111b Rn. 39 m.w.N.
976 KG, NJW 2005, 3734. Zu einer möglichen Ausnahme hiervon siehe LG Berlin, wistra 2005, 277 f.
977 Hellerbrand, wistra 2003, 208.
978 Braun/Kroth, § 89 Rn. 14.
979 Braun/Kroth, § 88 Rn. 8. Zur Rückschlagsperre siehe bereits Teil 1 A. III. 4. u. B. II. 2. b) aa).

vollstreckung nicht mehr zur abgesonderten Befriedigung berechtigt. Er kann seine möglichen Ansprüche nur noch als Insolvenzgläubiger verfolgen, §§ 38, 39, 87 InsO. Selbst wenn das Insolvenzverfahren mangels Masse nach den §§ 207 ff. InsO endgültig eingestellt oder das eröffnete Verfahren auf die sofortige Beschwerde nach § 34 InsO aufgehoben wird, leben die von der Rückschlagsperre erfassten Sicherungen grundsätzlich nicht mehr auf[980]. Sie müssen im Wettlauf zu anderen Gläubigern und der damit verbundenen Gefahr eines Rangverlustes erneut ausgebracht werden[981], § 804 Abs. 3 ZPO.

Falls die Rückschlagsperre aus § 88 InsO nicht greift, kann der Insolvenzverwalter nach Maßgabe der §§ 129, 131 InsO jedoch die bis zu drei Monate vor dem Antrag auf Eröffnung des Insolvenzverfahrens erfolgte Zwangsvollstreckung oder Arrestvollziehung als inkongruente Rechtshandlung anfechten[982]. Da der erfolgreichen Insolvenzanfechtung jedoch keine rechtsgestaltende Natur zugebilligt wird[983], verbleibt es bei einem Rückgewähranspruch in Form eines schuldrechtlichen Verschaffungsanspruchs[984]. Das in anfechtbarer Weise Erhaltene ist grundsätzlich in seinem ursprünglichen Zustand wieder in die Masse zurückzugeben[985].

Soweit der Vollzug des strafprozessualen dinglichen Arrestes erfolgreich angefochten worden ist, müsste bei einer wirksamen Sachpfändung der konkrete Pfandgegenstand dem Insolvenzverwalter ausgehändigt werden. Wenn an Forderungen und sonstigen nicht der Zwangsvollstreckung in das unbewegliche Vermögen unterliegenden Werten ein Pfandrecht lastet, wäre auf dieses nach §§ 928, 843 ZPO zu verzichten. Bei einer im Grundbuch eingetragenen Sicherungshypothek ist vom Gläubiger der Verzicht nach § 1168 Abs. 2 BGB zu erklären und einzutragen. Erst dann würde dem insolventen Eigentümer des belasteten Grundstücks das Grundpfandrecht gemäß §§ 1168, 1192 BGB zustehen[986]. Hinsichtlich eingetragener Schiffe, Schiffsbauwerke und Luftfahrzeuge wäre neben der Aufhebung des amtlichen Gewahrsams entsprechend zu verfahren, § 57 Abs. 2 SchRO, § 55 Abs. 1 LuftfzRG.

---

980 Braun/Kroth, § 88 Rn. 8; Vallender, ZIP 1997, 1995, der dies für den Wegfall des Insolvenzeröffnungsbeschlusses aufgrund einer sofortigen Beschwerde nach § 34 InsO allerdings verneint.
981 Vallender, ZIP 1997, 1995.
982 BGH, NJW 1992,626; BGH, NJW 1995, 1090 ff.; Braun/de Bra, § 131 Rn. 25; Hees, ZIP 2004, 301. Zum Problem Vorpfändung außerhalb, Hauptpfändung aber innerhalb der Dreimonatsfrist siehe BGH, Rpfleger, 2006, 427.
983 Braun/de Bra, § 129 Rn. 6.
984 BGH, BGHReport, 2007, 85.
985 Braun/Riggert, § 143 Rn. 5; Zur Insolvenzanfechtung siehe bereits Teil 1, B. II.
986 Nerlich/Römermann/Wittkowski, § 143 Rn. 38.

3. Zwischenergebnis

Falls der Arrestvollzug nach § 111d Abs. 2 StPO mit der Rückschlagsperre oder der Insolvenzanfechtung kollidiert, hat der Staat nur noch die Möglichkeit, seine Ansprüche als nachrangiger Insolvenzgläubiger zu verfolgen, §§ 174 Abs. 3, 39 Abs. 1 Nr. 3 InsO. Etwas anderes könnte nur gelten, wenn durch den Arrest bereits eine zur Aussonderung begründende Sicherheit erlangt worden ist[987]. Hierauf wird später im Zuge der Durchsetzung des staatlichen Anspruches auf Verfall von Wertersatz noch eingegangen.

Bei konsequenter Anwendung des Insolvenzrechts zeichnet sich hier bereits ein hinzunehmender Wertungswiderspruch ab. Während das nur nach § 111c StPO beschlagnahmte, inkriminierte und in unmittelbarem Zusammenhang mit der Tatausführung stehende Vermögen grundsätzlich an den Insolvenzverwalter zurückzugeben ist, kann der Arrestvollzug nach § 111d Abs. 2 StPO in legales Vermögen im Insolvenzverfahren durchaus eine zu berücksichtigende Rolle spielen.

4. Anordnung und Vollzug im Insolvenzeröffnungsverfahren

Wie oben ausgeführt[988], kann das Insolvenzgericht bis zur Insolvenzeröffnung Sicherungsmaßnahmen nach § 21 InsO anordnen. Da der Arrestvollzug nach § 111d Abs. 2 StPO den zivilprozessualen Regelungen[989] folgt, gelten die nach § 21 Abs. 2 Nr. 2 InsO sich nur auf das bewegliche Vermögen beschränkenden Vollstreckungsverbote auch für ihn. Von den Sicherungsmaßnahmen des Insolvenzgerichts wird aber die rangwahrende Einzelzwangsvollstreckung in das unbewegliche Vermögen nicht erfasst, § 21 Abs. 2 S. 1 Nr. 3 InsO. Diese ist nach wie vor möglich. Obwohl eine solche Maßnahme mit der Eröffnung des Insolvenzverfahrens automatisch von der Rückschlagsperre erfasst wird, sollte zumindest der strafprozessuale dingliche Arrest in unbewegliches Vermögen vollzogen werden. Schließlich kann der antragstellende Gläubiger bis zur Insolvenzeröffnung seinen Insolvenzantrag zurücknehmen, § 13 Abs. 2 InsO. Die nur mit Blick auf die mögliche Insolvenzeröffnung unterlassene Maßnahme und die damit eventuell verbundene Rangverschlechterung würde mit der effektiven Bekämpfung profitorientierter Straftaten schwer in Einklang zu bringen sein.

---

987 KG Berlin, NJW 2005, 3734 m.w.N; OLG Köln, ZIP 2004, 2013; Schmerbach, EWiR, 2005, 357.
988 Siehe hierzu bereits Teil 1 A. IV. 4 b) u. c).
989 Lohse AnwBl 2006, 604.

B. Die Auswirkungen des Insolvenzverfahrens auf den Verfall von Wertersatz

I. Der (erweiterte) Verfall von Wertersatz, §§ 73a, 73d Abs. 2 StGB

Mit dem Verfall von Wertersatz soll eine lückenlose Gewinnabschöpfung sicherge-stellt werden. Die Abschöpfung muss spiegelbildlich dem Vermögensvorteil ent-sprechen, den der Täter gerade aus der Tat gezogen hat[990]. Ist nach § 73 StGB der Verfall bestimmter Gegenstände wegen der Beschaffenheit des Erlangten oder aus einem anderen Grunde nicht möglich, zieht dies grundsätzlich den auf Zahlung ei-ner vergleichbaren Geldsumme ausgerichteten Verfall von Wertersatz nach sich. Er ist gegenüber dem Verfall auch kein bloßes Minus, sondern ein aliud[991]. Seine rechtsdogmatische Einordnung richtet sich nach der Muttervorschrift[992] und er teilt die Rechtsnatur und die Ziele des Verfalls[993]. In der Praxis hat sogar die überwie-gende Zahl der Vermögensabschöpfungsverfahren nicht den eigentlichen Verfall, sondern den Verfall von Wertersatz zum Gegenstand[994]. Abgesehen von den unter § 73c StGB fallenden Härtefällen ist die Wertersatzanordnung nach § 73a S. 1 StGB daher ebenso zwingend wie der reine Verfall[995]. Für den erweiterten Verfall von Wertersatz gilt Entsprechendes. Sofern der erweiterte Verfall gem. § 73 d Abs. 1 StGB nicht möglich ist, bestimmt § 73d Abs. 2 StGB die sinngemäße Anwen-dung der Wertersatzvorschriften. Letztlich handelt es sich beim Wertersatz um eine rein fiskalische bzw. öffentlich-rechtliche Geldforderung, deren Höhe das Gesetz durch den Wert des Erlangten oder geldwerter Vorteile anderer Art wie z.B. bei er-sparten Aufwendungen und Gebrauchsvorteilen[996] bestimmt. Das Gericht kann al-lenfalls gem. § 73b StGB durch Schätzung die Höhe des Wertersatzes festlegen und mit der Ausnahmevorschrift des § 73c StGB im Falle einer unbilligen Härte die Anordnung betragsmäßig reduzieren oder gänzlich entfallen lassen. Diese Ent-scheidungen beeinflussen dann zwar Umfang und Inhalt des Anspruchs, sie können aber nichts daran ändern, dass der Anspruch mit Begehung der Tat bzw. mit dem Eintreten einer der in §§ 73a, 73d Abs. 2 StGB aufgeführten Alternativen schon vorher entstanden ist.

Ungeachtet dessen wird nach wie vor in Rechtsprechung und Literatur ohne nä-here Begründung vertreten, dass erst mit Anordnung des Wertersatzverfalls ein

---

990 BGHSt 50, 310.
991 BayObLG, NStZ-RR 1999, 270.
992 Husberg, S. 39.
993 LK-Schäfer, § 73 Rn. 2.
994 Greiner, GRUR 2007, 470; Hees, ZRP 2004, 38; Podolsky/Brenner, S. 81.
995 LK-Schmidt, § 73a Rn. 4; MüKo-StGB/Joecks, § 73a Rn 4.
996 Lohse, AnwBl. 2006, 606

Zahlungsanspruch des Staates entstünde[997]. Dieser Auffassung kann jedoch nur für den durch das Absehen des Surrogatsverfalls nach § 73 Abs. 2 S. 2 StGB anzuordnenden Wertersatzverfall nach § 73a S. 2 Alt. 3 StGB uneingeschränkt beigepflichtet werden. Nur hier handelt es sich ähnlich wie bei der Einziehung um eine echte Ermessensentscheidung des Gerichts[998]. Aus dieser Sichtweise heraus verwundert es nicht, wenn die Anordnung des Wertersatzverfalls nach Eröffnung des Insolvenzverfahrens für die zuvor begangenen Straftaten generell als unzulässig angesehen werde und nicht mit § 91 Abs. 1 InsO in Einklang zu bringen sei[999]. Dem ist sowohl in materiell-rechtlicher als auch in formell-rechtlicher Hinsicht zu widersprechen. Selbst wenn der Zahlungsanspruch erst mit der Anordnung entstünde, handelt es sich um keinen gegen § 91 Abs. 1 InsO verstoßenden Rechtserwerb. Die Vorschrift dient zur Sicherung der Aktivmasse. Sie erstreckt sich auf den Erwerb von Rechten an den zur Insolvenzmasse gehörenden Gegenständen. Darunter fallen alle Vollrechte und Rechte an Vollrechten sowie beschränkt dingliche Rechte als auch Rechte an solchen[1000]. Das Entstehen einer Forderung kann ersichtlich nicht darunter subsumiert werden. Unterstellt man weiter, dass der Wertersatzanspruch für die vor der Insolvenzeröffnung liegenden Taten erst mit der Anordnung entstehen würde[1001], kann ein Konflikt mit der Insolvenzordnung auch nicht konstruiert werden. Ein am Verfahren zu beteiligender Insolvenzgläubigers benötigt nach § 38 InsO zumindest einen im Zeitpunkt der Insolvenzeröffnung bereits begründeten Vermögensanspruch gegen den Schuldner. Das wäre nach der vorgenannten Auffassung aber dann nicht der Fall. Vielmehr würde es sich um eine am Verfahren nicht zu berücksichtigende Neuverbindlichkeit handeln. Allein aus diesen beiden Gründen ist die Auffassung schon in formell-rechtlicher Hinsicht unschlüssig und abzulehnen. Der Anordnung des Verfalls steht das Insolvenzverfahren nicht entgegen[1002].

Ebenso geht die vorgenannte Meinung in materiell-rechtlicher Sicht fehl. Unter Bezugnahme auf die Ausführungen zum originären Verfallsanspruch[1003] entsteht auch der staatliche Wertersatzanspruch bereits mit Vorliegen der in § 73a StGB

---

997 Vgl. hierzu KG Berlin, NJW 2005, 3734; Goos, wistra 2001, 314; Fischer, § 73a Rn. 8; Keusch, S. 132 m.w.N.; LK-Schmidt, § 73a Rn. 17; Markgraf, S. 114; Schönke/Schröder/Eser, § 73a Rn. 13.

998 Wallschläger, 117. A.A. Lührs, BuW 1999, 504: Da zwischen dem Verfall von Surrogatsgegenständen und dem Wertersatzverfall eine Abhängigkeit besteht, liege lediglich eine Alternativität vor.

999 So LG Duisburg ZIP 2003, 136; zustimmend Dahl EWiR 2003, 833 f.

1000 Braun/Kroth, § 91 Rn. 2 f.

1001 So KG Berlin, NJW 2005, 3734.

1002 OLG Schleswig, wistra 2001, 312; LG Saarbrücken, NStZ 2004, 275; SK-StGB/Horn, § 73 Rn. 22.

1003 Siehe hierzu Teil 1 B. II. 3. c) bb) u. cc).

aufgeführten Voraussetzungen. Bei dem Zeitpunkt des Entstehens wäre allenfalls noch zwischen dem ursprünglichen und dem späteren Wertersatzanspruch zu unterscheiden. Wenn wegen der Beschaffenheit des Erlangten von vornherein nur Wertersatz in Frage kommt, existiert der primäre Wertersatzanspruch bereits mit der Erlangung des Vermögensvorteils[1004]. Beim sekundären Wertersatzverfall kommt es dagegen auf den Zeitpunkt der Unmöglichkeit des Originalverfalls an[1005]. Da die strittige Frage, welcher Zeitpunkt für die Wertermittlung maßgeblich ist, sich nur auf die Höhe, nicht aber auf das Entstehen des Anspruches auswirkt, bedarf diese hier keiner weiteren Erörterung[1006].

Zusammenfassend kann daher festgehalten werden, dass mit der rechtskräftigen Entscheidung über den Verfall von Wertersatz grundsätzlich kein Zahlungsanspruch des Staates entsteht. Es wird vielmehr ein schon bestehender Anspruch werthaltig beziffert und vollstreckbar gemacht.

II. Verfall von Wertersatz und Insolvenzanfechtung

Hat das Gericht den Verfall von Wertersatz angeordnet, könnte sich auch hier der Vollständigkeit halber wieder die Frage aufdrängen, ob die davon ausgehenden Rechtsfolgen gleichfalls der Insolvenzanfechtung unterliegen. Ohne darauf näher eingehen zu wollen, stellt sich bereits die Gegenfrage: Welche für die Insolvenzanfechtung erforderliche Gläubigerbenachteiligung geht denn durch den sachlich gerechtfertigten Ausspruch des Verfalls von Wertersatz aus?[1007] Es wird daher von einer Vertiefung dieser Problematik abgesehen.

C. Die Durchsetzung des Wertersatzanspruchs

I. Keine (insolvenzfeste) Sicherung

Gem. § 39 Abs. 1 Nr. 3 InsO werden Geldstrafen, Geldbußen, Ordnungsgelder sowie solche Nebenfolgen einer Straftat oder Ordnungswidrigkeit, die zu einer Geldzahlung verpflichten, mithin also auch der (erweiterte) Verfall von Wertersatz, zu den nachrangigen Insolvenzforderungen gezählt. Hat der Staat keine insolvenzfeste

---

1004 Wallschläger, S. 117. Er setzt sich hier jedoch in Widerspruch zu seinen Ausführungen auf S. 12.
1005 Güntert, S. 68; MüKo-StGB/Joecks § 73a Rn. 5 - er setzt sich wie Wallschläger jedoch in Widerspruch zu seinen eigenen Ausführungen, vgl. hierzu § 73a Rn. 18; Wallschläger, 117.
1006 Zum Meinungsstand siehe Güntert, S. 76 m.w.N., Keusch, S. 128 f. m.w.N.; Wallschläger, S. 116 m.w.N.
1007 In diese Richtung ähnlich argumentierend MüKo-InsO/Kirchhof, § 141 Rn. 7.

Sicherung erlangt, ist er für die noch offene Wertersatzforderung nur nachrangiger Insolvenzgläubiger, § 39 Abs. 1 Nr. 3 InsO. Gleiches gilt für den Ausfall bei einer insolvenzfesten Sicherung, §§ 52, 39 Abs. 1 Nr. 3 InsO. Nachrangige Insolvenzgläubiger können ihre Forderungen beim Insolvenzverwalter jedoch erst nach gesonderter Aufforderung durch das Gericht anmelden, § 174 Abs. 3 S. 1 InsO.

Die Berücksichtigung nachrangiger Insolvenzgläubiger ist der Praxis allerdings nicht gänzlich fremd[1008].

> »...Selten, aber in ... nicht zu vernachlässigender Zahl kommen [z.B.] Verfahren vor, in denen es keiner der nicht nachrangigen Insolvenzgläubiger in das Schlussverzeichnis schafft, weil diese entweder ihre Forderungen schon nicht anmelden oder im Falle ihrer Sicherung den Ausfallnachweis nicht innerhalb der Frist des § 190 Abs. 1 InsO bringen. Zumindest bei Kostendeckung ... aus der Masse wird dann die Anmeldungsaufforderung des Insolvenzgerichts nach § 174 Abs. 3 InsO ergehen und zwar mit besten Aussichten auf eine (zumindest teilweisen) Befriedigung und ein sehr schnelles Verfahrensende ...«[1009].

Daneben wäre die Berücksichtigung nachrangiger Insolvenzgläubiger auch möglich, wenn die Insolvenzmasse durch Neuerwerb, Geschäftssanierung des Insolvenzverwalters oder besonders gute Verwertung von Massegegenständen die Kosten des Insolvenzverfahrens, alle sonstigen Masseverbindlichkeiten und die festgestellten Forderungen der gewöhnlichen Insolvenzgläubiger überschreitet. Auch hier kämen nachrangige Gläubiger zum Zug. Darüber hinaus ist den Ermittlungsbehörden aufgrund der staatlichen Eingriffsbefugnisse gegenüber gewöhnlichen Gläubigern eine effektivere Aufspürung der illegalen Gewinne möglich[1010]. Durch den Einsatz speziell ausgebildeter Finanzermittler besteht die Möglichkeit, z.B. geschickt in das Ausland transferierte Vermögenswerte ausfindig zu machen. Auch diese können zu einer unverhofften Anreicherung der Masse führen. Insgesamt ergibt sich daraus jeweils das Bedürfnis, nicht nur rechtskräftig verhängte Nebenfolgen sondern auch den sich abzeichnenden Verfall von Wertersatz nach besonderer Aufforderung durch das Insolvenzgericht zur Eintragung in die Tabelle des Insolvenzverwalters anzumelden.

1008 Siehe hierzu z.B. BGH, NZI 2005, 399 ff.
1009 Heinze, ZVI 2006, 16 (Fn. 30).
1010 Hees, ZRP 2004, 37.

II. Insolvenzfeste Sicherung

1. Absonderungsrechte und Nachrang gem. § 39 Abs. 1 Nr. 3 InsO

Die im Zuge der Arrestvollziehung entstandenen Rechte gewähren grundsätzlich eine abgesonderte Befriedigung, §§ 49, 50 InsO. Die Eröffnung des Insolvenzverfahrens über das Vermögen des Arrestschuldners lässt einen rechtmäßig erlassenen und bereits insolvenzfest vollzogenen Arrest unberührt[1011]. Andernfalls würde der Arrestgläubiger seinen durch das Pfandrecht erlangten Vorrang vor den anderen Gläubigern verlieren. Das wird wiederum als nicht sachgerecht empfunden.

Fraglich ist jedoch, ob diese gleichermaßen in Rechtsprechung und Literatur vertretene Meinung[1012] für die durch den Arrestvollzug nach § 111d Abs. 2 StPO zugunsten des Staates entstandenen Rechte tatsächlich uneingeschränkt gelten kann. Gerade die auf Verfall von Wertersatz abzielende Geldforderung des Staates hat nach § 39 Abs. 1 Nr. 3 InsO nur den Stellenwert einer nachrangigen Insolvenzforderung[1013]. Nachrangige Insolvenzgläubiger werden aber erst im Rang nach allen anderen Insolvenzgläubigern befriedigt. Dagegen ermöglicht die Insolvenzordnung den absonderungsberechtigten Gläubigern, ihre titulierte Forderung aus dem Verwertungserlös einzelner zur Masse gehörender Gegenstände u.U. sogar bis zur vollen Höhe vor der Gesamtheit aller anderen Insolvenzgläubiger zu befriedigen[1014]. Daher wird auch argumentiert, dass der Staat als nachrangiger Insolvenzgläubiger aus dem nach § 111d Abs. 2 InsO erfolgten Arrestvollzug nur dann ein abgesondertes Befriedigungsrecht ableiten könne, wenn die ihm nach §§ 38, 39 Abs. 1 Nr. 1 u. 2 InsO im Rang vorgehenden Ansprüche in voller Höhe befriedigt worden seien[1015].

In § 39 InsO ist aber nur vom Nachrang bestimmter Forderungen, nicht jedoch vom Nachrang dinglicher Sicherungen die Rede[1016]. Die Regelung des § 39 InsO gilt somit nach ihrem zweifelsfreien Wortlaut nur für Forderungen derjenigen Gläubiger, die an der Gesamtvollstreckung im Rahmen des Insolvenzverfahrens teilnehmen[1017]. Ein eventueller Nachrang möglicher Absonderungsrechte müsste

---

1011 OLG Köln, ZIP 2004, 2013 u. 2015.; KG Berlin, NJW 2005, 3734 und NZI 2008, 691; Braun/Bäuerle, § 39 Rn. 13; Hellerbrand, wistra 2003, 208; KMR/Mayer, § 111d Rn. 28; Schmerbach, EWiR 2005, 357.

1012 Zöllner/Vollkommer, § 927 Rn. 7. Siehe hierzu auch die umfassenden Nachweise bei BFH, NJW 2004, 2184.

1013 BGH, WM 2010, 607; a.A. LG Offenburg, ZInsO 2009, 1300 ff. Dem anhand zahlreicher Fundstellen entgegentretend Kriegel, ZInsO 2009, 1302 ff.

1014 Braun/Bäuerle, vor §§ 49 - 52 Rn. 1.

1015 von Gleichenstein, ZIP 2008, 1160.

1016 OLG Köln, ZIP 2004, 2015.

1017 KG Berlin, NZI 2008, 691 f.

zumindest rechtsdogmatisch sauber begründet werden. Daran fehlt es bislang. Ob sich beispielsweise die analoge Anwendung des § 39 InsO auf dingliche Sicherungen begründen lässt, darf zudem mehr als bezweifelt werden. Dem widerspricht nämlich schon die Bestimmung, dass insolvenzfeste Maßnahmen der Zwangsvollstreckung durch die Eröffnung des Verfahrens nicht berührt werden, § 80 Abs. 2 S. 2 InsO. Als weiteres Gegenargument dient die in der Insolvenzordnung zum Tragen gekommene Gesetzessystematik. Obwohl z.B. nach § 39 Abs. 1 Nr. 1 InsO die seit Insolvenzeröffnung laufenden Zinsforderungen als nachrangige Forderungen eingestuft worden sind, erstreckt sich nach § 50 Abs. 1 InsO das Absonderungsrecht sehr wohl auch auf die nach der Insolvenzeröffnung entstandenen und dinglich abgesicherten Zinsansprüche[1018]. Der Pfandgegenstand haftet dem Gläubiger in Höhe der titulierten Forderung nebst den laufenden Zinsen und Kosten bis zum Zeitpunkt der Befriedigung[1019]. Ähnliches gilt für die Zinsen aus einem Grundpfandrecht. Die abgesonderte Befriedigung aus unbeweglichem Vermögen findet außerhalb des Insolvenzverfahrens nach Maßgabe des Gesetzes über die Zwangsversteigerung und Zwangsverwaltung statt. Der um die Kosten des Verfahrens gekürzte Erlös wird nach Maßgabe der §§ 10 ff. ZVG an die absonderungsberechtigten Gläubiger ausgekehrt[1020]. Zinsen von bestehen bleibenden Rechten[1021] werden dabei bis zum Tag vor dem Zuschlag sowie aus erlöschenden Rechten[1022] bis zum Tag vor dem Verteilungstermin im Teilungsplan eingesetzt und an die Gläubiger ausgekehrt[1023]. Insofern widersprechen bereits Wortlaut und Gesetzessystematik einer analogen Anwendung des § 39 InsO auf dingliche Sicherungen. Dass nachrangige Insolvenzforderungen nicht in jeder Hinsicht nachrangig sein müssen, hat der Gesetzgeber mehr als deutlich zum Ausdruck gebracht. Die Benachteiligung der ungesicherten gegenüber den gesicherten Gläubigern entspricht der Insolvenzordnung. Die Regelung des § 39 Abs. 1 Nr. 3 InsO bezieht sich lediglich auf ungesicherte Forderungen. Sie gilt daher nur, soweit der Staat keine Absonderungsrechte geltend machen kann[1024]. Würde man den Anwendungsbereich des § 39 InsO tatsächlich auf den Arrestvollzug nach § 111d Abs. 2 StPO erstrecken, hätte dies zudem nicht übersehbare Nachteile für die Bekämpfung von profitorientierten Straftaten. Der Täter könnte nämlich durch eine missbräuchliche Flucht in die Insolvenz alle staatlichen Sicherungen restlos aushebeln.

1018 Braun/Bäuerle §§ 39 Rn. 6, 50 Rn. 24.
1019 MüKo-InsO/Ganter, § 50 Rn. 80
1020 Braun/Bäuerle, § 49 Rn. 20, 26.
1021 Siehe § 52 Abs. 1 S. 1, Abs. 2 ZVG.
1022 Siehe §§ 91 Abs. 1, 52 Abs. 1 S. 2 ZVG.
1023 Stöber-ZVG, § 114 Nr. 5.30.
1024 Schulte, S. 338.

Zusammenfassend kann daher festgehalten werden, dass der in § 39 InsO vorgesehene Nachrang auf strafprozessuale Arreste mit einem insolvenzfesten Absonderungsrecht nicht anzuwenden ist[1025]. Soweit der Arrest nach § 111d Abs. 2 InsO insolvenzfest vollzogen worden ist, wird weder eine dingliche Sicherung noch das von ihr ausgehende Absonderungsrecht von der Insolvenzeröffnung berührt[1026]. Nach dem ausdrücklichen Willen des Gesetzgebers gewähren Vollstreckungsmaßnahmen im Insolvenzverfahren ein Recht auf abgesonderte Befriedigung[1027], welches im Zuge der nach §§ 165 ff. InsO geregelten Verwertung zu berücksichtigen ist.

2. Die praktische Berücksichtigung der Absonderungsrechte

Soweit der Verfall von Wertersatz bereits rechtskräftig ausgesprochen worden ist, kann die Erlöszuteilung aus der Verwertung von beweglichem Vermögen in der Regel an den Staat ohne vorherige Anmeldung der Forderung zur Insolvenztabelle erfolgen, §§ 170 Abs. 1 S. 2, 173 InsO. Denn mit einem vollstreckbaren Titel zur Hauptsache verwandelt sich das nur zur Sicherung der Gläubigeransprüche dienende Arrestpfandrecht in ein vollwertiges Pfändungspfandrecht[1028]. Ermangelt es noch an einer endgültigen Entscheidung, wäre der entsprechende Betrag zunächst zu hinterlegen[1029].

Etwas differenzierter verhält es sich bei der Arresthypothek. Sie wird nicht automatisch durch die Feststellung der geltend gemachten Forderung eine Zwangshypothek nach § 866 ZPO. Zu einer solchen Umwandlung muss der Gläubiger nach der rechtskräftigen Hauptsacheentscheidung die entsprechende Eintragung im Grundbuch bewirken[1030]. Dabei handelt es sich um einen weiteren Vollstreckungsakt[1031]. Falls dies geschehen ist, wird das staatliche Grundpfandrecht bei dem Teilungsplan nach Maßgabe der §§ 49, 165 InsO, § 114 ZVG berücksichtigt. Bis dahin ist der Gläubiger einer Arresthypothek im Falle der Zwangsversteigerung oder -verwaltung jedenfalls Beteiligter im Sinne des § 9 ZVG. Sein Anspruch gilt als

---

1025 Braun/Bäuerle, § 39 Rn. 13.
1026 A.A. Markgraf, S. 132, der ohne nähere Begründung den Wertersatzanspruch des Staates erst mit Rechtskraft der Entscheidung entstehen lassen will und demnach über den Einwand der angeblich fehlenden Valutierung unter Einbindung von § 91 Abs. 1 InsO das Recht auf abgesonderte Befriedigung zu verhindern sucht.
1027 BT-Drucks. 12/2443, S. 135.
1028 Zöller/Stöber, § 930 Rn. 1 u. 5.
1029 Vgl. hierzu Zöller/Stöber, § 930 Rn. 4.
1030 Zöller/Stöber, § 932 Rn. 4; zur Umschreibung einer nach § 111d Abs. 2 StPO, § 932 ZPO entstandenen Arresthypothek siehe auch Savini, 152 m.w.N.
1031 Jaeger/Henckel-InsO/Eckhart, § 89 Rn. 51.

durch seine betragsmäßige Feststellung aufschiebend bedingt, §§ 14, 146 ZVG. Entsprechend wird er dann im geringsten Gebot und bei der Erlösverteilung aufgenommen[1032], §§ 48, 114, 119 ZVG. Nach der Insolvenzeröffnung ist trotz einer zuvor rechtskräftig gewordenen Hauptsacheentscheidung eine Umschreibung der Arresthypothek nicht mehr möglich[1033]. Zur vollumfänglichen Berücksichtigung bei der Erlöszuteilung muss der die Umwandlung in eine Zwangshypothek ermöglichende Vollstreckungstitel dem Versteigerungsgericht vorgelegt werden[1034]. Ansonsten wird der Betrag nicht ausbezahlt, da die Arresthypothek durch die Feststellung der Forderung eine auflösend bedingte Eigentümergrundschuld ist. Bis zur endgültigen Feststellung der Forderung gibt es zwei Berechtigte. Das wären sowohl der Gläubiger der gesicherten Forderung als auch der Grundstückseigentümer als Gläubiger der potenziellen Eigentümergrundschuld[1035]. Wenn aber mehrere Personen empfangsberechtigt sind und sich nicht einigen können, wird der Betrag nach § 117 Abs. 2 S. 3 ZVG hinterlegt[1036].

Bei eingetragenen Schiffen, Schiffsbauwerken und Luftfahrzeugen kommt über §§ 162, 171a ZVG der für die Verteilung des Versteigerungserlöses ebenso zu beachtende § 117 Abs. 2 S. 3 ZVG zur Anwendung[1037]. Falls in der Hauptsacheentscheidung ein Zahlungsanspruch rechtskräftig ausgesprochen wird, gelten die vorstehenden Ausführungen für die im Ermittlungsverfahren vollzogenen Arrestpfandrechte dem Grunde nach entsprechend[1038].

D. Die Rückgewinnungshilfe in der Insolvenz, §§ 111h, 111g StPO

I. Auswirkungen auf den Arrestvollzug nach § 111d Abs. 2 StPO

Während relative Veräußerungsverbote in der Insolvenz keine Wirkung haben, bleiben die im Wege der Zwangsvollstreckung oder des Arrestvollzuges durchgeführten Maßnahmen von der Insolvenzeröffnung grundsätzlich unberührt, § 80 Abs. 2 InsO. Fraglich ist nun, wie mit den im Zuge der Rückgewinnungshilfe in-

---

1032 Wieczorek/Schütze/Thümmel, § 932 Rn. 3.
1033 OLG Frankfurt, Rpfleger 1975, 103 f.; Zöller/Vollkommer, § 932 Rn. 4; a.A. Jaeger/Henckel-InsO/Eckardt, § 89 Rn. 51.
1034 Stöber-ZVG, § 114 Nr. 5.3.
1035 Stöber-ZVG, § 114 Nr. 5.3.
1036 Stöber-ZVG, § 117 Nr. 3 u. 6.
1037 Stöber-ZVG, § 162 Nr. 2 u. 3.
1038 Die mögliche Umschreibung eines Arrestpfandrechts an eingetragenen Schiffen, Schiffsbauwerken und Luftfahrzeugen nach einer rechtskräftigen Hauptsacheentscheidung und die damit verbundenen Auswirkungen auf das amtliche Gewahrsamsverhältnis finden, soweit ersichtlich, in der gängigen Kommentarliteratur nahezu keine Beachtung. Im Ansatz nur erwähnt Meyer-Goßner, § 111i Rn. 15.

solvenzfest ausgebrachten Pfändungen nach dem Erlass des Eröffnungsbeschlusses umzugehen ist. In Ermangelung konkreter Normen wird das Ergebnis durch wertende Überlegungen zu ermitteln sein.

Bevor der Gesetzgeber zu diesem Problem ausführlich Stellung genommen hat, ist bereits vertreten worden, dass der Sinn und Zweck des Rückgewinnungshilfeverfahrens mit Insolvenzeröffnung nicht mehr erreicht werden könne[1039] und staatsanwaltschaftliche Arrestierungen deshalb aufzuheben seien[1040]. Aus den amtlichen Materialien zum Gesetz zur Stärkung der Rückgewinnungshilfe und der Vermögensabschöpfung bei Straftaten ist diese Meinung nunmehr bestätigt worden. Der Rückgewinnungshilfe, so der Gesetzgeber, komme bei dem durch die Eröffnung des Insolvenzverfahrens dokumentierten Vermögensverfall nur noch eine eingeschränkte Bedeutung zu[1041]. Der Gesetzgeber habe letztlich nichts anderes als eine auf den Bereich der Einzelzwangsvollstreckung beschränkte Rückgewinnungshilfe gewollt[1042].

Die Aufhebung des zum Zwecke der Rückgewinnungshilfe erfolgten Arrestvollzuges wäre auch nur konsequent und systemkonform. Es ist ja bereits das nach § 111c StPO beschlagnahmte und zugleich inkriminierte Vermögen zugunsten der Masse freizugeben[1043]. Weshalb gerade für das legale bzw. nicht nachweislich aus Straftaten stammende Vermögen dann etwas anderes gelten soll, lässt sich nicht überzeugend begründen. Mit den §§ 111b ff. StPO sollen weder die Vorschriften der Insolvenzordnung zugunsten des Justizfiskus noch zugunsten von Verletzten einer Straftat außer Kraft gesetzt werden[1044]. Darüber hinaus würde eine nach Insolvenzeröffnung noch ergangene Zulassungsentscheidung nach § 111g StPO gegen das insolvenzrechtliche Vollstreckungsverbot in § 89 Abs. 1 InsO verstoßen[1045].

II. Das vorrangige Befriedigungsrecht nach § 111h StPO

1. Anwendungsbereich und Zulassungsverfahren

Der Anwendungsbereich des § 111h StPO ist eröffnet, soweit der dingliche Arrest nach § 111d StPO in ein Grundstück oder grundstücksgleiches Recht, in eingetra-

---

1039 LG Neubrandenburg, ZInsO 2000, 676.
1040 LG Saarbrücken NStZ-RR 2004, 274; Hees, ZIP 2004, 299; Haarmeyer, S. 65 m.w.N.
1041 BT-Drucks. 16/700, S.14. In Auszügen bereits wörtlich zitiert in Teil 1 A. III 2. d) cc) (3).
1042 von Gleichenstein ZIP 2008, 1156.
1043 Siehe hierzu Teil 1 A. III. 5.
1044 OLG Düsseldorf, Beschl. v. 19.03.2007 III-3 Ws 20/07 (Rn. 13) in http://juris.de.
1045 AG Moers, DZWIR 2001, 454; Smid, DZWIR 2001, 455.

gene Schiffe, Schiffsbauwerke und Luftfahrzeuge vollzogen worden ist, § 111h Abs. 1 S. 1, Abs. 4 StPO.

Durch die Verweisung in § 111h Abs. 3 S. 2 StPO auf die Bestimmungen in § 111g Abs. 2 S. 2 bis 4 u. Abs. 3 S. 3 StPO kann im Wesentlichen auf die zu § 111g StPO gemachten Ausführungen verwiesen werden. Der Verletzte muss auch hier glaubhaft machen, dass der von ihm im Wege der Zwangsvollstreckung verfolgte Anspruch aus der verfahrensgegenständlichen Straftat resultiert. Während sich aber bei der Zulassung nach § 111g StPO das mit der Beschlagnahme gem. § 111c StPO entstandene Veräußerungsverbot automatisch auf die Zwangsvollstreckungsmaßnahme des Geschädigten rückwirkend erstreckt, entfaltet der Zulassungsbeschluss nach § 111h StPO keine unmittelbare Rechtswirkung. Er ist im Wege des Rangtausches im Grundbuch bzw. in den jeweiligen Registern noch zu vollziehen.

2. Einräumung und Umfang des vorrangigen Befriedigungsrechtes

a) Umfang des vorrangigen Befriedigungsrechtes

Mit dem Zulassungsbeschluss und einer der Grundbuchordnung entsprechenden Bewilligung der Strafverfolgungsbehörde[1046] kann der Geschädigte beim zuständigen Grundbuchamt ohne Zustimmung des Grundstückseigentümers den Rangtausch zwischen der ihm vorgehenden Höchstbetragssicherungshypothek des Staates und seiner evtl. noch gleichzeitig einzutragenden Zwangssicherungshypothek bewirken, §§ 111h Abs. 1 S. 3 u. 4 StPO, 880 BGB. Die Hypothek des Geschädigten nimmt mit der Eintragung des Rangänderungsvermerks dauerhaft den Platz des zurücktretenden Rechts ein, da der dem vortretenden Recht eingeräumte Rang durch eine spätere Aufhebung des Arrestes nicht verloren geht, § 111h Abs. 1 S. 2 StPO. Eingetragene Zwischenrechte von nicht zugelassenen Gläubigern werden durch die Rangänderung nicht berührt, § 111h Abs. 1 S. 4 StPO i.V.m. § 880 Abs. 5 BGB. Bei eingetragenen Schiffen, Schiffsbauwerken und Luftfahrzeugen vollzieht sich die Rangänderung in gleicher Weise. Sowohl § 26 SchRO als auch § 26 LuftfzRG sehen eine Rangänderung wie in § 880 BGB vor[1047].

Nachdem ein vorrangiges Befriedigungsrecht gem. § 111h StPO nur im Wege des Rangtausches eingeräumt wird, kann mit Blick auf die mögliche Eröffnung eines Insolvenzverfahrens bereits jetzt festgehalten werden, dass mit der Zulassung nach § 111h StPO ein nicht insolvenzfestes Recht keinesfalls insolvenzfest wird.

1046 Huber, Rpfleger 2002, 293.
1047 Schleicher/Reymann/Abraham, § 26 Anm. 1; von Spreckelsen zu § 26 SchRG; zum Rangverhältnis von Registerpfandrechten nach §§ 25 ff. LuftfzRG Schölermann/Schmidt-Burgk, WM 1990, 1142.

Es unterliegt wie jedes andere Recht sowohl der Rückschlagsperre[1048] als auch der Insolvenzanfechtung. Insofern ist im Folgenden nur noch von Interesse, wie sich die Insolvenzeröffnung auf die Zulassung und den Rangtausch von insolvenzfesten Rechten auswirkt.

b) Die Auswirkungen des Insolvenzverfahrens auf die Zulassung

aa) Zulassung und Vollzug vor Insolvenzeröffnung

(1) Zulassung und Rückschlagsperre

Bei mehreren im Grundbuch eingetragenen Rechten bestimmt sich die Befriedigungsreihenfolge nach dem für sie maßgebenden Rangverhältnis, § 11 Abs. 1 ZVG. Ist nach der gem. § 111h StPO erfolgten Zulassung das Recht eines Geschädigten im Wege des Rangtausches vorgetreten, hat es eine für die Befriedigung günstigere Stellung eingenommen. Fraglich ist daher, ob dieser Rangtausch unter den Anwendungsbereich der in § 88 InsO geregelten Rückschlagsperre fällt. Diese besagt, dass Zwangsvollstreckungen im letzten Monat vor dem Antrag auf Eröffnung des Insolvenzverfahrens mit der Eröffnung automatisch unwirksam werden. Der Rangtausch als solcher ist aber keine Zwangsvollstreckungsmaßnahme nach der InsO. Es handelt sich hierbei weder um eine Pfändung, Vorpfändung, Eintragung einer Zwangshypothek noch um eine sonstige Maßnahme, der eine eigene Vollstreckungswirkung zukommt[1049]. Die Rückschlagsperre erstreckt sich daher nicht auf den nach § 111h StPO zugelassenen und durchgeführten Rangtausch.

(2) Zulassung und Insolvenzanfechtung

α) Eingetragene Schiffe, Schiffsbauwerke und Luftfahrzeuge

Da die Rückschlagsperre nicht greift, bleibt zu prüfen, ob zumindest ein in der kritischen Dreimonatsphase vor der Stellung des Insolvenzantrages oder eventuell noch später erfolgter Rangtausch nach §§ 129 ff. InsO angefochten werden kann. Unabhängig davon, welchen Anfechtungstatbestand man konkret ins Auge fasst, ist Grundvoraussetzung für jede Insolvenzanfechtung, dass die jeweilige Rechtshandlung die Gläubiger in ihrer Gesamtheit beeinträchtigt[1050]. Eine objektiv benachtei-

---

1048 Siehe hierzu auch OLG Düsseldorf, Beschl. v. 19.03.2007 III-3 Ws 20/07 (Rn. 11 f.) in http://juris.de.
1049 Hees, ZIP 2004, 300.
1050 Hees, ZIP 2004, 300.

ligende Rechtshandlung liegt vor, wenn sich die Befriedigung der Gläubiger im Falle des Unterbleibens der angefochtenen Handlung günstiger gestaltet hätte[1051]. Dabei genügt in der Regel bereits eine mittelbare Benachteiligung[1052]. Es reicht aus, wenn zur besagten Rechtshandlung Umstände hinzutreten, die diese im Folgenden zu einer benachteiligenden gemacht haben[1053]. Die Feststellung der Benachteiligung erfolgt vom Standpunkt der Gesamtheit aller Insolvenzgläubiger aus[1054]. Maßgeblich für die Beurteilung ist dabei nicht der Zeitpunkt der angefochtenen Rechtshandlung. Bei dem vom Insolvenzverwalter im Klageweg verfolgten Anfechtungsanspruch kommt es auf den Schluss der letzten mündlichen Verhandlung in der Tatsacheninstanz an[1055].

Ob sich nach Aufhebung des zum Zwecke der Rückgewinnungshilfe erfolgten Arrestes durch die im Wege der Zulassung durchgeführten Rangänderungen überhaupt gläubigerbenachteiligende Wirkungen ergeben, kann wiederum nur unter Einbeziehung der im Sachenrecht wurzelnden Rechtsfolgen beurteilt werden.

Wird bei eingetragenen Schiffen und Schiffsbauwerken der vollzogene Arrest aufgehoben oder auf das Arrestpfandrecht wirksam verzichtet, erlischt dieses, §§ 931 Abs. 6 S. 2, 870 a Abs. 3, 843 ZPO. Vorbehaltlich eventueller Löschungsansprüche nach § 58 SchRG steht dem Eigentümer nur noch die Befugnis zu, an der Rangstelle des erloschenen Rechtes eine neue Schiffshypothek zu bestellen, §§ 931 Abs. 6 S. 2, 870 a Abs. 3 S. 1 HS 2 ZPO, § 57 Abs. 3 SchRG. Dieses, einem Platzhalter vergleichbare Recht würde aber bei der Erlösverteilung nach einer erfolgten Zwangsversteigerung keine Berücksichtigung erfahren, § 57 Abs. 3 HS 3 SchRG. Insofern geht die Wirkung eines nach § 111h StPO erfolgten Rangtausches nicht über die dadurch geänderte Befriedigungsreihenfolge der absonderungsberechtigten Gläubiger hinaus. Die Insolvenzgläubiger erfahren dadurch in der Regel keine Benachteiligung. Bei eingetragenen Luftfahrzeugen liegt eine vergleichbare Situation vor. Auch hier erlischt das im Register eingetragene Arrestpfandrecht, §§ 56 Abs. 1, 99 Abs. 2 S. 3 LuftfzRG i.V.m. § 870 a Abs. 3 S. 1 HS 1 ZPO. Darüber hinaus ist dem LuftfzRG die Befugnis zur rangwahrenden Neubestellung fremd[1056]. In Ermangelung der erforderlichen Gläubigerbenachteiligung scheidet bei eingetragenen Schiffen, Schiffsbauwerken und Luftfahrzeugen eine Insolvenzanfechtung grundsätzlich aus.

1051 FK-InsO/Dauernheim, § 129 Rn. 36 m.w.N.
1052 Nur eine unmittelbare Benachteiligung lassen genügen §§ 132 Abs. 1, 133 Abs. 2 InsO.
1053 Braun/de Bra, § 129 Rn. 24.
1054 Braun/de Bra, § 129 Rn. 26.
1055 So bereits zur KO BGH, NJW-RR 1993, 235.
1056 Dobberahn, MittRhNotK 1998, 162; Schleicher/Reymann/Abraham, § 57 Anm. 7.

β) Grundstücke und grundstücksgleiche Rechte

Anders verhält es sich bei eingetragenen Grundstücken und grundstücksgleichen Rechten. Nach Aufhebung der Arrestbeschlüsse oder des im Vorgriff hierzu bereits nach § 1168 BGB im Grundbuch eingetragenen Verzichts, wandelt sich die von der Staatsanwaltschaft zum Zwecke der Rückgewinnungshilfe erwirkte Hypothek kraft Gesetz in eine Eigentümergrundschuld um, §§ 1168, 1177 BGB, §§ 932 Abs. 2, 868 ZPO. Im Anschluss daran steht sie dem Schuldner und somit vor allem auch der Insolvenzmasse zu.

Die aus einem Fremdrecht hervorgegangene Eigentümergrundschuld würde dann in ihrer Rangstelle für den insolventen Eigentümer bei der Zwangsversteigerung in den Teilungsplan aufgenommen[1057]. Bei der Erlösverteilung findet sie als vollumfängliches Recht Berücksichtigung, § 114 ZVG. Durch einen nach § 111h StPO abgewickelten Rangrücktritt verschlechtert sich der wirtschaftliche Wert der potenziellen Eigentümergrundschuld und vermag sich für die Insolvenzgläubiger bzw. die Insolvenzquote nachteilig auszuwirken. Da aber die mögliche Gläubigerbenachteiligung bzw. der mögliche Ausfall bei der Erlöszuteilung von unterschiedlichen Kriterien abhängt, ist es im Rahmen einer abstrakten Betrachtung nicht möglich, eine generelle Antwort auf diese Problemstellung zu finden. Es kommt auf den jeweiligen Einzelfall an. Letztlich spielen insbesondere die der Eigentümergrundschuld nach §§ 10 Abs. 1, 109 ZVG vorgehenden Kosten und Belastungen sowie der erzielte Verwertungserlös eine entscheidende Rolle.

Die mögliche Insolvenzanfechtung eines Rangtausches wird auch nur in wenigen Fällen an praktischer Bedeutung gewinnen. In der Regel können gleich- und nachrangige Grundpfandrechtsgläubiger gegenüber der Eigentümergrundschuld den gesetzlichen Löschungsanspruch aus § 1179a BGB geltend machen und so im Rang aufrücken. Konkrete Auswirkungen für die Masse würden sich aber bei dem nachfolgenden stark vereinfachten Beispiel ergeben. Daher ist eine weitere Auseinandersetzung mit diesem Thema geboten.

Fallbeispiel:

Das mit der Grundschuld III/1 in Höhe von 47.000 EUR belastete Grundstück des Täters ist zum Zwecke der Rückgewinnungshilfe an der Rangstelle III/2 mit einer Arresthypothek von 75.000 EUR belastet worden. Im Anschluss daran vollzieht nur noch ein durch die Straftaten Geschädigter den Arrest in das Grundstück. Für ihn wird die auf den Betrag von 52.000 EUR lautende Arresthypothek III/3 insolvenzfest eingetragen. Sowohl die spätere Zulassung nach § 111h StPO als auch der sich daran anschließende Rangtausch erfolgen in Kenntnis der bereits bestehenden Zahlungsunfähigkeit des Täters. Sechs Wochen später wird bei Gericht ein Insolvenzantrag gestellt.

1057 Stöber-ZVG, § 114 Nr. 6.2.

Nach der Insolvenzeröffnung wird der strafprozessuale Arrest aufgehoben und das Grundstück verwertet. Der erzielte Erlös beträgt 69.000 EUR.

Bei dem vorstehenden Sachverhalt zeichnet sich durch die Zulassung eine für die spätere Masse nachteilige Wirkung ab. Anders als bei rechtsgeschäftlich bestellten Grundpfandrechten oder den nach einer rechtskräftigen Hauptsacheentscheidung im Wege der Zwangsvollstreckung eingetragenen Zwangshypotheken hat der Gesetzgeber für Arresthypotheken den gesetzlichen Löschungsanspruch aus §§ 1179a, 1179b BGB ausgeschlossen, § 932 Abs. 1 S. 2 ZPO. Solange die Arresthypothek (III/3) nicht in eine Zwangshypothek umgeschrieben ist, kann der Löschungsanspruch nicht geltend gemacht werden[1058]. Wäre der Rangtausch nicht mehr vollzogen worden, würde der nach Befriedigung von Recht III/1 verbleibende Erlös in Höhe von 22.000 EUR[1059] dem Eigentümerrecht III/2 zugeschlagen. Der Betrag stünde dann der Masse und somit der Gesamtheit aller Insolvenzgläubiger zur Verfügung.

Erlöszuteilung

a) Ohne Rangtausch:

Recht	Betrag	Erlös
III/1	47.000	47.000
III/2	75.000	22.000
III/3	52.000	0

b) Mit Rangtausch:

Recht	Betrag	Erlös
III/1	47.000	47.000
III/3	52.000	22.000
III/2	75.000	0

Insofern gilt es zumindest hier einen geeigneten Anfechtungstatbestand zu suchen. Da der Wortlaut des § 130 InsO auch inkongruente Deckungen erfasst, ist es

---

1058 Staudinger/Wolfsteiner, § 1179a Rn. 14.
1059 Erlös (69.000 EUR) ./. Recht III/1 (47.000 EUR) = 22.000 EUR. Kosten, Zinsen und mögliche Ansprüche aus vorgehenden Rangklassen bleiben hier zum Zwecke der Vereinfachung außer Betracht.

grundsätzlich unerheblich, ob die Sicherung oder Befriedigung kongruent oder inkongruent gewesen ist. Mit § 131 InsO wird bei inkongruenten Rechtshandlungen gegenüber den Anforderungen des § 130 InsO nur eine erleichterte Anfechtung ermöglicht[1060]. Nachdem § 111h Abs. 1 S. 1 StPO gegenüber dem Staat einen Anspruch auf Herbeiführung der Rangänderung begründet[1061], wäre es bei dem obigen Beispiel trotz der im Vorfeld stattgefundenen Zwangsvollstreckung naheliegender, von einer kongruenten Deckung nach § 130 InsO auszugehen. Dass der Rangtausch gem. § 111h Abs. 1 S. 3 StPO keiner Mitwirkung des Eigentümers bedarf, ist dabei unbeachtlich. Bei einer gläubigerbenachteiligenden Handlung kommt es nicht darauf an, ob diese vom Schuldner, einem Gläubiger oder Dritten ausgeht[1062]. Nicht zuletzt werden selbst Rechtshandlungen unter uneigennütziger Mitwirkung einer Behörde anfechtungsrechtlich als solche des Veranlassers gewertet[1063].

Anfechtbar sind aber nur Rechtshandlungen, die eine Sicherung oder Befriedigung gewähren *oder ermöglichen*. Die bloße Rangänderung als solche gewährt aber weder die Befriedigung des deliktischen Anspruchs, noch begründet sie eine Sicherung im eigentlichen Sinne. Der Anspruch des Geschädigten ist durch die von ihm betriebene Zwangsvollstreckung bereits dinglich abgesichert. Gleichwohl hat in dem obigen Fallbeispiel die Rangänderung für den vortretenden Gläubiger die Befriedigung erst möglich gemacht. Ohne Rangtausch wäre er nämlich mit seinem Absonderungsrecht gänzlich ausgefallen. Nur die vor der Verwertung durchgeführte Rangänderung hat ihm die gläubigerbenachteiligende Befriedigung ermöglicht. Soweit eine Rechtshandlung eine Befriedigung auch nur ermöglicht, unterliegt sie grundsätzlich der Insolvenzanfechtung. Daher ist der Rangtausch nach § 111h StPO keinesfalls in allen Fällen insolvenzfest.

Als Ergebnis der vorstehenden Ausführungen gilt festzuhalten, dass dem geschädigten Grundpfandrechtsgläubiger grundsätzlich ein Recht auf abgesonderte Befriedigung aus der Rangstelle zusteht, die er durch den im Grundbuch vollzogenen Rangtausch eingenommen hat. Soweit jedoch die Voraussetzungen der Insolvenzanfechtung greifen, kann er sich nicht mehr darauf berufen. Der anfechtungsrechtliche Schutz eines absonderungsberechtigten Gläubigers wird durch die praktische Durchsetzbarkeit seines Rechts im Insolvenzverfahren bestimmt und begrenzt. Befriedigungshandlungen, welche hierüber hinausgehen, sind anfechtbar[1064]. Deshalb kann auch der Rangtausch Gegenstand einer Insolvenzanfechtung sein.

1060 Braun/de Bra, § 130 Rn. 8.
1061 Huber, Rpfleger 2002, 292.
1062 FK-InsO/Dauernheim, § 129 Rn. 27.
1063 MüKo-InsO/Kirchhof, § 129 Rn. 47.
1064 FK-InsO/Dauernheim, § 129 Rn. 39.

bb) Das Zulassungsverfahren nach der Insolvenzeröffnung

(1) Grundstücke und grundstücksgleiche Rechte

α) Zulassung vor und Rangtausch nach Insolvenzeröffnung

Ist die Zulassungsentscheidung vor der Insolvenzeröffnung erfolgt, stellt sich die Frage, ob der Rangtausch auch nach der Insolvenzeröffnung noch in das Grundbuch eingetragen werden darf. Grundsätzlich wird auch eine die Masse betreffende Rangänderung vom Anwendungsbereich des § 91 Abs. 1 InsO erfasst[1065]. Mit § 91 Abs. 1 InsO soll verhindert werden, dass der Masse bei der Befriedigung des zurücktretenden Gläubigers die Aussicht verloren geht, eine vorrangige Eigentümergrundschuld zu erwerben[1066]. Soweit jedoch eine Rangänderung nach § 880 Abs. 2 S. 2 BGB nicht der Zustimmung des Eigentümers bedarf, kann sie auch nach der Insolvenzeröffnung ohne Zustimmung des Insolvenzverwalters erfolgen[1067]. Da in § 111h Abs. 1 S. 3 StPO die Zustimmung des Eigentümers ausdrücklich für entbehrlich erklärt wird, wäre auch nach der Insolvenzeröffnung ein Rangtausch im Zuge des vor der Insolvenzeröffnung noch ergangenen Zulassungsbeschlusses theoretisch möglich[1068]. Soweit man den im Zuge der Rückgewinnungshilfe möglichen Rangtausch nicht aus wertenden Überlegungen bereits dem Anwendungsbereich des § 91 Abs. 1 InsO unterwirft[1069], stellt sich zumindest die Frage der Anfechtbarkeit eines sachenrechtlich wirksamen Rangtausches. Zwar unterliegen nach § 129 Abs. 1 InsO nur Rechthandlungen der Anfechtung, die vor der Eröffnung des Verfahrens vorgenommen worden sind. Wenn nun erst nach der Insolvenzeröffnung der masseschädigende Rangtausch erfolgt, wäre dieser allerdings nicht mehr der Anfechtung zugänglich. D.h. dann aber nicht zugleich, dass der den Rangtausch erst möglich machende Zulassungsbeschluss ebenso unanfechtbar sei. Es muss bei der Anfechtung nicht unbedingt auf den letzten Vollzugsakt im Grundbuch abgestellt werden. Taugliches Anfechtungsobjekt wäre auch der zuvor ergangene Zulassungsbeschluss. Dieser hat den Rangtausch und somit auch die daraufhin erfolgte Befriedigung im Sinne des § 130 Abs. 1 S. 1 InsO schließlich erst möglich gemacht.

Zusammenfassend kann daher festgehalten werden, dass ein nach der Insolvenzeröffnung in masseschädigender Weise durchgeführter Rangtausch keinen dauerhaften Bestand haben kann. Er ist entweder nach § 91 Abs. 1 InsO bereits unwirk-

---

1065 FK-InsO/Dauernheim, § 91 Rn. 5; LSZ/Smid, § 91 Rn. 16.
1066 Jaeger/Henckel-InsO/Windel, § 91 Rn. 47 m.w.N.
1067 FK-InsO/App, § 91 Rn. 5; Jaeger/Henckel-InsO/Windel, § 91 Rn. 47 m.w.N.
1068 So im Ergebnis auch Markgraf, S. 172.
1069 Gegen eine Anwendung des § 91 spricht sich Markgraf aus, S. 172.

sam oder müsste zumindest im Zuge der Insolvenzanfechtung des Zulassungsbeschlusses rückgängig gemacht werden. Einen dauerhaften Bestand könnte nur ein für die Masse neutraler Rangtausch haben.

β) Zulassung und Rangtausch nach Insolvenzeröffnung

Mit der Insolvenzeröffnung wandelt sich die im Zuge der Rückgewinnungshilfe eingetragene Arresthypothek nicht kraft Gesetz in eine Eigentümergrundschuld um. Hierzu wäre entweder der Arrestbeschluss aufzuheben oder der Verzicht des Gläubigers auf die Hypothek nach § 1168 BGB im Grundbuch einzutragen. Sobald die vormalige Arresthypothek als Eigentümergrundschuld dem Schuldner bzw. der Masse zusteht, kann sie nicht mehr Gegenstand eines Zulassungsbeschlusses sein. Falls im Anschluss daran noch im Grundbuch eine Rangänderung vollzogen wird, würde diese grundsätzlich unter den Anwendungsbereich des den Rechtserwerb an Massegegenständen ausschließenden § 91 Abs. 1 InsO fallen[1070]. Sie könnte ohne Zustimmung des nach § 80 Abs. 1 InsO verfügungsberechtigten Insolvenzverwalters allenfalls noch über die Gutglaubensvorschriften rechtswirksam erfolgen, § 91 Abs. 2 InsO, § 892 BGB. Ansonsten wäre sie absolut unwirksam und das Grundbuch infolgedessen unrichtig.

Es kann aber durchaus sein, dass in Unkenntnis der Insolvenzeröffnung noch Zulassungsentscheidungen ergehen und die darauf fußenden Rangänderungen im Grundbuch eingetragen werden. Da die Rangänderung keiner Zustimmung des Eigentümers bzw. Insolvenzverwalters bedarf, wäre sie theoretisch auch mit einem nach Eröffnung des Insolvenzverfahrens noch ergangenen Zulassungsbeschluss möglich[1071]. Wie oben bereits aufgezeigt, kann aber ein nach § 111h StPO durchgeführter Rangtausch äußerst nachteilige Folgen für die Masse haben. Mit dem nach der Insolvenzeröffnung noch durchgeführten Rangtausch wird dem absonderungsberechtigten Gläubiger mitunter erst eine Befriedigung zulasten anderer Insolvenzgläubiger ermöglicht. Insofern könnte man bereits eine materiell-rechtliche Unwirksamkeit des Rangtausches aus § 91 Abs.1 InsO vertreten.

Da die Bedeutung der Rückgewinnungshilfe bei einem Insolvenzverfahren in den Hintergrund tritt, wäre noch zu überlegen, wie in einer solchen Situation den übergeordneten Belangen des Insolvenzrechts auch ohne Anwendung des § 91 InsO Rechnung getragen und die ggf. für die Gläubigergemeinschaft nachteilige Folge rückgängig gemacht werden kann. Ein von § 91 Abs. 1 InsO unabhängiger Lösungsansatz zur Beseitigung der gläubigerbenachteiligenden Wirkung erschließt

---

1070 FK-InsO/App, § 91 Rn. 5.
1071 FK-InsO/App, § 91 Rn. 5.

sich aus einer rein formell-rechtlichen Betrachtung. Wenn nämlich bereits bei einem Adhäsionsverfahren mit Blick auf den Unterbrechungstatbestand des § 240 ZPO von einer Entscheidung abzusehen ist[1072], muss dies erst recht bei einem gleichfalls massebezogenen und nur auf Antrag stattfindenden Zulassungsverfahren nach § 111h StPO gelten. Ein nach Eröffnung des Insolvenzverfahrens dennoch gestellter Zulassungsantrag wäre unzulässig[1073] und eine diesbezüglich ergangene Entscheidung fehlerhaft[1074]. Sie stelle eine dem insolvenzrechtlichen Gleichbehandlungsgrundsatz widersprechende Bevorzugung der Straftatgeschädigten gegenüber anderen absonderungsberechtigten Gläubigern dar.[1075].

Darüber hinaus erfolgt die eine Rangänderung erst möglich machende Zulassungsentscheidung durch Beschluss ohne mündliche Verhandlung nach Anhörung der Staatsanwaltschaft, des Beschuldigten und des Verletzten[1076], §§ 111h Abs. 2 S. 2, 111g Abs. 2 S. 2 StPO. Da mit der Eröffnung des Insolvenzverfahrens die Verwaltungs- und Verfügungsbefugnis nach § 80 Abs. 1 InsO auf den Insolvenzverwalter übergegangen ist, müsste auch dieser an dem Zulassungsverfahren beteiligt werden. Ist das versehentlich nicht geschehen, wäre der Insolvenzverwalter in seinem grundgesetzlich verbürgten Anspruch auf rechtliches Gehör verletzt, Art. 103 Abs. 1 GG. Ein solcher Zulassungsbeschluss leidet an einem erheblichen Verfahrensmangel und seine Aufhebung wäre unumgänglich. Die hiergegen gerichtete sofortige Beschwerde[1077] des Insolvenzverwalters wäre stets begründet. Das Gericht, welches die Zulassungsentscheidung getroffen hat, ist zwar bei einer sofortigen Beschwerde grundsätzlich nicht befugt, seinen eigenen Beschluss zu ändern, § 311 Abs. 3 S. 1 StPO. Eine Ausnahme von diesem Grundsatz ist aber dann gegeben, wenn bei der Beschwerdeentscheidung Tatsachen oder Beweisergebnisse verwertet worden sind, zu denen ein Betroffener – aus welchem Grund auch immer – noch nicht gehört worden ist. In diesem Fall wäre § 33a StPO entsprechend anzuwenden[1078]. D.h., dass auch bei einem nach der Insolvenzeröffnung noch ergangenen Zulassungsbeschluss selbst das Ausgangsgericht seine Entscheidung aufheben kann.

Soweit man durch den fehlerhaften Zulassungsbeschluss oder die rückwirkende Aufhebung desselben nicht bereits von einem materiell-rechtlich unwirksamen Rangtausch ausgehen und dem Insolvenzverwalter den Grundbuchberichtigungsanspruch nach § 894 BGB einräumen mag, müsste der durch die Zulassung zu Un-

1072 Siehe hierzu bereits Teil 1 B. III. 1.
1073 Markgraf, S. 175.
1074 So im Ergebnis ebenfalls Hees, ZIP 2004, 300.
1075 Markgraf, S. 175.
1076 Meyer-Goßner, § 111g Rn. 4, § 111h Rn. 4.
1077 Siehe §§ 111h Abs. 2 S. 2, 111g Abs. 2 S. 2, 311 StPO.
1078 KK-StPO/Engelhardt, § 311 Rn. 1 m.w.N.

recht Begünstigte zumindest nach § 111h Abs. 3 StPO durch seine nicht gerechtfertigte Besserstellung gegenüber der Insolvenzmasse Schadenersatz leisten. Dies kann z.b. durch Naturalrestitution im Wege der Rückgängigmachung des Rangtausches erfolgen, § 249 BGB.

Zusammenfassend ist festzuhalten, dass ein nach der Insolvenzeröffnung in unzulässiger Weise ergangener Zulassungsbeschluss genauso wenig wie die daraufhin erfolgte Rangänderung im Grundbuch dauerhaft bestehen kann. Etwas anderes würde nur dann gelten, wenn der Insolvenzverwalter die im Zuge des strafprozessualen Arrestes vorläufig gesicherten Grundstücke und grundstücksgleichen Rechte durch eine Freigabeerklärung aus dem Insolvenzbeschlag entlässt[1079]. In dieser Situation hätten sowohl die weitere Aufrechterhaltung des zumindest gegenständlich beschränkten Arrestvollzuges als auch die darauf gründenden Zulassungsentscheidungen zum Zwecke des Rangtausches zugunsten von bereits bestehenden Rechten der Geschädigten ihre ungeschmälerte Berechtigung. Denn die nach § 111h StPO mögliche Zulassung verstößt gerade nicht gegen das selbst bei freigegebenen Gegenständen immer noch geltende Einzelzwangsvollstreckungsverbot nach § 89 InsO[1080].

(2) Eingetragene Schiffe, Schiffsbauwerke und Luftfahrzeuge

Anders als bei Grundstücken und grundstücksgleichen Rechten enthalten weder Schiffshypotheken noch Arrestpfandrechte an Schiffen, Schiffbauwerken und Luftfahrzeugen potenzielle Eigentümerrechte[1081]. Selbst ein nach der Insolvenzeröffnung noch durchgeführter Rangtausch hätte keine masseschädigende Wirkung. Er greift allerdings in das Ranggefüge der absonderungsberechtigten Gläubiger ein und kollidiert mit dem Gleichbehandlungsgrundsatz.

III. Das vorrangige Befriedigungsrecht nach § 111g Abs. 3 S. 6 StPO

1. Anwendungsbereich

Der Anwendungsbereich nach § 111g Abs. 3 S. 6 StPO ist eröffnet, wenn der dingliche Arrest zum Zwecke der Rückgewinnungshilfe in andere Gegenstände als Grundstücke, grundstücksgleiche Rechte, eingetragene Schiffe, Schiffsbauwerke

---

1079 Gleiches gilt für eingetragene Schiffe, Schiffsbauwerke und Luftfahrzeuge.
1080 Zum Einzelzwangsvollstreckungsverbot in freigegebene Gegenstände siehe Nerlich/Römermann/Wittkowski, § 89 Rn. 4 m.w.N.; zur Zulassung nach § 111h StPO und dem Einzelzwangsvollstreckungsverbot siehe Hees, ZIP 2004, 300.
1081 Dobberahn, MittRhNotK 1998, 159 u. 162.

und Luftfahrzeuge vollzogen worden ist. Darunter fallen insbesondere Sachen, Forderungen und sonstige, nicht der Zwangsvollstreckung in das unbewegliche Vermögen unterliegende Vermögenswerte.

2. Die Einräumung des vorrangigen Befriedigungsrechtes

Zur Einräumung des vorrangigen Befriedigungsrechtes und zu dessen Auswirkungen in der Insolvenz kann in vollem Umfang auf die Ausführungen zur Zulassung der Zwangsvollstreckung in die nach § 111c StPO beschlagnahmten Werte verwiesen werden[1082]. Obwohl das staatliche Arrestpfandrecht von der Insolvenzeröffnung nach § 80 Abs. 2 S. 2 InsO grundsätzlich unberührt bleibt, erstreckt sich im Wege der Zulassung nur das durch die Verstrickung entstandene relative Veräußerungsverbot rückwirkend zugunsten des die Zwangsvollstreckung betreibenden Verletzten[1083]. Relative Veräußerungsverbote entfalten aber gem. § 80 Abs. 2 S. 1 InsO im Insolvenzverfahren keine Wirkung. Daneben würde eine nach der Insolvenzeröffnung ergangene Zulassungsentscheidung gegen das insolvenzrechtliche Vollstreckungsverbot aus § 89 Abs. 1 InsO verstoßen und absolut unwirksam sein[1084].

E. Der Auffangrechtserwerb

I. Insolvenzeröffnung vor Verurteilung

Soweit die Anordnung des Wertersatzverfalls wegen Geschädigtenansprüchen nicht in Betracht kommt, kann das Gericht zum Zwecke des Auffangrechtserwerbs in seinem Urteil nach Maßgabe von § 73a StGB, § 111i Abs. 2 S. 3 u. 4 StPO einen Geldbetrag feststellen, der dem Wert des durch die Tat Erlangten entspricht. Gleichzeitig hält es den dinglichen Arrest – und somit auch den Vollzug an den jeweiligen Vermögenswerten – bis zur Höhe der festgestellten Summe durch Beschluss für weitere drei Jahre aufrecht, § 111i Abs. 3 S. 1 StPO. Die bereits gesicherten Vermögenswerte stehen unbeschadet einer eventuell erforderlichen Notveräußerung für die Geschädigten weitere drei Jahre zur Verfügung[1085]. Nach Ablauf dieser Zeitspanne würde dem Staat ein ggf. um die zwischenzeitlich erfolgten

---

1082 Siehe hierzu Teil 1 C. II. u. III.
1083 Meyer-Goßner, § 111g Rn. 9. A.A. von Gleichenstein in ZIP 2008, 1160: Das Pfandrecht sei mit der Zulassung ab dem Zeitpunkt der staatlichen Arrestvollziehung wirksam.
1084 AG Moers, DZWIR 2001, 454; Braun/Kroth, § 89 Rn. 2 (Fn. 1); Smid DZWIR 2001, 455.
1085 BT-Drucks. 16/700, S.15.

Leistungen an die Verletzten reduzierter Zahlungsanspruch erwachsen, § 111i Abs. 5 S. 1 StPO.

Wird hingegen das Insolvenzverfahren vor einer Verurteilung des Täters eröffnet, sind die nach § 111d Abs. 2 StPO arrestierten Vermögenswerte zugunsten der Masse freizugeben[1086]. Die für den Auffangrechtserwerb erforderlichen Feststellungen des Gerichts knüpfen nämlich nur an bereits vollzogene Sicherungen an. Da diese aufgehoben oder noch aufzuheben sind, ermangelt es an solchen. Daneben würde erst mit den nötigen Feststellungen des Gerichts die für den späteren Auffangrechtserwerb erforderliche materiell-rechtliche Grundlage entstehen[1087]. Ist aber die Feststellung des Gerichts zum Zeitpunkt der Insolvenzeröffnung noch nicht ergangen, liegt keine im Insolvenzverfahren zu berücksichtigende Altverbindlichkeit vor. Denn Insolvenzgläubiger ist nur, wer vor der Eröffnung des Insolvenzverfahrens einen begründeten Vermögensanspruch gegen den Schuldner hat, § 38 InsO.

Nach der Eröffnung des Insolvenzverfahrens besteht daher weder Raum für eine den späteren Auffangrechtserwerb begründende Feststellung des erkennenden Gerichts noch für die nach § 111i Abs. 2 u 3 StPO mögliche Aufrechterhaltung des Arrestvollzuges.

II. Insolvenzeröffnung vor Eintritt des Auffangrechtserwerbs

1. Der bedingte Zahlungsanspruch des Staates

Wird innerhalb der auf die tatrichterlichen Feststellungen zum Auffangrechtserwerb folgenden Dreijahresfrist das Insolvenzverfahren eröffnet, kann der aufschiebend und zugleich auflösend bedingte Zahlungsanspruch des Staates jedoch selbst nach einer gesonderten Aufforderung des Insolvenzgerichts nicht Erfolg versprechend zur Tabelle angemeldet werden, §§ 174 Abs. 3, 39 Abs. 1 Nr. 3 InsO. Den Grund hierfür liefert § 111i Abs. 5 S. 4 StPO. Dieser besagt, dass die Wertersatzforderung auch dann erlischt, wenn der Verwertungserlös an den arrestierten Gegenständen geringer ausfällt, als der ursprünglich bezifferte Zahlungsanspruch. Dementsprechend wird der Auffangrechtserwerb maximal im Zuge der abgesonderten Befriedigung zu berücksichtigen sein. Eine darüber hinausgehende Feststellung für den Ausfall nach § 52 InsO scheidet ebenso wie die Anmeldung zur Insolvenztabelle aus.

1086 Siehe oben Teil 2 D. I.
1087 BGH, NJW 2008, 1094.

2. Der insolvenzfeste Arrestvollzug

Der Umgang mit den insolvenzfesten Sicherungen bedarf dagegen einer differenzierteren Betrachtung. Einerseits ist durch die Feststellung des Gerichts die für den späteren Auffangrechtserwerb des Staates erforderliche materiell-rechtliche Grundlage geschaffen worden. Sie kann auch im Insolvenzverfahren nicht wegdiskutiert werden. Würde man in dieser Situation sofort alle damit verbundenen Sicherungen aufheben, hätte der Täter wiederum die bereits aufgezeigten Manipulationsmöglichkeiten[1088]. Dem gilt es entgegenzuwirken. Andererseits sind aber die Belange der Geschädigten hinreichend zu berücksichtigen. Durch das Vollstreckungsverbot nach § 89 Abs. 1 InsO können diese auch nicht mehr auf das für sie eigentlich immer noch reservierte Vermögen zugreifen. Ihnen bleibt nur noch die Anmeldung der Ansprüche zur Insolvenztabelle. Gerade hier wäre aber das unverminderte Festhalten des Staates an den durch die Arrestvollziehung begründeten Absonderungsrechten mit dem grundsätzlichen Vorrang der Verletztenansprüche schwer in Einklang zu bringen. Letztlich wird stets eine einzelfallbezogene Lösung des aufgezeigten Spannungsfeldes erforderlich sein. So könnte man beispielsweise im Anschluss an die den Geschädigten zuteil gewordenen Abschlagszahlungen der Insolvenzmasse einen Ausgleichsanspruch gegenüber dem absonderungsberechtigten Staat in analoger Anwendung des § 111i Abs. 7 S. 1 StPO zubilligen.

III. Insolvenzeröffnung nach Eintritt Auffangrechtserwerb

Soweit infolge des vorangeschrittenen Zeitablaufs der Auffangrechtserwerb des Staates eingetreten ist und erst im Anschluss daran, beispielsweise im Zuge eines später eröffneten Insolvenzverfahrens, ein Geschädigter Befriedigung erfahren hat, kann der Insolvenzverwalter nach den Bestimmungen des § 111i Abs. 7 StPO einen bestehenden Ausgleichsanspruch gegenüber dem Staat geltend machen und zur Masse ziehen.

1088 Siehe hierzu Teil 1 D. III. 2. b).

Ergebnis

A. Für die vorläufige Sicherung im Ermittlungsverfahren

Die Beschlagnahme nach §§ 111b Abs. 1, 111c StPO entfaltet im Insolvenzverfahren grundsätzlich keine Wirkung, § 80 Abs. 2 S. 1 InsO. Sie fällt nicht unter die Ausnahme des § 80 Abs. 2 S. 2 InsO. Die beim insolventen Beschuldigten sichergestellten Gegenstände sind regelmäßig an den Insolvenzverwalter herauszugeben. Etwas anderes gilt für beschlagnahmte Gegenstände, die nach § 73 Abs. 4 StGB dem Verfall unterliegen. Sie werden vom Insolvenzbeschlag nicht erfasst. Ihre Herausgabe zugunsten der Masse könnte jedoch aufgrund wertender Überlegungen vertreten werden.

Nach der Insolvenzeröffnung ist die Aufhebung des gem. §§ 111b Abs. 2, 111d StPO erfolgten Arrestvollzuges zur Sicherung des Verfalls von Wertersatz nur veranlasst, wenn er unter den Anwendungsbereich der Rückschlagsperre oder der Insolvenzanfechtung fällt.

Beschlagnahme und Arrestvollzug führen innerhalb eines Insolvenzverfahrens zu unterschiedlichen Ergebnissen. Während nach §§ 111b Abs. 1, 111c StPO beschlagnahmte und im unmittelbaren Zusammenhang mit der Straftat stehende Vermögenswerte nach der Insolvenzeröffnung regelmäßig zur Masse herausgegeben werden müssen, kann der im Wege des dinglichen Arrests gem. §§ 111b Abs. 2, 111d StPO erfolgte Zugriff auf legale bzw. die nicht nachweislich aus Straftaten stammenden Werte durchaus insolvenzfest sein.

Im Zuge der gegenständlichen Untersuchung ist darüber hinaus festgestellt worden, dass die Beschlagnahme nach §§ 111b Abs. 1, 111c StPO bei beweglichen Sachen, Grundstücken und grundstücksgleichen Rechten grundsätzlich den gutgläubigen Erwerb verhindert. Anders verhält es sich bei eingetragenen Schiffen, Schiffsbauwerken und Luftfahrzeugen. Nach dem geltenden Recht ist durch die außerhalb des jeweiligen Registers zu vollziehende Beschlagnahme zumindest für einen zeitlich engen Rahmen sowohl über § 3 Abs. 3 SchRG, § 5 Abs. 3 LuftfzRG als auch über die entsprechenden Gutglaubensvorschriften eine beschlagnahmewidrige Änderung der dinglichen Rechtslage möglich. Im Gegensatz zur Grundstücksbeschlagnahme erstreckt sich die Beschlagnahme von eingetragenen Schiffen, Schiffsbauwerken und Luftfahrzeugen auch nicht automatisch auf das jeweilige Zubehör und die dazugehörenden Versicherungsforderungen. Bei Forderungen und anderen Vermögensrechten, die nicht den Vorschriften der Zwangsvollstreckung in das unbewegliche Vermögen unterliegen, können bei einer nach § 111c Abs. 3 StPO i.V.m. §§ 178 ff. ZPO erfolgten Ersatzzustellung zugunsten des Drittschuldners die Schuldnerschutzvorschriften der §§ 407, 408 BGB entsprechend zur Anwendung kommen.

Falls nach der Insolvenzeröffnung verbotswidrige Vollstreckungsmaßnahmen der Strafverfolgungsbehörden ausgehen oder fortgesetzt werden, ist nach § 89 Abs. 3 InsO das Insolvenzgericht zur Entscheidung berufen.

Soweit nach der Insolvenzeröffnung die Notveräußerung eines noch verstrickten Gegenstandes durchgeführt wird, erwirbt der Ersteher regelmäßig das Eigentum an dem zur Masse gehörenden Vermögenswert. Das gilt jedoch nicht bei der Einschaltung eines gewerblichen Vermittlers.

Hat das Insolvenzgericht im Insolvenzeröffnungsverfahren bereits vorläufige Maßnahmen zur Sicherung der späteren Insolvenzmasse gem. § 21 Abs. 2 InsO angeordnet, besteht für die Strafverfolgungsbehörde dennoch die Möglichkeit, die Beschlagnahme oder den Arrest in das unbewegliche Vermögen zu vollziehen. Im Insolvenzeröffnungsverfahren sind weder Beschlagnahme noch Arrest aufzuheben.

B. Für die Anordnung, Geltendmachung und Vollstreckung von Verfall und Verfall von Wertersatz

Der materiell-rechtliche Verfallsanspruch entsteht bereits mit der Tatbestandsverwirklichung und nicht erst mit der rechtskräftigen Verurteilung. Er ist eine gewöhnliche, nicht auf Geld ausgerichtete Insolvenzforderung. Diese kann beim Insolvenzverwalter angemeldet werden. Durch den Richtervorbehalt aus Art. 92 Abs. 1 GG ist für eine vollumfängliche Berücksichtigung der Insolvenzforderung jedoch die rechtskräftige Anordnung des Verfalls erforderlich. Sie kann auch nach der Eröffnung des Insolvenzverfahrens noch erfolgen. Wegen § 91 Abs. 1 InsO führt die rechtskräftige Anordnung des Verfalls zu keiner für die Insolvenzmasse nachteiligen Änderung der dinglichen Rechtslage. Nach Feststellung der in Geld umgerechneten Verfallsforderung kann die Strafvollstreckungsbehörde mit einem vollstreckbaren Tabellenauszug grundsätzlich bis zum Eintritt der Vollstreckungsverjährung weitere Beitreibungsversuche unternehmen. Da der Fiskus jedoch nicht in allen Fällen einen vollstreckbaren Tabellenauszug erhält, ist neben der für die Teilnahme am Insolvenzverfahren erforderlichen Verfallsanordnung die parallele Anordnung von Wertersatz geboten. Diese ist mit einer Verrechnungsklausel zu versehen.

Soweit es eine vor der Insolvenzeröffnung ergangene Verfallsentscheidung nach der Eröffnung des Insolvenzverfahrens noch zu vollstrecken gilt, ist der Staat gem. §§ 47, 48 InsO zur Aussonderung berechtigt. Der Insolvenzverwalter kann nach Maßgabe der §§ 129 ff. InsO dem Aussonderungsbegehren die Einrede der Anfechtbarkeit erwidern, denn auch der strafgerichtliche Verfall ist der Insolvenzanfechtung zugänglich. Im Zuge einer erfolgreichen Insolvenzanfechtung sind bereits vereinnahmte Verfallsobjekte oder inzwischen erzielte Erlöse an die Masse herauszugeben.

Auch der auf den Verfall von Wertersatz abzielende Anspruch entsteht regelmäßig mit dem Vorliegen der in §§ 73a, 73d Abs. 2 StGB genannten Voraussetzungen. Er kann bereits vor einer strafgerichtlichen Entscheidung nach Maßgabe des § 174 Abs. 3 InsO beim Insolvenzverwalter angemeldet werden. Vom Nachrang des § 39 Abs. 1 Nr. 3 InsO wird nur der Wertersatzanspruch erfasst. Der insolvenzrechtliche Nachrang erstreckt sich hingegen nicht auf die durch den Arrestvollzug erlangten Sicherungen. Sie ermöglichen nach der rechtskräftigen Anordnung des Wertersatzverfalls die abgesonderte Befriedigung zugunsten des Fiskus, §§ 80 Abs. 2 S. 2, 49, 50 InsO.

C. Für den formlosen Verfall

Die von dem Beschuldigten im Insolvenzeröffnungsverfahren gegen die nach § 21 InsO angeordneten Sicherungsmaßnahmen verstoßenden Erklärungen zum formlosen Verfall sind materiell-rechtlich unwirksam. Eine vor der Eröffnung des Insolvenzverfahrens wirksam abgegebene Erklärung ist nicht nur nach §§ 129 ff. InsO, sondern auch nach §§ 119 ff. BGB anfechtbar. Der nach Eröffnung des Insolvenzverfahrens erklärte formlose Verfall kollidiert mit § 81 Abs. 1 S. 1 InsO.

Parallel zum formlosen Verfall ist im Interesse einer nachhaltigen Gewinnabschöpfung der Verfall im Urteil anzuordnen. Andernfalls wäre bei einer nach dem rechtskräftigen Abschluss des Strafverfahrens erfolgten Anfechtung weder die Teilnahme am Insolvenzverfahren noch die nachträgliche Anordnung von Wertersatz gem. § 76 StGB möglich.

D. Für das Rückgewinnungshilfeverfahren

Nach der Insolvenzeröffnung kommt der Rückgewinnungshilfe nur noch eingeschränkte Bedeutung zu. Soweit sich durch den Insolvenzverwalter keine Freigabe von den nach §§ 111b, 111c und 111d StPO vorläufig gesicherten Gegenstände abzeichnet, ist der vorläufige Zugriff aufzuheben.

Nicht insolvenzfeste Zwangsvollstreckungsmaßnahmen des durch die Tat Verletzten werden durch die mit der Zulassung nach § 111g StPO verbundene Rückwirkungsfiktion keinesfalls insolvenzfest. Mit dem Normzweck des § 80 Abs. 2 S. 1 InsO wäre es allerdings zu vereinbaren, wenn die vor der Insolvenzeröffnung bestehende Befriedigungsreihenfolge zwischen zugelassenen und nicht zugelassenen Gläubigern beibehalten wird.

Soweit ein nach § 111h Abs. 1 StPO erfolgter Rangtausch im Grundbuch eine die Gesamtheit der Gläubiger benachteiligende Wirkung hat, ist er der Insolvenzanfechtung zugänglich.

Der Gesetzgeber sollte den Strafverfolgungsbehörden die Möglichkeit einräumen, anstelle der Durchführung eines in die Insolvenz mündenden Rückgewinnungshilfeverfahrens alternativ hierzu selbst den Insolvenzantrag zu stellen.

E. Für den staatlichen Auffangrechtserwerb

Der in § 111i StPO neu geschaffene Auffangrechtserwerb des Staates ist nicht nur für Gerichte, Strafverfolgungs- und Strafvollstreckungsbehörden mit einem unweigerlich einhergehenden Mehraufwand verbunden. Von einem versierten Täter kann zumindest der nach § 111i Abs. 5 StPO i.V.m. § 73e Abs. 1 StGB eintretende Auffangrechtserwerb ausgehebelt werden.

Soweit ein Insolvenzverfahren erst nach der den Auffangrechtserwerb ermöglichenden Feststellungen des Strafgerichts gem. § 111i Abs. 2 StPO, aber noch innerhalb der bis zum Eintritt des Auffangrechtserwerbs laufenden Dreijahresfrist eröffnet wird, bleibt ein insolvenzfester Arrestvollzug weiterhin bestehen. Falls Geschädigte im Rahmen des Insolvenzverfahrens eine zumindest teilweise Befriedigung erfahren, sind in entsprechender Anwendung von § 111i Abs. 7 StPO strafprozessuale Sicherungen in gleicher Höhe aufzuheben. Wird erst nach Eintritt des Auffangrechtserwerbs das Insolvenzverfahren eröffnet, kann der Insolvenzverwalter in Höhe der an die Tatverletzten ausgezahlten Quote zugunsten der Masse den Ausgleichsanspruch nach Maßgabe von § 111i Abs. 7 StPO geltend machen.

Literaturverzeichnis

Achenbach, Hans: Obligatorische Zurückgewinnungshilfe? NStZ 2001, 401 ff.

Amelung, Knut: Anmerkung zu BGH, Urteil vom 9.4.1987 – III ZR 3/86 (Entschädigung für Schäden infolge Beschlagnahme) StV 1988, 326

Andreas, Dirk; Leithans, Rolf; Dahl, Michael: Insolvenzordnung (InsO), Kommentar, München, 2006 (zit.: Andreas/Leithans/Dahl)

App, Michael: Das Rechtsbehelfsverfahren gegen Vollstreckungsmaßnahmen nach Eröffnung des Insolvenzverfahrens, NZI 1999, 138 ff.

App, Michael: Kurzkommentar zu LG Duisburg, Beschl. v. 02.05.2001, 7 T 78/01, EWiR, 2001, 879 f.

Bach, Florian: Die Anordnung des strafprozessualen dinglichen Arrestes, Hamburg, 2006 (zit.: Bach)

Bach, Florian: Die Zulassung des durch die Straftat Verletzten bei Sicherung mittels strafprozessualen dinglichen Arrestes, JR 2004, 230 ff.

Bach, Florian: Sequestration bei existenzvernichtender Wirkung eines Unternehmens infolge der Anordnung des dinglichen Arrests, ZRP 2005, 211 ff.

Barreto da Rosa, Steffen: Gesamtschuldnerische Haftung bei der Vermögensabschöpfung, NJW 2009, 1702 ff.

Bauer, Jürgen F.; Stürner, Rolf: Lehrbuch des Sachenrechts, 18., neubearbeitete Auflage, 2009, München (zit.: Baur/Stürner)

Bauer, Hellmuth: Die Zwangsvollstreckung in Luftfahrzeuge einschließlich Konkurs- und Vergleichsverfahren, JurBüro 1974, 2 ff.

Berges, A.M.: Der Konkurs als Aufgabe treuhänderischer Rechtspflege - Die Grundzüge des deutschen Konkurses, KTS 1960, 1 ff.

Beater, Axel: Der Gesetzesbegriff von § 134 BGB, AcP 197 (1997), 505 ff.

Beukelmann, Stephan: Schnittstellen zwischen Strafrecht und Insolvenzrecht, NJW-Spezial 2007, 584 ff.

Bittmann, Folker: Rezension zur *Hans Haarmeyer*, Hoheitliche Beschlagnahme und Insolvenzbeschlag, wistra 2001, 175 ff.

Bohne, Steffen; Boxleitner, Heiner: Eins vor und zwei zurück - Wie das deutsche Recht Straftätern weiterhin die Tatbeute belässt, NStZ 2007, 552 ff.

Bohne, Steffen: Die Rückgewinnungshilfe im Strafverfahren, Aachen, 2009

Brei, Kathrin: Entschuldung Straffälliger durch Verbraucherinsolvenz und Restschuldbefreiung, Bielefeld, 2005 (zit.: Brei)

Brenner, Karl: Gewinnverfall, eine vernachlässigte Strafvorschrift, DRiZ 1977, 203 ff.

Braun, Eberhard: Insolvenzordnung (InsO), Kommentar, 4. Auflage, München, 2010 (zit.: Braun/Bearbeiter)

Breuer, Wolfgang: Beschlagnahme- und Ausschüttungskonkurrenzen bei parallel laufenden Straf- und Konkursverfahren, KTS 1995, 1 ff.

Brox, Hans; Walker, Wolf-Dietrich: Allgemeines Schuldrecht, 34. Auflage, 2010, München (zit.: Brox/Walker-SchRAT)

Brox, Hans; Walker Wolf-Dietrich: Zwangsvollstreckungsrecht, 8. völlig neubearbeitete und erweiterte Auflage, Köln, Berlin, Bonn, München, 2008 (zit.: Brox/Walker)

Dahl, Michael: Kurzkommentar zu LG Duisburg, Beschluss vom 27.01.2003 - 32 Qs 3/03, EWiR 2001, 833 f.

Dallinger, Wilhelm: Gerichtsverfassung und Strafverfahren, JZ 1953, 432 ff.

Damrau, Jürgen: Der Ort der Rückgabe beschlagnahmter Sachen - Der nicht mehr analog anwendbare § 697 BGB bei beschlagnahmten oder formlos für Zwecke der Strafverfolgung sichergestellten Sachen, NStZ 2003, 408 ff.

Dannecker, Gerhard: Anmerkung zu BGH, Urteil vom 16. 5. 2006 - 1 StR 46/06, NStZ 2006, 683

Dehmann, Ernst: Eintragung einer Arresthypothek im Rahmen der Gewinn-/Vermögensabschöpfung, RpflStud. 2008, 65 ff.

Demharter, Johann: Grundbuchordnung, 27., neubearbeitete Auflage, München, 2005, (zit.: Demharter)

Dessecker, Axel: Gewinnabschöpfung im Strafrecht und in der Strafrechtspraxis, Freiburg i.Br., 1992 (zit.: Dessecker)

Dittke, Klaus: Zulassung gem. § 111g StPO mit Rückwirkung, wistra 1991, 210 ff.

Dobberahn, Peter: Rechte an Schiffen und Luftfahrzeugen, MittRhNotK 1998, 145 ff.

Dreier, Horst: Grundgesetz Kommentar, Band III Artikel 83 - 146, 2. Auflage, 2008, Tübingen (zit.: Dreier/Bearbeiter)

Eberbach, Wolfram H.: Einziehung und Verfall beim illegalen Betäubungsmittelhandel, NStZ 1985, 294 ff.

Eberbach, Wolfram H.: Zwischen Sanktion und Prävention, NStZ 1987, 486 ff.

Eickmann, Dieter: Zwangsversteigerungs- und Zwangsverwaltungsrecht, 2., neubearbeitete Auflage, München, 2004 (zit.: Eickmann)

Faust, Annet: Das strafprozessuale Vermögensabschöpfungsrecht, Baden-Baden, 2008 (zit.: Faust)

Fischer, Thomas: Strafgesetzbuch und Nebengesetze, 57. Auflage, München, 2010 (zit.: Fischer)

Frankfurter Kommentar: Kommentar zur Insolvenzordnung, 5. vollständig überarbeitete Auflage, Frankfurt, 2009 (zit.: FK-InsO/Bearbeiter)

Frommhold, Uwe: Strafprozessuale Rückgewinnungshilfe und privat-rechtliche Anspruchsdurchsetzung, NJW 2004, 1083 ff.

Frohn, Peter: Die Beschlagnahme von Forderungen zugunsten des Verletzten im Strafverfahren und der Vollstreckungszugriff, Rpfleger 2001, 10 ff.

Gaul, Hans Friedrich: Zur Struktur der Zwangsvollstreckung, Rpfleger 1971, 1 ff.

Gerhardt, Walter: Verfügungsbeschränkungen in der Eröffnungsphase und nach Verfahrenseröffnung, Kölner Schrift zur Insolvenzordnung, 1997, Köln, Herne, Berlin, S. 159 ff. (zit.: KS-Bearbeiter)

Gleichenstein, Hans von: Die Rückgewinnungshilfe gem. §§ 111b ff. StPO in der Insolvenz des Täters, ZIP 2008, 1151 ff.

Güntert, Lothar: Die Gewinnabschöpfung als strafrechtliche Sanktion, Köln, 1983 (zit.: Güntert)

Goos, Axel: Anmerkung zu Schleswig-Holsteinisches OLG, wistra 2001, 313 ff.

Grabherr, Edwin; Reidt, Olaf; Wysk, Peter: Luftverkehrsgesetz, Kommentar, 13. Lieferung, München, 2009 (zit.: Grabherr/Reidt/Wysk)

Greeve, Gina: Verstärkte Rückgewinnungshilfe und Vermögensabschöpfung seit dem 1.1.2007, NJW 2007, 14 ff.

Greier, Gunnar: Zum Spannungsverhältnis zwischen Insolvenzrecht und strafprozessualer Vermögensabschöpfung, ZInsO 2007, 953 ff.

Gribl, Kurt: Der Vorteilsbegriff bei den Bestechungsdelikten, Heidelberg, 1991 (zit.: Gribl)

Gropp, Walter: Anmerkung zu OLG Düsseldorf, Beschluß vom 05.07.1983 - 4 Ws 256/83, NStZ 1984, 567

Groß, Andrea: Vereinfachung der §§ 111b ff. StPO im Hinblick auf effektivere Möglichkeiten zur Abschöpfung von Vermögensvorteilen aus Straftaten, Hamburg, 2006 (zit.: Groß)

Gottwald, Peter: Insolvenzrechts-Handbuch, 3. völlig neubearbeitete Auflage, München, 2006 (zit.: Gottwalt/Bearbeiter)

Haarmeyer, Hans: Hoheitlicher Beschlag und Insolvenzbeschlag, Herne, Berlin, 2000 (zit.: Haarmeyer)

Haarmeyer, Hans; Wutzke, Wolfgang; Förster, Karsten: Handbuch zur Insolvenzordnung InsO/EGInsO, 3., völlig neu bearbeitete Auflage, München, 2001 (zit.: Haarmeyer/Wutzke/Förster)

Hansen, Hauke; Wolff-Rojczyk, Oliver: Effiziente Schadenswiedergutmachung für geschädigte Unternehmen der Marken- und Produktpiraterie, GRUR 2007, 468 ff.

Hartmann, Peter: Kostengesetze, 40., völlig neubearbeitete Auflage, München, 2010 (zit.: Hartmann)

Häsemeyer, Ludwig: Insolvenzrecht, 4., neubearbeitete Auflage, Köln, Berlin, Bonn, München, 2007 (zit.: Häsemeyer)

Haupt, Ernst-Ludwig: Kurzer Beitrag - Fragen zur Sicherung der Zwangsvollstreckung in Luftfahrzeuge, NJW 1974, 1457 f.

Hees, Volker: Die Zurückgewinnungshilfe, Berlin, 2002 (zit.: Hees)

Hees, Volker: Die Regelungslücke bei der Gewinnabschöpfung durch dinglichen Arrest, ZRP 2004, 37 ff.

Hees, Volker: Beschlagnahmte und arretierte Vermögenswerte in der Insolvenz des Täters, ZIP 2004, 298 ff.

Hees, Volker, Albeck Nadja: Der Zulassungsbeschluss nach § 111g Abs. 2 StPO, ZIP 2000, 871 ff.

Hess, Harald: Kommentar zur Konkursordnung, 4., überarbeitete Auflage, 1993, Neuwied, Kriftel, Berlin (zit.: Hess)

Hess, Harald; Weis, Michaela Das neue Anfechtungsrecht: §§ 129 - 147 InsO - §§ 1 - 20 AnfG 1999, 1996, Heidelberg (zit.: Hess/Weiß)

Hess, Harald; Weis, Michaela; Wienberg, Rüdiger: Kommentar zur Insolvenzordnung mit EGInsO, Band 1, 2. vollständig überarbeitete Auflage, 2001, Heidelberg (zit.: Hess-InsO/Bearbeiter)

Hellerbrand, Christoph: Der dingliche Arrest zur Sicherung des Verfalls von Wertersatz im Ermittlungsverfahren, wistra 2003, 201 ff.

Heinze, Harald: Geldstrafen als Insolvenzforderungen, ZVI 2006, 14 ff.

Henckel, Wolfram: Insolvenzanfechtung, Kölner Schrift zur Insolvenzordnung, 1997, Köln, Herne, Berlin, S. 645 ff. (zitiert: KS-Bearbeiter)

Hoyer, Andreas: Die Rechtsnatur des Verfalls angesichts des neuen Verfallsrechts, GA 1993, 406 ff. (zit.: Hoyer)

Huber, Karl: Die Vermögensabschöpfung – Beschlagnahme, dinglicher Arrest und vorrangiges Befriedigungsrecht nach §§ 111g, 111h StPO, Rpfleger 2002, 285 ff.

Hügel, Stefan: Grundbuchordnung, 2007, München, (zit.: Hügel/Bearbeiter)

Hunsicker, Ernst: Präventive Gewinnabschöpfung in Theorie und Praxis, 2. Auflage, 2005, Frankfurt (zit.: Hunsicker)

Hunsicker, Ernst: Rückgewinnungshilfe und Vermögensabschöpfung bei Straftaten, Kriminalistik 2006, 615 ff.

Husberg, Walther: Verfall bei Bestechungsdelikten, Aachen, 1999 (zit.: Husberg)

Jäger, Christian: Grund und Grenzen des Gesetzlichkeitsprinzips im Strafprozessrecht, GA 2006, 615 ff

Jaeger Ernst, Henkel Wolfram: Konkursordnung Großkommentar, §§ 1 – 42, Register, 9. völlig neu bearbeitete Auflage, bearbeitet von Wolfram Henkel,
Berlin, New York, 1997 (zit.: Jaeger/Henkel- KO)

Jaeger, Ernst; Henkel, Wolfram; Gerhardt, Walter: Insolvenzordnung, Großkommentar, Band 1, §§ 1 - 55, Erste Auflage, Berlin, 2004 (zit.: Jaeger/Henckel-
InsO/Bearbeiter, InsO)

Jaeger, Ernst; Henkel, Wolfram; Gerhardt, Walter: Insolvenzordnung Großkommentar, Band 2, §§ 56 - 102, Erste Auflage, Berlin, 2007 (zit.: Jae-
ger/Henckel-InsO/Bearbeiter)

Jaeger, Ernst, Henkel, Wolfram, Gerhardt, Walter: Insolvenzordnung Großkommentar, Band 4, §§ 129 - 147, Erste Auflage, Berlin, 2008 (zit.: Jae-
ger/Henckel-InsO/Bearbeiter)

Janssen, Gerhard: Gewinnabschöpfung im Strafverfahren, Heidelberg, 2007 (zit.:
Janssen)

Jauernig, Othmar, Berger Christian: Zwangsvollstreckungs- und Insolvenzrecht,
22. völlig neubearbeitete Auflage, München, 2007 (zit.: Jauernig/Berger)

Jarrass, Hans D.; Pieroth, Bodo: Grundgesetz für die Bundesrepublik Deutschland,
10. Auflage, 2009, München (zit.: Jarras/Pieroth)

Jescheck, Hans-Heinrich; Weigend, Thomas: Lehrbuch des Strafrechts, Allgemeiner Teil, 5. vollständig neubearbeitete und erweiterte Auflage, Berlin, 1996
(zit.: Jescheck/Weigend)

Julius, Karl-Peter: Die Zuständigkeit im Verfahren nach § 111k StPO, DRiZ 1984,
192 ff.

Karlsruher Kommentar: Kommentar zur Strafprozessordnung und zum Gerichtsverfassungsgesetz mit Einführungsgesetz, herausgegeben von Rolf Hannich,
6., neu bearbeitete Auflage, München, 2008 (zit.: KK-StPO/Sachbearbeiter)

Katholnigg, Oskar: Zur Zuständigkeit der Staatsanwaltschaft in der Strafvollstreckung, NStZ 1982, 195 ff.

Katzorke, Klaus-Dieter: Die Verwirkung des staatlichen Strafanspruchs, 1989,
Frankfurt am Main, Bern, New York, Paris (zit.: Katzorke)

Keller, Ulrich: Insolvenzrecht, 2006, München (zit.: Keller)

Kemper, Martin: Rückgabe beschlagnahmter Gegenstände - Bringschuld oder Hol-
schuld, NJW 2005, 3679 ff.

Kempf, Eberhard, Schilling Hellen: Vermögensabschöpfung - Strategien bei (drohendem) Verfall von Grundrechten, Bonn, 2007 (zit.: Kempf/Schilling)

Keusch, Sven: Probleme des Verfalls im Strafrecht, Frankfurt am Main, Berlin, Bern, Bruxelles, New York, Oxford, Wien, 2005 (zit.: Keusch)

Kiethe, Kurt, Groeschke Peer, Hohmann Olaf: Die Vermögenszurückgewinnung beim Anlagebetrug im Spannungsverhältnis zur Insolvenzordnung, ZIP 2003, 185 ff.

Kilching, Michael: Opferschutz und der Strafanspruch des Staates - Ein Widerspruch? NStZ 2002, 57 ff.

Kilger, Joachim: Rechtsanwendung im Konkurs, Festschrift für Franz Merz zum 65. Geburtstag, Köln, 1992 (zit.: Kilger, FS Merz)

Kilger, Joachim, Schmidt Karsten: Insolvenzgesetze, KO / Vgl / GesO, 17. Auflage, München, 1997 (zit.: Kilger/Schmidt)

Klein, Franz: Abgabenordnung - einschließlich Steuerstrafrecht -, 10., völlig neubearbeitete Auflage, München, 2009 (zit.: Klein/Bearbeiter)

Kleinknecht, Theodor; Müller, Hermann; Rainer, Paulus: Kommentar zu Strafprozessordnung, Loseblattausgabe, 57. Lieferung, Stand Januar 2010, Neuwied Kriftel, Berlin (zit.: KMR-Bearbeiter)

Koch, Karl; Scholtz, Rolf Detlev: Abgabenordnung AO, 5. Auflage, Köln, Berlin, Bonn, München, 1996 (zit.: Koch/Scholz/Bearbeiter)

Kracht, Michael: Gewinnabschöpfung und Wiedergutmachung bei Umweltdelikten, wistra 2000, 326 ff.

Kramer, Ernst A.: Juristische Methodenlehre, Dritte Auflage, Bern, München, Wien, 2010 (zit.: Kramer)

Krampe, Christoph: Aufrechterhaltung von Verträgen und Vertragsklauseln, AcP 194 (1994), 1 ff.

Kreft, Gerhard: Heidelberger Kommentar - Insolvenzordnung, 5., neu bearbeitete Auflage, 2008, Heidelberg (zit.: HK-InsO/Bearbeiter)

Krey, Volker: Grundzüge des Strafverfahrensrechts (9. Teil), JA 1985, 62.

Kriegel, Bettina: Anmerkung zu LG Offenburg, Urt. V. 15.08.2008 – 2 O 155/07, ZinsO 2009, 1302 ff.

Kübler, Bruno M.; Prütting, Hanns; Bork, Reinhard: Kommentar zur Insolvenzordnung, Loseblatt-Ausgabe, 39. Lieferung, Köln, Februar 2010 (zit.: Kübler/Prütting/ Bearbeiter)

Kuhn, Georg, Uhlenbruck Wilhelm: Konkursordnung (Kommentar), 11. überarbeitete Auflage, München, 1994 (zit.: Kuhn/Uhlenbruck)

Leipziger Kommentar: Strafgesetzbuch, Großkommentar, herausgegeben von Heinrich Wilhelm Laufhütte, Rissing-van Saan Ruth, Tiedemann Klaus, 12. neubearbeitet Auflage, Berlin, 2008 (zit.: LK-Bearbeiter)

Leonhardt, Peter; Smid, Stefan; Zeuner, Mark: Insolvenzordnung (InsO) - Kommentar, 3., neu bearbeitete Auflage, 2010, Stuttgart (zit.: LSZ/Bearbeiter)

Löffler, Joachim: Die Herausgabe von beschlagnahmten oder sichergestellten Sachen im Strafverfahren, NJW 1991, 1705 ff.

Löwe, Ewald; Rosenberg, Werner: Die Strafprozessordnung und das Gerichtsverfassungsgesetz, herausgegeben von Peter Rieß, Erster Band, Einleitung, §§ 1 bis 111n, 25. Auflage, Berlin, 2001 (zit.: LR-Bearbeiter)

Lohse, Kai: Sicherung der Gewinnabschöpfung und Vollstreckung durch den Verletzten, AnwBl 2006, 603 ff.

Lüderssen, Klaus: Die V-Leute-Problematik ... oder: Zynismus, Borniertheit oder »Sachzwang«?, Jura 1985, 113 ff.

Lührs, Wolfgang: Urheberrechtsschutz und Produktpiraterie - Teil II: Rechtsgrundlagen und Gewinnabschöpfungsmöglichkeiten, BuW 1999. 504 ff.

Lührs, Wolfgang: Organisatorische Aspekte bei der Gewinnabschöpfung, Kriminalistik 2000, 683 ff.

Malitz, Kirsten: Die Berücksichtigung privater Interessen bei vorläufigen strafprozessualen Maßnahmen gemäß §§ 111b ff. StPO, NStZ 2002, 337 ff.

Malitz, Kirsten: Beendigung von Zwangsmaßnahmen und Freigabe von Vermögenswerten, NStZ 2003, 61 ff.

Markgraf, Jochen: Der Grundsatz der *par conditio creditorum* im Spannungsverhältnis zu der strafprozessualen Vermögensabschöpfung, 2008, Hamburg

Meyer-Goßner, Lutz: Hinweise zur Abfassung des Strafurteils aus revisionsrechtlicher Sicht, NStZ 1988, 529 ff.

Meyer-Goßner, Lutz: Strafprozessordnung, Gerichtsverfassungsgesetz, Nebengesetze und ergänzende Bestimmungen, 52. neu bearbeitete Auflage, München, 2009 (zit.: Meyer-Goßner)

Michalski, Lutz: Die analoge Anwendbarkeit des § 817 Satz 2 außerhalb des § 817 Satz 1 BGB, Jura 1994, 113 ff. und 232 ff.

Möhrenschlager, Manfred: Das OrgKG - eine Übersicht nach amtlichen Materialien, wistra 1992, 286 ff.

Moldenhauer, Gerwin; Momsen, Carsten: Beschlagnahme in die Insolvenzmasse? wistra 2001, 456 ff.

Mosbacher, Andreas; Claus, Susanne: Auffangrechtserwerb in Altfällen? wistra 2008, 1 ff.

Münch, Ingo von, Kunig, Philip: Grundgesetz-Kommentar, Band 3, 4./5., neubearbeitete Auflage, München 2003 (zit.: von Münch/Kunig/ Sachbearbeiter)

Münchener Kommentar: Bürgerliches Gesetzbuch, Band 1, Allgemeiner Teil, §§ 1 - 240, AGB-Gesetz, 5. Auflage, München, 2006 (zit.: MüKo-BGB/Bearbeiter)

Münchener Kommentar: Bürgerliches Gesetzbuch, Band 2, Schuldrecht, Allgemeiner Teil, §§ 241 - 432, 5. Auflage, München, 2006 (zit.: MüKo-BGB/Bearbeiter)

Münchener Kommentar: Bürgerliches Gesetzbuch, Band 5, Schuldrecht, Besonderer Teil III, §§ 705 - 853, Partnerschaftsgesellschaftsgesetz Produkthaftungsgesetz, 5. Auflage, München, 2009, (zit.: MüKo-BGB/Bearbeiter)

Münchener Kommentar: Bürgerliches Gesetzbuch, Band 6, Sachenrecht, §§ 854 - 1296, Wohnungseigentumsgesetz, Erbbaurechtsverordnung, Sachenrechtsbereinigungsgesetz, Schuldrechtsänderungsgesetz, 5. Auflage, München, 2009 (zit.: MüKo-BGB/Bearbeiter)

Münchener Kommentar: Insolvenzordnung, Band 1, §§ 1 - 102, Insolvenzrechtliche Vergütungsverordnung (InsVV), 2. Auflage, München, 2007 (zit.: MüKo-InsO/Bearbeiter)

Münchener Kommentar: Insolvenzordnung, Band 2, §§ 103 - 269, München, 2008, 2. Auflage (zit.: MüKo-InsO/Bearbeiter)

Münchener Kommentar: Kommentar zum Strafgesetzbuch, Band 2/1, §§ 52 – 79 b StGB, München, 2005 (zit.: MüKo-StGB/Bearbeiter)

Musielak, Hans-Joachim: Kommentar zur Zivilprozessordnung mit Gerichtsverfassungsgesetz, 6., neubearbeitete Auflage, München 2008 (zit.: Musielak/Bearbeiter)

Nerlich, Jörg, Römermann Volker: Insolvenzordnung (InsO), Kommentar, München, Stand März 2009 (zit.: Nerlich/Römermann/Bearbeiter)

Neuefeind ,Wolfgang: Strafrechtliche Gewinnabschöpfung, JA 2004, 155 ff.

Noak, Wilhelm: Arrestierung eingetragener deutscher und in Deutschland eintragungspflichtiger ausländischer Schiffe, JurBüro 1982, 166 ff.

Oetker, Friedrich: Konkursrechtliche Grundbegriffe, Band 1. Die Gläubiger, Stuttgart, 1891 (zit.: Oetker)

Palandt: Bürgerliches Gesetzbuch, 69. neubearbeitet Auflage, München, 2010 (zit.: Palandt/Bearbeiter)

Perron, Walter: Vermögensstrafe und Erweiterter Verfall, JZ 1993, 918 ff.

Pfeiffer, Gerd: Strafprozessordnung und Gerichtsverfassungsgesetz, Kommentar, 5., neu bearbeitete Auflage, München, 2005 (zit.: Pfeiffer)

Podolsky, Johann; Brenner, Tobias: Vermögensabschöpfung im Straf- und Ordnungswidrigkeitsverfahren, 4. überarbeitete Auflage, Stuttgart, München, Hannover, Berlin, Weimar, Dresden, 2010 (zit.: Podolsky/Brenner)

Remmert, Andreas: Das Gesetz über die Internetversteigerung in der Zwangsvollstreckung, NJW 2009, 2572 ff.

Renck, Ludwig: Zum Anwendungsbereich des Satzes »lex posterior derogat legi priori«, JZ 1970, 770 ff.

Rengier, R.: Anmerkung zu BGHSt. 33, 37, JR 1985, 249 ff.

Riedel, Ernst; Vogelmair, Günter: Widerspruch des Schuldners gegen eine angemeldete Insolvenzforderung, Rpfleger 2008, 339 ff.

Rönnau, Thomas: Vermögensabschöpfung im Wandel, ZRP 2004, 191 ff.

Rönnau, Thomas: Vermögensabschöpfung in der Praxis, 2003, München (zit.: Rönnau)

Roxin, Claus: Strafverfahrensrecht, 26., völlig neu bearbeitete Auflage, 2009, München (zit.: Roxin)

Rudolphi, Hans-Joachim; Horn, Eckard: Systematischer Kommentar zum Strafgesetzbuch, 120. Lieferung, November 2009, München/Unterschleißheim (zit.: SK-StGB/Bearbeiter)

Rudolphi, Hans-Joachim; Wolter, Jürgen: Systematischer Kommentar zur Strafprozessordnung und zum Gerichtsverfassungsgesetz, 64. Lieferung, Oktober 2009, München/Unterschleißheim (zit.: SK-StPO/Bearbeiter)

Rüthers, Bernd: Rechtstheorie, 4., überarbeitete Auflage, München, 2008 (zit.: Rüthers)

Rüthers, Bernd; Stadler, Astrid: Allgemeiner Teil des BGB, 16. überarbeitete Auflage, München, 2009 (zit.: Rüthers/Stadler)

Satzger, Helmut: Rechtsprechung Strafrecht, JA 1998, 98 ff.

Satzger, Helmut: Die Berücksichtigung von Opferinteressen bei der Verfallsanordnung aus materieller wie prozessrechtlicher Sicht, wistra 2003, 401 ff.

Savini, Peter: Handbuch zur Vermögensabschöpfung im Ermittlungsverfahren und Verfall und Einziehung, 2. Auflage, Pegnitz, 2008 (zit.: Savini)

Schellhammer, Kurt: Schuldrecht nach Anspruchsgrundlagen samt BGB Allgemeiner Teil, 4. neu bearbeitete Auflage, Heidelberg, 2002 (zit.: Schellhammer)

Schleicher, Rüdiger; Reymann, Friedrich; Abraham, Jürgen: Das Recht der Luftfahrt, Dritte, völlig neu bearbeitete und erweiterte Auflage, Zweiter Band, Köln, Berlin, Bonn, München, 1966 (zit.: Schleicher/Reymann/Abraham)

Schlie, Holger: Die Anfechtung von Unterlassungen nach der Insolvenzordnung und dem Anfechtungsgesetz, Hamburg, 2009 (zit.: Schlie)

Schmerbach, Ulrich: Zur Auswirkung der Eröffnung des Insolvenzverfahrens auf einen strafprozessualen Arrest, EWiR 2005, 357 f.

Schmidt, Karsten: Arrestpfändung des durch die Straftat Verletzten in beschlagnahmten Vermögensgegenstand des Täters, JuS 2000, 1024 f. (zit.: Schmidt)

Schmidt, Karsten: Gewinnabschöpfung im Straf- und Bußgeldverfahren - Handbuch für die Praxis, München, 2006 (zit.: Schmidt)

Schölermann, Hinrich; Schmidt-Burgk, Klaus: Flugzeuge als Kreditsicherheit, WM 1990, 1137 ff.

Schoch, Friedrich: Die Frist zur Rücknahme begünstigender Verwaltungsakte nach § 48 IV 1 VwVfG, NVwZ 1985, 880 ff.

Schönke, Adolf; Schröder, Horst: Strafgesetzbuch Kommentar, 27. Auflage, 2006, München (zit.: Schönke/Schröder/Bearbeiter)

Schubert, Dagmar: Strafrechtliche Rückgewinnungshilfe für Geschädigte und keiner will sie haben? ZRP 2008, 55 ff.

Schulte, Katrin: Das Konkurrenzverhältnis von Insolvenzbeschlag und strafprozessualer Beschlagnahme, Hamburg, 2007

Schumann, Heribert: Verfahrenshindernis bei Einsatz von V-Leuten als agents provocateurs? JZ 1986, 66 ff.

Sieber, Florian: Die Rechtsnatur der Gläubigeranfechtung innerhalb und außerhalb des Insolvenzverfahrens, 2008, Hamburg

Smid, Stefan: Die Aufgaben des neuen Insolvenzverfahrens, DZWIR 1997, 309 ff.

Smid, Stefan: Zur Durchsetzung einer strafprozessualen Zurückgewinnungshilfe im Rahmen der Insolvenz, DZWIR 2001, 454.

Spreckelsen von: Erläuterungen zum Gesetz über Rechte an eingetragenen Schiffen und Schiffsbauwerken, Einführung, Vom 15. November 1940 (zit.: von Spreckelsen)

Soergel: Bürgerliches Gesetzbuch: mit Einführungsgesetz und Nebengesetzen, Band 2, Allgemeiner Teil 2, §§ 104 - 240, 13., völlig überarbeitete und erweiterte Auflage, 1999, Stuttgart, Berlin, Köln, Mainz (zit.: Soergel/Bearbeiter)

Soergel: Bürgerliches Gesetzbuch mit Einführungsgesetz und Nebengesetzen, Band 14, Sachenrecht 1, §§ 854 - 984 BGB. 13., völlig überarbeitete und erweiterte Auflage, 2002, Stuttgart, (zit.: Soergel/Bearbeiter)

Sommerfeld, Michael: Die Adhäsionsentscheidung im Strafbefehl bald doch möglich!(?), ZRP 2008, 258 ff.

Staudinger, J. von: Kommentar zum Bürgerlichen Gesetzbuch mit Einführungsgesetz und Nebengesetzen, Buch 1, Allgemeiner Teil 4, §§ 134 - 163, Berlin, 2003 (zit.: Staudinger/ Bearbeiter)

Staudinger, J. von: Kommentar zum Bürgerlichen Gesetzbuch mit Einführungsgesetz und Nebengesetzen, Buch 2, Recht der Schuldverhältnisse, §§ 397 - 432, Berlin, 2005 (zit.: Staudinger/Bearbeiter)

Staudinger, J. von: Kommentar zum Bürgerlichen Gesetzbuch mit Einführungsgesetz und Nebengesetzen, Buch 2, Recht der Schuldverhältnisse, §§ 812 - 822, Berlin, 2007 (zit.: Staudinger/Bearbeiter)

Staudinger, J. von: Kommentar zum Bürgerlichen Gesetzbuch mit Einführungsgesetz und Nebengesetzen, Buch 3, Sachenrecht, §§ 854 - 882, Berlin, 2007 (zit.: Staudinger/Bearbeiter)

Staudinger, J. von: Kommentar zum Bürgerlichen Gesetzbuch mit Einführungsgesetz und Nebengesetzen, Buch 3, Sachenrecht, §§ 883 - 902, Berlin, 2008 (zit.: Staudinger/Bearbeiter)

Staudinger, J. von: Kommentar zum Bürgerlichen Gesetzbuch mit Einführungsgesetz und Nebengesetzen Buch 3, Sachenrecht, §§ 925 - 984, Anhang zu §§ 929 ff., Berlin, 2004 (zit.: Staudinger/Bearbeiter)

Staudinger, J. von: Kommentar zum Bürgerlichen Gesetzbuch mit Einführungsgesetz und Nebengesetzen, Buch 3, Sachenrecht, §§ 985 - 1011, Berlin, 2006 (zit.: Staudinger/Bearbeiter)

Staudinger, J. von: Kommentar zum Bürgerlichen Gesetzbuch mit Einführungsgesetz und Nebengesetzen, Buch 3, Sachenrecht, §§ 1113 – 1203, Berlin, 2002, (zit.: Staudinger/Bearbeiter)

Staudinger, J. von: Kommentar zum Bürgerlichen Gesetzbuch mit Einführungsgesetz und Nebengesetzen Buch 3, Sachenrecht, §§ 1204 – 1296, §§ 1 – 84 SchiffsRG, Berlin, 2009 (zit.: Staudinger/Bearbeiter)

Stein, Friedrich; Jonas, Martin: Kommentar zur Zivilprozessordnung, Band 7, §§ 704 - 827, 22. Auflage, Tübingen, 2002 (zit.: Stein/Jonas/Bearbeiter)

Stein, Friedrich; Jonas, Martin: Kommentar zur Zivilprozessordnung, Band 9, §§ 916 -1068, 22. Auflage, Tübingen, 2002; (zit.: Stein/Jonas/Bearbeiter)

Stöber, Kurt: Forderungspfändung, 15., neu bearbeitete Auflage, Bielefeld, 2010 (zit.: Stöber)

Stöber, Kurt: Zwangsversteigerungsgesetz, 19., neu bearbeitete Auflage, München, 2009 (zit.: Stöber-ZVG)

Ströber, Hubert, Guckenbiehl, Annette: Verfahren bei Verzicht auf die Rückgabe sichergestellter Gegenstände, Rpfleger 1999, 115 ff.

Thewes, Ulrich: Die strafvollstreckungsrechtliche Durchsuchungsanordnung, Rpfleger 2006, 524 ff.

Thode, Marina: Die außergerichtliche Einziehung von Gegenständen im Strafprozess, NStZ 2000, 62 ff.

Thomas, Heinz, Putzo, Hans: Zivilprozessordnung, FamFG, Verfahren in Familiensachen, GVG, Einführungsgesetze, EG-Zivilverfahrensrecht, Kommentar, 30., neubearbeitete Auflage, München, 2009 (zit.: Thomas/Putzo)

Uhlenbruck, Wilhelm: Insolvenzordnung, Kommentar, 12., völlig neu bearbeitete Auflage, 2003, München (zit.: Uhlenbruck)

Uhlenbruck, Wilhelm: Probleme der Ermittlungskonkurrenz von Strafverfolgungsbehörde und Konkurs- bzw. Vergleichsgericht bei Insolvenzverfahren, KTS 1967, 9 ff.

Vallender, Heinz: Einzelzwangsvollstreckung im neuen Insolvenzrecht, ZIP 1997, 1993 ff.

Vogel, Hans-Jochen: Die Staatsanwaltschaft, DRiZ, 1974, 235 f.

Wacke, A.: Wer zuerst kommt, mahlt zuerst – Prior tempore postior iure, JA 1981, 94 ff.

Wallschläger, René: Die strafrechtlichen Verfallsvorschriften, 2002, Osnabrück (zit.: Wallschläger)

Wank, Rolf: Die Auslegung von Gesetzen, 4., neu bearbeitete Auflage, 2008, Köln, München (zit.: Wank)

Weber, Ulrich, Mitsch Wolfgang: Strafrecht - Allgemeiner Teil, 11. neubearbeitete Auflage, 2003, Bielefeld (zit.: Weber/Mitsch)

Weigend, Thomas: Deliktsopfer und Strafverfahren, 1989, Berlin (zit.: Weigend)

Wendt, Peter: Dingliche Rechte an Luftfahrzeugen, MDR 1963, 448 ff.

Weimar, Wilhelm: Die mithaftenden Gegenstände bei der Schiffshypothek, WM 1963, 154 ff.

Wieczorek, Bernhard; Schütze, Rolf A.: Zivilprozessordnung und Nebengesetze, Großkommentar, 3., völlig neu bearbeitete Auflage, Fünfter Band, 1995, Berlin, New York (zit.: Wieczorek/Schütze/Bearbeiter)

Zippelius, Reinhold: Juristische Methodenlehre, 10. neubearbeitete Auflage, München, 2006 (zit.: Zippelius)

Zimmermann, Walter: Insolvenzrecht, 6., völlig neu bearbeitete Auflage, Heidelberg, 2006 (zit.: Zimmermann)

Zöller, Richard (Begr.): Zivilprozessordnung mit FamFG (§§ 1 – 185, 200 – 270, 433 – 484) und Gerichtsverfassungsgesetz, den Einführungsgesetzen, mit Internationalem Zivilprozessrecht, EG-Verordnungen, Kostenanmerkungen, 28. Auflage, Köln, 2010 (zit.: Zöller/Bearbeiter)

◐ *Stöckel, Joachim*
Der strafrechtliche Schutz der Arbeitskraft
Band 3, 1993, 230 S., br., ISBN 978-3-89085-778-7 , 24,54 €

◐ *Weerth, Jan de*
Die Bilanzordnungswidrigkeiten nach § 334 HGB unter besonderer Berücksichtigung der europäischen Bezüge
Band 4, 1993, 236 S., br., ISBN 978-3-89085-881-4 , 39,88 €

◐ *Grub, Maximilian*
Die insolvenzstrafrechtliche Verantwortlichkeit der Gesellschafter von Personenhandelsgesellschaften
Band 5, 1995, 204 S., br., ISBN 978-3-8255-0006-1 , 39,88 €

◐ *Schwinge, Christina*
Strafrechtliche Sanktionen gegenüber Unternehmen im Bereich des Umweltstrafrechts
Band 6, 1996, 300 S., br., ISBN 978-3-8255-0059-7 , 50,11 €

◐ *Schünemann, Bernd (Hg.)*
Strafrechtssystem und Betrug
Band 7, 2002, 250 S., br., ISBN 978-3-8255-0153-2 , 27,90 €

◐ *Moosmayer, Klaus*
Einfluß der Insolvenzordnung 1999 auf das Insolvenzstrafrecht
Band 8, 1997, 246 S., br., ISBN 978-3-8255-0176-1 , 30,88 €

◐ *Luipold, Ann*
Die Bedeutung von Anfechtungs-, Widerrufs-, Rücktritts- und Gewährleistungsrechten für das Schadensmerkmal des Betrugstatbestandes
Band 9, 1998, 220 S., br., ISBN 978-3-8255-0211-9 , 40,80 €

◐ *Protzen, Peer Daniel G.*
Der Vermögensschaden beim sog. Anstellungsbetrug
Band 10, 2000, 384 + IV S., br., ISBN 978-3-8255-0278-2 , 40,80 €

◐ *Penzlin, Dietmar*
Strafrechtliche Auswirkungen der Insolvenzordnung
Band 11, 2000, 270 S., br., ISBN 978-3-8255-0292-8, 40,80 €

◐ *Berger, Sebastian*
Der Schutz öffentlichen Vermögens durch § 263 StGB. Zur Anwendbarkeit des § 263 StGB ...
Band 12, 2000, 334 S., br., ISBN 978-3-8255-0307-9, 40,39 €

◐ *Martens, Jürgen*
Subventionskriminalität zum Nachteil der Europäischen Gemeinschaften
Eine Untersuchung zu Straftaten nach § 264 StGB ...
Band 13, 2001, 340 S., br., ISBN 978-3-8255-0319-2 , 30,58 €

◐ *Stein, Henrike*
Die Regelung von Täterschaft und Teilnahme im europäischen Strafrecht am Beispiel Deutschlands, Frankreichs, Spaniens, Österreichs und Englands
Band 14, 2002, 450 S., ISBN 978-3-8255-0327-7 , 39,80 €

◐ *Papakiriakou, Theodoros*
Das griechische Verwaltungsrecht in Kartellsachen.
Band 15, 2002, 380 S., br., ISBN 978-3-8255-0339-0, 38,80 €

◐ *Ludwig, Martin*
Betrug und betrugsähnliche Delike im spanischen und deutschen Strafrecht
Band 16, 2002, 500 S., br., ISBN 978-3-8255-0352-9, 45,90 €

◐ *Papakiriakou, Theodoros*
Das europäischen Unternehmensstrafrecht in Kartellsachen.
Band 17, 2002, 380 S., br., ISBN 978-3-8255-0359-8, 38,20 €

◉ *Peter M. Röhm*
Zur Abhängigkeit des Insolvenzstrafrechts von der Insolvenzordnung
Band 18, 2002, 388 Seiten, br., ISBN 978-3-8255-0373-4, € 31,70

◉ *Klein, Kerstin*
Das Verhältnis von Eingehungs- und Erfüllungsbetrug
Band 19, 2003, 288 S., br., ISBN 978-3-8255-0390-1, 31,90 €

◉ *Maiazza, Robert*
Das Opportunitätsprinzip im Bußgeldverfahren
Band 20, 2003, 318 S., br., ISBN 978-3-8255-0394-9, 33,90 €

◉ *Niewerth, Carsten*
Die strafrechtliche Verantwortlichkeit des Wirtschaftsprüfers
Band 21, 2004, 322 S., br., ISBN 978-3-8255-0452-6, 29,50 €

◉ *Christian Wagemann*
Die Geschichte des Betrugsstrafrechts in England und den amerikanischen Bundesstaaten
Band 22, 2005, 582 S., br., ISBN 978-3-8255-0517-2, 34,50 €

◉ *Knaut, Silke*
Die Europäisierung des Umweltstrafrechts.
Band 23, 2005, 464 S., br., ISBN 978-3-8255-0532-5, 33,90 €

◉ *Bender, Johannes*
Sonderstraftatbestände gegen Submissionsabsprachen.
Band 24, 2005, 376 S., br., ISBN 978-3-8255-0533-2, 30,90 €

◉ *Arnold, Stefan*
Untreue im GmbH- und Aktienkonzern
Band 26, 2006, 290 S., br., ISBN 978-3-8255-0637-7, 27,90 €

◉ *Burger, Stefan*
Untreue (§ 266 StGB) durch das Auslösen von Sanktionen zu Lasten von Unternehmen
Band 27, 2007, 350 S., br., ISBN 978-3-8255-0640-7, 29,90 €

◉ *Rodrigo Aldoney Ramirez*
Der strafrechtliche Schutz von Geschäfts- und Betriebsgeheimnissen
Band 28, 2009, 392 S., br., ISBN 978-3-86226-053-9, 32,90 €

◉ *Strelczyk, Christoph*
Die Strafbarkeit der Bildung schwarzer Kassen.
Band 29, 2008, 248 S., ISBN 978-3-8255-0709-1, 27,90 €

◉ *Vergho, Raphael*
Der Maßstab der Verbrauchererwartungen im Verbraucherschutzstrafrecht
Band 30, 2009, 380 S., ISBN 978-3-8255-0731-2, 30,00 €

◉ *Wunderlich, Claudia*
Die Akzessorietät des § 298 StGB zum Gesetz gegen Wettbewerbsbeschränkungen (GWB)
Band 31, 2009, 327 S., ISBN 978-3-8255-0752-7, 28 €

◉ *Arens, Stephan*
Untreue im Konzern
Band 32, 2010, 333 S., ISBN 978-3-8255-0764-0, 26,90 €

◉ *Labinski, Carsten*
Zur strafrechtlichen Verantwortlichkeit des directors einer englischen Limited
Band 33, 2010, 373 S., ISBN 978-3-86226-025-6, 29,00 €

◉ *Hinderer, Patrick Alf*
Insolvenzstrafrecht und EU-Niederlassungsfreiheit am Beispiel der englischen private company limited by shares
Band 34, 2011, 280 S., ISBN 978-3-86226-033-1, 25,80 €